清华中美关系评论（2011-2012）

亚太战略变局与中美新型大国关系

Strategic Transformations in the Asia-Pacific Region and U.S.-China Relations

孙　哲◎主编

时 事 出 版 社

主　　　编：孙　哲

各章撰稿人：

前　　言　孙　哲
第 一 章　胡若愚
第 二 章　张旭东
第 三 章　张　春
第 四 章　肖　杰
第 五 章　周世俭
第 六 章　刁大明
第 七 章　刘建华
第 八 章　崔荣伟
第 九 章　石　岩
第 十 章　孙　哲
第十一章　张哲馨
第十二章　张旭东
第十三章　张旭东
结　　语　孙　哲

目　录

第三部分 中美军事安全关系

第四部分 中美关系中的台湾问题

前 言

新型大国关系的期待与困境

基辛格在《论中国》一书中曾援引美国陆军军事学院教授大卫·赖的理论，讲述中国式治国之道的秘诀是务实和耐心的战略头脑。他将西方的战略比作下国际象棋，关注的是致命性的武力打击、英雄主义的胜利、毕其功于一役和敢于硬碰硬的关键决策；而中国战略则像下围棋，强调不争一城一池之得失，而要慢慢积蓄力量、以势取胜，最终建立对对手的优势。

基辛格在书中如果说国际象棋是一场速战速决的战斗，那么围棋就是一场持久战。国际象棋的棋手专注于获得击溃敌手的完全胜利，而围棋棋手却寻求一种相对优势。国际象棋教会人们克劳塞维茨式（Clausewitzian）的战争观，即能够掌控重心和决战时刻，游戏的开始常常纠缠于如何在棋盘上争夺中心；围棋却教会人们战略包围的艺术。当技艺高超的象棋棋手通过一系列的正面冲突歼灭敌手力量的时候，一个具有天赋的围棋棋手却懂得在棋盘上侵入敌方阵营，缓慢地消耗掉敌手棋子做战略部署的其他可能性。

国际象棋萌生狭隘，而围棋却能激发战略灵活性。把围棋和象棋这两个比喻用在当今亚太变局与中美关系上，确实引人思考其中的战略寓意。联想到基辛格也曾经断言，今天亚洲的国际体制更像19世纪的欧洲，是一个相互制衡的世界，各国对共同的威胁从来没有共识，[①] 我们不能不对2011年的亚太变局及中美在亚太地区的博弈感到忧心忡忡。

美国是否学习并应用了中国的传统围棋战术，通过“重返亚太”的一系列手段来对中国进行围棋式的战略包围？中国在坚持“韬光养晦”政策的同时，又是否应该采取适当的国际象棋战略，在一些涉及自己核心利益的问题上敢于、善于同美国较量？

本来，2011年是中国以转变经济发展方式为核心的“十二五”规划开局之年，也是美国奥巴马政府特别重视国内经济建设的重要一年。中美两国经济模式都处于深度转型期，两国在面临国内发展的相同任务之际，应当有更好、更多的合作机会，因为两国国内正面临不同程度的增长困境和社会改革的重任。

就美国来说，正面临着经济危机后高赤字背景下“无就业的复苏”与“实体工业空心化”的困境。改变长期以来以房地产和虚拟经济为核心支撑的经济增长模式，以高新技术产业和新能源工业带来新的一轮产业革命，对美国恢复增长的能力至关重要。为了缓解就业危机，再工业化与强化出口是美国政府必然的选择。然而面对规模空前的债务与财政和贸易赤字，在选民不断高涨的福利诉求下，美国国家改革与制度创新变得步履维艰，甚至陷入预算僵局。中国虽然没有预算方面的困境，但是也在某种意义上与美国面临着极为相似的经济难题。随着中国国内经济体制与增长结构的改革进入攻坚阶段，民生与社会福利的改革在普通民众的呼声下亟待大力推进，调控房地产业及平衡进出口贸易也迫使中国寻找新的稳定的经济增

① ［美］亨利·基辛格：《美国的全球战略》，海南出版社，2009年版，第92—99页。

长点。

正是因为中美双方都处于类似的改革攻坚阶段，双方合作的可能性与潜在利益空间都是巨大的。如果以经济政策协调和产业创新为合作动力，中美双方可以形成更为良性的利益相互依赖共同体，共同为塑造新型大国关系奠定更好的基础。

令人惋惜的是，两国关系虽有进展，但是在重要领域创造的合作亮点并不多。相反，我们看到中美之间的经济利益冲突日益加剧，两国经济增长模式和相对获益的预期分歧愈发明显。围绕国际经济秩序与规则的制定、国际价格机制与经济治理组织的话语权、地区自由贸易一体化进程的主导权等一系列问题，中美竞争态势愈发激烈，传统上作为中美关系压舱石的两国经贸关系已经越来越难以平衡双方的利益诉求。例如，美国不仅对中国提出的“自主创新”等战略与政策普遍持负面态度，两国还围绕汽车零部件、稀土原料等贸易纠纷展开博弈。在批评中国的同时，美国指责中国实行贸易保护主义，不断违反世界贸易规则和入世承诺。为了通过更加严格的标准来约束中国在国际经贸合作中的行为，美国在亚太地区推出了跨太平洋伙伴关系协定，目标之一在于强化美国的竞争力，以便跟中国开展竞争。

除经济领域之外，在亚太地区乃至全球安全合作方面，中美之间的分歧和争论也日渐突出。2011 年是美国调整国际战略重心、“重返亚洲”政策基本定型的第二年。美国一系列针对中国的举措，通过奥巴马政府的亚太大战略设计开始逐步表现出来，其总体态势反映出美国感受到中美实力对比的变化和中国战略能力提高对其的“威胁”在逐渐加强。因此，美国对华不信任或敌视的程度不断加深，对中国崛起的忍耐逐渐消失。

如果说从 2010 年 1 月初的对台军售开始，到当年 7 月希拉里国务卿在东盟地区论坛上高调插手南海岛屿领土争议，美国做出“重返亚洲”的决定还相对匆忙，不过是在几个关键举措上开始排兵布阵，试图通过与东盟开启首脑峰会机制，与印度尼西亚、越南、菲律宾、马来西亚等国展开密切的军事交流，将美国的影响力深入到东南亚地区，那么该年3月发生的“天安”号事件、9月的“钓鱼岛”事件、11月的“延坪岛炮击”事件，则为美国强化美日、美韩军事同盟提供了几次天赐良机。美韩、美日“项庄舞剑”般地实施了规模空前的军事演习，极大地加剧了中国周边地区的紧张态势。

经过2010年的“彩排”和演练，一年之后的美国外交每一招布局都显得成熟了，颇有中国围棋式思维的“造势”风格。华盛顿希望通过继续扩展和巩固其在亚太地区的同盟体系，广泛调整战略性的军事部署，同时利用中国周边热点安全问题来强化美国对亚太的外交介入，以外交配合军事威慑，最大程度地挤压中国的地区外交空间，与中国争夺地区多边机制主导权。例如，2011年11月，希拉里国务卿在夏威夷再次发表讲话宣称“21世纪将是美国的太平洋世纪”，“如今亚太面临种种挑战，从确保南中国海地区的航行自由，到应对朝鲜的挑衅及核扩散，再到促进平衡、广泛的经济增长，这些都需要美国的领导”。① 随后，奥巴马总统首次正式参加了第六届东亚峰会，希拉里国务卿同期对缅甸进行了历史性访问，中缅关系难免受冲击。

相对美国的主动，中国这两年显得有些力不从心。国际象棋中那种敢于针锋相对、时刻准备反击的“作战”风格在中国外交中尚未体现。例如，在南海问题上，除了美国不断介入、对中国进行抵近侦察及与中国周边国家频繁互动之外，中国也在遭受某些小国的挑衅、骚扰，而这些国家背后都有美国的身影。其实，早在20世纪

① 《希拉里说21世纪将是美国的太平洋世纪》，http://qh.people.com.cn/GB/182778/16225123.html。

90年代中国就提出搁置争议、共同开发的设想。① 2002年发表的《南海各方行为宣言》明确强调了各国要禁止使用武力威胁，采取自我克制，和平解决国际争端，探索建立信任措施、合作、磋商和遵守国际航空和海上航行自由等主要行为原则，在危机管理过程中要尽力避免国际机制的调停，采用双边机制。然而，搁置争议、共同开发战略始终未能得到贯彻落实，仅有的一次成功谈判可能是在2005年3月15日，中国、越南和菲律宾达成协议，对争议地区约14万平方千米的部分海域的油气资源进行共同开发。② 搁置争议、共同开发的实质变成了"中国搁置争议，而别国共同开发"。③ 在这个问题上，中国高度克制、容忍、妥协以达成和平的良好愿望不断被冲击，不仅没有得到美国的肯定和支持，个别国家还利用中国的诚意不断挑衅中国的海洋安全底线。

针对中国周边地区出现的一些新的复杂态势，中国人民解放军副总参谋长马晓天曾发表题为《把握战略机遇期的时代内涵，明确我们的历史使命和担当》的文章，强调中国和平发展的本质和趋势，重申中国军力发展不针对、不威胁任何国家。④ 中国军方认为，部分国家对中国实力地位快速上升仍有疑虑，但因其与中国地缘位置相近、利益纽带坚实，普遍希望搭上中国经济发展的"快车"。这些国家从自身安全与发展利益出发，采取敌视中国或联手对华政策的可能性不大，中国与周边各国继续保持总体稳定的发展势头仍是大势

---

① Leszek Buszynski & Iskandar Sazlan, "Maritime Claims and Energy Cooperation in the South China Sea", *Contemporary Southeast Asia*, Vol 29, Issue 1, April 2007, p. 143.

② Fang Zhou, "Oil Deal Paves Way for Future Cooperation in Disputed Area", *China Daily*, March 17, 2005, p. 6.

③ 《南海岛礁与中国渐远，解放军巡航迫在眉睫》，http://www.stnn.cc/glb_military/200902/t20090227_986650.html。

④ 马骁天：《把握战略机遇期的时代内涵 明确我们的历史使命和担当》，http://military.people.com.cn/GB/1076/52984/13749859.html。

所趋。该文以一种既平常又特别的形式向国民和世界说明和推介自己，释放和平发展、透明成长的温和信号，同时显现人民解放军高层在处理与周边国家防务关系的问题上的理性思维。

中美在亚太地区的利益冲突，与美国自身急于从中东抽身匆匆宣布“重返亚太”有关，也与中国在经济危机中相对出众的经济表现和近年来军事现代化所取得的成就与突破性进展关联甚大。在中国的实质利益扩展日益迅速，而战略能力也与日俱增之际，以现实主义权力政治为核心战略思维观的美国战略界即判定中国对美国的权力挑战和利益威胁在上升，因而进行了大范围的全球战略重心东移。许多学者将上述这些中美之间彼此互不信任的现象概括为“战略互疑”，如何化解两国间的“互信赤字”，对于毫无先例可循的新型伙伴关系的构建可谓迫在眉睫。

有鉴于此，中美两国的战略界在 2011 年进入新一轮的反思和争论。其核心命题在于：当中美两国即将进入到权力转移的中期，也是冲突和矛盾最可能激化的阶段，两国应该采取怎样的策略避免冷战式的冲突和恶性竞争，实现向基于共同利益的后冷战式大国间良性竞争转变。

在我们看来，除了战略大师基辛格之外，冷战结束后中美两国学术界诸多人士围绕着两国关系的定位与走向，针对彼此的战略设计曾进行过多次大的争论。美国著名的中国问题专家蓝普顿（David M. Lampton）曾经用“同床异梦”来形容 20 世纪 90 年代的那段风雨起伏且沟通艰难的中美关系。彼时的美国正在享受世界领袖地位的夺目光环，中国则为更加迅猛的经济崛起积蓄力量。两国在政治与安全方面的分歧与风波不断映射出太平洋两岸具有世界影响力的两个大国从发展模式到战略利益核心关注是如此的不同，而看待彼此的思维和视角又是如此迥异。进入新世纪之后，中国经济崛起与综合国力大幅提升的态势引发美国战略界的新一轮思考。美国对华战略争论的基本倾向是通过接触与对话的方式在崛起的起飞阶段控制中国的发展路径，降低对美国既有霸权体系和国际政治经济秩序的冲击强度，从而避免冷战时的美苏对抗。中国则采取了优先发展实质利益而延缓提升战略能力的策略，尽量降低对美国的权力挑战刺激。中美两国分别在经济与安全方面着力，避免了直接正面的利益冲突，延缓了应答“大国崛起与权力转移”命题的紧迫性。例如，时任美国总统小布什在自传中分享了一个关于中美两国领导人差异的故事。一次在美国白宫举行的午宴中，布什向来访的胡锦涛主席提出了他经常向各国领导人提起的问题：“有哪些事情会让你夜不能寐?”布什还坦承，对美国再次遭受恐怖袭击的担心会令其彻夜难眠。而工程师教育背景出身的胡主席面对这一提问立刻回答道，他最关心的是每年要创造 2500 万个新的就业机会。布什在自传中如此评价中国的领导人：“他是一个很实在的领导，关注自己的国家本身，而不是一个会挑起他国麻烦的空想家。”①

当前，中美两国正在经历新型大国关系的构建磨合期，如何避免两国发生正面战略冲突，需要我们规划和协调两国关系的总体演进方略，并于细微之处着眼，累积互信的具体措施。新型大国关系的意义极为重大，但却是一个艰难的新的历史命题。正因如此，跨越与探索理性而适度竞争的新型大国相处之道已为两国领导人高度重视。2012 年伊始，习近平副主席在尼克松访华四十周年之际对美国进行访问，在同美国领导人的会晤中，中美元首达成了以共同利益为主线，走出一条大国之间和谐相处、良性互动、合作共赢的新型合作伙伴之路的共识。

我们认为，以沟通为起点、以和谐为最终日标，中美关系的发展需要经历“全方位沟通——相互正确理解——彼此尊重核心利

① ［美］乔治·沃克·布什著：《抉择时刻》，中信出版社，2011 年版，第 399 页。

益——建立深度互信——稳定和谐相处”的过程。从目前的现实来看，中美之间只实现了这一过程的第一阶段。也就是说，双方通过战略与经济对话等机制建立了全方位、多领域、各层面的沟通体系，但是距离相互客观真实的认知与理解还有很大距离。中美之间新型大国关系的构建存在巨大的互信鸿沟，战略互信赤字日益困扰着双边关系的开展和深化。

例如，中国战略界普遍认为美国的核心利益是其全球霸权统治地位，因而美国将企图牵制甚至阻碍中国的崛起。与之相对，美国战略界则难以预测中国的未来发展道路，中国的崛起产生的不确定性及美国对规范中国崛起能力的怀疑，使得零和竞争的思维衍生出“中国威胁论”等敌视中国的论调。美国在朝鲜、叙利亚以及伊朗等许多安全问题上希望得到中国的政治支持和政策配合，但是中国基于一贯的外交原则和方针，希望遵从相关国际政治规范而并不认同美国的单边主义做法，两国在许多安全议题上的合作效果不佳。美国由此批评中国并未担负起相应的大国责任，中国则反对美国军演不断、事事不忘以军事干预为后盾的武力外交模式。

值得注意的是，尽管两国政治家频繁引用中文谚语来强调双方合作的意愿和共同努力，却不能掩盖两国在行动方面的迟缓与无策，而这更进一步造成了两国对话沟通意愿的下降和更深的理解障碍。以战略与经济对话为例，美方一些观点认为战略与经济对话没有能够跳出平日外交沟通的旧模式，对话本身的定位在“思想论坛”、“解决实际问题机制”、“谈判机制”、“预防危机机制”等若干功能上徘徊。美方在对话的诉求和对中国的外交施压方面着力点分散，利益诉求难以达成。更重要的是，美方对于中方对话与合作的意愿产生怀疑，并进而可能导致进行对话的动力削弱，威胁对话机制的稳定运行。美国政界和学术界的人士也批评奥巴马政府对华政策的软弱，认为他过高地估计了中国与美国合作的意愿，强调美方推动两国关系深化的努力不现实也不可取，所谓的中美对话容易导致美国对华“政策泡沫”，双方的政治作秀远大于取得的实质突破。在贸易、汇率、朝核问题等方面，两国历次对话都将这些问题作为保留性议题进行讨论，但中国的让步难以满足美国的预期。更为明显的是，美方不理解中方因对台军售问题而屡次中断两国军事交流的做法，认为军事关系的不稳定和安全危机出现时无法及时沟通对两国总体关系而言已经构成战略短板，中方负有重要责任。如果中方无法跳出对台军售问题以保证两军正常稳定的互动，美方在安全方面与中国对话合作的意愿将持续降低。

当双方无法正确客观地理解彼此的战略意图时，相互尊重彼此的核心利益也就无法实现。在中国明确宣示要求美国尊重包括涉及台湾、西藏等核心利益问题上以及尊重中国的政治制度和发展模式等问题上，美国都体现出两面性甚至多面性，并在口头承诺对华尊重的同时，屡屡做出伤害和不尊重中国主权与领土完整的事情，并认定其属于美国的一贯对华政策。

中美彼此的期待落差造成了两国在亚太地区政策相向而行却轨道不同、有意愿合作却难以合拍的尴尬格局。

新型大国关系的构建不能一蹴而就，因此双方应该寻求一种符合国际政治客观现实的、常态化而稳健的双边关系模式，这样才能确保双边关系朝着公平对等、基于国际政治客观规律、经受得住各种外部因素冲击和挑战的方向发展。双方对于“新型大国关系”内涵的理解不应赋予过高的期待，否则期待与现实之间的落差将会挫伤双方的积极性与合作的信心。如果中美能实现长期的和平竞争而非战争式的权力冲突，就已经可以成为国际关系史上的典范。那么所谓新型大国关系的最低目标或者两国战略界的较低预期就是避免两国的冲突，使得中美关系的发展更具现实确定性与规划性。

应当说，世界上很少有哪一对双边关系如中美关系一般，对国际政治的影响力无出其右而走过的历程却又充满了曲折与魅力；同样，当下也少有哪一对双边关系令各国政治家与学者如此着迷而屡次展开激烈争论，探求两国关系的未来走势；更少有哪一对双边关系日益清晰地印证国际政治中经典的权力转移理论，令国际社会焦灼地期待中美如何破解大国崛起的困境并化解对国际体系稳定的挑战。

站在 21 世纪首个十年的终点上，回顾冷战结束以来中美关系的发展历程，我们可以探求这对耐人寻味的双边关系如何在竞争与合作、危机与稳定、挑战与机遇之间往复徘徊，如何在构建符合多方期待的新型大国关系道路上跳出传统思维，走出一条新的合作之路。

本辑中美关系评论将对 2011 年中美关系在构建新型大国关系过程中出现的新问题和新挑战进行全面的回顾和梳理，深入剖析中美在各议题领域的互动情况，并有针对性地提出改善两国关系的政策建议，以期为中国学界的中美关系研究做出微薄的贡献。请学界同仁批评指正。

第一部分　中美政治关系

“中美致力于共同努力建设相互尊重、互利共赢的合作伙伴关系，以推进两国共同利益、应对二十一世纪的机遇和挑战。中美正在安全、经济、社会、能源、环境等广泛领域开展积极合作，需进一步深化双边接触与协调。两国领导人还一致认为，需要与国际伙伴和机构进行更加广泛、深入的合作，以形成和落实可持续的解决方案并促进世界和平、稳定、繁荣和各国人民的福祉。”

中国国家主席胡锦涛 2011 年 1 月 20 日在华盛顿与美国总统奥巴马共同发表的《中美联合声明》中的一段话。

第一章

首脑外交：中美关系的新起点

首脑外交一直是中美关系中的“重头戏”。2011 年初，中国国家主席胡锦涛对美国进行国事访问，与奥巴马总统确认将共同努力建设相互尊重、互利共赢的合作伙伴关系，把 21 世纪的中美关系带入新起点。同年夏天，美国副总统拜登访华，延续胡锦涛访美以来两国高层互动良好势头，推动中美关系全年平稳发展。作为回访，中国国家副主席习近平 2012 年 2 月在尼克松访华和上海公报发表 40 周年之际访美，以期通过“认识之旅”增进两国战略互信。

自尼克松“破冰之旅”以来，首脑访问在中美关系中一直发挥着不可替代的标志性作用。从冷战后期“准盟友”合作，到冷战结束初期化敌为友，再到小布什政府时的反恐合作，首脑访问一直是中美关系演变的重要节点。以 2008 年金融危机为分野，中美关系更显现紧密和对等，首脑访问议题更广泛，尽管访问效果进一步受中美结构性矛盾制约，但依然可以纵览全局，从最高层次推动竞争与合作并存的中美关系。

一、中美首脑外交回顾

1. 基本概念：首脑与首脑外交

首脑指国家元首或政府首脑，是外交政策的最高决策者和执行者。美国总统同为国家元首和政府首脑。理论上，中国首脑包括国家主席、全国人民代表大会常务委员会委员长、国务院总理、中国人民政治协商会议主席；鉴于中国的社会主义国体和中国共产党实行集体领导，包括中共中央总书记在内的中央政治局常务委员会委员同样应被视为国家领导人或首脑。

自冷战结束以来的中美外交实践中，首脑访问中的“首脑”指两国元首，即中国国家主席和美国总统。同时并存的概念是高层访问和交流，而“高层”的指向相对模糊和宽泛，包括政府、执政党、军队决策圈人物，如内阁级别高官、高级幕僚，也包括非执政党的美国国会领袖。① 相比其他高层人士，美国副总统和中国国家副主席、国务院总理的访问级别更高，意义更突出，作用通常更重要。鉴于中美建交 30 多年、尤其是冷战结束以来的外交实践和中国政治体制因素，本章把首脑访问中的首脑界定为美国总统、副总统和中国国家主席、国家副主席以及国务院总理，唯一例外是 1979 年以国务院副总理身份访美的中国实际最高领导人邓小平。

① 中美关系外交实践中，中国国家副主席、国务院总理、副总理、国务委员、外交部长、国防部长、中国人民解放军总参谋长及副总参谋长等均被视为高层；美方高层包括但不限于美国副总统、国务卿、国防部长、财政部长、参谋长联席会议主席及副主席、总统国家安全事务助理、众议院议长、参议院议长。

首脑外交是国家元首或政府首脑亲自参与的外交、外事活动，一般包括访问、会晤、致函电、通电话、派特使或私人代表，以及首脑发表对外政策声明等方式。

新中国成立后至改革开放前，由于国内外政治环境和交通方式等限制，中国国家主席出访次数相对有限，且国家主席多为虚职，其外交外事活动多属礼仪和象征性质；国务院总理周恩来则在这一时期的首脑外交中发挥了主要作用。改革开放后，中国首脑外交趋于活跃，尤其在20世纪90年代初国内领导体制变化、中共中央总书记江泽民出任国家主席后，成为中国外交重头戏。[①] 2004年3月，十届全国人大二次会议通过宪法修正案，给国家主席权职增加"进行国事活动"这一项则从国家根本大法层次确立了国家主席在首脑外交中的作用。

本章主要研究中美首脑访问，包括互访和非回访性质的访问，不考虑热线通话、致贺电或唁电等方式以及在联合国、亚太经合组织、八国集团、二十国集团等多边层次的会晤。

新中国成立后，中美长期处于敌对和对抗状态，首脑访问只在1972年尼克松访华开启中美关系正常化进程后才变得可能。因此，本文研究的时间范围始自1972年。

就国家元首而言，自尼克松访华至今，除卡特以外的历任美国总统均对中国进行过国事访问、正式访问或工作访问，[②] 其中乔治·W. 布什（小布什）两个任期内各有一次访华。而中国第二代至第四代领导集体核心人物邓小平、江泽民和胡锦涛均访问过美国，其中江泽民和胡锦涛在国家主席两届任期内各有一次访美。自冷战结束

---

① 关于中国国内政治与首脑外交的关系，可参见胡勇：《中国元首外交的兴起——一种国内政治的考察》，《外交评论》，2009年第4期，第49—52页。

② 卡特1979年9月4日、即副总统蒙代尔结束访华后宣布次年访华，但未能成行。参见阎学通等著：《中外关系鉴览1950—2005——中国与大国关系定量衡量》，高等教育出版社，2010年版，第144页。

后中美关系开始改善以来，国家元首在每个任期进行一轮互访已经成为两国外交惯例。①

本章出于研究需要，选取1972年尼克松访华、1991年冷战结束、2001年小布什政府发动反恐战争和2008年全球金融危机爆发这4个时间点，把中美首脑访问分为4个时间段，即冷战后期中美战略合作、冷战结束初期美国“一超”独大、小布什政府反恐战争时期和金融危机发生以来中美全球层面竞争与合作时期。

2. 中美首脑外交的历史发展

(1) 冷战后期（1972年至1989—1991年）

1972年2月，在前一年“乒乓外交”和美国总统国家安全事务助理基辛格秘密访华铺垫下，尼克松应周恩来邀请对中国进行为期一周的访问。这是新中国成立后美国总统首次访华。毛泽东会见尼克松，周恩来与尼克松会谈。2月28日，《中美联合公报》即“上海公报”发表，标志着两国结束20多年的对抗和相互隔绝。“破冰之旅”改变了整个世界，打开了中美关系的大门，两国领导人“用跨越太平洋的握手开启了中美关系发展的新篇章”。② 1975年12月福特访华，这是中美1973年在对方首都开设相当于大使馆级的联络处以来美国总统首次访华，两国最高层保持接触，福特重申将继续推动双边关系正常化。

1979年1月中美正式建交后，邓小平应美国总统卡特邀请对美国进行正式友好访问。双方签署科技合作协定和文化协定以及建立领事关系和互设总领事馆的协议。这是新中国领导人首次访美，是

① 美国总统任期为4年，最多任两届；中国国家主席任期5年，最多任两届。

② 语出中国国家副主席习近平，见《习近平出席尼克松总统访华和上海公报发表40周年纪念活动》，新华社，北京2012年1月16日中文电。

一次庆祝性的访问，也是一次危机管理式的访问。双方就苏联支持越南侵略柬埔寨交换意见，邓小平向卡特暗示军事打击越南的意图。邓小平访美结束后，中国打响对越自卫反击战；美国则采取暗中支持中国的态度，敦促苏联不要介入。同年 8 月，美国副总统蒙代尔访华，延续建交后中美关系的良好发展势头。

美国副总统乔治·W. H·布什（老布什）1982 年 5 月访华是一次典型的危机管理式访问。里根政府上台后，中美关系因美国强化对台湾出售武器而陷入危机。老布什访华前，双方关于对台军售的正式会谈和非正式磋商均陷入僵局。里根派老布什为特使，携带他写给中国领导人的亲笔信，向中国政府作出承诺。中共中央副主席邓小平会晤老布什时希望两国化解“潜伏的危机”。[①] 两个月后，美国驻华大使恒安石向中方提交美方解决美国售台武器问题的联合公报草案。经过谈判，双方达成协议，最终发表《八·一七公报》就美国对台军售作出分步骤直至最后解决的规定，危机得以化解。

1984 年 1 月，中国国务院总理赵紫阳对美国进行为期 7 天的正式访问，受到美方高规格隆重接待，与里根单独会谈并分别会晤国务卿、国防部长、财政部长等美方高层。这是中国总理首次访美。仅仅 3 个月后，作为回访，[②] 里根对中国进行国事访问，重申美国将履行三个联合公报所规定的义务，执行“一个中国”的政策。双方草签具军事合作性质的中美和平利用核能合作协定。两国首脑在美国大选年上半年的互访显示双边关系趋于制度化，安全合作得到加

---

① 邓小平告诉老布什，美国向台湾卖武器问题，是中美关系中的一个阴影，而且今天来说是一个潜伏的危机。如果两国关系中的这个疙瘩能够解开，将对全球战略很有利。参见新华网《资料：中美高层会晤》，http://news.xinhuanet.com/misc/2002—01/14/content_275386.htm。

② 里根是应中国政府邀请而非应中国国家主席邀请访华的。

强。1985年7月，中国国家主席李先念对美国进行国事访问并会晤赢得连任的里根。这是中国国家元首首次访美。双方签署中美和平利用核能合作协定。同年10月，美国副总统老布什访华并为美国驻成都领事馆揭幕。这两次庆祝性的访问标志着中美关系在里根政府第二个任期头一年继续制度化的势头。

1989年2月，美国总统老布什上任刚过一个月即对中国进行工作访问并会晤中央军委主席邓小平、中共中央总书记赵紫阳、国务院总理李鹏等中国领导人。老布什1988年圣诞节前夕在筹组内阁时即宣布访华意图，被中方称赞为“非同寻常”。[①] 这是美国总统首次在上任第一年访华，也是美国总统首次在就职伊始对亚洲国家进行政治性访问。然而，同年春夏之交的政治风波发生后，美国立即对华实施制裁，加上苏联和东欧剧变，迫使中国抵制“和平演变”。中美关系“转友为敌”，[②] 此后数年陷入低谷。

(2) 冷战结束初期（1991—2000年）

20世纪90年代前期，中美在人权问题、台湾问题、贸易逆差等方面的分歧加剧，促使中国民间民族主义情绪高涨。1995年美国允许中国台湾地区领导人李登辉入境访问，触发台海危机。中国1995年7月和1996年3月两度举行大规模导弹实弹演习，引发中美军事对峙，双边关系再度走低。台海危机震动了美国国内关于对华政策的大辩论，中国政局稳定、经济强劲增长和区域影响力扩大，促使美国政府

① 《非同寻常的外交行动——评布什总统访华》，新华社，北京1989年2月27日中文电。

② 此时中美关系并没有退回到冷战前中期的敌对性质，只是相对建交头10年而言严重后退，从共同对抗苏联的“准盟友”变为“准敌人”。为避免中美关系破裂，老布什1989年7月和12月两次派总统国家安全事务助理斯考克罗夫特为特使访华，邓小平会晤斯考克罗夫特时同样表达了改善中美关系的意愿。

从“遏制加接触”转向“接触加遏制”。① 以1996年11月江泽民与美国总统克林顿在亚太经合组织马尼拉非正式会议期间会晤为契机，中美关系趋于改善，江泽民与克林顿商定今后两年实现两国元首国事访问。1997年3月即上海公报发表25周年之际，作为90年代以来访华的最高级别美国官员，美国副总统戈尔应中国国务院总理李鹏邀请，对中国进行为期5天的正式访问，为中美元首互访作铺垫。②

1997年10月，江泽民应邀对美国进行为期8天的国事访问并与克林顿在白宫会谈。双方发表长3000多字、总计31点的《中美联合声明》，宣布两国将加强合作，致力于建立面向21世纪的建设性战略伙伴关系。“战略伙伴关系”是冷战结束后至90年代中期世界主要大国之间流行的新型国家间关系，不针对第三国，不具排他性，不同于冷战期间两大阵营之间的对抗和对立，也不同于各自阵营内部军事同盟关系；“战略”的涵义不只是军事和安全，更涉及政治、经济、地区和全球治理。1996年中国与俄罗斯宣布建立“平等信任、面向21世纪的战略协作伙伴关系”后，中美建立“面向21世纪的建设性战略伙伴关系”，意味着两国致力于互为重大国际问题的对话伙伴而非敌手，而中美俄大三角关系的性质也不会重新变为冷战时期中美苏大三角关系的性质。同时，双方在联合声明中专门决定把高层对话和磋商制度化，同意两国元首定期访问对方首都；同意在北京和华盛顿之间建立元首间直接通信联络；同意两国内阁和次内阁级别官员定期互访，就政治、军事、安全和军控问题进行磋商。中国领导人时隔12年再度访美，显示中美关系已经走出1989年的阴影，上升势头明显。

---

① 除避免军事冲突、经济相互依赖性增加等考虑，美国依然希望以协助经济改革推动中国实施政治改革，认为经济自由化必将导致政治自由化。

② 戈尔访华及其前后的美国国务卿奥尔布赖特、国会众议院议长金里奇、总统国家安全事务助理伯杰等高官访华，显示中美共同努力确保江泽民访美成功。

在双边关系良好发展的背景下，克林顿决定提前回访，带领1500人的庞大代表团于1998年6月开始对中国进行为期9天的国事访问。江泽民与克林顿在北京举行会谈，就南亚问题、生物武器公约议定书和杀伤人员地雷问题发表三个联合声明，并讨论了亚洲金融危机问题；虽然美国依旧拒绝按中方期望达成“互相保证绝不率先使用核武器的协议”，但双方最终同意不把战略核武器瞄准对方。克林顿还重申了关于台湾问题的“三不”政策，即美国不支持“台湾独立”，不支持“一中一台”、“两个中国”，不支持台湾加入必须由主权国家才能参加的国际组织。中方电视直播两国元首联合新闻发布会、克林顿在北京大学的演讲以及克林顿在上海参加的电台节目，充分展现了中国发展中美关系的诚意和信心，令美方喜出望外。克林顿称赞，“一个更加繁荣、开放、强大的新中国正在世界上崛起”。①

作为冷战结束后世界唯一超级大国、国际体系主导国的领导人，美国总统冷战结束后首次访华，显示美国对中美关系的重视和中国国际地位的提升。两国领导人成功互访标志着中美关系进入新的发展阶段。这一轮首脑互访虽然比不上尼克松访华“改变世界”的重要程度，但对缓和冷战后国际局势、改善中国国家安全环境起了积极作用。奥尔布赖特把克林顿访华的意义同尼克松访华和卡特任内美中建交相提并论，称之为美中关系史第三个里程碑。②

1999年4月，国务院总理朱镕基应克林顿邀请对美国进行正式访问。这是中国总理15年来首次访美，美方对这名“改革家”的接待规格相当于甚至超过其他国家元首。朱镕基和克林顿就中国加入世贸组织问题发表联合声明，并就台湾问题、中美贸易摩擦等向美

---

① 见《人民日报》1998年7月4日就江泽民与克林顿会晤发表的述评《中美关系改善是历史的必然——评中美首脑北京会晤》。

② 任慧文：《中国专家看克林顿访华》，《联合早报》，1998年7月15日，http：//www.zaobao.com/zaobao/special/china/sino _ us/pages1/zhongmei150798.html。

国公众阐述中方立场。不过，朱镕基访美期间，两国贸易代表未能谈妥中国入世问题。同年 5 月美国轰炸中国驻南斯拉夫联盟共和国大使馆事件，令双边关系陡然跌至 1996 年台海危机以来的低谷。尽管如此，炸馆事件对中美关系的影响时间仍没有台海危机长。1999 年 11 月 15 日，中美代表在北京最终签署《中美关于中国加入世界贸易组织的双边协议》，清除了中国入世的最大障碍。2001 年底，中国加入世贸组织，改革开放再次提速。

(3) 小布什政府反恐战争时期 (2001—2008 年)

小布什 2000 年竞选美国总统时抨击克林顿政府对华政策，称美中不是“建设性战略伙伴”而是“战略竞争对手”，承诺将同台湾建立更密切的关系。2001 年初小布什上台后酝酿战略调整，把战略重点转向亚洲，加强对中国的遏制。同年 4 月南海撞机事件发生后，两国军事交流和军方互访全面中断，小布什政府在联合国人权委员会上提出反华提案和宣布大笔对台军售，则进一步激化了矛盾，双边关系再度跌至低谷。

“9·11”恐怖袭击促使中美关系发生戏剧性的变化。事件发生后，江泽民立即致电小布什表示慰问并谴责恐怖主义，承诺积极支持美国打击国际恐怖主义活动。美国对外战略目标变为保护美国本土安全和打击国际恐怖主义，而小布什政府意识到，全球反恐离不开中国的合作。小布什决定参加 2001 年 10 月、即“9·11”事件一个多月后在上海举行的亚太经合组织领导人非正式会议，与江泽民实现首次会晤。中美关系重回正轨。

2002 年，中美实现建交 30 多年来唯一一次元首年内互访。2 月 21 日，尼克松访华 30 周年当天，小布什应江泽民邀请开始对中国进行为期两天的工作访问。双方深入讨论了国际反恐斗争形势，同意在双向、互利基础上加强磋商与合作，充实两国中长期反恐交流合作机制。小布什重申，美方坚持一个中国政策，遵守“美中三个联合公报”。双方一致认为，在复杂多变的国际形势下，中美作为对世界有重要影响的国家，应当加强对话与合作，妥善处理分歧，共同推动中美“建设性合作关系”进一步向前发展。江泽民接受小布什邀请，约定同年10月赴墨西哥出席亚太经合组织领导人非正式会议前访问美国；同时宣布，中国国家副主席胡锦涛将应美国副总统切尼邀请于近期访美。

2002年4月27日，胡锦涛对美国进行为期7天的访问。这是中国国家副主席首次访美。美方视胡锦涛为中国下一代领导人，小布什、切尼、国务卿鲍威尔、国防部长拉姆斯菲尔德、参众两院领袖等美国政要分别与胡锦涛举行会见和会谈。胡锦涛访问夏威夷、纽约、华盛顿、旧金山等地，广泛接触美国各界人士。同年10月，江泽民对美国进行工作访问，作客小布什位于得克萨斯州克劳福德镇的家庭牧场，与小布什举行一年之内的第三次会晤。双方一致同意推动中美建设性合作关系不断向前发展，加强高层战略对话和交往；小布什首次明确表示反对“台湾独立”。由于中共十六大即将举行，领导层换届在即，美方已把目光投向胡锦涛，江泽民回访美国更多是一次庆祝性和实践首脑互访机制的访问。

2003年12月，中国国务院总理温家宝对美国进行正式访问，美方在白宫南草坪举行欢迎仪式，规格与先前接待菲律宾总统相似，仅礼炮声不同。[①] 这是2003年3月中国新一届政府组成以来，中国总理首次访美。温家宝与小布什一致认为应妥善处理中美贸易摩擦，确保中美经贸关系持续健康发展，商定提高中美商贸联委会的级别。温家宝向美国各界深入阐述中国政府在台湾问题上的原则立场，小布什和鲍威尔明确表示反对“台独”。2004年4月，美国副总统切尼访华，分

---

① 陈有为：《外国首脑访美礼仪问题点评》，联合早报网，http://www.zaobao.com/special/china/sino_us/pages5/sino_us050907.html。

别与胡锦涛、温家宝、曾庆红和中央军委主席江泽民会晤。双方就台湾问题、中美贸易摩擦、朝核问题以及伊拉克问题进行了讨论。切尼是应中国国家副主席曾庆红邀请访华，不过曾庆红没有对美国进行回访。

2005 年 11 月 19 日，小布什对中国进行为期 3 天的正式访问。胡锦涛与小布什会谈，就经贸合作、台湾问题、朝核问题、禽流感等涉及中美关系以及两国共同关心的国际与地区问题深入交换意见，一致同意增进了解、扩大共识、加深互信，全面推进 21 世纪中美建设性合作关系。不过，除了签订一项波音客机采购协议外，这次访问几乎没有具体成果，布什没有进一步阐述美国副国务卿佐立克同年 9 月所提中国是“利益相关者”的说法。① 作为回访，2006 年 4 月胡锦涛对美国进行为期 4 天的国事访问并与小布什会谈。在这次会谈中，双方一致认为中美拥有广泛而重要的共同战略利益，不仅是利益攸关方，而且应该是建设性合作者，良好的中美关系对维护和促进亚太地区和世界的和平、稳定、繁荣具有战略意义。双方同意从战略高度和长远角度看待和处理两国关系，全面推进 21 世纪中美建设性合作关系。

2007—2008 年，中美没有安排首脑互访，原因之一是两国领导人在多边场合的多次会晤起到弥补作用。其中，胡锦涛与小布什 4 次在八国集团与发展中国家领导人对话会议和亚太经合组织领导人非正式会议期间会晤。小布什政府两届任期内，两国元首总计 11 次在联合国会议以及上述多边峰会期间会晤。② 这八年，反恐合作为中美改善关系提供了契机，中美关系基本保持平稳发展，尤其是 2005 年启动年度中美战略对话、2006 年启动年度战略经济对话。另外，

---

① 佐利克 2005 年 9 月在一次演讲中首次提出要使中国成为“国际体系中负责任、利益相关的参与者（A responsible stakeholder in international system）”。中国外交部 2006 年 3 月发出通知，把译名从“利益相关者”改为“利益攸关方”，以期准确反映美国此一称呼的实质内涵和战略意图。

② 另外，胡锦涛 2008 年 8 月在北京会见了前来出席北京奥运会开幕式及相关活动的小布什。

自双方在小布什政府首个任期就维护台海和平稳定形成共识以来，台湾问题逐渐淡出首脑访问及其他会晤的主要议题，[①] 而随着中国以经济增长带动的实力增强，贸易摩擦、人民币汇率、地区安全等与中国崛起相关的议题成为焦点。

(4) 金融危机以来 (2009 年至今)

2008 年 9 月爆发于美国的金融危机迅速席卷全球。同年 11 月奥巴马当选新一届美国总统时，美国、日本、欧洲等主要发达经济体陷入经济衰退。中国同样受到金融危机冲击，但借助“四万亿计划”成功拉动内需，较快摆脱金融危机影响，继续保持较高经济增长率。金融危机给中美两国合作提供了重要契机，两国在推动全球经济复苏、改革国际金融体系以及应对国际和地区热点问题方面存在广泛的共同利益。2009 年 4 月，胡锦涛与奥巴马在二十国集团伦敦峰会期间举行首次会晤，双方一致同意共同努力建设 21 世纪积极合作全面的中美关系。胡锦涛首次提出把新时期的中美关系定位为“积极、全面、合作”，奥巴马表示赞同。[②] 双方决定把中美战略对话和战略经济对话合并升级为中美战略与经济对话，首轮对话于当年 7 月在华盛顿举行。胡锦涛在伦敦会晤时邀请奥巴马下半年访华，后者接受邀请。

---

① 台湾问题对中美关系变得不再紧迫：一是因为中美自 21 世纪初以来就避免因“台独”发生军事冲突形成共同管理；二是 2008 年国民党赢得台湾地区领导人选举后，两岸关系发展加快，“台独”威胁性大大减少。1997 年《中美联合声明》中，中方强调“台湾问题是中美关系中最重要最敏感的核心问题”，但 2009 年和 2011 年联合声明只说“双方强调台湾问题在中美关系中的重要性”。美方在 2009 年联合声明中对两岸关系缓和表示“欢迎”并“期待”两岸在经济、政治及其他领域的对话互动，在 2011 年联合声明中继续表示“期待”，并且“支持”两岸关系和平发展。鉴于两岸 2010 年签订经济合作框架协议（ECFA）和马英九 2012 年再次赢得地区领导人选举，台湾问题的紧迫性有望进一步下降。

② 《国家主席胡锦涛会见美国总统奥巴马》，新华社，伦敦 2009 年 4 月 1 日中文电。

2009 年 11 月 15 日，奥巴马对中国进行为期 4 天的国事访问并与胡锦涛主席及其他中国领导人举行会谈。这是美国总统首次在任期第一年对中国进行国事访问。两国时隔 12 年再度发表《中美联合声明》，声明中文篇幅长达 6500 多字，内容广泛，涵盖建立和深化双边战略互信、经济合作和全球复苏、地区及全球性挑战、气候变化及能源与环境等领域，总计 46 点。声明高度评价中美战略与经济对话机制的重要作用，同意继续利用高层领导人的直接联系渠道就重大敏感问题保持及时沟通，将两国外长年度互访机制化，并鼓励两国其他部门高级官员经常互访。另外，声明还确定军方高层互访机制、反恐与执法合作机制、航空航天科技对话机制、人权对话机制、留学生促进计划，再次强调台湾问题与美方对中国主权和领土完整的尊重；强调战略互信与加强外空安全。双方宣布致力于建设 21 世纪积极合作全面的中美关系，并将采取切实行动稳步建立应对共同挑战的伙伴关系。

2009 年中美联合声明开篇提到“奥巴马总统邀请胡锦涛主席于明年访问美国，胡主席愉快地接受了邀请”。然而，2010 年初，两国陆续在贸易摩擦、对台军售、西藏问题、谷歌、人民币汇率等问题上发生冲突，胡锦涛的回访时间迟迟不能确定。直至 2010 年 4 月华盛顿核安全峰会期间的“胡奥会”，中美关系止跌回升。同年 6 月二十国集团多伦多峰会两国元首会晤时，奥巴马正式邀请胡锦涛对美国进行国事访问。鉴于 2010 年 11 月美国举行中期选举，回访时间最终确定为 2011 年初。2010 年 11 月二十国集团首尔峰会上演第七次“胡奥会”后，中美外交、军事高官频繁互访，为胡锦涛国事访问做准备。

2011 年 1 月 18 日，胡锦涛开始对美国进行为期 4 天的国事访问。胡锦涛与奥巴马在白宫会谈，共同会见工商界代表，胡锦涛还会晤了美国国会领袖及主要议员。胡锦涛在元首会谈中强调了中方对于发展中美关系的五点意见：第一，发展求同存异、平等互信的政治关系；第二，深化全面合作、互利双赢的经济关系；第三，开展共同应对挑战的全球伙伴合作；第四，推进人民广泛参与的中美友好事业；第五，建立深入沟通、坦诚对话的高层交往模式。奥巴马对此非常赞同。两国元首再次发表《中美联合声明》。声明长达6000多字，涵盖加强中美关系、促进高层交往、应对地区和全球挑战、建设全面互利的经济伙伴关系、气候变化及能源环境合作，扩展人文交流6个方面，总计41点。声明重申中美致力于建设21世纪积极合作全面的中美关系，同时表示两国“致力于共同努力建设相互尊重、互利共赢的合作伙伴关系，以推进两国共同利益、应对21世纪的机遇和挑战”。相比2009年提出的“积极、全面、合作”的中美关系定位，“相互尊重”强调两国存在分歧和差异、尤其是在一些核心利益方面存在矛盾，而“互利共赢”强调中美应当互为有共同利益的合作伙伴而非对手。

中方在联合声明中欢迎美国副总统拜登同年访华，美方欢迎中国国家副主席习近平此后访美。2011年8月17日，拜登开始对中国为期6天的正式访问。胡锦涛、吴邦国、温家宝、习近平等中国领导人分别与拜登会见会谈，习近平与拜登共同出席中美企业家座谈会，陪同拜登访问四川。胡锦涛会见拜登时积极评价2011年年初以来中美关系新进展，指出中方坚定致力于构建互尊互信的中美关系。习近平与拜登会谈时建议进一步加强中美全球伙伴合作，表示中方愿同美方继续合作应对各种全球性和地区性挑战，保持和加强沟通协调，共同发挥负责任、建设性的大国作用。借着同年6月中美首次亚太事务磋商的利好，习近平表示双方要利用这一新增平台，加强亚太事务对话与合作，进一步构建中美在亚太的良性互动、互利共赢格局。拜登承诺美方愿同中方加强合作，妥善处理地区热点和全球性问题，促进地区和世界和平稳定。另外，拜登就美国主权债务危机强调美国绝不会债务违约，承诺确保中国在美投资和美元债务安全。

2012 年 2 月 13—17 日，习近平应邀对美国进行正式访问，受到高规格接待。习近平与奥巴马 2 月 14 日在白宫椭圆形办公室会晤，还会晤拜登、希拉里、国会领袖等高层，参观五角大楼，与美国国防部长帕内塔、美军参谋长联席会议主席登普西会见，受到全套军礼迎接，[①] 以及出席中美农业高层研讨会和中美经贸合作论坛开幕式。习近平访美是根据胡锦涛 2011 年访美时与奥巴马达成的共识，落实两国副元首互访，推进建设相互尊重、互利共赢的中美合作伙伴关系。在双边贸易摩擦增多、贸易失衡加剧的背景下，“习奥会”后发布的《关于加强中美经济关系的联合情况说明》为促进互利共赢的中美经济关系列出了务实措施。除了强调“宽广的太平洋有足够空间容纳中美两个大国”，[②] 习近平还与美国各界人士尤其是普通民众积极互动，以“人性之旅”展现中国新一代领导人更开放、更亲民的特点，并援引古诗强调中美友好和合作是“大势所趋、人心所向，不可阻挡、不可逆转”，[③] 有助于减少两国“信任赤字”。[④]

---

① 美方全套军礼包括 19 响礼炮、奏国歌、检阅仪仗队，胡锦涛 2002 年以国家副主席身份访美时同样参观五角大楼并与时任美国国防部长拉姆斯菲尔德会面，但没有享受到相同礼遇。

② 习近平在出访前接受美国《华盛顿邮报》采访，表示中国“欢迎美国为本地区和平、稳定、繁荣发挥建设性作用，同时希望美方充分尊重和照顾”中国的“重大利益与合理关切”。见《习近平接受美国〈华盛顿邮报〉书面采访》，新华社，北京 2012 年 2 月 13 日中文电。

③ 见习近平 2012 年 2 月 15 日在华盛顿出席美国友好团体举行的欢迎午宴时发表的演讲《共创中美合作伙伴关系的美好明天》。

④ 中美之间存在“信任赤字（trust deficit）”一说由中国外交部副部长崔天凯于习近平访美前夕在上海国际问题研究院就中美上海公报发表 40 周年举行的国际会议上发表演讲时提出。见中国外交部网站登出的崔天凯讲话全文，题为“Firmly Promote the Sino-US Cooperative Partnership”，http：//www.fmprc.gov.cn/eng/wjb/zygy/gyhd/t902453.htm。

二、中美首脑外交评价

1. 首脑外交作用不可替代

首脑外交堪称中美关系的晴雨表。根据清华大学当代国际关系研究院有关研究统计,① 冷战结束前，首脑外交往往会促进双边关系进入新阶段；冷战结束后，这种效果不像先前那样明显，但首脑外交依然能够表明双边关系改善，同时在一定程度上推动中美关系向前发展。例如，从 1997 年江泽民访美时双方同意建立“面向 21 世纪的建设性战略伙伴关系”，到 2005 年布什访华时的“建设性合作关系”，从金融危机严重时的“积极、合作、全面”新定位，再到 21 世纪第二个十年伊始提出的“相互尊重、互利共赢的合作伙伴关系”，首脑外交不断对中美关系作出新定位，把中美关系带入新起点。

(1) 从最高层次为中美关系掌舵

首脑访问是首脑外交最重要组成部分，也是反映国家间关系良好的重要指标。自中美开始双边关系正常化进程以来，虽然其他沟通渠道、双边高层交往日益频繁，而且 21 世纪以来多边层次上的首脑会晤每年都有,② 但首脑访问对促进中美关系的作用依然不可

---

① 关于这一定量研究项目的更多具体内容，参见阎学通等著：《中外关系鉴览 1950—2005——中国与大国关系定量衡量》，高等教育出版社，2010 年版和阎学通、漆海霞等著：《中外关系定量预测》，世界知识出版社，2009 年版。

② 江泽民与克林顿、小布什共计 9 次在多边会议期间会晤，胡锦涛与小布什 11 次，截至 2011 年，胡锦涛与奥巴马 8 次在多边场合会晤。

替代。

这是因为：第一，首脑访问可以站在最高层次，从国家整体利益出发，把握双边关系发展方向，尽可能减少利益集团影响，避免局部利益、议题“绑架”整个中美关系。第二，相比多边峰会期间时间仓促、日程紧张的首脑会晤，首脑访问时的双边会谈时间长，可以充分、详细讨论双边关系议题，深入交换意见，而且两国外交等部门一般会作较长时间的筹备，以确保访问成功。第三，首脑在访问期间在正式或非正式场合面对面交流，可以直接讨论复杂、敏感的问题，减少误解、防止误判和错误估计，进而促成问题解决、矛盾化解或缓解，这是多边平台的首脑会晤或时间较短的通电话做不到的。例如，小布什执政时期，中美军事关系在将近 7 年时间内保持良好，在建立军事热线等问题上取得重大进展，这和小布什任内两次访华、3 次接待中国国家主席和副主席到访，尤其是上任第二年实现中美元首互访有关。[①] 第四，首脑访问有利于培养双方领导人之间的友谊。尽管私人关系必须服从国家利益，但首脑之间的个人交流可以使彼此加深了解对方作为最高决策者的思维方式，而且良好的私人关系可以促进外交工作，进而促进双边关系。例如，胡锦涛 2009 年 4 月在伦敦会晤奥巴马时便表示，愿与奥巴马“建立起良好工作关系和个人友谊”。[②]

(2) 副元首访问作用多重

副元首级别的首脑访问，始自中美建交。冷战结束后，随着中国领导层更替交接机制的逐渐确立，中国国家副主席对美国访问的作用更为独特而重要。

---

① 周玉明、朱颖琦：《中美军事交往特征探析——以 1989—2009 年为考察区间》，《学理论》，2009 年第 14 期，第 18—19 页。

② 《国家主席胡锦涛会见美国总统奥巴马》，新华社，伦敦 2009 年 4 月 1 日中文电。

副元首级别的访问作用之一是为国家元首访问和重大活动铺路。这主要体现在美方，例如 1997 年 3 月戈尔应邀访华，为同年 10 月江泽民访美作铺垫。副元首访问兼具庆祝性、保持接触和让双边关系制度化的性质，如 1979 年蒙代尔访华和 1985 年老布什访华。

作用之二是协调政策，保持沟通，兼具危机管理作用。例如 1982 年 5 月美国副总统老布什访华有助于中美化解里根政府对台军售引发的危机。又如，2004 年 4 月，小布什政府主管安全政策的副总统切尼访华时正值台湾地区领导人选举、陈水扁赢得连任，切尼在陈水扁 5 月 20 日就职前访华，有利于双方协调立场，共同管理台湾问题。2011 年 8 月，奥巴马政府中分管对华政策的拜登访华，在沟通美国亚太政策、对台军售方面起到了类似沟通的作用。

作用之三是下一代领导人提前“亮相”。这一点主要体现在中方。中共十五大后，以全国人大选举国家副主席为标志，向外界揭示下一代领导集体核心人选，成为惯例。美国可以借中国国家副主席访美的机会增进对中国年轻一代领导人的了解，以建立两国高层之间的某种沟通。胡锦涛 2002 年 5 月以国家副主席身份访美后，中共十六大同年秋天召开，选举产生以胡锦涛为总书记的第四代领导集体，2003 年 3 月胡锦涛接替江泽民出任国家主席。

2011 年 8 月拜登访华时，习近平全程陪同。而美国副总统访华时中国国家副主席陪同已有先例，1997 年戈尔访华时即由胡锦涛陪同。2002 年 2 月布什访华时，胡锦涛以国家副主席和清华校友双重身份陪同布什在清华大学发表演讲。① 中共定于 2012 年秋天举行十八大，实现领导人换届，美国希望通过这一轮副元首级别的互访了解有望成为中国新一代领导人的习近平。一些美国人对习近平的印象还停留在他 2009 年出访美国“后院”拉美五国时批评外国人对中

① 《胡锦涛陪同布什总统发表演讲》，新华社，北京 2002 年 2 月 22 日电。

国内政“指手画脚”，[①] 认为他代表强硬派。这次“展示之旅”期间，习近平与美国高层和民众互动时妙语连珠、话中有话，展现平易近人、自信开放、柔中带硬的个性特点，相信能使美国各界对中国下一代领导人有更直接、更全面的了解。

(3) 公共外交争取民意

首脑访问期间，两国领导人通常会在紧张的日程中安排时间开展公共外交，接触社会人士、尤其是直接与普通民众交流，以亲民举动改善本国在对方舆论中的形象，进而以这种有利于己方的民意推动政治关系。首脑访问给这种亲力亲为的公共外交提供了特有的机会。

例如，老布什 1989 年访问北京时到教堂做礼拜、1997 年戈尔访华时参观首师大附属中学、克林顿 1998 年参观上海新建居民区、2009 年奥巴马访华前夕中国民间出现“奥巴马热”，[②] 以及奥巴马在上海与青年学生面对面交流，2011 年拜登观看中美篮球友谊赛，品尝老北京风味小吃，在四川参观灾后重建的中学。这些均有助于改变中国民众对美国的既有认识。

对美公共外交对中国领导人而言也很重要，既有助于改变美国民众印象中共产主义国家领导人刻板、僵硬的形象，也有助于消除对方的误解、从微观层面增进信任。例如，1979 年邓小平访美时戴上牛仔帽观看马术竞技，1997 年江泽民访美时专程探望老师，1999 年朱镕基访美、2003 年温家宝访美时与美国民众均有良好互动，在

---

① 习近平访问墨西哥时会见当地华人华侨时说：“有些吃饱了没事干的外国人对我们的事情指手画脚。中国一不输出革命，二不输出饥饿和贫困，三不去折腾你们，还有什么好说的。”见《外媒关注习近平任军委副主席》，《参考消息》，2010 年 10 月 20 日，http：//news. xinhuanet. com/world/2010－10/20/c _ 12679386. htm。

② Francois Bougon，Obama-mania alive and well，and living in China，The *Telegraph*，November 12，2009，http：//www. telegraph. co. uk/expat/expatnews/6550620/Obama-mania-alive-and-well-and-living-in-China. html.

公开场合就中国入世、反对“台独”等议题发言时语言生动，符合美国受众习惯，有利于争取美国舆论认同。温家宝访美时还参观纽约世界贸易中心遗址，向“9·11”恐怖袭击死难者献花圈。有外国媒体把中国领导人展现给美国民众的个人魅力总结为“邓小平的意韵生动、江泽民的唱歌才艺、朱镕基的磅礴气势、温家宝的吟诗作对、胡锦涛的不温不火”。[①] 习近平访美时在演讲中讲述自己在地方任职时中美友好交流的故事，在27年前访问过的艾奥瓦州小镇与老友茶叙，[②] 在洛杉矶观看篮球比赛，显现人情味和亲和力。

另外，无论中、美国家元首还是副元首，经常选择在访问期间去大学发表演讲，面向青年学生阐述本国政策立场，回答提问，以争取今后成为对方国家主导力量的年轻人。[③]

2. 首脑访问效果受制于中美结构性矛盾

首脑访问是中美关系改善的结果，而不是原因，共同利益才是中美关系改善和发展的基础。因此，首脑访问虽然意义重大，但效果受限于中美结构性矛盾以及国际格局。

尼克松访华成功、中美关系“破冰”，是因为当时冷战局势是苏攻美守，中苏关系因1969年珍宝岛冲突而恶化，美国则急于摆脱越南战争的困境，于是中国与美国最终形成“准盟友”关系，进行战略合作，共同对抗苏联。1991年12月，苏联解体，冷战结束，中国

---

① 《一顶帽子的魅力有多大》，中新社，新加坡2006年4月23日中文电。

② 习近平到访白宫的次日、即2月15日访问艾奥瓦州小镇马斯卡廷。1985年习近平在河北正定县任职时率农业考察团访问马斯卡廷并在当地一户人家住宿。当年曾接待或参与习近平访问活动的马斯卡廷居民出席了15日的这场私人聚会。

③ 1979年蒙代尔、1998年克林顿均在北京大学发表演讲，2002年小布什在清华大学，2004年切尼在复旦大学，老布什1985年和拜登2011年在四川大学演讲。江泽民、朱镕基、温家宝访美时均在哈佛大学发表演讲，2006年胡锦涛选择在耶鲁大学演讲。

在遏制苏联方面对美国的战略意义消失，国内政治对美国对华政策的影响增强，因此中美关系自克林顿政府上台以来一直显现波动和不稳定性。美国国务卿鲍威尔 2003 年至 2004 年两次提出中美关系正处于历史最好时期，事实上，中美关系迄今最好时期仍是冷战后期的“准盟友”时期。体现在首脑访问上，除去中美建交前尼克松和福特访华，1979 年中美建交到 1989 年，两国之间有 8 次首脑访问，而冷战结束后老布什政府后期和克林顿政府时期 10 年间只有 4 次；小布什政府 8 年间，中美关系因为反恐等领域的合作而基本平稳，首脑访问次数较冷战结束初期明显增多，总计 7 次（见表 1：中美首脑访问）。

金融危机发生以来，国际体系权力分布变化明显，世界格局开始从一超多强向中美两极转变。次贷危机和金融危机削弱了美国的国际体系霸权国地位，中国的权力相对其他体系大国明显上升。鉴于应对金融危机、经济失衡、气候变化、核扩散等全球性挑战离不开中美合作，有学者提出“中美共治”、“中美国”、“两国集团(G2)”等说法。但是，作为霸权国的美国不可能与作为崛起国的中国组成“两国集团”，中方不赞成有关“两国集团”的提法，① 美国官方从未提出要建“两国集团”，国务卿希拉里·克林顿更明言“不存在两国集团”。② 另一方面，美国对中国崛起的重视程度逐年提高，③ 并且出于历史经验而担心中国意图取代美国在亚洲乃至世界的

---

① 《温家宝会见奥巴马 不赞成有关“两国集团”提法》，中新社，北京 2009 年 11 月 18 日中文电。

② 希拉里 2011 年 1 月 14 日、即胡锦涛访美前夕发表讲话《宏观展望 21 世纪美中关系》，提到“不存在所谓的两国集团。我们两国都拒绝这样的概念”。参见美国国务院国际信息局提供的讲话译文，http：//www.america.gov/st/uschina-chinese/2011/January/20110114205102x0.2480062.html? CP.rss=true。

③ 体现在奥巴马发表的国情咨文上，2011 年国情咨文 5 次提到中国，2010 年 4 次提到，2009 年只有 2 次。

主导地位，尤其对中国军力发展的战略意图充满疑虑。因此，虽然中美关系自2009年以来显现更为紧密和对等，但结构性矛盾更突出，经济相互依存深化的同时，战略互信却弱化，限制了奥巴马访华和胡锦涛访美这一轮元首互访对中美关系改善的作用。

3. 首脑访问后的中美关系

冷战结束以来，中美之间首脑访问的历史常常出现这样一个怪圈：首脑到访前，双方暂时搁置争端，塑造良好氛围，双边关系显现改善；而首脑到访后，中美关系反而出现滑坡。有中国国内学者认为，这是因为两国之间存在“假朋友”关系，希望通过首脑到访使两国关系显得更友好，但访问结束后这些被掩盖的矛盾便凸显出来。[①] 这同样说明，两国对对方期望过高，而改变自身政策的偏好过低。

例如，2002年2月小布什访华后，中美关系因台湾问题而急剧降温，先是美国一反多年来不与台湾官方接触的政策，首次邀请台湾防务部门负责人汤曜明访美；美国国防部在机密报告中称要在“台湾海峡发生军事对抗”中对中国动用核武器，国防部副部长沃尔福威茨在“美台防御高峰会”上声称美国将竭力协防台湾；小布什“口误”称台湾为“共和国”，签署法案支持台湾加入世界卫生组织。这导致中方对小布什政府的不信任感明显增加。不过，随着国家副主席胡锦涛同年4月访美，中美关系再度显现改善。

最近一个典型案例是，2009年11月奥巴马访华前，两国对访问

① 阎学通：《对中美关系不稳定性的分析》，《世界经济与政治》，2010年第12期，第4—30页。

成果期待甚高，为营造友好氛围，奥巴马推迟了与达赖的会晤，但访问结束后，中美关系陡然走低。同年 12 月丹麦哥本哈根联合国气候变化大会上，发达经济体和新兴经济体之间矛盾凸显，中美激烈争吵。2010 年 1 月 30 日，美国宣布新一轮对台军售计划，中国采取反制措施，包括暂停两军计划的互访安排，推迟两军部分交往项目，推迟拟于近期举行的中美副部长级战略安全、军控与防扩散等磋商，宣布将制裁参与售台武器的美国公司。2 月 3 日，奥巴马表示将在汇率上对中国采取更为强硬的立场，并且要求中国更大程度开放市场以扩大美国出口。2 月 18 日，奥巴马在白宫地图室会见达赖，国务卿希拉里也于同日会见，中方提出严正抗议。然而，随着胡锦涛同年 4 月出席华盛顿核安全峰会并与奥巴马会晤，中美关系再次呈现上升趋势。

三、2011 年中美首脑外交新特点

不过，首脑访问后中美关系滑坡的特点在 2011 年没有出现。这一年是美国国会中期选举和总统选举之间的间歇期，也是中国“换届年”之前的一年，中美关系受国内政治干扰较少，有机会承前启后。胡锦涛访美、拜登访华则反映出金融危机发生以来中美竞合关系的新定位——“相互尊重、互利共赢”。奥巴马在白宫欢迎仪式致辞中把胡锦涛访美与邓小平访美相提并论，希望这次访问“让我们为未来 30 年奠定基础”。①

① 见美国国务院国际信息局提供的译文《奥巴马总统和中华人民共和国胡锦涛主席在正式欢迎仪式上的讲话》，http：//www.america.gov/st/uschina-chinese/2011/January/20110119142855x0.6452754.html。

1. 倡导互尊互利

2011年《中美联合声明》中，两国元首再次重申2009年双方确立的“致力于建设21世纪积极合作全面的中美关系”，同时表示两国“致力于共同努力建设相互尊重、互利共赢的合作伙伴关系”。中国外交部副部长崔天凯认为，这两种表述一脉相承，显示过去一年多时间内两国共同利益、相互需求不断增长，共同挑战不断出现。本文认为，相比2009年奥巴马政府上任初期中美对彼此过高的期望，经过2010年中美关系的跌宕起伏，两国对双边关系的认识更客观、务实，意识到中国作为崛起国与美国作为霸权国之间存在不可避免的结构性矛盾，但现阶段均不希望摊牌甚至发生重大冲突。中方希望避免与美国陷入安全困境，避免“你输我赢”、“你兴我衰”；[①] 美方则正视中国崛起的现实，试图借助中国经济发展延续霸权。[②] “相互尊重”意味着中美不应轻视甚至无视对方的国家利益，而应尊重彼此的核心利益；“互利共赢”则意味着中美希望尽可能避免政治、军事层面权力斗争的零和游戏，依然强调在以经济关系为主的其他层面能够实现两国互利互惠，“伙伴关系”则意味着中美不希望互为对手甚至敌手，而是能够共同应对地区和全球挑战。相比“积极合作全面”，“建设相互尊重、互利共赢的合作伙伴关系”显得更

---

① 胡锦涛在华盛顿出席美中贸易全国委员会和美中关系全国委员会欢迎宴会上发表讲话《建设相互尊重、互利共赢的中美合作伙伴关系》，见新华社华盛顿2011年1月20日中文电《胡锦涛在美国友好团体欢迎宴会上的讲话（全文）》。

② 拜登结束访华后在《纽约时报》上以第一人称撰写《中国的崛起并非我们的终结》一文，反对“中国威胁论”，认为中国的崛起不代表美国的终结，一个成功的中国能够让美国更繁荣，而不是相反。Joseph R. Biden Jr.，“China's Rise Isn't Our Demise”，The *New York Times*，September 8，2011，http://www.nytimes.com/2011/09/08/opinion/chinas-rise-isnt-our-demise.html?_r=2&ref=opinion。

具体、更具可操作性。

相应地，胡锦涛提出，在政治层面，中美应发展求同存异、平等互信的政治关系，这意味着一是要承认和包容彼此间的差异和分歧，妥善处理彼此间的摩擦；二是要建立战略互信，避免“中国模式”必将挑战“美国模式”这样的思维导致中美之间的相互猜疑，损害两国利益。体现在联合声明中，相比2009年，2011年声明基本重申在战略与安全互信方面的内容，但在人权问题上从双方“存在分歧”升格为“依然存在重要分歧”，新加入“美方强调，促进人权和民主是美国外交政策的重要组成部分。中方强调，不应干涉任何国家的内政”。这说明双方并不讳言在人权问题上的分歧，同时突出各自立场。同时，双方均显现让步和相互尊重。胡锦涛在联合新闻发布会上回答美国记者提问时说，“中国在发展人权方面还有很多工作要做”，“虽然中美在人权问题上有分歧，我们愿意在互不干涉内政的基础上，加强人权交流”；[①] 奥巴马则承认中国致力于摆脱贫困是“正义和人权的一部分”，符合美国利益，[②] 认同生存权和发展权，即中国主张的首要人权。

应对地区和全球挑战方面，相比2009年，2011年联合声明对2010年朝鲜半岛紧张局势表示关切，鼓励朝韩“开展真诚和建设性对话”，中美“对朝鲜宣称的铀浓缩计划表示关切”。这既是承认中美在“天安”号事件和延坪岛朝韩相互炮击事件上的分歧，也是顾及美方对朝鲜和铀浓缩项目的担忧。在伊朗核问题方面，2011年声明提及“双方呼吁全面执行联合国安理会所有有关决议”，显示中方支持联合国对伊朗制裁；声明新增苏丹问题，表示中美支持北南和平进程，关注达尔富尔问题的政治解决。这展现出中国负责任大国

① 《胡锦涛：人权普遍性原则必须与各国国情相结合》，中新社，华盛顿2011年1月19日中文电。

② 《中美关系新定位影响深远》，香港《文汇报》，2011年1月21日，第A04版。

的形象。

在经济领域，双方表示将建设“全面互利的经济伙伴关系”。这是2011年中美联合声明的亮点。胡锦涛访美期间，双方就宏观经济政策、汇率政策、开放贸易和投资、知识产权、政府采购、中国市场经济地位、协商对话机制、金融监管等经贸议题磋商和交流，体现出“全面”。美国承诺将解决政府财政赤字问题，中方则承诺继续加大力度扩大内需，促进服务部门的私人投资，更大程度地发挥市场的作用；为回应美方在人民币汇率问题上的关切，中方表示将继续坚持推进人民币汇率形成机制改革，增强人民币汇率弹性，转变经济发展方式。美方还明确承诺尽快承认中国市场经济地位。① 另外，中方与美方签订总计450亿美元的采购合同，能为美方创造23万个就业岗位，习近平次年访美时多次提到美国的就业问题，均表明中方既重视双边经贸关系，也理解美国人关心的核心议题，展现出合作诚意。

2. 有效管控分歧

胡锦涛访美后，中美关系没有出现2009年奥巴马访华后那种滑坡和波折，而是平稳发展。2011年5月第三轮中美战略与经济对话、6月首次中美亚太事务磋商顺利举行。进入下半年，中美关系再度受到来自美方的干扰：7月，奥巴马在白宫会见达赖；9月，美国宣布新一轮对台军售计划；10月，美国参议院通过议案，被中国媒体

① 2009年7月首轮中美战略与经济对话时，美方承诺“通过中美商贸联委会以一种合作的方式迅速承认中国市场经济地位”，但迄今未予兑现。2009年联合声明只提到“双方承诺在首轮中美战略与经济对话中……作出的所有承诺”，而2011年联合声明写明“中方欢迎美方承诺通过中美商贸联委会以一种合作的方式迅速承认中国市场经济地位”。

解读为意图逼迫人民币加速升值。拜登8月访华夹在这些负面事件中间，但中美关系并没有出现大的波动，显然拜登访华期间就对台军售计划和人民币汇率等问题与中方沟通，而中方在美国宣布军售计划后反应克制，只是部分中断军事交流，并没有像2010年那样全面中断军事交流。美国军售清单则有所调整，没有选择直接出售F－16C/D型战机，而是帮助台湾升级现有的F－16A/B型战机，至少在表面上顾及中方关切。这体现了习近平所主张的“妥善处理、有效管控分歧和敏感问题”,[①] 对可能冲击双边关系的议题进行“风险管理”。

美国2011年5月击毙“基地”组织头号人物乌萨马·本·拉丹后调整反恐战略，中美反恐合作的基础被削弱。与此同时，美国完成从伊拉克撤军并着手从阿富汗撤军，调整全球军事部署，减少对欧洲和中东事务的介入，宣布向亚洲“战略转移”、重返亚太。这更需要中美有效管控分歧，防止误判引发冲突。继6月夏威夷首次磋商之后，中美高层同年11月再度在北京对话亚太事务，讨论美国对台军售及人民币汇率等敏感议题。中美亚太事务磋商机制产生时间虽短，但已成为两国处理重大分歧、对双边关系进行“风险管理”的有效平台。这有利于维护中美合作伙伴关系，堪称继胡锦涛访美后2011年中美关系的又一亮点。

随着中国国家利益扩展，中美越来越多地在亚太地区以及全球层面展开竞争与合作。近年来，中美关系容易受到第三国突发事件和双边层次以外的地区和全球热点问题干扰，如朝鲜半岛问题、伊朗核问题、叙利亚问题。这些不确定、不稳定因素与中美各自国内政治、经济因素相结合，可能导致两国分歧和矛盾激化、升级，冲击双边关系大局。经历2010年在处理和管控分歧方面的教训和经验

---

① 习近平最早在会见基辛格时提出“有效管控分歧”这一说法，见《习近平会见美国前国务卿基辛格》，新华社，北京2011年6月28日中文电。

后，2011年中美相对谨慎地对待这些第三方因素，加强沟通与协调，但依旧需要更多地考虑对方的感受和关切，顾及对方核心利益，这样才能担当起作为主要大国的责任。正如习近平访美时所说，“中美在国际事务中共迎挑战、共担责任，既是两国合作伙伴关系的题中应有之义，也是国际社会普遍期盼”。[①]

3. 新媒体强化公共外交

2011年中美首脑访问中一个新特点是以微博客、社交网络为主体的新媒体在美国对华公共外交中扮演重要角色。拜登访华时，抵达北京后就直接前往国家奥林匹克中心观看中美篮球友谊赛，次日上午在北京鼓楼大街品尝老北京风味小吃，在四川参观灾后重建的中学，会见学者、博主和微博主。这些消息通过美国驻华大使馆微博发布后，得到中国网民中数以万条计转发、评论。例如，拜登光临小吃店的消息由美国驻华大使馆在中国最大最主要的新浪微博上发布后，半天时间内就有超过10万人转发照片、食谱，并津津乐道。[②]

公共外交是中美建交以来美国对华外交的重要手段，自奥巴马政府上任后实施“E外交”以来，新媒体作为主要载体，成为对华公共外交重要工具。例如，美国大使馆在微博上发布新任大使骆家辉抵达北京后轻装简行的消息和照片，每天定时发布北京可吸入颗粒物PM2.5指数和北京空气质量状况。这些碎片化的信息经过亲美媒体和意见领袖含特定转播目的的加工和处理，迎合中国网民对某些社会现状的不满，在网络上形成极大反响，强化了美国的软实力，

① 《共创中美合作伙伴关系的美好明天》，《人民日报》2012年2月17日。

② 张伟：《中青评论：拜登吃炸酱面，吃就吃呗》，《中国青年报》，2011年8月19日，第1版。

更借助民意对中国政府内外决策形成了牵制。

相比美国领导人，中国首脑访美时通过公共外交展示个人魅力和改善国家形象的能力还有待提高，更不必提中方利用新媒体予以传播的能力。2011 年胡锦涛访美时访问全美唯一面向中小学生的孔子学院芝加哥佩顿中学孔子学院，在汉语教室与学生交流，代表中国政府邀请佩顿中学师生暑假到中国参观访问。同年 7 月，佩顿中学师生访华并得到胡锦涛接见。但由于两国在媒体话语权上的巨大差距，这些对美公共外交活动没能形成像美国对华公共外交那样的影响。中方在利用新媒体方面远远落后于美国，虽然中国外交部公共外交办公室 2011 年 4 月开通微博“外交小灵通”，但主要面向中国网民，属于“对内公共外交”，而且同样存在对美公共外交乃至整体对美外交中经常被动应对、不及美方主动灵活的缺点。①

四、展望与建议：塑造新型大国关系

2012 年是美国选举年和中国“换届年”，中美关系无疑将受两国国内政治因素和结构性矛盾，尤其是美国战略调整和重返亚太的影响。在同为美国选举年的 1984 年，首脑互访推动了中美关系平稳发展。尽管当年的国际格局不复存在，但按照有效管控分歧的原则，中美关系在 2012 年仍有望以积极合作、良性竞争实现平稳过渡，习近平访美为此开了一个好头。正如基辛格在尼克松访华和上海公报

① 习近平访美前，美国驻华大使馆微博提前设“习近平访美”话题，介绍习近平将访问的艾奥瓦州等情况。

发表40周年纪念活动期间致辞时所说的那样，“虽然美国国内会有一些杂音，但两国关系发展的大方向不会改变。奥巴马政府仍致力于与中方发展合作伙伴关系，共和党也将坚持40多年来两党一致的对华政策，而且这些得到美国各界广泛支持”。①

更重要的是，中美应把眼光超越2012年，放得更加长远。胡锦涛访美时提出“相互尊重、互利共赢的合作伙伴关系”新定位，以及习近平访美时首次倡议中美共同塑造新型大国关系，为今后至少10年的中美关系指明了方向。中美应从安全观念上跳出崛起国必然与霸权国冲突的传统思维，努力避免“大国政治的悲剧”。中国倡导互信、互利、平等、协作的新安全观，坚持和平崛起道路，试图超越安全困境的束缚，实现中美权力的和平转移；美国虽然国力相对衰退，但依然拥有中国短期内无法相比的权力资源，且更善于运用这些资源，希望利用既有优势地位限制中国权力扩张步伐，同时维持本国的全球主导地位。作为世界第一大和第二大经济体，美中在全球化和经济相互依存背景下发展双边关系没有先例。正如习近平访美时所言，“敢问路在何方，路在脚下”，中美关系应为不同政治制度、历史文化背景和经济发展水平的国家建设合作关系树立典范，“只要中美双方始终抓住共同利益这一主线，就一定能走出一条大国之间和谐相处、良性互动、合作共赢的新型合作伙伴关系道路”。②

① 《习近平出席尼克松总统访华和上海公报发表40周年纪念活动》，中新社，北京2012年1月16日电。

② 《侧记：增进互信 深化合作 厚植友谊——记习近平美国之行》，新华社，洛杉矶2012年2月17日中文电。

附表：中美首脑互访的历史发展

时期	时间	事件	主要内容
冷战后期	1972 年 2 月 21 日至 28 日	美国总统尼克松访华	开启中美关系正常化进程；发表中美“上海公报”
	1975 年 12 月 1 日至 5 日	美国总统福特访华	双方重申遵守“上海公报”
	1979 年 1 月 28 日至 2 月 5 日	中国领导人邓小平访美	新中国领导人首次访美
	1979 年 8 月 26 日至 9 月 1 日	美国副总统蒙代尔访华	
	1982 年 5 月 5 日至 9 日	美国副总统布什访华	有助于促成“八·一七公报”
	1984 年 1 月 10 日至 16 日	中国国务院总理赵紫阳访美	新中国总理首次访美
	1984 年 4 月 26 日至 5 月 1 日	美国总统里根对中国进行国事访问（回访）	草签中美和平利用核能协定
	1985 年 7 月 22 日至 31 日	中国国家主席李先念对美国进行国事访问	新中国国家元首首次访美；签署中美和平利用核能协定
	1985 年 10 月 13 日至 18 日	美国副总统布什访华	
	1989 年 2 月 25 日至 26 日	美国总统布什对中国进行工作访问	美国总统首次在任期第一年访华
冷战结束初期	1997 年 3 月 24 日至 28 日	美国副总统戈尔访华	
	1997 年 10 月 26 日至 11 月 3 日	中国国家主席江泽民对美国进行国事访问	冷战结束后中国领导人首次访美；宣布中美致力于建立面向 21 世纪的建设性战略伙伴关系
	1998 年 6 月 25 日至 7 月 3 日	美国总统克林顿对中国进行国事访问（回访）	冷战结束后美国总统首次访华
	1999 年 4 月 6 日至 14 日	中国国务院总理朱镕基访美	两国就中国加入世界贸易组织问题发表联合声明

续表

时期	时间	事件	主要内容
小布什政府反恐战争时期	2002 年 2 月 21 日至 22 日	美国总统布什对中国进行工作访问	双方认为应加强对话与合作，妥善处理分歧，共同推动中美建设性合作伙伴关系进一步向前发展
	2002 年 4 月 27 日至 5 月 3 日	中国国家副主席胡锦涛访美	
	2002 年 10 月 22 日至 25 日	中国国家主席江泽民对美国进行工作访问（回访）	双方认为应加强在重大国际和地区问题上的对话与协调，推动中美建设性合作伙伴关系不断向前发展
	2003 年 12 月 7 日至 10 日	中国国务院总理温家宝访美	
	2004 年 4 月 13 日至 15 日	美国副总统切尼访华	
	2005 年 11 月 19 日至 21 日	美国总统布什访华	双方同意全面推进 21 世纪中美建设性合作伙伴关系
	2006 年 4 月 18 日至 21 日	中国国家主席胡锦涛访美（回访）	双方同意从战略高度和长远角度看待和处理两国关系，全面推进 21 世纪中美建设性合作关系
金融危机发生以来	2009 年 11 月 15 日至 18 日	美国总统奥巴马对中国进行国事访问	美国总统首次在任期第一年对中国进行国事访问；双方一致同意共同努力建设 21 世纪积极合作全面的中美关系，并将采取切实行动稳步建立应对共同挑战的伙伴关系
	2011 年 1 月 18 日至 21 日	中国国家主席胡锦涛对美国进行国事访问（回访）	双方确认将共同努力建设相互尊重、互利共赢的中美合作伙伴关系
	2011 年 8 月 17 日至 22 日	美国副总统拜登访华	
	2012 年 2 月 13 日至 17 日	中国国家副主席习近平访美（回访）	

第二章

战略东移：中美关系牵动下的亚太格局

奥巴马政府上任以来对美国的全球战略重心进行了大幅调整。从政策渊源来看，奥巴马政府的“战略东移”与克林顿政府和小布什政府时期的调整存在一脉相承的联系。向来重视“海权”与“均势”战略的美国，面对亚太地区对其主导权力秩序的冲击以及在地区一体化进程中美国被边缘化的局面，希望通过收紧同盟体系发展与新兴大国之间的伙伴关系，同时也希望能够通过积极参与和主导地区多边机制，构筑全新的泛太平洋经贸协定来遏制地区强国的崛起冲击，以夺回和巩固其在亚太地区的绝对主导权。美国的战略调整使得中美两国存在陷入一种“负面认知循环”的危险，也就是说对方每一个举动都导致对方巨大的怀疑，这种情况呈“下沉螺旋”状态恶化，造成双方“互信赤字”不断扩大。长此以往，中美大国战略关系的重组将面临重大挑战，中国的崛起会更加艰难。对中美关系而言，也可能会更加动荡，从而引发地区安全热点问题危机频发，地区多边机制与一体化进程受阻或迟滞。

一、美国亚太战略变革的概念源起

奥巴马上任以来的中美关系总体呈现出“高开低走”的态势。从2010年“天安号”事件开始，中国逐步认识到美国正在大范围调整其亚太战略，并感受到越来越强的安全与外交压力。如何应对美国的“重返亚太”战略成为中国外交面临的新一轮重大考验。

有一些学者认为，美国“重返亚太”的战略调整最早始于美国国务卿希拉里2009年2月对亚太地区的访问。当时是希拉里就任国务卿以来的首次出访，颇具象征意义，体现出美国对亚太地区的重视。希拉里访问了中、日、韩和印度尼西亚，重点是宣示美国的反恐战略从伊拉克向阿富汗转移、朝核问题以及修复美国与伊斯兰世界关系。对她的访问的一般解读是，奥巴马政府要谋求在亚洲地区有所作为，其亚洲政策将有所调整。① 当时美国“重返亚太”的战略调整尚处于试探期或者说谋篇布局阶段，外界难以完全摸清其战略调整的全局构想，但是中国已经对美国的战略动向有了一定察觉。

随着奥巴马在上任首年就对中国进行访问，中美关系迎来了一个较好的开局。中国也在这一阶段较为乐观地认为，尽管金融危机后随着中美相对实力差距逐渐缩小，中国面临的崛起压力呈现逐渐增大趋势，但是中美两国似乎可以寻找到不同于以往崛起国与霸权国的那种冲突与对抗的相处之道。正面的相互认知与建构使得中国战略界存在一种观点，即认为国际地位与主导权具有“非排他性”，因此才出现“中美共治论”和“G2”概念。然而，时过境迁，当美

① 韦弦：《希拉里东亚之行的四重目的》，《联合早报》，2009年2月14日，第20版。

国转而采取进攻性战略时，持中美可以实现大国和谐相处观点者越来越少，中美正面相互建构的可能性也呈下降趋势。中美两国的政治家和学者对彼此战略意图的判断重新回到权力政治“零和游戏”的老路，双方都意识到国际霸权地位的“排他性”无法被撼动。无论是亚太地区主导权，还是经济一体化规则的话语权，抑或军事领域的绝对安全，美国的战略选择都是以最大化自身利益为原则，这就使中美相互间的负面建构与认知几乎成为必然。

经历了2010年中美关系的起伏并目睹了周边安全的种种危机之后，中国对美国进行全球战略重心调整已经有了初步的认识。学术界专门对美国全球战略调整的术语进行了辨析，并讨论了此番战略调整的历史渊源。有学者指出，“全球战略与战略重点”、“全球战略与军事战略”、“全球战略重心与军事战略重点”和“战略重心转移与战略转移”等术语有着显著区别。美国对亚太战略的调整并非战略全局的调整，也不限于军事战略单一方面，战略重心与战略本身更有着明显的区别。冷战结束后，美国一直贯彻由著名战略学者布热津斯基提出的“欧亚战略”（Eurasia strategy），当前调整的只是该战略的重心。[①] 从客观实际来看，美国也一直保持在亚太地区的军事存在和外交影响，目前只是通过调整战略资源和手段，达到巩固亚太地区主导权的目标，因此使用“重返亚太”的术语不够准确。[②] 中国之前对此问题存在着一定程度的误读，这对于正确评估和判断美国的战略调整方向与意图有较大的负面影响。

对于美国全球战略重心东移的历史渊源，笔者将其概括为三种

① 钱文荣：《奥巴马政府全球战略调整及对我影响》，《亚非纵横》，2011年第2期，第5—6页。

② 赵明昊：《“重返”还是“重构”：试析当前美国亚太战略调整》，《当代世界》，2010第12期，第55页。鉴于“战略东移”和“重返亚太”已经在学术讨论的话语中相当普遍，本文默认这两者均与“美国全球战略重心”同义，并不再作区分，且本文将主要采用最后一种术语。

分析路径，即战略思维路径、地缘平衡路径和政策延续路径。三种路径中，前两种分别从“海权战略”和“均势战略”两大现实主义权力政治的传统思维出发，符合美国外交战略的一贯属性。第三种则基于美国外交政策的历史与现实的对比。

首先，从战略思维路径来看，美国是格外重视“海权”的全球霸权。冷战结束以来，美国不断调整海洋战略，维护其世界性的海上霸权地位，当亚太地区出现潜在的海权挑战者，美国必然要对其进行遏制，维护美国海权的传统地位。①

其次，从地缘平衡路径来看，美国的全球战略调整往往从战略薄弱点着手。与中国、印度等新兴大国的崛起以及俄罗斯逐渐恢复国力相对的是，美国及其盟友日本等国家在经济危机的冲击之下实力下滑，造成了亚太实力分布的“此消彼长”。这样的权力变革必然引发美国的担忧，并因此倾向于采取“大国均势”战略来抑制崛起强国对现有权力秩序的挑战。② 从另一个角度看，东亚地区存在诸多安全热点，也是一个大国博弈的舞台，蕴含着巨大的经济潜力，因此美国的全球战略重心理应从西欧向欧亚大陆的纵深乃至东亚延伸。有学者提出，美国近20年来进行了三次全球战略重心调整，分别为北约东扩、在阿富汗和伊拉克的反恐战争及此番战略重心东移，均体现出美国战略重心从欧洲转为欧亚并重再到全面转向亚太的轨迹。③

① 季晓丹、王维：《美国海洋安全战略：历史演变及发展特点》，《世界经济与政治论坛》，2011年第2期，第69—84页；赵景芳：《美国战略思维与霸权战略选择》，《太平洋学报》，2011年第7期，第29—40页。

② 宋德星、李高峰：《美国亚太战略中的地缘政治考量》，《和平与发展》，2011年第4期，第18页。

③ 类似有代表性的分析参见李长久：《美国全球战略重心东移及其目标》，《亚非纵横》，2011年第1期，第9—14页；凌岳：《“亚太秩序与中美关系”研讨会综述》，《国际政治研究》，2011年第1期，第173—178页；宋德星、李高峰：《美国亚太战略中的地缘政治考量》，第15—21页；王鸿刚：《美国的亚太战略与中美关系的未来》，《现代国际关系》，2011年第1期，第7—13页。

最后，从政策延续路径来看，如果将奥巴马政府的对外政策与克林顿政府时期相比，可以发现美国此番“战略东移”是克林顿政府亚太战略调整的某种延续。克林顿政府时期，美国很重视同东亚国家之间的关系，分别于1995年和1998年发布了两份“东亚战略报告”作为战略调整的理论基础，创立了亚太经济合作组织（APEC）作为多边经济合作机制，并巩固了同亚太军事同盟间的关系。① 在小布什任期，由于中国经济的快速崛起和亚洲令人瞩目的发展潜力，美国从2000年开始通过发布一系列报告，为亚太战略的调整进行准备，并以美国国防部于2000年发表的报告《2020年联合展望》作为起始标志。总体而言，小布什政府任期主要从军事安全的角度考虑将军事部署的重点向亚太地区转移。②

二、美国全球战略重心东移的动因与目标

对于美国战略重心东移的原因与目标，学术界的讨论可谓众说纷纭，笔者这里采用“两种机遇”和“两种危机”来概括美国战略调整的主要动因。具体而言：

第一，美国国家安全战略调整的机遇。21世纪的第一个十年，

---

① 类似有代表性的分析参见李长久：《美国全球战略重心东移及其目标》，《亚非纵横》，2011年第1期，第9—14页；凌岳：《“亚太秩序与中美关系”研讨会综述》，《国际政治研究》，2011年第1期，第173—178页；宋德星、李高峰：《美国亚太战略中的地缘政治考量》，第15—21页；王鸿刚：《美国的亚太战略与中美关系的未来》，《现代国际关系》，2011年第1期，第8页。

② 钱文荣：《奥巴马政府全球战略调整及对我影响》，《亚洲纵横》，2011年第2期，第6页。

美国对外安全战略的核心是反恐战争，也可以将这十年称为美国的“反恐时代”。两场反恐战争改变了美国的安全关切、安全战略、政府安全结构、社会心理和政治生态，也全方位改变了美国与世界的关系，造成了美国相对实力的下滑和国内发展瓶颈。当前美国正面临着国内改革和安全战略全方位调整的重要机遇，对于奥巴马政府来说，将恐怖主义的威胁重要性下调、更加关注新兴崛起大国的挑战，重视地缘政治战略、积极采纳多边主义，是美国安全战略必须经历的调整。唯有如此，才能缓解美国外交困境并配合国内繁重的改革任务的进行。①

第二，美国经济发展与扩大对外贸易利益的机遇。对美国而言，目前其经济受到金融危机的冲击尚未完全恢复，居高不下的失业率和仍然低迷的房地产业使美国的消费市场难以恢复往日繁荣，全球产业链升级造成美国国内工业的空心化更加剧了失业危机，规模庞大的财政赤字持续攀升使得美国政府遭遇信任危机。在尚未找到虚拟经济泡沫破灭后新的稳定增长点的情况下，强化对外贸易和再工业化成为奥巴马政府挽救经济颓势的主要手段。相比之下，冷战结束以来，以中国为代表的东亚新兴经济体成为世界经济最为活跃的力量，亚太地区经济快速发展的态势使得该地区的对外贸易和投资占据了全球相当大的比重。亚太经合组织 21 个成员拥有世界 40％的人口、54％的经济总量和 44％的贸易总量，购买美国出口商品的 58％。亚太地区拥有 27 亿消费者，在美国最大的 15 个贸易伙伴中，APEC 占到了 7 个，目前美国与亚洲的贸易额已经是与欧洲贸易额

① 袁鹏：《“反恐时代”的终结及其对美国的战略意义》，《现代国际关系》，2011 年第 9 期，第 25—26 页；楚树龙、徐海娜：《美国外交战略动向及中美关系发展趋势》，《当代世界》，2011 年第 4 期，第 14 页。

的两倍。[①] 美国必须依赖同亚太地区的贸易往来和投资，分享新兴经济体快速发展带来的商业机遇。美国推动战略重心东移，经济利益是不可或缺的主要动力。控制重要的战略资源及其运输安全同样是美国的战略考虑之一。

第三，新兴大国崛起引发的权力秩序危机。许多学者预测认为，未来的10—15年是全球秩序和亚太秩序发生重大变革的时期，将迎来百年不遇的权力转移过程。中国、印度以及逐渐恢复实力的俄罗斯是既有国际权力秩序的重要挑战者。既有的国际体系不能完全适应和满足新兴经济体的发展需求，西方国家作为既有体系的创造者和维护者将与新兴国家一同面对如何平衡利益诉求、重新塑造更加符合新权力分配格局的国际体系的压力。

在众多新兴经济体中，中国无疑是最具影响力，也是最令美国战略界担忧的。新世纪以来，中国加速崛起的态势持续引发美国各界的关注，如何应对中国的崛起也成为奥巴马政府棘手的难题。中国自身的经济影响力削弱了美国发展模式的魅力以及在亚太经济合作中的主导权，美国在亚太地区的联盟体系也因为中国因素趋于涣散，中国国防现代化步伐同样对美国主导的地区安全格局形成了冲击。[②] 美国深切感受到其霸权地位，特别是亚太地区的主导权受到的冲击和挑战。

由于中国的崛起，目前亚太地区的权力秩序的一个突出特征是

---

① 类似代表性的观点参见葛腾飞、胡二杰：《美国亚太战略中的经济因素》，《和平与发展》，2011年第4期，第7—14页；杜兰：《美国力推跨太平洋伙伴关系战略论析》，《国际问题研究》，2011年第1期，第45—51页；张亭亭：《美国世界战略重点东移的原因及对中美日关系的影响》，《学术探索》，2011年第4期，第28—32页；李长久：《世界经济重心回归亚洲与美国战略重心东移》，《亚太经济》，2011年第1期，第10—15页。

② 参见杜兰：《美国力推跨太平洋伙伴关系战略论析》，第48—49页；赵明昊：《“重返”还是“重构”：试析当前美国亚太战略调整》，第55—56页；张亭亭：《美国世界战略重点东移的原因及对中美日关系的影响》，第29页。

经济秩序和安全秩序的“脱节”。既存在以中国为中心的经济秩序，也存在以美国为中心的安全秩序，两国以不同的方式在这一地区进行利益扩张，在地区秩序中扮演着不同但又无法相互替代的重要角色。面对这一“双重等级体系”，该地区很多国家陷入了“选边站”的两难困境，因此采取“多面游戏”策略以平衡自身的经济和安全利益需求。① 部分亚太国家对中国的快速崛起感到不适应，因此乐于看到美国将战略重点转移到亚太地区以制衡中国。这些国家在经济上依赖中国，安全上指望美国的“骑墙政策”，也给美国重返亚太提供了便利。②

美国战略界在寻找应对中国崛起策略时，长期存在的两种对华政策负面论调开始抬头。一种是“中国威胁论”，另一种是“中国责任论”。在美国“重返亚太”的过程中，这两种对华政策论调又有了新的变化，③ 尤其是“中国威胁论”衍生出了多个变种：

其一，“中国强硬论”或“中国傲慢论”。这种论调主要针对中国长期坚持的“韬光养晦”外交方针，称所谓“和平发展道路”只是一种掩饰，认为中国的实力强大之后改变了对外行为的

---

① 凌岳：《“亚太秩序与中美关系”研讨会综述》，《国际政治研究》，2011 年第 1 期，第 175 页。

② 新加坡前内阁资政李光耀的话非常有代表性，他认为：“美国是能抗衡充分成长的中国的唯一力量，因此保持美国对该地区的兴趣很重要。”参见《李光耀：只有美国及其先进的技术才能抗衡中国》，凤凰网，2011 年 5 月 29 日，http：//news. ifeng. com/mil/4/detail _ 2011 _ 05/29/6694605 _ 0. shtml。

③ “中国威胁论”的基调是指责中国“抛弃了韬光养晦”，强调的是防范与遏制中国；而“中国责任论”的重点则是责难中国继续“韬光养晦”、不愿“有所作为”，主张利用与借助中国、强调对华合作。下述各种论调的分析均参见《专家论“中国威胁论”新嬗变：反映西方霸权逻辑》，中新网，2011 年 2 月 28 日，http：//www. chinanews. com/gn/2011/02－28/2872667. shtml。

基本原则，扩大利益范围，有成为反体制、反现状国家的风险。①

其二，“中国导弹威胁论”和“中国海权威胁论”。这种论调称中国近年来大力发展各种射程的导弹系统，并强化海军战斗力，发展“区域拒止”和“反介入”能力，对美国协防台湾和航行自由造成威胁。②

其三，“中国经济威胁论”。中国经济总量超过日本跃升世界第二位，贸易总额也有在短期超过美国成为世界第一的可能。这引发西方国家对中国对外贸易高顺差、汇率管制等方面的指责，并称中国追求的不可持续的经济发展模式是国际经济不平衡的根源，中国的能源和原材料的消费影响了全球大宗商品与能源的正常价格机制，中国对外投资威胁“东道国”的国家安全等等。③

其四，“中国网络威胁论”。长期以来，作为互联网的发明国，

---

① 这方面的典型观点如：美国卡内基基金会中国问题专家史文在“解读过于自信的中国”一文中称，中国经济越来越成功、经济实力日益扩张，特别是在全球衰退之中保持经济高速增长，中国据此认为全球重心从西方转到东方、美国作为全球超级强国也随之衰落，西方认为中国有意对抗美国、寻求取代美国。哈佛大学教授约瑟夫·奈认为，中国在国际金融危机之后误判国际形势，抛弃了“韬光养晦”。美国外交关系委员会亚洲研究中心主任易明主张“应对中国的外交政策革命”，强调中国想要“改变游戏规则”。

② 长期支持美国对台军售的美国企业研究所学者卜大年，近来大肆鼓吹“中国导弹威胁论”；提出“空海一体战”思想的美国战略和预算评估中心主任安德鲁·克雷皮内维奇称美国必须突破中国的“反介入”与“区域拒止”。美国国防部 2010 年度《中国军力报告》指责中国在实施“世界上最积极的陆基弹道导弹和巡航导弹计划”，中国的军事理念正从过去侧重保卫国家主权，演变为维护覆盖全球的经济利益，“台湾海峡两岸军力对比仍在朝有利于大陆的方向转变”。

③ 美国彼得森国际经济研究所高级研究员阿文德·萨勃拉曼尼亚曾撰文“中国超过美国”，认为按“购买力平价”计算，2010 年中国经济规模为 14.8 万亿美元，高于美国的 14.6 万亿美元。英国《金融时报》评论员马丁·沃尔夫发表文章“中国能‘和平’崛起吗?”，认为中国不久将取代美国成为世界第一大经济体，意味着美国“唯一超级大国”地位与延续多个世纪的西方主导地位的终结，而权力更替将会引发重大摩擦。

美国一直牢牢垄断世界互联网发展的核心权力。但是随着中国在互联网技术方面的长足进步，已经开始与美国竞争未来互联网发展的制高点。西方国家借“网络自由”和“网络安全”等名义抨击中国对世界互联网安全与舆论自由的威胁。

其五，“中国模式威胁论”。中国的持续快速发展与成功应对国际金融危机离不开其独特而卓有成效的政治体制和发展模式，以发展模式为核心的中国软实力日益增强。西方国家视中国的发展模式是对世界经典资本主义发展道路的挑战与颠覆。①

其六，“中国威胁亚太地区论”。这一论调某种程度上与“中国海洋威胁论”重合，特别是指责中国在南海主张的权益不合国际法，威胁了美国等国家的航海自由，中国海军的正常发展对第一岛链以及日本等国的安全造成威胁。

与“中国威胁论”相对，“中国责任论”是另一种美国对华战略思维的体现，美国行政当局以及在对华政策方面具有影响力的前政府官员主要持这种观点。“中国责任论”包括两个方面：第一，随着中国综合国力的增长和国际地位的提升，按照“实力与责任相当”的原则，中国应该担负起更多的国际责任和“大国义务”；第二，中国目前履行的国际责任和义务远远不够，必须更加受到国际规范和

① 马丁·沃尔夫称崛起的中国属于“非西方”，具有与西方截然不同的历史、文化和政治体制，认为随着中国变得更加自信，西方应构筑一个“以制衡中国为宗旨”的联盟，其成员应至少包括美国、欧洲、日本以及印度等。另有西方学者将中国模式称为“北京共识”，认为其不仅与宣扬“市场万能”与“民主自由”的“华盛顿共识”分庭抗礼，而且还大有“后来居上”的势头。美国学者哈默在专著《北京共识：中国的威权模式将如何主导21世纪》中强调，将“经济自由”与“政治限制”相结合的“中国模式”对发展中国家具有更大的吸引力，包括中国“不附加任何条件”的对外援助方式，他认为这些威胁了“西方模式”。

规则的束缚，按照西方世界倡导的规范履行应尽的职责与义务。[①] 西方对于中国提出要求，清晰地体现出以国际机制制衡中国崛起化解挑战的目的。[②]

总的来说，“中国威胁论”的抬头是美国霸权地位受到冲击和挑战而变得不再稳固的一种应激性的反应。[③] 两种对华战略思维，无论是“中国威胁论”还是“中国责任论”，都是在中国加速崛起、中国与西方世界的矛盾不断爆发的情况下有了更大的市场。这说明，中国崛起的结构性困境已经来临，世界权力结构的变革加剧刺激了西方世界的神经。

第四，地区一体化进程中边缘化引发的领导权危机。近十年来，由于美国忙于反恐战争，对亚太地区的关注度较低，该地区的一体

① 希拉里关于“21世纪中美关系前景”的演讲是“中国责任论”的代表。她明确表示不同意把中国的发展视为一种威胁，认为尽管两国政治制度和世界观迥异，但“合作比冲突能使双方都得到更大的益处”。“如果中美双方都能履行大国责任，我们未来的关系就会牢不可破。……中国有可能成为21世纪的一位独特的领导者。承担作为21世纪大国的义务将为中国带来更多机会，这意味着解决共同面临的问题，遵守并帮助建立一个基于规则的国际秩序。”参见 Secretary of State Hillary Rodham Clinton, Inaugural Richard C., Holbrooke Lecture on a Broad Vision of U.S.—China Relations in the 21st Century, Washington, D.C. January 14, 2011, http://www.america.gov/st/texttrans-english/2011/January/20110114133542su0.1029866.html.

② 这些责任包括：中国应遵守与维护现有国际体系及秩序；中国应在全球性挑战上发挥“特殊作用”，包括在气候变化问题上接受强制性减排义务；在朝鲜半岛、伊朗核问题等地区热点上担负更大使命；加快人民币升值步伐、扩大内需以实现所谓“世界经济再平衡”；在稀土出口、自主创新政策、外资企业待遇、开放中国市场等问题上承担义务；在“军事透明度”与地区安全问题上与西方大国合作。

③ 美国学者托马斯·巴尼特在“美国为什么要妖魔化中国”一文中提出了10点理由来解释“中国威胁论”的存在原因，包括：把美国自己的问题（寅吃卯粮的财政赤字、贸易不平衡等）归罪于中国（人民币汇率等）；把中国看成“假想敌”与“挑战者”、自我限制对华高科技贸易；歧视中国的政治体制；台湾因素；“美国海军和空军需要中国才能生存下去”；“新保守派的美国‘一超’狂想依然盛行”，不仅防务开支要遥遥领先，而且要从军事上控制中国，并且“就在中国的家门口”进行；盲目的对华恐惧；宁愿相信关于中国的传言也不愿正视现实。

化进程和多边机制建设基本上处于自由发展状态，较少受到域外国家的干预。无论是在经济领域还是在安全领域，东亚地区的多边机制建设都取得了非常重要的进展。东盟自贸区成功建立，东盟“10＋1”和“10＋3”合作机制不断推进，日益成为东亚乃至亚太地区合作的主动力。东盟地区论坛和东亚峰会成为亚太地区国家最重要的多边论坛，相比之下美国倡导的亚太经合组织却日益边缘化。由于美国参与度的降低，东亚地区正在形成一个没有美国的地区合作机制。拟议中的“东亚共同体”更是将美国排除在外，这令美国深刻感受到了被排除在地区多边机制建设之外的危机感，边缘化的前景强化了美国的“挫折感”。①

在这种情况下，美国必然要加大在亚太地区既有多边机制中的参与度，并争取主导权，以塑造符合美国预期和利益的多边机制。如果难以满足美国的利益诉求，则美国的介入也会降低该机构的行动效力，避免因为排他性造成美国利益受损，同时也可以削弱以中国为代表的新兴经济强国对地区多边合作的影响力和主导权。

根据上述对美国全球战略重心东移的原因分析，可以尝试推断出美国此番战略调整的目标在于：巩固（或重振）美国在世界的领导地位，尤其是在亚太地区全方位的领导权。美国战略目标的三个侧重点分别为：在权力结构上，避免一个大国或者大国集团集中资源对美国形成权力地位的挑战，遏制某些新兴大国的快速崛起，维系美国主导的权力秩序；在经济利益上，通过市场经济和自由贸易，在延续东亚经济繁荣的同时，构建未来的亚太经济结构，为美国的商业利益服务；在军事安全上，确保美国在该地区持有有力的现实存在，巩固和扩大美国的盟友体系，满足盟国及其他域内国家对美

① 王鸿刚：《美国的亚太战略与中美关系的未来》，第8页；葛腾飞、胡二杰：《美国亚太战略中的经济因素》，第10—11页。

国常驻亚太的需求，维持地区安全与稳定。①

三、美国战略调整的途径与手段

尽管美国战略东移所采取的策略手段可谓五花八门，但希拉里提出的“前位外交”概念可以用来阐述美国战略途径的基本框架。有学者认为，“前卫外交”的理念体现出美国的战略调整从“基于威胁”转向“基于能力”。② 从另一个角度看，美国的“前位外交”也与奥巴马政府所谓的3D战略（Defense、Development、Diplomacy）相互融合贯通。具体来说，“前位外交”主要基于三个方面：

1. 以双边军事安全同盟为战略基础

军事途径是美国对外推行战略时最为有效也是优势最明显的手段，美国旨在加强与亚太地区的军事同盟国家之间的联系。通过加强在该地区的军事部署以及举行双边和多边联合军事演习，提升安全合作水平，强化联盟的制度化建设，进而使美国可以通过干预地区热点问题和主要安全矛盾，构建亚太军事安全网络，巩固美国在

---

① 类似有代表性的分析可参见宋德星、李高峰：《美国亚太战略中的地缘政治考量》，第19—21页；杜兰：《美国力推跨太平洋伙伴关系战略论析》，第48—49页；李长久：《世界经济重心回归亚洲与美国战略重心东移》，第14页；李长久：《美国全球战略重心东移及其目标》，第13—14页；赵可金：《深度剖析美国的“重返亚洲”战略》，《学习月刊》，2011年第1期，第41—42页。

② 纪宪福：《“后单极时代”美国的亚太战略布局》，《社科纵横（新理论版）》，2011年第1期，第100页。

亚太地区的主导权。[①] 从奥巴马政府上任以来在亚太地区的一系列外交动作来看，突出战略威胁和强化战略能力是双管齐下的两个重要方面。

在突出战略威胁方面，两个重要的切入点构成美国全球战略重心向亚太地区转移的重要机遇：一个是朝鲜半岛核问题，另一个则是南海问题。从朝鲜半岛的局势来看，2011 年 3 月的“天安”号事件与当年 11 月发生的延坪岛炮击事件将朝韩关系置于战争的危险边缘，大大增加了东北亚地区的安全紧张态势，加上中、日两国因为钓鱼岛和东海油气资源的摩擦加剧，日、韩两国同时强化了对美国的安全需求和依赖。韩国不仅自身大幅提升军力，而且韩、美已经决定战时作战指挥权的移交时间由 2012 年 4 月推迟至 2015 年 12 月。日本政府希望解决驻日美军基地迁移问题也受到地区安全局势的影响，不得不向美国让步。与此同时，尽管中、日、韩在经贸合作方面仍有动力促成三国自由贸易区和货币结算体系，但政治关系明显疏远。美国近年来同韩国和日本联合举行了大量极具针对性的军事演习。在朝鲜领导人出现更迭的情况下，朝鲜半岛的军事对立态势不仅没有丝毫缓解，更有进一步加剧的可能，这也造成中国大力推动恢复的朝鲜半岛“六方会谈”处于枪炮声下的“承诺对承诺”状态，距离真正恢复谈判还存在相当多的困难，朝鲜半岛无核化的进程前景十分黯淡。

从中国南海地区的局势来看，自 2010 年 3 月以来，从美国助理国务卿坎贝尔，到国防部长盖茨，再到国务卿希拉里，美国高层政府官员接连利用“香格里拉对话”、“东盟地区外长论坛”、“美国—东盟峰会”和双边互访等各种场合对南海问题表态。尤其在 2011 年

① 类似分析参见宋德星、李高峰：《美国亚太战略中的地缘政治考量》，第 19 页；王鸿刚：《美国的亚太战略与中美关系的未来》，第 9 页；钱文荣：《奥巴马政府全球战略调整及对我影响》，第 8—9 页。

的东亚峰会上，美国总统奥巴马和国务卿希拉里更是在主办国印度尼西亚的鼓噪之下，将南海问题置于东亚峰会的核心话题，造成中国外交的极大被动局面。美国坚持其在南海地区拥有“国家利益”，要求维持所谓的“航行自由”和正常的海上贸易。尽管美国对该地区没有主权诉求，并且对有主权诉求的各方不表态支持任何一方，但要求相关争议国家应该通过多边谈判的方式解决问题，反对使用武力，美国将通过长期的军事存在维持该地区稳定。一些中国学者分析认为，美国宣称在南海有其“国家利益”，暴露美国旨在压缩中国的战略空间、牵制中国发展、遏制中国崛起的意图；长期保持美国军事力量在亚太地区的前沿存在，可以占据在亚太地区的战略制高点，更可以拉拢东盟某些国家，增加东盟与中国之间的隔阂和不信任，确保其亚太战略的实施。[①] 从东盟部分国家的角度看，近年来，由于南海地缘政治和资源的重要性越来越突出，某些国家急于获利，采取了蚕食抢占的手法，而某些外部势力也借机插手，试图从中渔利。[②] 可以看出美国在利用南海问题离间中国与东盟之间的关系，破坏中国“睦邻、安邻、富邻”的周边外交政策长期积累起的效果，用中国“海权威胁论”迫使东盟国家与中国的经济合作联系逐渐弱化，而与美国的安全联系则不断强化。

在强化战略能力方面，美国主要采取了四种主要的手法，可以概括为“四个强化”：强化重点区域的军事部署；强化同盟军事演习水平；强化航母等重要战略武器威慑强度；强化军力分析与战备预案。

第一，在强化重点区域的军事部署方面，目前美国常年在亚太

---

① 《2010 动作片：全球地缘重心东移 亚太战略博弈正酣》，中国新闻网，2010 年 12 月 24 日，http：//www.chinanews.com/gj/2010/12－24/2744568.shtml。

② 丁刚：《不能让南海问题绑架中国东盟关系》，新华网，2011 年 7 月 22 日，http：//news.xinhuanet.com/world/2011－07/22/c_121703500.htm。

地区保持10万左右的军力，并将一半以上的航母、核潜艇、“宙斯盾”战舰和战略轰炸机部署到亚太地区。为了配合“海空一体战”战略，美国着重打造了三处大型的军事部署平台，分别为位于太平洋第二岛链的关岛基地①、位于第一岛链兼顾日本和朝鲜半岛的横须贺基地②和扼守马六甲海峡咽喉的新加坡樟宜港基地。③ 另外，美国一直积极与马来西亚、菲律宾、文莱、泰国等国家协商，争取使美

---

① 关岛地处西太平洋中心，是马里亚纳群岛最南端的一个岛屿。目前岛上的美军基地与设施约占全岛面积的1/3，主要包括安德森空军基地、阿普拉海军基地和阿加尼亚海军航空站。关岛已经成为战略轰炸机、攻击核潜艇等各种先进作战平台的大本营。美军已在关岛部署了63枚AGM—86C型空射巡航导弹，建成了美空军第二大航空燃油储存站，还在关岛组建了第15潜艇中队，并已部署3艘“洛杉矶”级核动力攻击潜艇。美军准备投资5340万美元加强阿普拉军港的建设，使该港具备常驻航母编队及3至5艘核动力攻击潜艇的能力。2008年，美国F—22“猛禽”隐形战斗机和B—2“幽灵”隐形战略轰炸机先后进驻关岛。美军还将在关岛安德森基地部署更多的“全球鹰”无人侦察机，从而使侦察范围覆盖整个亚太地区。美国空中力量从关岛出发，对亚洲地区实施军事打击，比从美国本土出发快14小时。美军舰艇编队从关岛出发，到亚洲沿海执行作战任务，比从夏威夷出发快5天。此外，美军还计划在2014年前把近万名海军陆战队员从冲绳迁至关岛基地，将其打造为西太平洋“第二岛链”的军事核心。关岛与美军东北亚基地群、东南亚基地群等30多处基地构成一线基地网，同时也是美海军各类舰艇编队，尤其是航母编队进入西太平洋的必经之地。岛上建有国际机场和7条国际航线并靠近多条海上国际运输航线，可扼守美国希望控制的全球16条航道中的4条。参见《美军关岛演习暗指南海 加固遏华“第二岛链”》，中国新闻网，2010年9月25日，http：//www.chinanews.com/gj/2010/09—25/2552852.shtml。

② 横须贺是美国第七舰队司令部驻地，也是美国航母唯一的海外母港，停驻“乔治·华盛顿”号航母。与此同时，美国还将“夏威夷”号战略核潜艇部署于此，强化对第一岛链的封锁能力，对中国等国家的潜艇等强化反制能力。参见《美最先进核潜艇首次部署东亚》，《武汉晨报》，2010年9月7日，第38版。

③ 新加坡的樟宜海军基地主要作为航空母舰停靠和后勤补给基地。经过扩建改造后的樟宜海军基地可供包括航空母舰、巡洋舰等在内的大型舰艇编队停泊，并且配有功能先进的自动储存仓库和自动监视系统。同时，樟宜新基地还建有罕见的全自动地下弹药库，能贮藏包括大型“鱼叉”导弹在内的各种弹药，而且弹药的贮藏和搬运均由先进的自动化系统处理。樟宜成为美海军自撤出苏比克湾以来在东南亚开辟的第一处航母驻泊基地。参见彭玉磊：《美亚太军事存在“升级”东南亚各国“双边下注”》，《广州日报》，2011年6月12日，第A8版。

国舰艇可进入这些国家的港口补给、维护。美国还先后同马来西亚、印尼、泰国、文莱以及澳大利亚达成协议，希望租用泰国乌塔保和梭桃邑、印尼莫罗泰岛和比亚克岛等军事基地，还分别在泰国湾、纳土纳群岛建立海上浮动军事和后勤补给维修基地。[①]

第二，在强化同盟国的军事演习方面，从2010年6月以来，据不完全统计，美军与亚太盟国已举行近20余次不同规模的联合军事演习，令整个亚太地区感受到了美国军事力量的“无处不在”。有美国学者认为，五角大楼已借演习之名，正式开启了“亚太新世纪”。美国军方的决策者习惯认为联合军演是最可行的威慑手段，一方面可展现实力以达到威慑对方的目的，让对方不敢挑起战争或挑战美国，另一方面也将对手拖入军事对峙中，从而侦测对方的军事实力与战略考虑。可以看出，美国在亚太地区越来越密集的军演中有遏制中国之意，不论是在东南亚、南亚、中亚还是东亚，几乎全部的军事演习都是环绕着中国进行的。[②] 美国举行的大量演习某种程度上都是在检验美国提出的“空海一体战”的作战理念，以整合美国海空军的战力，从而阻止中国通过“反介入”手段削弱美国在西太平洋地区的力量。

第三，在强化重要战略武器进行威慑方面，美国主要通过调度航空母舰以及X－47B和F－22战斗机等尖端武器的部署和巡航，对亚太安全热点地区进行高强度威慑。尤其是美国的“华盛顿号”航空母舰，不断在朝鲜半岛附近海域和越南东部等南海争议地区巡弋，参加美国组织的军事演习。2010年8月至9月，该航母从韩国到越南、新加坡再到关岛，几乎巡视了整个东亚。有媒体分析称，此举是为了向中国发出“不要以为自已是地区内唯一强国”的信息。

---

①　参见彭玉磊：《美亚太军事存在“升级”东南亚各国“双边下注”》，《广州日报》，2011年6月12日，第A8版。

②　《美专家：五角大楼欲借军演开启“亚太新世纪”》，中国新闻网，2010年12月13日，http：//www.chinanews.com/gj/2010/12—13/2717151.shtml。

第四，在强化对安全威胁的分析与战备预案的准备上，美国近年来不断颁布或更新国家军事方面的战略报告，并对中国等潜在军事挑战者的军力增长保持高度关注。美国五角大楼 2011 年 2 月 8 日公布了《美国国家军事战略报告》，① 报告中提到中国的次数虽少，但是美军提到的在亚太地区的主要威胁就是来自中国。报告中提到了“某些国家正在发展反介入能力”，就是暗指中国试飞的新一代战机歼—20 等先进军事武器。有中国学者认为，中国发展海上军事力量，是维护海上生命线、建设与自身安全相匹配的防御力量的需要，但这却增加了他国的疑虑和不安。美国对中国军事的未来走向把握不准，两国未建立起军事互信，因此美国做了防范战争的准备，这符合典型的安全困境逻辑。② 2011 年 8 月 24 日，美国国防部向国会提交了 2011 年度《涉华军事与安全发展报告》，对中国的现代化军队“可能被用来增加中国获取外交优势或有利于其解决争端的能力”表示担忧。③ 2012 年 1 月 6 日，美国发布了题为《维持美国的全球领导地位：21 世纪国防的优先任务》的国防战略报告。奥巴马在发布报告时着重强调美国将加强在亚太地区的战略部署，并坚称尽管美国将削减部分军事预算以缓解政府债务问题，但绝对不以削弱关键地区力量为代价。④

---

① 此份报告由时任美军参谋长联席会议主席迈克·马伦团队执笔，是美国七年来首次修改《国家军事战略报告》。报告中涉及伊拉克和阿富汗的篇幅很小，显示美国将逐步结束伊拉克和阿富汗的反恐作战。报告强调，在未来十年里，来自亚洲的威胁极有可能上升，美国必须更多地依赖其在次区域内的盟友来维持其亚太地区的军事优势。尽管报告中少有文字明确提到中国，但媒体普遍认为此报告已将矛头直指中国。

② 李明波、蒋林：《美国国家军事战略磨砺七年剑指中国》，《广州日报》，2011 年 2 月 12 日，第 22 版。

③ 王恬：《美再推年度涉华军事与安全发展报告 渲染中国威胁》，《人民日报》，2011 年 8 月 24 日华盛顿电。

④ 《奥巴马就美国新国防战略报告发表讲话》，中国日报网，2012 年 1 月 6 日，http：//www. chinadaily. com. cn/hqzx/2012—01/06/content _ 14396364. htm。

2. 以塑造与地区新兴大国伙伴关系为支点

美国通过重新塑造亚太地区合作伙伴体系，重视与新兴大国的双边关系，扩展与这些国家的合作。有一些学者认为这里主要指中国和印度两个有着重要地区影响力的崛起大国。另一些学者则将中国排除，认为美国定义的“新兴伙伴”主要针对非美国盟友，但对美国利益极为重要且与美友好的国家，包括印度尼西亚、越南、新加坡、马来西亚和印度等。持后一种观点的学者认为，美国的全球战略东移存在遏制中国崛起的目的，鉴于中美关系的复杂性和多面性，中国很难被归类于这一范畴中。

对于这些新兴的地区伙伴，美国正在全面加强同这些国家各方面的合作关系。例如：支持印度尼西亚在东南亚地区、东亚峰会和巴厘岛论坛等机构中发挥领导作用；加强与越南在海上安全、外交和经济领域中的伙伴关系，支持越南在南海问题上的立场；加强与新加坡、马来西亚和新西兰在贸易、民间交流和防扩散机制上的伙伴关系；加强与印度基于共同利益和共同价值观的紧密伙伴关系，开展美印之间的战略对话。①

值得注意的是，越南和印度尼西亚可以说是这一时期美国在东南亚活动的重点。② 美、越展开年度国防对话，并就民用核能项目合作展开谈判，同时美国还加强与越南在军事领域的合作。2006 年，美国给予越南永久贸易最惠国待遇，随后越南加入世界贸易组织。目前美越间的安全合作正向美国与新加坡的合作水平靠近，越南有可能成为美国的“准盟友”。对于印度尼西亚，奥巴马政府将其作为

① 赵可金：《深度剖析美国的“重返亚洲”战略》，《学习月刊》，2011 年第 1 期，第 42 页。

② 纪宪福：《“后单极时代”美国的亚太战略布局》，《亚洲纵横》2011 年第 1 期，第 101 页。

美国在东南亚活动的中心。2010年，印度尼西亚与美国正式启动“全面伙伴关系”，合作范围从教育和社会问题到军事和反恐领域。美国视印度尼西亚为打击伊斯兰极端主义和恐怖组织的可靠盟友。

3. 以积极参与并掌控地区多边机制为筹码

美国力图参与和介入地区多边协调机制与国际组织，争取主导权。由于布什政府长期对亚太地区的多边组织采取较为消极的态度，美国已经连续缺席多次包括东亚峰会在内的地区多边安全与经济合作论坛。奥巴马上台之后改变了布什政府过于注重“单边主义”的作风，更多采取多边主义的外交战略，积极参与到亚太地区的多边国际组织中，尤其是积极参与东盟国家所倡导的东亚峰会和推动跨太平洋伙伴关系（Trans-pacific Partnership，TPP）。

截至2011年年末，奥巴马总统与希拉里国务卿已经分别3次和6次访问亚太地区。美国继2009年正式加入《东南亚友好合作条约》后，2010年正式成为东亚峰会成员。此外，美国还同东盟领导人定期举行峰会，强化双方的关系，特别是同湄公河沿岸各国的关系，暗中与中国争夺地区影响力。2010年在纽约举行“联大”期间，奥巴马在联合国会见的国家元首绝大部分来自亚洲国家，并与东盟10国领导人开了第二次“美国—东盟峰会”。与此形成鲜明对照的是，作为美国传统盟友的欧洲国家普遍受到了冷落。[①]

① 美国对传统战略核心欧洲的关注度下降也从另一个侧面反映了奥巴马政府对亚太事务的重视。2010年欧盟首脑会议期间，奥巴马受到邀请却没有出席，遭到了欧盟国家的一致反感。欧盟“外长”阿什顿表示，“欧洲已经不再占据美国战略重心的主要位置。”美国国务院前政策规划司司长、美国外交学会会长理查德·哈斯说：“欧洲已丧失核心地位，欧洲对美国的重要性已下降”。参见钱文荣：《奥巴马政府的全球战略重心东移》，第9页。

美国另一项积极参与亚太多边合作的着力点就是在经济上努力推动建立跨太平洋伙伴关系，构筑一个以美国为主导的广泛的经济合作体系。① 跨太平洋伙伴关系最初源于2006年新加坡、文莱、智利、新西兰四国缔结的《跨太平洋战略经济伙伴关系协定》。当2010年中、日、韩、印、新等五国与东盟分别签署或启动自由贸易协定后，美国已经感受到被排除在亚太经贸合作体系外的危机，试图以跨太平洋伙伴关系为突破口签订一个泛太平洋的区域自由贸易协定，最终将亚太经合组织的21个成员都囊括在内，建立美国主导的亚太合作体系。

美国热衷于推动亚太地区的自由贸易和经济一体化，源于奥巴马提出的“五年出口倍增计划”。亚太地区是美国扩大出口战略的首选之地，欧洲国家深陷主权债务危机，增长低迷且消费能力下降，北美自由贸易区对美国出口的拉动能力已不再明显。急需创造就业机会的奥巴马政府看中了亚太地区对于美国改善经济的重要意义。目前美国、澳大利亚、新西兰、智利、秘鲁、文莱、新加坡、越南和日本决定推动后续的谈判。每年一度的APEC会议成为美国推动TPP谈判的重要平台。美国希望在2015年前将TPP建成“跨太平洋东西两岸的自由贸易协定”。

四、美国战略调整的冲击与影响

美国进行亚太战略的调整往往会对中美关系造成直接冲击，也

① 根据美国的构想，TPP是一个“面向21世纪”、“高标准、全面的”自由贸易协议。TPP不仅将规定取消或降低商品的关税，还将涵盖安全标准、技术贸易壁垒、动植物卫生检疫、竞争政策、知识产权、政府采购、争端解决，以及有关劳工和环境保护的规定，其标准之高和覆盖领域之广远超一般的自贸协定。

会直接影响中国的和平崛起战略。目前的亚太体系呈现出中美两强的格局，中美关系已经远远超出双边的范畴，深深影响着亚太地区的每一个领域，美国的亚太战略调整必然冲击中美关系，进而对整个体系产生广泛影响。

首先，美国的战略调整很有可能将会对中美关系造成负面影响，而且难以缓解并陷入恶性循环之中。原因在于，历史上大国崛起往往伴随着崛起国同霸权国间激烈的冲突和对抗，中国学者大都悲观地认定美国的全球战略东移会孤立和削弱中国在亚太地区的影响，在经济上为美国开拓市场同时挤压中国的经济增长空间和抑制中国的经济影响力，在安全上通过一系列军事部署造成对中国的围堵，并在东北亚地区制造紧张局势。美国对华“接触与遏制”的两面手法中，遏制的一面正在逐渐增强并超过接触的一面。① 中、美目前相互负面认知和缺乏战略互信从而形成“互信赤字”的局面，很容易导致相互间的猜忌和战略误判，从而针对性地做出敌对性的行动。②

其次，受制于中美关系走向恶化，两国在地区安全热点问题上的矛盾将使得大国战略关系重组，区域安全局势趋于紧张。在这方面，中国同美国的盟国之间的关系最为典型。以中日关系为例，两国关系在小泉首相卸任后一度迎来缓和，但目前随着东北亚地缘政治的变化，中日关系又进入了一个低潮期。③ 总体而言，以中国周边海洋为焦点的包括“黄海”、“东海”、“台海”和“南海”在内的诸多海域的利益争端与矛盾冲突呈现出此起彼伏的爆发态势，加大了

① 钱文荣：《奥巴马政府全球战略调整及对我影响》，第9页。

② 王鸿刚：《美国的亚太战略与中美关系的未来》，第9—10页；钱文荣：《奥巴马政府全球战略调整及对我影响》，第8—9页；赵可金：《深度剖析美国的“重返亚洲”战略》，第42页；韦民：《咄咄以固其势的美国对华战略新布局》，载《学习月刊》，2011年第11期，第43页。

③ 张亭亭：《美国世界战略重点东移的原因及对中美日关系的影响》，第31页。

外交协调与政治谈判解决争端的难度。①

最后，中、美在双边和地区合作问题上容易受到第三方等不确定因素影响而难以取得进展。美国的强势干预更破坏了既定的地区多边机制的构建过程，中、美围绕地区多边机制主导权的争夺以及各方对于未来地区秩序不同看法和利益诉求，将使亚太地区的安全与经济多边合作面临更大的整合难题，地区一体化进程速度将被迟滞。

五、展望与建议：战略性思维与手段

为了应对美国将全球战略重心东移对亚太地缘政治和中国外交的冲击，中国应该做好充分准备，从战略思维、外交原则、战略手段等方面，依据形势的变化做出及时而恰当的调整。笔者认为中国应该从如下一些方面着手：

第一，充分利用中美亚太事务磋商机制，效仿“香格里拉安全对话”，寻求建立旨在维护朝鲜半岛安全稳定的危机磋商与多边安全对话机制，将美朝双边对话纳入该体系范畴，分担朝核问题六方会谈的压力。朝鲜半岛问题是美国战略东移的重要切入点，也是牵一发而动全身的东北亚安全热点。朝核问题六方会谈虽然经过各方努力朝着恢复会谈的方向取得一定进展，但是前景仍不明朗，各方的承诺大于行动，并且即使恢复谈判也很难取得突破，仍将围绕如何落实“9·19”共同声明讨价还价。可以说，六方会谈的机制稳定性

① 代表性的分析参见骆永昆：《美国加强对东亚的战略介入》，《国际资料信息》，2010年第8期，第39—41页；刘卿：《美国在亚太战略部署的新变化》，《现代国际关系》，2011年第5期，第13—19页。

与功能有效性目前都存在严重局限，而朝鲜半岛的安全形势近年来处于持续紧张状态。众所周知，东北亚的安全局势对中国国家安全具有极为重要的影响。为了维护一个较为安定的周边环境并尽量延长战略机遇期，中国应该主动寻求建立一个朝鲜半岛问题的危机管理和多边磋商机制。已经在新加坡举行多届的“香格里拉安全对话”是一个很好的范例。目前中、美在战略与经济对话机制下创立了亚太事务磋商和战略安全对话两个磋商渠道。中国应该充分利用好这两个机制，并将朝美双边对话纳入该体系中，从而扩展成为东北亚的“香格里拉对话”，在六方会谈难以复会的情况下以稳定半岛安全局势、及时就紧急事态进行多边磋商、管控可能出现的高危事态为核心任务。值得注意的是，这一对话同样应该邀请各方军事人员参加。军方代表的级别在初始阶段可以略低，但不应该缺席，否则将大大降低对话的效能。

第二，加大力度推动中国—东盟自贸区的发展，以中国国内产业转型与经济结构调整为契机，强化东盟国家对中国的经济依赖，使得东盟各国高度融入中国内部的经济整合与改革进程。东亚地区的经济增长模式主要是以外贸导向为主，目前的产业链是以东南亚国家为产业链低端，中国为加工制成品终端，而欧美市场为消费终端的模式。中国对亚洲其他国家维持大量贸易逆差，而对欧盟维持大量贸易顺差。也就是说，东盟等亚洲新兴经济体高度依赖对中国的出口作为经济增长的动力。目前美国在东盟国家的外交攻势，主要以南海问题争端为契机，拉升这些国家对美国的安全需求。但事实上，东盟国家目前面临的更核心问题是发展问题。这方面中国有着巨大的优势。如果中国国内的经济改革，特别是产业升级和增长结构转型顺利实现，中国国内巨大的消费市场潜力得以发挥，则无论是东盟国家还是美国，都将更加依赖中国的内需市场拉动经济增长，必然可以大幅降低美国在安全方面对东盟国家的影响。

第三，以泰国和韩国这两个美国的军事盟国为重点突破对象，全面提升与这些国家的紧密关系，降低美国军事同盟体系的内部团结度，从而化解该体系的整体压力，扭转中国外交相对孤立的困难局面。美国在东亚地区共有5个军事同盟，其中东北亚地区的韩国和东南亚地区的泰国长期以来均与中国维持着较好的双边关系，美国的同盟体系内部也存在一定的张力。如果中国以泰国和韩国为重点，强化与这两个国家的双边关系，在经贸与安全方面都加强合作，就可以在南海问题和朝鲜半岛问题上，凸显美国同盟体系内部的争端，从而化解中国的外交压力。与此同时，中国也应该继续以更大力度支持与中国具有良好关系的周边邻国，如缅甸、柬埔寨等，加大无偿经济援助并在国际事务中对这些国家加大支持力度。尽管中国长期以来坚持不结盟政策，但是这些国家作为中国外交的重要支点，其意义决不可轻视。中国还应该寻求进一步扩展这种典范性的双边友好关系，为外交工作寻求更多的外部支持。

第三章

非洲事务：中美新的竞技场

如果回顾中非合作论坛北京峰会暨第三届部长级会议召开前一年（2005 年）美国对中非关系的态度，可以发现 2011 年再度出现一个类似的现象：美国对中国的批评调门突然间发生了明显的提升。这里需要指出两个重大区别。一方面，2005 年时发出批评声音的更多是美国的非政府组织，而 2011 年则更多是美国政府官员。在这一意义上，尽管非洲并非美国的战略重点，也并非中美关系的核心问题，但一个不可逆转的趋势正在显现，即非洲正日渐成为中美关系中一个新的竞技场。尽管目前尚无法断言这一新的竞技场何时会成为中美关系的重要话题，但其重要性的持续上升趋势仍是难以否认的。另一方面，必须承认的是，与 2005 年相比，2011 年中美围绕非洲问题的互动——既包括竞争、也包括合作——明显增多。基于对两国在非洲利益和两国关系大局的判断，非洲现在已经成为中美战略与经济对话框架下的重要议题之一。因此，2011 年中美围绕非洲的互动，一方面是美国日益上升的官方化批评与评估，另一方面则是同样日渐密切的双边磋商与交流。

一、中美在非洲的利益聚合与冲突

如同英国《经济学家》杂志一期文章所说的，“非洲正在崛起”；[①] 与之同步，就中美关系全局而言，非洲也正逐渐从外围向中心移动，尽管其步伐并不快，且将持续相当长时间。导致这一进程的原因是多方面的，既有非洲自身的“崛起”，也有其丰富的自然资源禀赋，还有中非关系的快速发展，以及非洲对全球反恐的重要性等。随着非洲逐渐向中美关系的中心移动，中美在非洲的利益聚合与冲突正日益得到更多关注。尽管大多数人强调中美在非洲的利益冲突，但正如美国一位负责非洲事务的前助理国务卿所言，非洲有54个国家，如果将其分解开来看，中美在非洲的利益冲突点并没有想象中那么多，因为人们在讨论中美在非洲的利益冲突时往往假设非洲是一个整体。[②] 因此，在分析非洲在中美关系中的重要性上升时，必须既看到双方的利益冲突点，也看到其中的交汇点。

就在非洲的总体利益而言，中美两国利益存在很大的相似性，因此总体上看很容易得出两国在非洲利益冲突的结论。总体上，中国在非洲的利益主要涉及4个方面：确保建立和维持良好的政治关系，发展经济合作特别是确保能源来源，发展与非洲的良好的社会和文化关系，以及在国际舞台上相互支持。更为具体和当前强调的更多的是，中国在非洲的主要目的在于保证国内经济快速发展所需

① 《非洲正在崛起》，载《参考消息》，2011年12月16日，第12版。

② 作者于2011年9月28日与美国国务院负责非洲事务的前助理国务卿康斯坦丝·纽曼（Constance Newman）的访谈，华盛顿。

要的各种资源，同时为国内商品寻找更大、更具潜力的海外市场。事实上，美国在非洲的利益在很大程度上与中国相似，唯一的差异在于美国或许更关注其在非洲的战略利益，特别是安全和当前仍然相当重要的反恐利益。① 就中美在非洲的利益代表而言，中国与非洲50个国家有外交关系，其中49个设有使馆；美国则与所有54个非洲国家都建立了外交关系并设有使馆。

的确，如果深入分析非洲的所有国家，中美在非洲的利益冲突似乎没有新闻报道中那么突出。我们可以从政治、经济和安全三个方面的矛盾和冲突的视角具体加以分析。

政治上，中美都试图与非洲国家发展良好关系。对中国而言，中非之间不仅有着共同的历史遭遇（殖民主义）和斗争经验（民族解放运动），还有着共同的奋斗目标（建设国际政治和经济新秩序）；中国曾在建国后迅速为非洲的民族解放运动提供了力所能及的帮助，非洲朋友也把我们重新“抬”进了联合国；中国需要非洲国家支持“一个中国”的原则和国家统一大业，而非洲也需要中国支持其国内政治的稳定。对美国而言，尽管美国有能力不顾及非洲国家的态度和感受，但非洲作为一个“票仓”的作用仍是明显的；尽管更多是出于实用主义和机会主义的考虑，但美国仍试图在非洲推广民主，而非洲不成熟的民主也需要美国的支持——特别是反对派试图上台时。

但是，中美两国与非洲的政治互动手段存在着重大差异，其中争议最大的便是对非援助是否附加政治和社会条件。中国对外援助、包括对非洲援助历来不附加任何条件，不干涉他国内政，深受非洲人民的欢迎。对非洲国家和人民来说，中国对非洲不附加任何条件的援助大大改善了当地民主，提高了当地人民的生活水平，促进了

① 作者于2011年10月4日与美国乔治华盛顿大学教授戴维·希恩（David Shinn）大使的访谈，华盛顿。

当地的人权。更为重要的是，由于一贯坚持不干涉内政和援助不附加条件原则，中国为非洲提供的帮助不会影响非洲自身的政治、经济和社会发展道路的选择。这样，中非关系的发展为非洲带来了其传统伙伴——西方国家之外的替代性选择。① 更多出于担忧和妒恨，美国往往指责中国的不干涉内政和援助不附加政治条件是在非洲支持极权政府，破坏了其在非洲的良治、人权、反腐等努力，甚至称中国在非洲搞“新殖民主义”。②

尽管冷战时期西方、特别是美国与非洲的合作中往往不附加政治条件——如果说有那便是与之结盟，但从冷战后期开始，政治条件日益成为美国与非洲合作的前提，特别是所谓的民主、人权、市场自由化等。西方国家在其为非洲提供的帮助中附加的条件，往往对非洲自身的政治、经济和社会发展产生相当深远的负面影响。姑且不论已有相当充分讨论的如结构调整计划、良治及人权条件等，仅以 2011 年新出现的西方与非洲关系的一个新争议为例。进入 2011 年下半年后，美国和英国先后声明，其对非洲国家提供的援助将附加一个新的条件，即对同性恋权利的支持。如果一国不支持同性恋者的权利，来自美国和英国的援助将可能受到限制。这一举措立即在诸多非洲国家激起强烈反响，因为同性恋与其传统宗教信仰存在冲突，加纳、尼日利亚、利比里亚等多个非洲国家都明确表态不会使同性恋合法化。③

① Mary-Françoise Renard, “China's Trade and FDI in Africa,” *Working Paper*, No. 126 (May 2011), African Development Bank Group, p. 6.

② 张春：《“新殖民主义”帽子扣不到中国头》，载《文汇报》，2006 年 11 月 2 日，第 3 版。

③ “Africa Won't Sacrifice Values for Donor Aid,” *All Africa*, 5 November, 2011, http://allafrica.com/stories/201111070978.html; Tendai Moyo, “Africa: Continent Must Shun Western Aid,” *All Africa*, 6 November, 2011, http://allafrica.com/stories/201111070159.html.

随着近年来中国的快速崛起，中美在非洲的政治利益冲突还表现在所谓“华盛顿模式”与“中国模式”的较量上。中国的快速崛起和中非论坛的发展，再加上全球金融危机导致的西方发展模式、特别是所谓“华盛顿共识”遭削弱，国际社会正试图将中国的快速发展上升为“中国模式”并强行将其拖入一场“模式竞争”的讨论中，这在非洲表现得尤其明显。一方面，美国往往简单地将“中国模式”总结为“政治上集权＋经济上开放”；另一方面，美国往往认为，所谓“中国模式”事实上是在非洲搞“新殖民主义”，因此尽管“华盛顿共识”现在面临着一定的困难，但仍对非洲有积极意义。这一论调大致有两个发展阶段：2006 年中非合作论坛前后直到 2011 年初，持这一论调的主要是学者，也有少数政客；但进入 2011 年后，大国政客突然重拾这一论调批评中非关系，特别是美国国务卿希拉里·克林顿和英国首相卡梅伦。中国对非贸易和投资为非洲大陆发展带来了重大贡献，已经得到国际公认。因此，这一论调背后的真正目的是出于其在非洲传统利益的考虑：在过去 10 年里，非洲的对外贸易总额翻了一番，但传统大国的份额却从 77％下跌到 62％；中国在世纪之初只占非洲贸易额的不到 5％，但到 2009 年却达到了 15％，很快将超过欧洲。① 所有这些，引起了外部世界，特别是美国的强烈不安。

经济上，中美在非洲都有着重大的能源需求，因此也被认为是两国利益冲突最为激烈的领域。随着中国国民经济的快速发展，中国对石油的需求也日趋增加。中国石油的对外依存度也从 2000 年的 30％上升到 2004 年的 41％和 2005 年的 42.9％，2010 年已达

① Thierry Ogier, “OECD attacks China-Africa trade ‘myths’,” *Emerging Markets*, 7 June, 2011, http://www.emergingmarkets.org/Article/2844091/OECD-attacks-China-Africa-trade-myths.html.

到50%，2020年将超过60%。① 为了使中国的石油进口实现多元化，近年来中国日益将目光转向非洲。目前，中国从非洲进口的石油占1/3强。在2006年上半年排名前十位的中国原油进口市场中，非洲国家有4个，安哥拉居第一，赤道几内亚居第六位，刚果居第八，利比亚居第九。② 随着油价上升和中东持续动荡，美国也日益重视非洲的石油资源。根据美国国家情报委员会的一项计划，美国从西非的石油进口在总的石油进口中所占比例将从2000年的16%上升到2015年的25%，超过从中东进口石油的比重。③ 目前，美国从非洲进口的石油占其总进口的19%，其中最为重要的国家是尼日利亚。④

如果深入地看，中美在非洲的石油利益冲突只集中在少数国家，主要包括南苏丹、利比亚、尼日利亚、乍得、安哥拉、阿尔及利亚等，在其他地方的利益冲突可能性目前并不高。需要特别指出的是，由于南北苏丹于2011年7月和平分裂，意味着南苏丹的石油资源分配在未来可能面临新一轮的调整。美国作为南北苏丹分裂的最大始作俑者，可能从中获得较大份额。这意味着中国与美国在南苏丹的石油利益竞争可能会变得很激烈。此外，利比亚局势变化后，新政府也可能对石油资源的分配加以调整，从而

① 《中国2020年或为世界第一大石油进口国》，中国新闻网，2011年11月18日，http://www.chinanews.com/ny/2011/11-18/3471849.shtml；《预计2010年中国的石油进口依存度将达到50%》，中国新闻网，2006年7月18日，http://news.xinhuanet.com/fortune/2006-07/18/content_4848759.htm。

② “中国石油战略版图悄然形成”，《南方日报》，2006年9月14日，http://www.sinolub.com/news/2006/9-14/09152867826.html。

③ 张永蓬：《布什政府对非洲政策特点》，载《西亚非洲》，2002年第5期，第42页。

④ 《美国外交官员与亚洲国家官员讨论非洲事务》，美国国务院，2011年11月22日，http://iipdigital.usembassy.gov/st/chinese/article/2011/11/20111123145453x0.92223 32.html#axzz1g0uNG26w。

导致中美在利比亚的石油资源竞争加剧。当然，中国进入利比亚石油市场的时间不长，仅获得为数很少的区块开发权，而美国仅2005年就获得当年利比亚开出的59个区块中的20多个，因此双方的竞争不会如想象中的那么激烈。当然，在尼日利亚、安哥拉、乍得、阿尔及利亚等地，中美之间的石油利益竞争也可能加剧。但如同在利比亚一样，事实上中国参与这一竞争的时间还很短，在其中的利益存在并不大，因此这种竞争到底在多大程度上对美国构成“威胁”仍是有疑问的；或许，更为准确的表述应当是，美国对中国在这些国家的防范可能会增加，而非中美竞争会加剧。

在安全上，中美在非洲更多存在利益交汇，而非利益冲突。原因主要在于两个方面：一是中国和美国实际上都希望非洲能实现更为持久的稳定与和平，这不仅对非洲有利，对世界各国也是有利的；二是中国对非洲安全事务的参与事实上很少，因此也无法更大程度地与美国“竞争”。考虑到后一点，美国在非洲安全事务中的主导地位，或许将是未来中美在非洲事务互动中的一大障碍。尽管美军非洲司令部目前已经决定不再将司令部移至非洲，而其拟定的在非洲建立5个地区办公室的计划也已放弃，[①] 但随着该司令部的发展壮大，其对今后中国参与非洲安全事务的潜在影响仍是不可忽视的。

就中国未来参与非洲安全事务而言，值得关注的另一动向是，除了对西亚北非（中东）地区的动荡适度介入外，2011年美国加大了对非洲地区安全事务的介入，主要体现为两个方面：一方面，鉴于东非地区、特别是索马里伊斯兰青年团（Al Shabaab）的恐怖主义活动升级，肯尼亚于2011年10月底进军索马里，跨境追捕恐怖主义分子，发誓消灭索马里伊斯兰青年团。尽管这一活动很大

---

① 作者于2011年10月27日与美国助理国防部长帮办薇姬·赫德尔斯顿（Vicki Huddleston）大使的访谈，华盛顿五角大楼。

程度上侵犯了索马里的国家主权——当然在有的人看来索马里已经没有主权可言，[①] 但美国仍对此表示了极大的支持。[②] 另一方面，2011 年，美国强化了对非洲各国反恐能力的培训。奥巴马于 2011 年 10 月中旬宣布，为了应对中部非洲地区泛滥的恐怖主义、特别是神圣抵抗军（Lord's Resistance Army），美国政府决定向该地区派出 100 名美军特种部队军人，帮助乌干达、南苏丹、中非共和国及刚果（金）等国培训反恐部队，以求最终逮捕神圣抵抗军首脑约瑟夫·科尼（Joseph Kony）。[③] 此后，由于尼日利亚北部地区恐怖主义组织"博科圣地"（Boko Haram）日益猖獗，美国也向尼日利亚、尼日尔、利比里亚等地派出了军事顾问，帮助当地培训部队以对抗恐怖主义。尽管这些活动都有其合理性，但却导致美国在当地的影响力有所上升，给为未来中国介入非洲安全事务增添了新的阻力。

总体而言，非洲在中美关系中的地位正在上升，但带来的未必一定是利益冲突与竞争，也存在利益的交汇。尽管如此，更多人倾向于简单化地认识中美在非洲的互动关系，以消极眼光看待这一关系的未来发展。而这也在很大程度上体现在 2011 年美国对中非关系的不当批评中。

---

① 作者于 2011 年 10 月 5 日与美国大西洋委员会非洲项目主任彼得·范（Peter Pham）的访谈，华盛顿。

② Gitau Warigi, "Kenya: Nation Can Learn From Ethiopia's Invasion of Somalia Five Years Ago," *AllAfrica*, 22 October, 2011, http://allafrica.com/stories/2011102300159.html.

③ Mark S. Smith and Bradley Klapper, "Obama Sends Military Advisers To Central Africa To Help Fight Lord's Resistance Army," *Huffington Post*, 14 October, 2011, http://www.huffingtonpost.com/2011/10/14/obama-central-africa_n_1011245.html.

二、何种批评？何种合理性？

自2006年中非合作论坛北京峰会以来，国际社会对中非关系的了解大大增加，中国围绕中非关系的公共外交活动也日益强化。尽管如此，美国人总体上仍较为负面地看待中非关系。美国政策界、学术界和媒体及大众舆论都倾向于认为，中非关系的快速发展威胁到美国在非洲的利益，特别是美国在非洲的经贸利益和能源安全。而这一总体认知在很大程度上主导了2011年美国对中非关系的不合理批评。

进入21世纪以来，美国对中非关系的认知大致有三个发展阶段。第一阶段，21世纪初至2005年，美国很大程度上忽视了中非关系的快速发展，一方面是因为此期的中非关系处于一个恢复性发展期，另一方面是因为美国正忙于全球反恐战争和应对由此而来的美欧围绕伊拉克战争的分歧。第二阶段大约从北京峰会召开至2008年上半年，面对中非关系的快速发展，美国陷入严重心理失衡状态，片面鼓吹在非洲的“中国威胁论”，认为中国进入了其后院并会将其“挤出”非洲。[①] 一时间，涌现出各种版本的“中国威胁论”，如“政治体制威胁论”、“经济制度威胁论”、“软实力威胁论”、“援助方式危害论”、“资源掠夺论”、“环境破坏论”、“军事威胁论”及“经济威胁论”等等。

---

① 英国国防部曾于2008年委托英国皇家国际事务研究所（Chatham House）对2005—2008年间有关中非关系的文献作一综述，该报告充分显示出美国当时的非理性状态，参见 Tom Cargill, “China and Africa: A Literature Review,” Unpublished Chatham House Review, 2008。

随着2008年北京奥运会的召开，美国对中非关系的认知进入第三阶段。最初的冲动逐渐冷静下来，美国开始更为理性地思考中非关系，在逐渐承认中非关系的部分积极贡献的同时，更致力于使其对中非关系的批评理论化、系统化和官方化。就理论化和系统化趋势而言，几乎所有批评都有一项共同的逻辑，即中国不关注非洲的安全只要经济利益，而关注非洲安全的前提便是要促进非洲的民主。换句话说，美欧等西方国家通过“民主—安全—发展关联”（Democracy-Security-Development Nexus），[①] 使得中非关系处于理论上和道德上的“不正确”的一方。

在学术界对中非关系的批评日益理论化和系统化的同时，美欧政府高官对中非关系的批评也日益增多，呈现出一种官方化趋势。尽管有人认为，对中非关系的批评更多是媒体、学者和大众，[②] 但美国国务卿希拉里·克里顿2011年6月访问非洲和11月底出席韩国釜山第四届援助效率高层论坛（High-Level Forum on Aid Effectiveness）时的讲话都影射中国在非洲搞“新殖民主义”，美国负责非洲事务的助理国务卿约尼·卡森也在11月初的中美第五轮非洲事务磋商中要求中国在非洲“负责任”地行事。

美国对中非关系批评的官方化趋势首先体现在美国国务卿希拉里·克林顿在一年之内两度公开批评中非关系，这是历史上罕见的。2011年6月，希拉里在访问赞比亚时接受当地电视台采访，声称在中国不断加强与非洲关系的同时，非洲必须当心中国的“新殖民主义”。在被问到中国在非洲大陆的影响力问题时，希拉里说，非洲应该警惕那些“只与精英们打交道的朋友”。她进一步

---

① 作者曾就“发展—安全关联”作过粗浅讨论，参见张春：《“发展—安全关联”：中美欧对非政策比较》，载《欧洲研究》，2009年第3期。

② 作者于2011年10月11日同美国国防大学非洲战略研究中心（Africa Center For Strategic Studies）主任威廉斯·贝拉米（Amb Williams Bellamy）大使的谈话。

指出："我们不想在非洲看到新的殖民主义。当人民来非洲投资时，我们（美国）不仅希望他们在此顺利，而且希望他们做得很好。但我们不想要他们损害非洲良好的管理职能。"当然，希拉里对中国的批评背后是推销美国在非洲的利益。她强调称，美国努力改善非洲国家在政治和经济领域的管理状况，并呼吁外界给予非洲长期可持续的投资。在政府对经济发展的支持方面，希拉里指出，非洲可以学习亚洲国家的政府部门，不过中国并非这方面的楷模。她还称，"中国现在面临的问题很多，这些问题还将在今后 10 年进一步恶化"。① 因此，希拉里在时隔 35 年后再次访问赞比亚——她上次访问是在 1976 年——的主要动机是美国对非洲经济日益增长的兴趣，她敦促非洲国家取消对美国的贸易壁垒，中国更多被当作一张"牌"或一个借口。②

2011 年 11 月 30 日，希拉里在出席韩国釜山第四届援助效率高层论坛时声称，发展中国家在接受外国援助时一定要"精明"。她暗示，像中国这样的新兴大国，可能更感兴趣的并非促进发展，而是取得自然资源。她提示发展中国家"要成为聪明的消费者"，"要提防那些主要兴趣在利用你的资源、而非提升你能力的援助者。有些资金援助可能有助于填补短期的预算缺口，但我们常常看到，这些权宜之计带来的益处难以持续"。尽管希拉里并未直接将矛头指向中国，但看起来指的应该是中国迅速扩张的海外援助项目，特别是在非洲的项目。有批评人士称，中国通过援助项目打开获取石油、矿产及其他资源的市场，与当初殖民力量的做法相似。③ 希拉里的批评

① 《希拉里称非洲必须警惕中国"新殖民主义"》，环球网，2011 年 6 月 12 日，http：//world. huanqiu. com/roll/2011－06/1751161. html。

② 《希拉里非洲行拿中国投资说事》，新华国际，2011 年 6 月 12 日，http：//www. cssn. cn/news/357502. htm。

③ 《希拉里：受援国应防援助国觊觎资源》，路透中文网，2011 年 11 月 30 日，http：//cn. reuters. com/20111130/n327433036. shtml。

再次反映了美国为援助附加政治条件的逻辑。在她看来，国际援助应更侧重于发展中国家确定的当务之急，这些发展中国家应加大力度打击腐败、改善法治，消除限制增长的关税及其他壁垒。

如果说希拉里的批评更多是因为不了解中非关系，而是出于一个高级政治家的角度看问题的话，那么美国负责非洲事务的助理国务卿约翰尼·卡森（Johnnie Carson）对中国的批评就更能体现出美国对中非关系批评的官方化趋势。根据“维基揭秘”的一份档案，卡森曾在一次国际会议上说，“中国是一个非常具有侵略性和有害的经济竞争者，不讲道德……中国到非洲不出于利他主义的目的”，“中国在非洲主要是为了中国”。① 在他看来，中国在非洲是搞“新殖民主义”，是对非洲的新一轮“剥削”。中国通过“支票外交”拉拢了非洲的治理状况不佳的国家，通过以“资源换基础设施合同”的方式获得非洲的大量自然资源，特别是石油，以满足日益增长的国内需求。中国还通过向非洲国家输出所谓“政治上专制＋经济上自由”的“中国模式”而赢取非洲国家的好感。

2011年11月10日，卡森率队赴北京主持第五轮中美非洲事务磋商。在返美后的记者招待会上，卡森表示希望中国在从非洲大陆大量购买石油、天然气和矿产资源以满足其快速增长的经济需求时，能“负责任地行事”。他说，他向北京表示，希望“中国在非洲从事经济、贸易和投资活动时，能像一个负责任的全球行为体一样行事”。“我们希望，他们在投资时，如同我们及其他人在非洲大陆投资时一样，雇佣非洲劳工。遵循当地的劳工标准。支付他们合理的工资。训练他们的人才。……我们要求所有人都遵循其责任。”“美

① Quoted from Deborah Brautigam, “China in Africa: Seven Myths,” *ARI*, No. 23/20011 (8 February, 2011), http://www.realinstitutoelcano.org/wps/portal/rielcano _ eng/Content? WCM _ GLOBAL _ CONTEXT＝/elcano/elcano _ in/zonas _ in/sub-saharan＋africa/ari23－2011.

国公司也在整个非洲大陆投资，但他们不会带着成千上万的美国工人去从事非技术性的工作”。① 事实上，如同美国报道所指出的那样，由于中非关系快速发展，美国日益感觉不安。在谈及反腐败问题时，卡森甚至抱怨非洲国家的“双重标准”。他说：“我们希望中国与非洲的接触是负责任的，他们不会从事腐败行为。”当然，他也指出，“同样非常非常重要的是，非洲国家应当以对待美国和欧洲国家一样的标准来对待中国”。②

美国批评中非关系的官方化趋势的第三个表现是，美国国会参议院于 2011 年 11 月 1 日举行了一次有关中非关系的听证会。在听证会上，很多议员表示担心，中国对非的大量基础设施援助削弱了美国对非的医疗援助，并且威胁到美国公司的商业利益。美国参议院外交事务委员会非洲事务小组主席克里斯·库恩斯在听证会上称，大约 70%的中国对非援助是以修路、建体育场和政府建筑等方式提供。相比之下，相同比例的美国对非援助却用于“对当地人民来说关键、却不容易看到的项目上，尤其是对抗艾滋病、疟疾、肺结核和其他疾病等”。库恩斯认为，这一结果导致美国“赢得对抗疾病的战争，却丢掉赢得非洲人心和精神世界的战斗”。议员们担心，随着中国对非洲基础设施领域加大投资，美国在非洲的政治影响会有所削弱。美国参议院民主党议员理查德·杜宾呼吁奥巴马政府实施新的对非贸易战略，以改变非洲的“政治和经济实力平衡转移”。③

---

① Johnnie Carson, “Briefing on Assistant Secretary Carson’s Recent Travel to Asia,” US South Africa Embassy, 22 November, 2011, http://southafrica.usembassy.gov/mediahub_111123a.html.

② “US diplomat tells China to act responsibly in Africa,” *AFP*, 22 November, 2011, http://news.yahoo.com/us-diplomat-tells-china-act-responsibly-africa-155936921.html.

③ 《美参院忧“在非洲输给中国”吁奥巴马实施新战略》，中国新闻网，2011 年 11 月 22 日，http://www.jfdaily.com/a/2418850.htm。

当然，在该听证会上，也有人对美国官方的批评表示反对，但主要来自于相当熟悉中非关系的学者。例如，美国前驻埃塞俄比亚和布基纳法索大使、现乔治—华盛顿大学教授戴维·希恩说："如果非洲国家的基础设施得不到很大改善，它们便永远无法改善经济。因此，从这方面来说，中国帮助了它们。我认为，总的来看，中国在非洲的投资努力是积极的。"他认为，中国在非洲的投资重点集中在基础设施上，"这正是非洲人民所要求的"。而美利坚大学的著名中非问题专家德博拉·布劳提冈（Deborah Brautigam）也指出，西方媒体批评中国破坏非洲的民主和人权、损害当地就业，甚至指控中国的行为是"新殖民主义"，但所有这些指控都是没有根据的。她说："没有证据显示，从 2000 年至今，非洲总体的政治权利和自由出现下滑。在中国投资较多的那些非洲国家，也没有证据显示中国投资对人权和政治自由产生了系统性影响。"她还说，在非洲的很多中国公司雇佣了很多非洲人，"这同通常认为中国公司不雇佣非洲人的看法相反"。她也认为，在劳工标准、腐败等问题上单独针对中国的做法是"无益"的，因为中国依然是一个发展中国家，它和其他许多新兴经济大国，比如印度和巴西，有很多共同之处，面对同样的挑战。①

在美国对中非关系的批评日益官方化的同时，这一批评也日益理论化和系统化，其最重要的例子是 2011 年底出台的人权观察（Human Rights Watch）组织有关中国企业在赞比亚铜矿的企业责任表现报告。不管该报告的最终结论多么不合理，但其方法论看上去是合理的。首先，人权观察组织了三个小组前后三次前往赞比亚铜矿地区进行调研，共采访了 170 人，其中 95 人来自于中国铜矿，另有 48 人来自于其他国家操作的铜矿，还有一些来自于政府部门和

---

① 《前美国大使称中国投资给非洲带来积极影响》，新华网，2011 年 11 月 2 日，http：//www.cnr.cn/newscenter/eco/201111/t20111102_508719151.shtml。

记者、矿工工会、外交官等等。其次，该报告反复强调，在调研过程中没有得到来自中国铜矿企业的配合，所以95名来自于中国铜矿的受访者都是秘密接受采访的且不能公开姓名——因为担心受到报复。第三，该报告还煞有介事地将中国有色矿业集团有限公司的回信附在了报告的后面，但在正文中却几乎没有引用该回信的内容，尽管作者也不时指出中国企业在过去几年里有所改进。总之，该报告的叙述方式是，重点强调消极面，同时不忘时不时提及一些积极面以显示其客观。① 对一个不熟悉中非关系的普通读者而言，该报告的确显得相当“客观”，而且其方法论也是西方所熟悉和欢迎的。因此，就连著名的中非关系研究学者、美利坚大学教授布劳提冈也认为，该报告是“相对客观的”。②

尽管中国官方对此反驳称，“这个组织的言论不符合实际情况。长期以来，中国企业在平等互利的基础上开展与赞比亚的投资合作，为当地创造大量就业，为赞经济社会发展作出了重要贡献。据了解，中国有关企业严格遵守当地法律法规，制定相应制度并采取措施，保障员工生产安全和工资福利方面的合法权益，积极履行应尽的社会责任”。③ 但在西方批评的理论化、系统化面前，这样的辩解难以令人信服。

作者在和该报告主要撰稿人马特·韦尔斯对话时只问他三个问题：第一，如果承认中国铜矿企业的行为有所改进，为什么标题用如此负面的言辞，特别是其中的“Fire”一词有着极强的刺激性，它不仅意味着“解雇”，还意味着“枪杀”——考虑到该企业曾发生

① 作者于2011年11月22日与该报告主要撰写人马特·韦尔斯的谈话，华盛顿。

② 作者与布劳提冈教授的电子邮件通信，2011年11月15日。

③ 《洪磊驳“人权观察”有关中国在赞比亚铜矿企业报告》，中国网，2011年11月3日，http：//www.china.com.cn/international/txt/2011－11/03/content_23818065.htm。

过类似事件。第二，考虑到中国铜矿企业在赞比亚有12万工人，95名受访者到底有多大代表性，而且这95人都表示“与企业关系不佳”，谁能保证他们讲的是真心话——特别是在匿名的情况下。此外，其他近70人某种程度上都与中国铜矿企业存在商业竞争关系，如何保证其说的话是公正的？第三，中国在赞比亚的企业，较大型的、能在中国驻赞比亚大使馆经商处查到名录的就有96家，而整个赞比亚的外国公司更多，中国在整个非洲的企业就更无法计算，缘何认为中国有色矿业集团有限公司可以代表整个中国在非洲的企业？对此，韦尔斯的解释是：这家公司比较大，是国有企业。尽管说服力很有限，但其理论化和系统化的外表，却让更多人选择相信。[①]

三、互动与合作的探索

尽管对中非关系的批评正呈现官方化、理论化、系统化的趋势，但美国并未放弃与中国在非洲的合作努力。当然，寻求与中国在非洲的三边合作，并不表明美国对中非关系的态度有所改变；恰好相反，正因为视中非关系为威胁，美国才需要强化与中国的合作，进而寻求通过合作一方面搭中非关系的便车，另一方面将中非关系“引导”到美国所期望的方向上，或者说是限制中非关系的发展。

应当看到的是，尽管美国内对中非关系的态度总体上是负面的，但不同的群体对中非关系的理解仍有所差异。根据作者的观察，[②] 美

① 作者于2011年11月22日与该报告主要撰写人马特·韦尔斯的谈话，华盛顿。

② 作者于2011年9月至11月在美国战略暨国际研究中心担任3个月的访问学者期间，走访了40余位美国涉非事务或研究的政府官员、学者、智库专家、非政府组织和公民社会工作人员及企业和商业高层，并参加了近40场公开和内部研讨会。

国内对中非关系的态度大致可分为三种：第一种可称之为自由派，他们大多对中非关系有较为深入的了解，并相信通过相互沟通能与中国在非洲进行相互合作，并能实现双方利益的最大化。自由派观念的持有者或者对中非关系研究相当深入，如前述的美利坚大学教授布劳提冈和戴维·希恩，或者曾与中国有过长期接触，如美国国防部负责非洲事务的助理国防部长帮办薇姬·赫德尔斯顿大使曾长期在国务院工作，又如国务院非洲地区与安全事务办公室主任（处长）约翰·胡佛（John Hoover）曾于2000—2004年在美国驻沪总领事馆任职。第二类可称作保守派，他们往往不问青红皂白地批评中国和中非关系，其批评并不来自于对事实的了解，而是由其意识形态倾向决定的，如美国企业研究所、传统基金会、人权观察等的多数研究人员——他们可能既不懂非洲也不懂中国，又如关注苏丹和津巴布韦的人权或非政府组织人员，政府官员中最典型的例子可能是驻联合国大使苏珊·赖斯。[①] 第三类的立场往往介于前二者之间，可称作中间派，美国负责非洲事务的助理国务卿约翰尼·卡森便属于这一类。

自由派和中间派都倾向于与中国围绕非洲事务进行对话和合作：对自由派而言，合作能促进双方利益的最大化；而对中间派而言，合作能帮助中国“负责任地行事”。但对保守派而言，合作只能助长“中国威胁”，因此只有采取强硬手段“遏制”中国在非洲的行为，才能保证美国的利益不受损害。尽管如此，目前美国内尚未形成完整的与中国围绕非洲事务展开合作的战略构想。美国国防部、包括非洲司令部都不认为中美在非洲将处于零和竞争，但至于在什么领

① 有美国学者认为，目前奥巴马政府中的非洲政策决策者多数来自克林顿政府时期，他们当时曾经犯下大错——如在索马里和卢旺达，因此今天关注的是“如何纠正昨天的错误”，而非针对当前的事态作决策。根据作者于2011年9月30日与乔治华盛顿大学非洲问题副教授保罗·威廉姆斯的访谈，华盛顿。

域合作、如何合作等问题尚未形成明确概念，主要设想围绕在索马里或更大的非洲之角的安全合作、联合国维和合作、帮助非洲国家训练海岸警卫队等领域。在非传统安全领域，目前的政策倡议主要集中在医疗卫生援助和农业技术转移两大领域，也有人倡议在教育、人力资源培训、基础设施援建等领域合作。总体上，美国的合作建议包括四类：（1）中国参与美国在非洲的项目，以美国为主导；（2）中国与美国处于平等地位，在非洲国家合作开展项目；（3）美国参与中国在非洲的项目，以中国为主导；（4）建立战略沟通机制，相互通报与非洲的合作情况。

尽管双方都仍在探索之中，2011年的确见证了中美就非洲事务进行磋商甚至相互互动的增长。这首先体现在非洲事务正式被纳入中美战略与经济对话之中。2011年5月9—10日，在第三轮中美战略与经济对话框架下的战略对话中，中美双方讨论了双边、地区及全球层面的重大问题，有关讨论取得了48项具体成果。其中涉及到非洲的有三项：第一，决定在下一轮中美战略与经济对话前，就政策规划与非洲、拉美、南亚、中亚事务举行新一轮对话，加强两国在地区和国际问题上的协调合作。第二，决定采取措施鼓励苏丹北南双方继续推进和平进程，通过谈判解决相关争议，并完全履行《全面和平协议》，以确保和平过渡，使北南苏丹和平共处。承诺就苏丹问题加强沟通协调，比如南苏丹经济发展问题。决定有关各方应采取建设性行动促进达尔富尔的安全与人道主义状况，致力于该问题的政治解决。第三，就联合国维和事务、苏丹问题、执法合作、气候变化、扫雷及常规武器销毁、电子废物等议题举行了对口磋商。两国高级官员还就涉及中美关系整个战略轨道的广泛议题举行了一系列双边会见。①

① 《2011年中美战略与经济对话框架下战略对话成果清单》，新华网，2011年5月11日，http://news.xinhuanet.com/world/2011-05/11/c_121403425.htm。

根据上述第一项安排，2011年11月10日，中国外交部副部长翟隽与美国国务院非洲事务助理国务卿卡森在京举行中美第五轮非洲事务磋商。双方就非洲形势、地区热点问题、各自对非合作等深入交换了意见。双方认为，当前非洲形势正处于重要演变期，中美作为非洲重要合作伙伴应进一步加大对非洲的支持和帮助，共同为非洲和平、稳定与发展作出贡献。[①] 卡森11月22日从华盛顿通过电话会议对非洲新闻界表示："我在访华时有机会与副外长翟隽就中国如何看待非洲大陆目前的局势，特别是令人十分关注的地区如索马里、苏丹及刚果东部等交换了意见。"这两位高级外交官员还讨论了美中两国如何合作推进一系列涉及部分非洲国家的三边发展行动计划。卡森说："我们渴望知道我们是否能与中国合作，利用我们相对的优势帮助非洲战胜一些经济挑战，特别是农业、卫生和洁净水等方面的问题。"[②]

在战略层面的磋商与沟通外，中美2011年围绕非洲事务互动的重大案例或许是南苏丹的独立问题。根据2005年达成的《全面和平协议》(CPA)，南部苏丹地区应于2011年1月9日举行全民公投，以决定是继续留在苏丹境内抑或独立。为了确保南部苏丹公投的平稳进行，中国和美国都作出了大量努力。仅以中国政府达尔富尔问题特别代表刘贵今大使自2010年下半年以来与美国的沟通为例，在短短半年不到的时间内至少与美国总统苏丹问题特使有过四次正式交流：

1. 2010年7月17日，刘贵今大使在苏丹首都喀土穆出席首届苏

---

① 《外交部：中美两国在京举行第五轮非洲事务磋商》，外交部，2011年11月11日，http://www.focac.org/chn/zxxx/t876112.htm。

② Johnnie Carson, "Briefing on Assistant Secretary Carson's Recent Travel to Asia," US South Africa Embassy, 22 November, 2011, http://southafrica.usembassy.gov/mediahub_111123a.html.

丹问题磋商论坛会议。会议由联合国、非盟共同主持召开，安理会五常、欧盟苏丹问题特使、当事国苏丹及其邻国和有关地区组织代表与会。会议的主要议题是就达尔富尔和平进程、苏丹南方问题等进行沟通和协调。会议期间，刘贵今特别代表会见了美国总统苏丹问题特使格拉逊。①

2. 2010 年 8 月 26—28 日，刘贵今大使应邀出席了在埃及首都举行的促进非洲和平、安全与稳定高级别会议。刘大使出席多场专题会议讨论并应邀在主题为“苏丹处在十字路口”的工作晚宴上作专题发言，刘大使介绍了中国为维护非洲和平与稳定、促进非洲发展所做的积极贡献，阐述了中国在苏丹等非洲地区热点问题上的原则立场。会议期间，刘大使会见了美国总统苏丹问题特使格拉逊。②

3. 2010 年 11 月 2—6 日，刘贵今大使访问苏丹，不仅会见了苏丹各方代表，还与美国苏丹问题特使格拉逊等各方官员就苏丹热点问题及其当前形势交换看法。③

4. 2010 年 11 月 6 日，刘贵今大使出席在埃塞俄比亚首都亚的斯亚贝巴非盟总部举行的第二次苏丹问题磋商论坛会议。联合国安理会五常、苏丹政府和苏南方代表团、有关非洲国家及一些国际和地区组织的代表与会。会议就落实苏丹《全面和平协议》及达尔富尔政治进程等进行了广泛深入讨论。刘贵今大使在发言中阐述了中国

---

① 《刘贵今特别代表出席苏丹问题磋商论坛会议》，中国外交部，2010 年 7 月 19 日，http：//www.fmprc.gov.cn/chn/gxh/tyb/wjbxw/t717983.htm。

② 《中国政府非洲事务暨达尔富尔问题特别代表刘贵今大使出席非洲和平与安全高级别会议》，外交部网站，2010 年 8 月 29 日，http：//www.fmprc.gov.cn/chn/gxh/tyb/wjbxw/t735883.htm。

③ 《中国政府非洲和达尔富尔问题特别代表刘贵今大使访问苏丹》，外交部网站，2010 年 11 月 9 日，http：//www.fmprc.gov.cn/chn/gxh/tyb/wjbxw/t767595.htm。

政府在有关问题上的原则立场。[①]

正是由于中美在苏丹问题上的大力协作，南部苏丹公投平稳进行，并最终实现了南苏丹的独立和平稳过渡。正因如此，美国总统苏丹问题特使莱曼在南苏丹独立前就苏丹总统访问中国表示，相信中国向苏丹传递了正确的信息。莱曼表示，他与中国非洲事务特别代表刘贵今进行了好几次会晤。中美双方都了解对方在苏丹的利益。中美都希望看到苏丹和平。“我想中国与我们在苏丹分享很多。他们也想要文明。他们也想要南北方的和平关系。”莱曼表示，美国认为在中国和国际社会的共同努力下，苏丹和平进程取得了积极的进展。[②]

在苏丹问题之外，中美事实上还就索马里、非洲人道主义救援、维和、反恐等问题展开了初步合作。例如，刘贵今大使于 2011 年 2 月 7—9 日出席了在英国威尔顿庄园会议中心举办的索马里问题国际研讨会。刘大使在会上发言并参加了讨论，重点介绍了中国在索马里问题上的基本立场和所做工作，呼吁国际社会加大对非盟驻索马里特派团的支持、鼓励索各派政治力量通过对话实现政治和解、向索过渡政府提供资金，使其通过在相对安全地区实施发展项目增强民意基础。美国助理国务卿帮办威考夫也参加了该次会议。[③] 而在 11 月举行的第五轮中美非洲事务磋商中，索马里问题也得到了充分讨论。由于索马里海域海盗泛滥，中国政府派遣了海军舰艇编队赴亚丁湾、索马里海域执行护航任务；截至 2011 年 10 月 25 日，共为

---

① 《中国政府达尔富尔问题特别代表刘贵今大使出席第二次苏丹问题磋商论坛会议》，外交部网站，2010 年 11 月 8 日，http：//www.fmprc.gov.cn/chn/gxh/tyb/wjbxw/t767391.htm。

② 《联合国失望中国未拘捕苏丹总统 美国肯定中方表现》，凤凰卫视，2011 年 7 月 2 日，http：//news.ifeng.com/world/detail_2011_07/02/7394697_0.shtml。

③ 《刘贵今特别代表出席索马里问题国际会议》，外交部网站，2011 年 2 月 10 日，http：//www.fmprc.gov.cn/chn/gxh/tyb/wjbxw/t793504.htm。

4228艘船舶提供了护航。[①] 中国护航编队与美国等进行了有效的协作。又如，2011年，非洲之角5个国家面临严重的自然灾害并导致了广泛的粮食危机。为了帮助非洲之角国家尽快摆脱这一局面，中国与国际社会一道，于10月份向该地区提供了价值4.4亿人民币的紧急人道主义援助，这是中国历史上最大的一笔人道主义援助。[②]

除了这些事实性的协作与互动之外，美国方面还不时释放一定的善意，以便促进与中国在非洲的协作。例如，在2011年10月4日于美国战略暨国际研究中心（CSIS）的演讲中，美军非洲司令部司令卡特·哈姆（Cater F. Ham）指出，美国“欢迎”中国强化其对非武器供应国的角色，因为这对反恐事业有所贡献。他还特别举出中方向民主刚果（金）提供内河巡逻舰一事，称“这十分有帮助，这是他们（非洲）需要的能力，而美国却不具备这样的能力”。他说，“作为非洲司令部主官，我不认为美中两国在非构成军事竞争”。现在，许多非洲国家都装备了中国制造的飞机，并利用中国研制的舰艇在沿海水域巡逻，“这并非军备竞赛，而是非洲国家自主决定从何处获得最佳的供应和装备”。[③] 而美国负责非洲事务的助理国防部长帮办赫德斯顿大使也表达了相似的观点。

当然，美国还试图利用其他的对非三边合作来推动中美非的三边合作。一方面，传统的欧美、美日政策协调中已经加入了中非关系问题；另一方面，也出现了一些新的机制性合作，例如自2010年

① 《国防部：“中国军力将直接进入非洲”报道别有用心》，国防部，2011年10月27日，http://www.mod.gov.cn/intl/2011—10/27/content 4309238.htm。

② 《中国向非洲提供建国以来最大一笔粮食援助》，中新网，2011年9月25日，http://www.chinanews.com/gn/2011/09—25/3351368.shtml。

③ 作者参加的哈姆上将于2011年10月4日在美国战略暨国际问题研究中心（CSIS）的演讲，华盛顿；另可参见陈光文：《美军非洲司令对华示好 称中美在非洲没利害冲突》，载《青年参考》，2011年9月22日，http://news.ifeng.com/mil/4/detail_2011_09/22/9386803_0.shtml。

11月奥巴马访问印度，双方就农业和粮食安全及减贫达成合作以来，美印已经就非洲问题展开了第一轮对话，2011年将展开另一轮对话。①

四、展望与建议：主动性与系统性倡议

尽管有人认为，美欧入侵利比亚、承认南苏丹独立等表明，中美争夺非洲资源的暗战激战正酣。美国率先攻击，挑起利比亚战争，今后还会煽动其他非洲国家“革命”，企图以此阻挠中国得到至关重要的能源，破坏中国的持续发展。② 由于往往上述观点对中美关系中的非洲因素采取一种简单化的视角，因此有相当的市场。的确，如果将非洲视作一个整体，那么中美在非洲的利益冲突形势将相当严峻；但如果从非洲有54个国家的视角来看，中美在非洲的利益交汇和冲突是同时存在的，中国也并非完全处于劣势。事实上，无论是中国还是美国，在实际的政策制定和执行过程中，都相对更为开放，对中美在非洲的利益汇合与冲突都有着一定的准备。当然，随着2012年中非合作论坛第五届部长级会议将在北京召开，不排除美国试图通过施压和合作以影响论坛发展方向的可能，这也是缘何美国对中非关系的批评更多集中于2011年下半年、特别是11月份的重要原因之一。当然，中国仍有着自身的相对优势，完全可以通过一些主动性的措施推动中美在非洲的合作，实现中美非三方的利益最

① “US Lauds India's Model of Engaging Africa,” *IANS*, 10 June, 2011, http: //mangalorean. com/news. php? newstype=local&newsid=244136.

② 《俄媒称中美争夺非洲资源暗战正酣》，新华网，2011年9月18日，http: //war. 163. com/11/0918/09/7E7NUGB300011MTO. html。

大化。①

就中短期而言，中国可以从两个方面着手推动中美围绕非洲事务的互动关系发展。一方面，中国需要提升自身在涉非三边合作上的主动性。如前所述，尽管少有人反对中美非三边合作——不管出于什么目的，但美国内尚未形成系统性的中美非三边合作战略构想。考虑到涉非三边合作是难以避免的，因此中国更为积极的做法是，在美国形成完整的系统性的合作构想之前，率先征得非洲国家的更大支持，提出中国自身的合作构想，打乱美国战略规划的节奏，进而争取以中国提出的合作构想作为未来与美国讨论甚或谈判的基本框架。换句话说，在中美非三边合作的战略构想方面，中国应当抓住美国尚未发展出完整的话语系统前那相对较短的战略机遇期，建构中国的话语主导权。

另一方面，中国需要强化自身在三边合作构想上的系统性。与前一点相关，光有主动性是不够的，而且涉非三边合作的对象并不仅限于美国，还涉及到欧洲、印度、南非、巴西和韩国等。因此，中国需要提出的不只是与美国的三边合作构想，而是一整套的涉非三边合作构想。就此而言，中国需要首先确立一系列涉非三边合作的基本原则，如“由易而难”、“先经济后安全再政治”、“非洲需求与民生第一”等；在此基础上，中国需要确立涉非三边合作的优先次序——在特别虑及非洲感受的基础上，如可考虑首先展开与南非围绕非洲事务的三边合作，而非洲地区和次地区组织、国际多边组织则次之，新兴大国再次，西方发达国家则可能排在最后。

只有把握在涉非三边合作战略上的话语主导权，才能有效缓解当前中非关系所面临的国际舆论困境，才能更大程度地推进中非关系的发展，才能真正促进非洲的可持续增长与和平稳定。中美关系

① 杨丹：《中美在非洲有巨大合作空间》，载《光明日报》，2011年1月18日，第8版。

中的非洲因素正逐渐从边缘向半边缘甚至中心移动，这不仅为中国带来战略性挑战，同时也为非洲和美国带来战略性挑战；尽管表面上似乎利益矛盾与冲突占据主导，但深入观察会发现，其中充满着巨大的战略机遇。现在是及时把握这一战略机遇的时候了。

第四章

涉藏议题：美国的政策与操作

2011年7月16日，美国总统奥巴马在白宫地图室会见了半个多世纪以来图谋公开或隐性分裂中国的西藏藏传佛教格鲁派大活佛达赖喇嘛。这是奥巴马就任美国总统以来第二次在白宫会见这位长期流亡印度的“藏独”活动领袖。尽管两次会见奥巴马都刻意表现得非常低调，并且第二次在时间的选择、着装等问题上表现得更加非正式，但仍然激起了中国政府强烈的愤慨。① 会见结束后，白宫发表了一项声明，表示“总统赞赏达赖喇嘛致力于非暴力、与中国进行对话以及追寻‘中间道路’的努力”，鼓励中国与达赖喇嘛进行“直接的对话，以解决长期的分歧，创造有利于中

① 《中国24小时内通过3种方式抗议奥巴马会见达赖》，凤凰网，http：//news. ifeng. com/mainland/detail _ 2011 _ 07/18/7749418 _ 0. shtml。

国和藏人的结果”。①

奥巴马不顾中国反对执意会见达赖喇嘛的举动再次将“西藏问题”拉回人们的视野中。事实上，中美关系中的“西藏问题”绝非美国总统会见达赖喇嘛一件事可以概括。在长达数十年的时间里，美国已经形成一套涉及部门众多、内容复杂的西藏政策，包括总统在内的许多政治领袖都是这套政策链条上的一环，彼此完成着法律规定的义务。在中美关系日渐复杂的今天，我们有必要对“西藏问题”这个困扰了中美两国半个多世纪的主题进行剖析，对美国涉藏政策体系进行逐条分解，对美国在过去一年中的涉藏行动进行充分回顾和总结，在此基础上提出政策建议，以图尽量消除该问题对中美关系整体发展的破坏，提升中国管控中美两国之间分歧的能力。

一、美国的西藏政策框架

1. 美国西藏政策的形成过程

“西藏问题”成为中美关系中的重要影响因素并非始自近年。早在新中国成立之初，美国就酝酿通过支持西藏的分裂势力遏制中国。20 世纪五六十年代，美国开始半公开地支持“藏独”力量，1959 年西藏发生武装叛乱、达赖喇嘛流亡印度、“四水六岗卫教军”等分裂

---

① “The President’s Meeting with His Holiness the XIV Dalai Lama”, The White House, http://www.whitehouse.gov/blog/2011/07/17/president-s-meeting-his-holiness-xiv-dalai-lama.

武装在印度重建等一系列重要历史事件背后都有美国的身影。[1] 进入20世纪70年代后，随着中美关系的正常化，美国停止了对西藏分裂势力和伪“西藏流亡政府”的支持，“藏独”势力迅速走向低潮，沦为“冷战的孤儿”。经过70年代近十年的沉寂，从80年代开始“西藏问题”再次成为中美关系中的重要因素。1979年，达赖喇嘛首次访美，标志着“藏独”势力开始将“西藏问题”国际化特别是美国化作为其谋求生存、提高影响并进而重新与中央开展博弈的根本手段。这一次，美国国会开始在“西藏问题”上扮演主角，而总统及行政当局往往采取被动因应的策略。在国会的强力主导下，美国越来越深地卷入“西藏问题”，成为达赖集团分裂活动的主要外部支持者。

1979年中美两国建交后，美国政府正式承认西藏是中国的一部分。在这种背景下，美国政府各分支，尤其是行政当局需要更多考虑中美关系的大局，在处理涉藏问题时通常较为谨慎。而国会由于府会关系和政党政治、选区、意识形态、议员个人想法等因素，[2] 往往在涉藏事务上冲在一线，一次一次将“西藏问题”变成人们关注的焦点。与20世纪五六十年代国务院、中央情报局主导下的、明火执仗地支持“西藏独立”甚至“藏独”武装斗争的涉藏政策不同，国会推动下的涉藏政策更多带有对华“软遏制”的色彩，即在官方立场上承认西藏属于中国的主权事实，但与此同时通过操纵涉藏人

---

① 关于这一时期美国对“藏独”的支持，请参见：John K. Knaus, Orphans of the Cold War: America and the Tibetan Struggle for Survival , Public Affairs, 2000；张植荣：《阴谋与阳谋——实录近代美国对藏政策》，中国藏学出版社，2002年版；李晔：《20世纪美国西藏政策述论》，《西藏研究》，2003年第2期；程早霞：《50年代美国的西藏政策及其秘密行动》，《史林》，2008年第2期；郭永虎、李晔：《美国中央情报局在中国西藏的准军事行动新探（1949—1969）》，《当代中国史研究》，2006年第5期等文献。

② 张光、刁大明、于蔚云：《美国国会议员涉藏提案探析》，《美国问题研究》，2009年第1期，第86—95页。

权、宗教等议题，在国际上传播中国政府在西藏和四省藏区的治理完全失败的谬论，同时大力抬高达赖喇嘛的地位，渲染达赖喇嘛及其领导的伪“西藏流亡政府”是藏人的“真正”代表，借此向中国政府施压，要求中国政府与达赖喇嘛就改善西藏人权状况和保存西藏传统文化进行实质性对话和谈判。而对话的结果要么是中国政府被动接受达赖方面的条件，放弃在西藏和其他藏区行之有效的民族区域自治制度和有效管理，造成整个西南地区的不稳定和其他民族地区的相应连锁效应；要么中国政府拒绝达赖方面的条件，被美国和达赖方面诬为谈判破裂的责任方，面临更大的国际压力，国际形象进一步恶化。

在美国的涉藏政策逻辑中，压迫中国政府与达赖喇嘛进行实质性对话可以说是中心环节，而抬高达赖喇嘛的地位、渲染西藏的人权和宗教迫害以及中国政府治理西藏的失败论则是先决条件。从1987年通过第一个重要涉藏议案开始，美国国会越来越深入地支持达赖集团与中国政府开展博弈，而总统和行政当局也在其中起到推波助澜的效果：

第一，通过各种方式抬高达赖喇嘛的地位，赋予其在“西藏问题”上与中国政府平起平坐的地位。一是邀请达赖喇嘛访美。1979年首次访美后，达赖喇嘛几乎每年都要前往美国。在达赖喇嘛众多访美经历中，最为关键的应是1987年的访问。1987年9月21日，应国会人权连线（Human Rights Caucus）的邀请，达赖喇嘛第一次访问国会山，并在连线会议上发表了阐述其“五点和平计划”（Five-Point Peace Plan for Tibet）的演讲。[①] 正是由于这次演讲和一年后在法国斯特拉斯堡欧洲议会的书面演讲，达赖喇嘛逐渐在世界政治舞台上崭露头角，并被赋予“和平”、“非暴力”、“人权”斗

① 孙哲等：《美国国会与中美关系：案例与分析》，时事出版社，2004年版，第359页。

士等光环。二是授予达赖喇嘛各种奖项。1988 年 7 月，达赖喇嘛被美国国会授予沃伦伯格奖。① 此后，包括诺贝尔和平奖在内的各种荣誉被纷纷赋予达赖喇嘛。三是总统会见达赖喇嘛。1991 年 4 月，美国总统老布什在私人住所会见了达赖喇嘛，开创了美国总统会见达赖喇嘛的先河，此后美国历届总统均通过各种方式会见达赖喇嘛。四是在各种场合以各种方式表达对中国政府与达赖喇嘛对话的支持。1985 年，91 名国会议员联名向当时的中国国家主席李先念去信，对中国政府继续与达赖喇嘛开展对话表示支持。② 这是国会首次介入中国政府与达赖喇嘛私人代表的接触活动。1998 年时任总统克林顿访问中国，在与江泽民主席举行的联合新闻发布会上，克林顿公开表示，如果江主席与达赖喇嘛见面，相信双方“一定会相互喜欢”。③ 这应该是美国总统首次在中美两国最高层见面时表态支持中国政府与达赖喇嘛对话。此后，每当谈论涉及西藏的话题，呼吁中国政府与达赖喇嘛对话似乎成为美国各方政要必提的“口头禅”。

第二，操纵涉藏人权议题，丑化中国的国际形象。1987 年 9 月 27 日，在达赖喇嘛发表“五点和平计划”演讲后不到一周，西藏拉萨发生了自 1959 年以来的第一次骚乱，严重破坏了拉萨当地的秩序。④ 10 月 6 日，美国参议院通过了一项无约束性的修正案，对所谓“中国在西藏侵犯人权的事件”表示谴责。⑤ 这是 20 世纪 80 年代

---

① 孙哲等：《美国国会与中美关系：案例与分析》，时事出版社，2004 年版，第 360 页。

② Kerry Dumbaugh, “Tibet: Problems, Prospects, and the U. S. Policy”, *CRS Report for Congress*, Order Code RL34445, http: //fpc. state. gov/documents/organization/103673. pdf.

③ 中国局势分析中心主编：《重返西藏》，香港明镜出版社，1998 年版，第 16 页。

④ 张植荣：《国际关系与西藏问题》，旅游教育出版社，1994 年版，第 176 页。

⑤ “To condemn Human Rights Violations in Tibet by the People's Republic of China”, S. AMDT. 858, http: //thomas. loc. gov/cgi-bin/bdquery/D? d100: 14: ./temp/－bdAFFr:: | /home/LegislativeData. php? n=BSS; c=100 | .

以来美国国会通过的第一个在西藏人权问题上抹黑中国的议案。1989年3月6日，拉萨发生80年代最为严重的骚乱。骚乱中11人丧生，100多人受伤，并直接导致了3月7日国务院宣布在拉萨实行戒严。骚乱后，美国不对骚乱者的暴行进行应有的谴责，却通过决议对所谓的中国政府在西藏侵犯人权表示关注。① 从此以后，每当中国境内各藏区发生一些风吹草动，美国国会都会提出或通过有关法案，对莫须有的“西藏人权侵犯事件”表示谴责，尤其是20世纪90年代早期多次推动立法，将“西藏人权问题”与美国给予中国贸易最惠国地位相挂钩，给中美关系的改善带来极大困难。作为推动行政当局加入涉藏议题操纵的举措，国会通过不断立法，要求行政当局发布有关西藏人权状况的报告，并逐渐使之制度化。比如1994年通过的《1994、1995财年对外关系授权法》中提出，在《年度国别人权报告》中单列“西藏部分”，并授权国务院发布《美国与达赖喇嘛和西藏流亡政府关系及西藏状况的报告》。②

第三，通过经济和文化援助，维持流亡社区的存续。在印度和尼泊尔生活的大量流亡藏人不仅是达赖喇嘛和伪“流亡政府”借以影响境内藏区的纽带，也是达赖喇嘛在国际上被树立为“西藏人民和西藏文化真正代表”的根基，因此维持流亡藏人群体的有效存在，特别是保持其藏文化特色是美国长期操纵西藏议题并向中国施压的前提。70年代美国一度中断对“藏独”势力的支持后，流亡藏人由于得不到充分的资助而出现生活困难。为此，美国大致从1989年开始通过一系列《对外关系授权法》、《统一拨款法》

① “Expressing the concern of the Senate for the ongoing human rights abuses in Tibet”，S. RES. 82，http：//thomas. loc. gov/cgi-bin/query/D? c101：3：./temp/~c101gPSIgR.

② Kerry Dumbaugh，“The Tibetan Policy Act of 2002：Background and Implementation”，*CRS Report for Congress*，Order Code R40453，http：//www. fas. org/sgp/crs/row/R40453. pdf.

等法案，重新向流亡藏人群体提供经济、文化上的支持。在 1990 年 2 月通过的《1990、1991 财年对外关系授权法》规定，每个财年向境外藏族学生、专业人员提供不少于 30 人的奖学金名额，每个财年向国务院拨款 50 万美元用于资助印度和尼泊尔的流亡藏人。① 从 1991 年开始，美国国会通过一系列立法，建立了名为“阿旺群培项目”的针对流亡藏人的教育和文化交流计划；向印度和尼泊尔的流亡藏人提供人道主义援助；向“经济援助基金”（Economic Support Fund）提供资金，用于向致力于藏人社区传统文化保护的非政府组织提供支持；向“全国民主基金会”（National Endowment for Democracy）提供资金，用于西藏的“人权和民主事业”。②

第四，拓展涉藏工作机构，加强对境内藏区渗透和影响。实现派员常驻西藏一直是美国借“西藏问题”干涉中国内政、抹黑中国的方针。早在 1989 年拉萨发生骚乱以后，一些美国议员就提出派观察团进入西藏监督那里的局势。③ 随着中国对外开放的不断深入，美国政商学各界进入西藏的人数不断增加，此时美国又提出在西藏建立常设机构。比如 1994 年通过的《对外关系授权法》就规定美国新

① “Foreign Relations Authorization Act, Fiscal Years 1990 and 1991”, P. L. 101－246, http: //thomas. loc. gov/cgi－bin/bdquery/D? d101: 10: . /temp/－bdszCL: : | /home/LegislativeData. php? n＝BSS; c＝101 | .

② 关于 1991 年至 2008 年的美国涉藏立法，请参阅 Kerry Dumbaugh, “Tibet: Problems, Prospects, and the U. S. Policy”, Appendix A, *CRS Report for Congress*, Order Code RL34445, http: //fpc. state. gov/documents/organization/103673. pdf。

③ 1989 年 3 月，美国参议院通过一项决议，其中提到以联合国的名义派遣观察团入藏。参见“A resolution expressing the concern of the Senate for the ongoing human rights abuses in Tibet”, S. RES. 82, http: //thomas. loc. gov/cgi-bin/query/D? c101: 1: . /temp/－c101b1lbTe。

闻署（U.S. Information Agency）应寻找机会在拉萨设立分支机构。[①] 而美国寻求在西藏设立的常驻机构中，最高等级的就是设在拉萨的总领事馆，为此美国不惜以增加中国在美总领事馆的数量相交换，却遭中方拒绝。美国部分国会议员还积极推动在国务院内设置大使级的西藏问题特使，作为干涉中国西藏内部事务和处理与达赖集团关系的总负责人。为此，104、105 届国会参众两院在 90 年代中期分别提出了一些包含西藏问题特使条款的法案。[②] 但由于设置大使级的西藏问题特使与美国承认西藏是中国一部分的官方立场相违背，因此遭到了总统和国会内其他一些议员的反对，最终都没有获得通过。不过，作为一种妥协，克林顿政府还是于 1997 年 10 月 31 日在国务院内设置了一名西藏问题特别协调员。这一职位一直延续至今。

回顾 20 世纪 80 年代以来的美国涉藏政策行为，我们不难看出美国的涉藏政策及其执行大致上是一以贯之、逐渐深化的体系。从牵涉部门看，最初是一些国会议员积极制造西藏话题，提高“西藏问题”的曝光率，之后几乎整个国会开始将“西藏问题”作为人权外交的重要手段，随着西藏问题特别协调员职位的设立，行政当局逐渐被纳入到西藏政策的执行体系中；从政策内容看，随着美国介入“西藏问题”逐渐深化和达赖喇嘛在美影响力的持续提升，美国政府关注的涉藏议题不断增多，对流亡藏人群体的支持力度也不断加大。整体上看，美国对“西藏问题”的干预虽然随着美国国内外形势的变化也呈现高低起伏的状态，但却是在朝着持续深入的方向发展。

---

① “Foreign Relations Authorization Act, Fiscal Years 1994 and 1995, Sec. 221”, P. L. 103 — 236, http://thomas. loc. gov/cgi-bin/query/D? c103: 6: ./temp/—c103i97XE6.

② Kerry Dumbaugh, “The Tibetan Policy Act of 2002: Background and Implementation”, *CRS Report for Congress*, Order Code R40453, http://www. fas. org/sgp/crs/row/R40453. pdf.

2. 美国西藏政策的基本架构

随着美国政府特别是国会卷入“西藏问题”的程度不断加深，美国的对藏政策体系也逐渐清晰和明朗。2001 年 5 月 9 日，参议员范因斯坦（Dianne Feinstein）和众议员兰托斯（Thomas Lantos）分别在参众两院提出《西藏政策法案》（Tibetan Policy Act，H. R. 1779，S. 852），该法案后被捆绑进《2003 财年对外关系授权法》，于 2002 年 9 月被通过而成为正式立法。《西藏政策法》可以说是美国对自 20 世纪 80 年代以来近二十年西藏政策的总结，也明确规定了此后至今美国政府西藏政策的整体框架：①

第一，支持达赖喇嘛与中国谈判方面。总统和国务卿有责任推动中国政府与达赖喇嘛及其代表就西藏的问题进行对话并达成有关协议（Sec. 613）。作为该工作的具体体现，总统应每年向国会提交一份报告，介绍中国政府与达赖喇嘛对话的情况以及美国政府为促进对话所采取的行动。

第二，操纵涉藏议题方面。国务院每年发布的《年度国别人权报告》和《国际宗教自由报告》应单列“西藏”部分，国会与行政当局中国委员会（CECC）每年发布的关于中国人权状况的报告中应包含中国政府与达赖喇嘛对话以及西藏传统文化、人权保护方面的内容（Sec. 614，Sec. 615）。总统和国务卿应敦促中国释放因政治和宗教观点入狱的犯人（Sec. 617）。美国驻华大使应设法与“真正的”十一世班禅取得联系，并敦促中国政府释放班禅，停止干涉西藏宗教事务（Sec. 620）。

---

① 有关《西藏政策法》的内容，请参见“Foreign Relations Authorization Act，Fiscal Year 2003”，P. L. 107—228，Title VI，Subtitle B，http：//thomas. loc. gov/cgi-bin/query/D? c107：6：. /temp/－c107GK7xtM。

第三，提供经济和文化援助方面。美国应提供或支持有利于西藏人民文化权利和自我发展的经济项目（Sec. 616）。此外，美国应继续向中国境外的流亡藏人提供经济、文化方面的支持。

第四，拓展涉藏工作机构和手段方面。国务卿应寻求在拉萨建立总领事馆（Sec. 618），保证外交官员得到藏语方面的培训，并且确保向中国派遣懂藏语的外交官，以监督西藏的发展（Sec. 619）。正式授权设置西藏问题特别协调员（Sec. 621）。

3. 美国西藏政策的执行体系

根据《西藏政策法》规定和美国涉藏工作的实际运行，美国政府大致有以下四个分支机构参与西藏政策的具体执行过程：

第一，国会系统。国会可以说既是美国涉藏政策的制定者，也是具体政策的执行者，更是行政当局政策执行情况的监督者，是整个美国涉藏政策运行的中心环节。国会主要运用其掌握的预算审核权和拨款权，通过制定《对外关系授权法》、《统一拨款法》等法案向流亡藏人组织和有关 NGO 提供资金，用于所谓的西藏人权、民主、文化保护和可持续发展事业。由于涉及提供援藏资金的法案都被捆绑进整体的拨款法案中，总统基于全局的考虑往往只能被动接受，因此这些援藏拨款多数都能顺利通过。除拨款外，国会通常会在境内藏区出现事端时或者其他一些议员们认为有必要采取反华举措的时候通过相关法案或决议案，对中国进行无端谴责或提高达赖喇嘛的声望。[①] 此外，国会主导的国会与行政当局中国委员会还负有

---

① 比较典型的是 2006 年参议员范因斯坦提出授予达赖喇嘛国会金奖的法案并获得通过，从而使达赖喇嘛获得了这个美国最高的平民奖项。相关提案见“Fourteenth Dalai Lama Congressional Gold Medal Act”，S. 2784，http：//thomas. loc. gov/cgi-bin/query/D? c109：5：. /temp/－c1096xLPb2。

发布关于中国人权和法治状况报告、介绍中国政府与达赖喇嘛对话情况的职责。

第二，总统。作为美国的国家元首和政府首脑，总统无疑是掌握最多外交资源的政治人物，总统在“西藏问题”上的姿态也是最能影响该问题走向的因素。从现实中看，美国总统介入“西藏问题”最常用的手段是借助其在世界政治中的地位和影响力，通过提及“西藏问题”、会见达赖喇嘛等政治言行，将舆论的注意力引向达赖喇嘛及其追随者，造成“西藏问题”持续受到关注的局面。根据《西藏政策法》的规定，总统是推动中国政府与达赖喇嘛对话以及监督双方所达成协议执行情况的最高责任人，并且拥有向国会报告双方对话进展情况和美国政府在其中所采取行动的责任。此外，总统应当在与中国领导人会见时提出释放所谓的西藏“政治犯”，并采取措施保障这些因政治和宗教观点入狱的犯人的人权。作为支持所谓“西藏事业”的题中之义，从老布什开始的历届总统都采取了各种方式会见达赖喇嘛，事实上抬高了达赖喇嘛的国际地位，助长了分裂分子的活动气焰，从而极大损害了中国的核心利益。除舆论支持外，总统还有权根据国务院《年度国别人权报告》和《国际宗教自由报告》规定，对所谓“严重侵犯”人权特别是宗教自由的国家取消对外援助，甚至采取“总统行动”予以制裁，[①] 虽然这种制裁从未真正落实。

第三，国务院系统。国务院可以说是除国会以外介入“西藏问题”最深的机构，承担了主要的操纵西藏议题以及压迫中国政府与达赖喇嘛代表谈判的职责。在国务院内有大约六个分支机构具体涉及西藏政策的执行：（1）国务卿。作为美国外交系统的最高级别官员，国务卿在给予达赖喇嘛及其伪“流亡政府”政治支持方面具有仅次于总统的权威和“风向标”意义。除了继续推动中国政府与达赖喇嘛对话

①　张植荣等编：《美中关系与西藏问题》，中国文艺出版社，2009年版，第117页。

和在与中国领导人会面时提及所谓释放西藏“政治犯”的话题，在具体的外事工作方面，国务卿需争取在拉萨建立美国总领事馆，保证相关外交官员得到良好的藏语培训，并且指派通晓藏语的外交人员到中国工作。（2）西藏问题特别协调员。从1997年10月开始，先后已有四名美国官员担任过西藏问题特别协调员。现任协调员由负责民主与全球事务的副国务卿奥特罗（Maria Otera）兼任。西藏问题特别协调员应当协调美国政府各部门的涉藏行动，与相关国家的外交部门联络，积极走访中国境内藏区和印度、尼泊尔的流亡藏人社区，与达赖集团进行沟通，以致力于推动中国政府与达赖喇嘛之间的对话，保护西藏独特的宗教、语言、文化和民族认同等等。西藏问题特别协调员这一职位的设置明显是对中国内政的侵犯，也从没有得到过中国政府的承认。（3）民主、人权与劳工事务局。该局负责编写每年的《国别人权报告》，其中在“西藏”部分，对西藏存在的所谓“人权问题”多有夸大和歪曲的描述。民主、人权与劳工事务局下设国际宗教自由办公室，该办公室由一名无任所大使主持，具体负责编写设有“西藏”单列部分的年度《国际宗教自由报告》，利用“宗教自由问题”对中国进行无端指责。（4）东亚与太平洋事务局。根据《西藏政策法》规定，总统和国务卿必须每年向国会提交关于中国政府与达赖喇嘛对话的进展情况以及美国政府在其中所发挥作用的报告，而这项工作主要由国务院东亚与太平洋事务局来完成。（5）国际开发署。该机构根据国会的授权，在国务院的具体政策指导下对生活在印度、尼泊尔、不丹等地的流亡藏人社区进行经济援助。（6）驻外大使，特别是驻中国、印度、尼泊尔的大使。在美国的西藏政策执行体系中，驻华大使更多带有“情报员”和“传话员”的特点。按照国会的政策设计，驻华大使应致力于寻找所谓“真正的”十一世班禅额尔德尼，并敦促中国政府释放“真正的”班禅，同时应进入藏区实地调查，了解“真实”情况。根据国会的相关法案，驻华大使应积极寻求在拉萨设立总领事馆，并在驻华使馆内设立西藏处。此外，驻华大使应代表美国政府就“人权、宗教等问题”向中国政府施压。驻印大使从冷战时起就在美国的西藏政策制定、执行中扮演了重要角色。达赖喇嘛叛逃后至今，驻印大使主要肩负了与达赖集团沟通、为流亡藏人社区提供帮助等职责。驻尼大使主要负责协调从中国境内外逃的流亡藏人的安置工作。由于地理位置的原因，尼泊尔成为多数流亡藏人出逃的第一站，也是除印度外流亡藏人寄居的第二大国。很多藏人选择尼泊尔作为前往印度的中转站。为尼泊尔的流亡藏人提供支持自然也成为美国“人权外交”的重要一环。

第四，财经系统。按照《西藏政策法》的规定，财政部长应指示、协调美国在各国际经济机构中的代表支持通过和执行有利于中国境内藏区文化、环境保护以及藏族自我发展能力建设的经济发展项目，同时保证这些项目的实施不会带来其他民族向藏区的移民；美国进出口银行和贸易发展署也应致力于推动上述项目的实施。美国此项政策的实质或客观的效果将是剥夺在藏区生活的其他民族同藏族平等的生存权利，人为扩大藏族与其他民族之间的差异感和对立性。

二、2011年美国的涉藏行为

奥巴马就任总统以来，美国由于深陷金融危机漩涡，行政当局与国会的注意力更多集中在国内问题上，府会之间、两党之间的政治斗争也更多围绕经济复苏、社会保障、政府开支等议题进行，因此美国政府在“西藏问题”上少有大的动作。由于《西藏政策法》及其他相关法案已将美国西藏政策的整体框架厘清，美国政府各分支机构可以说整体上沿着既定的政策路径前行。只有部分热衷于西藏议题的国会议员和行政官员在一些重大事件上集中发力，才会令中美关系中的“西藏问题”出现一些较大的起伏。2011 年美国在“西藏问题”上的动作基本上按照既定的政策框架进行，围绕一些敏感时间点和事件炒作西藏人权、宗教、文化等方面的议题，哄抬达赖喇嘛及其伪“流亡政府”地位，重复提出中国政府与达赖喇嘛对话的要求，并且继续给予流亡藏人社区必要的支持，同时积极拓展对境内藏区影响、渗透的手段。不过 2011 年达赖集团和境内藏区也出现了一些新的动向，给美国当局操纵西藏议题提供了新的“材料”，也使得美国政府在“西藏问题”上对中国的攻击比前两年要严重一些。

第一，继续塑造达赖喇嘛“非暴力人权斗士”和“西藏文化代表”的形象，在一切可能的场合呼吁中国政府与达赖喇嘛对话，解决西藏存在的所谓人权问题。

经过长期的演变和磨合，美国在力捧达赖喇嘛成为反华的道德和政治符号方面已形成一套惯例，其中主要内容不外乎在每年 3 月 10 日叛乱纪念日前后发表声明、演讲来加以纪念，在达赖喇嘛访美时给予高规格接待，政府高官前往达兰萨拉拜会达赖喇嘛，以及美国高层官员在会见中国领导人时呼吁与达赖喇嘛进行对话。这些内容几乎每年都会反复出现，已成为美国政府支持达赖喇嘛、“以藏制华”的“规定动作”。在 2011 年，美国的这些常规“涉达赖”行动也一个不缺地展现在美国的对华外交中。

（1）“3・10”前后的国会动作。3 月 10 日是西藏反动上层贵族发动武装叛乱的纪念日。每年的 3 月 10 日，达赖喇嘛都会发布声明纪念所谓的“西藏人民起义”纪念日，而美国的部分反华议员和政府官员也会加入纪念队伍，借对“起义”失败的“追思”吹捧达赖喇嘛、抨击中国。2011 年 3 月 10 日及此后一段时间，美国国会约有 3 名议员通过各种形式参与了对“3・10”的纪念。3 月 10 日当天，美国前众议院议长、众议院少数派领袖佩洛西（Nancy Pelosi）发表书名声明，表示“在这个西藏起义纪念日里，我们应向达赖喇嘛崇高的和平愿景表示敬意。在西藏人民争取自由的斗争中，我们与他们永远站在一起”。[①] 此外，参议员范因斯坦、众议员鲍德温（Tammy Baldwin）都各自在国会演讲，呼吁对达赖喇嘛的所谓“非暴力”斗争和争取自由的事业表示敬意，并谴责中国在西藏的政策，要求中国政府与达赖喇嘛进行对话和谈判。[②]

（2）高规格接待达赖喇嘛访美。基于扩大和维系社会影响力、开拓上层关系、为“藏独”事业募集资金的考虑，达赖喇嘛从 1979 年之后几乎每年都要以传法或从事其他宗教活动的名义访问美国。美国一些政要往往会在达赖喇嘛来访时给予热情接待，以此提高自己的道德形象。2011 年达赖喇嘛共访问美国两次，时间分别是 5 月上旬和 7 月上旬。由于 7 月份的访问地点是在首都华盛顿，并且受到了国会和行政当局高官的隆重接待，特别是奥巴马总统在访问最后一天在白宫会见了达赖喇嘛，因此更加受到舆论的关注，对中美关系的影响也更为巨大。在 7 月份访美时，达赖喇嘛享受了西藏问题特别协调员奥特罗亲往酒店拜会、众议院议长博纳率部分议员国会山接待、总统白宫会见等一系列高规格待遇，尤其是奥巴马在白宫二度会见达赖喇嘛引起了中国政府和民众的强烈反感。[③] 在接待达赖喇嘛方面，国会可以说不遗余力地发挥了积极的推动作用。达赖喇嘛抵达华盛顿的第一天就有议员向国会提出了题为《欢迎十四世达赖喇嘛尊者访问华盛顿特

---

① “Top US Leader Calls on Int'l Community to Stand by Tibetan People”, *The Tibet Post International*, http://www.thetibetpost.com/en/news/international/1518—top-us-leader-calls-on-intl-community-to-stand-by-tibetan-people.

② “China Violently Occupy Tibet, US has Responsibility to Stand-up”, *The Tibet Post International*, http://www.thetibetpost.com/en/news/international/1548-china-violently-occupy-tibet-us-has-responsibility-to-stand-up.

③ 仁真：《奥巴马会见达赖说明了什么?》，中国西藏网，http://www.tibet.cn/news/2011index/201107/t20110729_1112095.htm。

区，并对其致力于世界和平、非暴力、人权、宗教自由和民主表示敬意》[①] 的决议案。众议院外交委员会主席罗斯雷提南（Ileana Ros-Lehtinen）利用当时总统与国会围绕债务上限的博弈困境，多次要求奥巴马在达赖喇嘛访问时与之见面，[②] 终于促成了这次会见。

（3）前往达兰萨拉拜会达赖喇嘛。自从 1959 年叛逃以后，达赖喇嘛及其伪“西藏流亡政府”就一直被安置在印度西北部城市达兰萨拉郊区。自此，达兰萨拉俨然成为美国“以藏制华”战略的前沿支点，每当美国打算动用“西藏问题”这枚棋子时，加强与达兰萨拉的联系就成为切实的政策举动。比如 2008 年 3 月，在美国各级官员因拉萨“3·14”事件对中国展开铺天盖地质疑和攻击时，时任众议院议长佩洛西率领国会代表团访问达兰萨拉就被普遍视为美国的一个重要外交姿态。2011 年 2 月 23、24 日两天，美国驻印大使雷摩尔（Timothy Roemer）前往达兰萨拉进行了访问，并与达赖喇嘛进行了闭门会议。在这个被他本人称为“多年来第一次一个美国大使与达赖喇嘛之间的会谈”中，雷摩尔与达赖喇嘛讨论了中国中央政府与达赖喇嘛私人代表之间的九次（注：按中方说法应为十次）接触商谈情况，并表示美国希望中国继续与达赖喇嘛特使就“西藏问题”继续对话。[③]

（4）美国政要在与中国领导人会见时谈及“西藏问题”和与达赖喇嘛重启对话。在几乎每一次中美高层交流之前，美国行政当局的重要领导人都会受到来自援藏势力和人权机构以及国会方面的关

---

① “Welcoming His Holiness the 14th Dalai Lama to Washington, DC, and recognizing his commitment to world peace, nonviolence, human rights, religious freedom, and democracy”, H. RES. 338, http://thomas. loc. gov/cgi-bin/query/z? c112: H. RES. 338.

② “US lawmakers to rally behind Dalai Lama”, Ileana Ros-Lehtinen's congress website, http://ros-lehtinen. house. gov/us-lawmakers-rally-behind-dalai-lama.

③ “US Top Official Discusses China-Tibet Talk Process with Tibetan Leader”, *The Tibet Post International*, http://www. thetibetpost. com/en/news/international/1488-us-top-official-discusses-china-tibet-talk-process-with-tibetan-leader.

于向中国领导人表达对“西藏问题”关注的压力。2011 年 1 月胡锦涛主席访美前夕，奥巴马也受到了国内多方的压力，其中包括 32 名众议员要求奥巴马敦促中国释放政治犯、保障人权和少数民族宗教权利的联名致函。1 月 19 日，在与胡锦涛主席会谈后举行的联合记者招待会上，奥巴马便公开提出了中国应与达赖喇嘛重启对话的立场，表示“虽然美国承认西藏是中华人民共和国的一部分，但仍然支持中国政府与达赖喇嘛的代表继续开展对话，以解决双方的分歧，包括西藏人民宗教和文化认同的保护”。①

除了上述常规的政策举措外，达赖集团在 2011 年的内部变化也给了美国抬高达赖喇嘛身价的良好时机和有效话题。从 2011 年 3 月到 8 月，达赖集团经历了一个至少在西方看来如此“民主化”的过程和内部政治制度以及权力架构的变化。在纪念“3·10”52 周年的声明中，达赖喇嘛提出退休要求，表示要将权力移交给民选的伪“流亡政府”首席噶伦。② 此后，虽有大量反对声音，但在达赖喇嘛一意推动下，伪“人民议会”最终通过决议，修改被称为“宪法”的《流亡藏人宪章》，将伪“流亡政府”政治架构修改为看似符合美国式三权分立原则的民主政体。③ 8 月 8 日，经过流亡藏人内部选举

① “Hu Pushed on Tibet Dialogue”, Radio Free Asia, http://www.rfa.org/english/news/tibet/dialogue-01192011184646.html? searchterm=None.

② “噶伦”是清朝时朝廷任命的西藏地方政府（噶厦）负责官员，当时设有四名噶伦。达赖喇嘛流亡后在印度建立伪“西藏流亡政府”，噶伦成为伪“流亡政府”部门负责人的官职名称。为协助达赖喇嘛统摄全局，在各噶伦之上设有噶伦赤巴（首席噶伦）一职，负责整个伪“流亡政府”的日常行政运作。一些媒体为方便报道，将首席噶伦称为“总理”。但这一称呼忽略了伪“西藏流亡政府”本质上的非法性。

③ 关于伪“西藏流亡政府”政治体制变革相关过程和本质，请参阅 Tenzin Sonam, “The democracy conundrum”, http://www.himalmag.com/component/content/article/4552-the-democracy-conundrum.html. 丹增索南是现居美国的流亡藏人活动人士，他的观点部分代表了开明和现代化的流亡藏人的共识。在他看来，达赖喇嘛主导下的“民主化”依然是建立在宗教权威之上的民主幻象。

产生的哈佛大学博士洛桑孙根就职成为新一届伪“流亡政府”首席噶伦，标志着这一历时近半年的政体变更活动正式结束。对于达赖集团这一次的政治变革，许多美国国会议员给予了高度评价。上述三位参与2011年“3·10”纪念活动的国会议员佩洛西、鲍德温、范因斯坦都在各自发表的演说或声明中提及伪“流亡政府”的“民主化”变革，并赞扬达赖喇嘛政治上的“无私”，称赞达赖喇嘛“在全世界的独裁者拼命抓紧权力的时候选择放弃权力的举动，是对西藏人民自由事业愿景的伟大贡献，也必将激励世界上的其他民族”,[①]意将达赖喇嘛摆到民主的“神坛”上。除了借机进一步提升达赖喇嘛的个人形象和声望，伪“西藏流亡政府”的政治变革还为整个达赖集团形象和地位的提升创造了话题，为美国一些政要将达赖集团整体上塑造为西藏人民合法代表提供了借口。围绕2011年8月洛桑孙根就职成为新一届首席噶伦，美国不少政治人物借此表达了对整个达赖集团的敬意，以及伪“西藏流亡政府”作为西藏人民代表与中国政府进行接触和对话的期盼。在8月2日洛桑就职前夕，众议员麦戈文（James McGovern）在国会发表演讲，表示达赖喇嘛放弃权力是“流亡藏人群体培育民主体制的结果”，“我们应当向西藏人民的成就给予关注和敬意”，并提出期待与洛桑孙根“讨论美国如何更好地给予西藏人民帮助，以解决西藏问题”。[②]针对洛桑孙根的上台和达赖集团的政治转型，参议员利伯曼更是表示这是西藏民主发

---

① “China Violently Occupy Tibet，US has Responsibility to Stand-up”，*The Tibet Post International*，http：//www.thetibetpost.com/en/news/international/1548-china-violently-occupy-tibet-us-has-responsibility-to-stand-up.

② “US Congressman Praises Democratic Achievements of Tibetans”，*The Tibet Post International*，http：//www.thetibetpost.com/en/news/international/1911-us-congressman-praises-democratic-achievements-of-tibetans.

展过程中的里程碑，也必将强化“西藏问题”在国际上的合法性。[①] 总之，2011 年伪“流亡政府”的政治变革为美国部分政要借机提高达赖喇嘛和整个达赖集团地位提供了话题，也为下一步美国加大力度施压中国与达赖喇嘛进行对话创造了条件。

第二，继续操纵涉藏人权、宗教自由等议题，否认中国政府对各藏区的有效治理。

根据《西藏政策法》规定，美国行政当局和国会相关部门分别在 2011 年 4 月、9 月和 10 月发布了《年度国别人权报告》、《国际宗教自由报告》、《国会与行政当局中国委员会年度报告》。[②] 三份报告中都设有专门的西藏章节，对西藏存在的所谓“人权问题”进行夸大甚至无端指责，就中国中央政府与达赖喇嘛的对话得不到进展对中国进行谴责。此外，美国的一些政要、议员也选择在“3·10”、达赖喇嘛访美等时机上炒作中国的涉藏议题，抹黑中国的治藏绩效。2011 年美国各级政治人物，特别是国会议员操纵的涉藏议题主要包括五方面内容：

（1）宗教自由问题。由于达赖喇嘛在美国的广泛影响力和较为成功的宣传活动，西藏“宗教自由问题”几乎是美国近些年来操纵涉藏议题时的首选。而所谓宗教自由问题大致可以分为两类：一是指责中国政府限制宗教自由并过度干预宗教事务；二是指责中国政府对宗教人物进行迫害。2011 年《国际宗教自由报告》大体上延续了这些涉藏宗教议题。实际上美国在宗教方面对中国的指责基本上是捕风捉影，将正常的宗教管理说成是干预宗教事务、损害宗教信

---

① 《美参议员：流亡藏区大选将加强西藏问题国际合法性》，西藏之声，2011 年 9 月 15 日，http：//www.vot.org/? page _ id=258。

② “2010 Human Rights Report：China（Includes Tibet，Hong Kong and Macau)”，U.S. Department of State Website，http：//www.state.gov/g/drl/rls/hrrpt/2010/eap/154382.htm.

仰自由原则，将对参与达赖集团分裂活动的僧侣的依法逮捕和审判说成是宗教迫害。这些无非是美国借手中的话语权进行的议题操纵而已。

（2）藏族语言、文化方面。美国西藏政策的公开目标之一就是维护西藏独特的宗教、文化、语言传承。在这种情况下，中国境内藏区任何关于藏语言学习和文化继承方面的变化都会引起美国的强烈反应，即使这些变化仅仅是现代化带来的对传统方式的背离。在2011年的《人权报告》和《CECC年度报告》中，拉萨一些双语标识中汉语文字比藏语文字略大一些，正式交流中汉语使用得比藏语更加广泛，藏语学校教学大纲是根据汉文大纲翻译而非原创的，藏族人口中文盲率高于全国平均水平等问题都会被用来炒作，并成为中国政府没有有效履行民族区域自治的证据。

（3）诬称中国非法关押、杀害藏族政治犯。2008年3月在达赖集团和一些西方反华势力煽动和支持下，西藏及四省藏区部分地方发生了严重暴力骚乱事件。骚乱发生后，中国政府依法迅速平息了事件，并按照司法程序逮捕和审判了一些涉嫌煽动骚乱的犯罪分子。这些骚乱本是要借助北京奥运会召开之际挑动国际反华浪潮，施压中国政府接受达赖喇嘛单方面政治条件的暴力分裂活动，但却被西方媒体和政治势力歪曲为和平抗议活动，而中国依法逮捕审判的犯罪分子也被西方称为因政治和宗教观点入狱的政治犯。在2011年发布的《年度国别人权报告中》，美国历数了许多遭到中国“杀害、关押、虐待、失踪”的藏人，其中大部分都是参与了骚乱事件、被依法定罪的犯罪分子。

（4）行动自由问题。所谓行动自由问题主要指藏族人难以出国和外国人难以进西藏两个方面。事实上，由于“西藏问题”的敏感性以及该问题与达赖集团和一些西方反华势力的直接相关性，中国在处理各藏区涉外事务方面的确会显得更为谨慎，但并没有刻意阻断藏区与境外的联系。美国一些政要一再炒作这个话题无非是想渲染西藏仍处于戒严或军事管制状态，进而以此质疑中国治理西藏的合法性。

（5）汉族移民问题。早在 1987 年的“五点和平计划”中，达赖喇嘛就开始炒作汉族移民西藏的问题，并在美国政界引起广泛回应，此后这个话题一直被用来指责中国政府有意通过移民来改变西藏的民族结构、冲淡藏族的民族认同。在 2011 年的《人权报告》中，美国再次提及汉族移民的问题，称西藏主要城市都充斥着汉族移民，而大量汉族移民的到来是因为政府主导的经济项目有意让汉族得到更多收益。7 月在国会山会见达赖喇嘛时，众议院外交委员会主席罗斯雷提南也公开指责“北京通过鼓励汉族移民进入西藏等措施消灭西藏文化”。[①] 美国炒作汉族移民的议题与其西藏政策中强化对藏人经济文化援助的举措是一枚硬币的两面，其实质或客观效果将是强化汉藏民族认同的差异性甚至是对立性。

除了常规的议题操纵外，2011 年境内藏区发生的“自焚”事件给了美国新的操纵涉藏议题，特别是宗教自由议题的借口。从 2011 年 3 月开始，在境外势力的操控下，一些藏区出现了少数僧人和还俗僧人自焚事件。这些事件基本上集中在四川省的格尔登寺，而且有证据表明是有境外势力参与的有组织事件。[②] 对于这些事件，美国给予了很大的关注，政府不同分支机构通过多种方式参与了对事件的炒作和对中国的抹黑活动：（1）在高层会见时提及自焚事件。

---

① “His Holiness the Dalai Lama Meets with US Congressional Leaders”, *The Tibet Post International*, http://www.thetibetpost.com/en/news/international/1854-his-holiness-the-dalai-lama-meets-with-us-congressional-leaders.

② 据报道，现已查明第一次自焚事件是由一个四人团伙共同完成。四人分工明确，自焚、拍照、买油等事项各有人负责。并且事件发生后两个小时，挪威西藏之声、美国之音就公布了消息，显然是事先有所准备。参见：《阿坝县自焚事件图片 年轻僧人自焚事件始末》，http://finance.591hx.com/article/2011－12－01/0000098043 s.shtml，《阿坝自焚事件 三涉案僧人获刑》，http://cq.takungpao.com/content.asp? id＝45443。

2011年11月的APEC会议期间，美国国务卿希拉里·克林顿在与中国外交部长杨洁篪会谈前，向媒体表达了对自焚事件的关注和对中国政府治藏政策的不满，在各国媒体前公开羞辱了中国。[①]（2）国务院新闻发言人表达对事件的关注。2011年4月14日、9月27日、10月18日，国务院新闻发言人先后三次在记者招待会上提及自焚事件，[②]将事件原因归结为中国政府不恰当的西藏政策，要求中国尊重西藏的人权。（3）国会举行专门听证会。11月3日，国会人权委员会召开有关西藏人权状况的听证会，邀请伪“西藏流亡政府”首席噶伦洛桑孙根和发生自焚事件最多的格尔登寺格尔登活佛介绍西藏所谓的宗教迫害问题。[③]（4）11月3日，国会与行政当局中国委员会召开“2011年度中国报告”听证会，西藏问题特别协调员奥特罗出席了听证会并抨击中国所谓的对格尔登寺僧侣的迫害行为[④]。12月23日，国会与行政当局中国委员会发布了题为《西藏僧人自焚与不断增强的对宗教自由迫害之间可能的关联性》[⑤]的特别报告，将藏区发生的自焚事件完全归结为中国的“宗教迫害”。

从近几年的实践看，达赖集团和西方反华势力分工合作抹黑中

---

① “Clinton Confronts China about Tibet Issue at APEC”, *The Tibet Post International*, http: //www. thetibetpost. com/en/news/international/2170-clinton-confronts-china-about-tibet-issue-at-apec.

② “US Urges China to Respect Religious Freedom in Tibet”, *The Tibet Post International*, http: //www. thetibetpost. com/en/news/international/1608-us-urges-china-to-respect-religious-freedom-in-tibet.

③ Hearing Notice: Human Rights in Tibet, http: //tlhrc. house. gov/hearing_notice. asp? id=1221.

④ 《美国会再就西藏人权问题抨击中国》，多维网，http: //national. dwnews. com/news/2011—11—03/58279176. html。

⑤ CECC, “Tibetan Monastic Self-Immolations Appear To Correlate With Increasing Repression of Freedom of Religion”, http: //www. cecc. gov/pages/virtualAcad/CECC% 20Special% 20Report% 20 —% 20Tibetan% 20Monastic% 20Self-Immolations%20-%2012. 23. 11. pdf.

国的行动体系已形成并表现得愈加明显，即达赖集团利用整个中国转型大背景下藏区社会矛盾增多的客观条件制造各种事端，一些西方反华势力利用事端的发生制造涉藏议题，破坏中国的国际形象。在这个过程中，由于西方社会掌握着国际政治中的话语权，中国往往只是被动应对，在国际舆论中日渐陷入被动。

第三，继续以实际行动支持流亡藏人社区的发展，维持达赖集团赖以存续的平台。

2011 年美国官员和议员较之往年更加密集地访问了南亚的流亡藏人定居点，以了解流亡藏人的生活状况，考察美国援助项目的成效，并呼吁各东道国加强对流亡藏人的关注和支持。2 月 8 日至 14 日，美国西藏问题特别协调员奥特罗访问了印度、不丹和尼泊尔，走访了当地的流亡藏人社区。在尼泊尔，奥特罗与美国驻尼大使德利希（Scott DeLisi）一道访问了流亡藏人接待中心，并与联合国难民事务高级专员（UN High Commissioner for Refugees）会谈，了解流亡藏人在尼泊尔的生活情况。奥特罗还拜会了时任尼泊尔总理卡纳尔（Jhala Nath Khanal），要求后者保证按照国际人权标准对待在尼泊尔的藏人。[①] 2 月 23 日至 24 日，美国驻印大使雷摩尔携夫人访问达兰萨拉并与达赖喇嘛会面。此行雷摩尔参访了在美国国务院和西藏基金会（Tibet Fund）资助下修建的藏人接待中心，并主持了该中心的揭幕仪式，该举动可以被视为美国密切关注并积极支持在印度的流亡藏人的政策姿态。此外，雷摩尔还访问了位于下达兰萨拉的西藏儿童村。[②] 6 月 5—6 日，美国国务院负责人口、难民与

① “US Diplomatic Officials Raised Tibetan Refugee Issues with Nepal PM”, *The Tibet Post International*, http://www.thetibetpost.com/en/news/international/1462-us-diplomatic-officials-raised-tibetan-refugee-issues-with-nepal-pm.

② “Ambassador Roemer Greeted by Tibetan Refugees in Dharamshala”, *The Tibet Post International*, http://www.thetibetpost.com/en/news/international/1487-ambassador-roemer-greeted-by-tibetan-refugees-in-dharamshala.

移民事务的助理国务卿帮办克莱门茨（Kelly Clements）访问尼泊尔，并与当地官员商讨对流亡藏人的人道主义保护与资助事项。[①] 克莱门茨此访问次尼泊尔的一项重要内容是劝说尼泊尔当局向在尼泊尔的流亡藏人发放身份证明，以便他们可以享受工作、教育、旅行等权利。10 月 18—19 日，国会众议员森塞布伦南（Jim Sensenbrenner）访问了加德满都并与当地流亡藏人领袖会谈，了解流亡藏人面临的困难。他还拜访了尼泊尔新任总理巴特拉伊（Baburam Bhattarai），并向后者表达了自己对尼泊尔当局限制流亡藏人行动的关注，希望尼泊尔向借道准备前往印度的藏人提供便利[②]。2011 年美国多位官员和议员访问南亚三国的流亡藏人定居点的行动虽然不能为流亡藏人群体力量壮大带来立竿见影的效果，但他们有目的的走访和因此带回国内的信息可能促使美国政府为流亡藏人提供更多经济资助，而且他们以外交官和民意代表的身份与相关国家进行的交涉也能潜在影响这些国家的决策。

2011 年美国国会议员继续在众议院提出资助流亡藏人的法案。2 月 14 日，众议员森塞布伦南向国会提出《西藏难民援助法案》，[③] 这已是 2008 年“3·14”事件发生后国会议员提出的第三个类似法案。如果不出意外的话，相信部分执着于西藏“人权事务”的国会议员将一直提出相关法案，并最终促使一个类似《西藏政策法》的总体上对美国援助流亡藏人行动进行规范的法令诞生。

2011 年美国国务院会同国际开发署向南亚三国的流亡藏人定居点提供了新一轮发展援助。根据国务院负责民主、人权与劳工

① “US concerned by stateless Tibetans in Nepal”, Phayul, http: //www. phayul. com/news/article. aspx? id=29620.

② “Visiting US Congressman expresses concern over Tibetan refugees in Nepal”, Phayul, http: //www. phayul. com/news/article. aspx? id=30208.

③ “Tibetan Refugee Assistance Act of 2011”, H. R. 699, http: //thomas. loc. gov/cgi-bin/query/z? c112: H. R. 699?

事务的助理国务卿帮办贝尔（Daniel Baer）6月2日在众议院外交委员会举办的关于《西藏政策法》实施效果的听证会上的证词，美国国际开发署计划启动一个为期两年、包含200万美元资金的援助项目，资助印度、尼泊尔和不丹的流亡藏人定居点发展。该项目的主要内容包括向之上述三国中的部分流亡藏人定居点提供资助有机农业的发展，并为定居点内的藏人青年提供职业培训。据称，该项目旨在通过创造更多经济机会，鼓励流亡藏人留在定居点生活，从而加强流亡群体之间的联系，维护其文化和语言传承。[①] 这一点充分暴露了美国对流亡藏人的资助本意并非是想提高这些人的生活水平，而是要维持他们作为一个特殊群体的存在，以保存达赖集团从事反华行动的社会基础和美国对华施压的有效借口。

第四，继续寻求拓展对境内藏区影响、渗透的手段。

2011年7月在参议院外交关系委员会就新任驻华大使提名人选举行的听证会上，拟任驻华大使骆家辉表示，美国国务院在2008年曾向中国发出外交照会，希望增加在中国的领事馆数量，其中计划名单上第一位就是开设拉萨总领事馆。[②] 这充分展示了借助在拉萨增加外交机构拓展美国对西藏信息搜集能力和影响力在美国整体对华外交政策中的地位。7月19日众议员罗斯雷提南向国会提出了《2012财年对外关系授权法》提案，该提案不仅重申了要求国务卿寻求在拉萨建立总领事馆以及在此之前在驻华使馆中设立西藏处的立场，而且公开宣布在设立拉萨总领事馆之前不

① Daniel Baer, "Testimony Before the House Foreign Affairs Committee", Department of State Website, http://www.state.gov/g/drl/rls/rm/2011/164945.htm.

② "Ambassador Gary Locke's Response to Questions on Tibet during his US Senate Confirmation", Phayul, http://www.phayul.com/news/article.aspx?id=29813.

允许中国在美国新增任何领事馆。[1] 这充分显示了国会通过不断立法的形式向行政当局特别是外交部门施压的决心，而这种压力将通过行政官员的渠道传递到中国政府一边。在中美关系日益深化，中国需要不断加强对在美人员和利益保护能力的时期，美国将设立拉萨总领事馆与中国新增在美领事馆直接挂钩无疑将为中美关系的良性互动增加变数。

在获准设立驻拉萨总领事馆之前，美国也在积极寻求通过网络渠道扩大在西藏的影响力。12 月初，美国驻成都总领事馆宣布开通拉萨总领事馆虚拟站点（Virtual Presence Post，VPP）的网站，[2] 旨在扩大美国在西藏的影响力，为在藏美国公民提供领事服务，增加与西藏人民的联系。在网络已十分发达的今天，增加一个所谓的“虚拟领事馆”而不是积极扩大原先覆盖西藏地区的成都总领事馆的服务能力，本质上只是一种宣示政治立场的姿态。

三、当前美国西藏政策的特点与评价

纵观 2011 年及之前美国的西藏政策及其执行情况可以看出，美国对“西藏问题”的干预大体上随着美国国内外形势的变化呈现高低起伏的状态，不同的政党和领导人执政下的美国政府对于“西藏问题”的干预程度也有一定的差异。奥巴马政府上台后，美国对于“西藏问题”的政策大体上延续了《西藏政策法》及相关法案规定的政策框架，特别是将达赖喇嘛和“西藏问题”作为对

① “Foreign Relations Authorization Act，Fiscal Year 2012”，H. R. 2583，http：//thomas. loc. gov/cgi-bin/query/D? c112：1：./temp/－c112pkgBT3.

② http：//lhasa. usvpp. gov/.

内对外的道德工具予以继承并深化了此前历届政府的立场。但是由于美国内外经济政治环境、中国境内藏区和达赖集团状况以及领导人风格都发生了改变，美国在操纵涉藏议题的程度和内容方面也相应出现了调整，呈现出一些明显的特征：

第一，由于国内经济、政治因素的综合影响，2011 年西藏议题在美国整体对华政策中的地位和影响有所下降。金融危机爆发以来，美国朝野各界的注意力都被应对危机、重振经济及相关问题所吸引，对于维护中美关系的愿望比以往更加强烈，炒作西藏议题的热情也有所收敛。2011 年第 112 届国会上台后，美国政府成为“分立政府”，共和党主导的众议院不但威胁要推翻奥巴马的医疗改革，而且在此后的诸如“就业促进法案”、政府债务上限等问题上与行政当局开展斗争。在这种情况下，围绕国内事务的争斗一定程度上挤压了涉藏议题的空间，即使出现过达赖喇嘛 7 月访美期间国会部分议员借当时正在进行的债务上限斗争要求奥巴马与达赖喇嘛会面，但总体上涉藏议题比往年要少一些。

第二，虽然美国卷入“西藏问题”的政策动向依然受到国会的绝对主导，但行政当局操纵涉藏议题的频率和力度在逐渐加大。行政当局在“西藏问题”上曾经采取完全消极甚至是和国会对立的立场，但随着中美之间结构性矛盾的日益尖锐和“西藏问题”日渐在美国成为一个“道德问题”，行政当局也逐渐加大了在“西藏问题”上抨击中国的力度，而这一点在希拉里·克林顿成为美国国务卿后表现得更加明显。希拉里据称是“迄今为止在公开场合提及西藏问题最多的美国政府官员”，① 仅在 2011 年，她就在《年度国别人权报告》发布会、《年度国际宗教自由报告》发布会、

① “Clinton Confronts China about Tibet Issue at APEC”, *The Tibet Post International*, http://www.thetibetpost.com/en/news/international/2170-clinton-confronts-china-about-tibet-issue-at-apec.

APEC峰会等场合提及“西藏问题”并攻击中国在藏区的治理。此外，国务院和外交系统官员也更加频繁地访问南亚三国印度、尼泊尔和不丹的流亡藏人定居点，探寻加大对流亡藏人支持力度的方式。

第三，有选择性地围绕涉藏重大时间点和事件，集中向中国发难，是美国政要操纵西藏议题的重要特征。从往年的实践看，“3·10”纪念日、达赖喇嘛生日、达赖喇嘛访美等事件都可能成为美国议员或行政当局官员集中表达对达赖喇嘛敬意、谴责中国对西藏政策的时机。2011年这些事件不但一个不落地被用于炒作涉藏议题，而且达赖集团所谓的“民主化转型”和境内藏区出现的极个别受境外敌对势力煽动的“自焚”事件都被用来当作抬高达赖喇嘛身价、贬低中国治藏绩效、要求中国政府与达赖喇嘛进行实质性对话的工具和话题。这些涉藏议题均是对中国形象不利的问题，其中很多都是夸张性的宣传。而对于达赖集团和流亡藏人群体中存在的问题，包括达赖喇嘛对秀丹派信徒进行的宗教迫害、印度政府对流亡藏人的限制和猜疑等与打压中国无关甚至有反作用的话题，美国政要完全不予提及。这充分展现了美国在操纵涉藏议题上的偏向性。

2011年是《西藏政策法》法案提出后的第十年，也可以说是法制化的西藏政策框架贯彻落实的第十年。因此，我们或多或少地都可以从2011年美国西藏政策行为的角度看待和评估美国西藏政策的实施效果及其本身的合理化程度。根据《西藏政策法》的规定，美国的西藏政策大致可以分为吹捧达赖喇嘛，促进中国政府与达赖喇嘛代表谈判；操纵涉藏议题，否定中国的治藏绩效；通过经济手段维持流亡藏人群体的存续；拓展涉藏工作机构，加强对中国境内藏区的影响和渗透能力四大部分。通过《西藏政策法》实施以来的实践，我们可以清楚地了解，除了每年发布四份涉藏报告、向达赖集团提供了一些资金支持、在国务院和成都总领事馆内开设了一些藏语培训项目以及正式设立了副部长级的西藏问题特别协调员外，美国西藏政策的目标无一达到。不但国会议员和行政官员孜孜以求的中国政府与达赖喇嘛的对话毫无进展，[①] 就算是设立拉萨总领事馆这样相对基础的事务也无法完成。可以说，由于缺乏有效影响中国的"外交杠杆"，更由于中国在处理涉及核心利益的事务时毫不退让的立场，美国的西藏政策实施几乎毫无效果，不仅无法通过推动中国与达赖喇嘛的对话达到影响中国境内藏区的目的，甚至强化了中国政府和民众在"西藏问题"上对美国的疑虑甚至敌视。

美国西藏政策的无效性也许归根结底源于其在设计之初就混淆了作为反华工具的"西藏问题"和作为传统文化保护、少数族裔发展事务的"西藏问题"。"西藏问题"在冷战时期曾被美国当成遏制中国的工具，中央情报局当时积极介入了西藏叛乱分子的训练和武装。历史事实已充分证明，作为海权国家的美国在没有一个强大的印度的真心支持下，根本不可能实现颠覆西藏秩序甚至将其从中国分裂出去的目的。"西藏问题"即使在冷战最尖锐的时期也不及"台湾问题"对中国的影响大。而在今天的时代，继续采用冷战式的办法支持"藏独"遏制中国不但违背大国协作的世界潮流，而且不符合美国自身的利益。但是依然有一些秉承强烈反华意识形态的政客利用"西藏问题"向中国发难。另一方面，不能否认的是，西藏和四省藏区的确存在社会转型与少数族裔文化权利的矛盾等问题，并且美国国内也的确存在一些真心关心藏

① 事实上，即使不考虑达赖喇嘛及其伪"流亡政府"有没有资格与中国政府对话，达赖喇嘛一再坚持的"西藏历史地位未定论"、"大西藏"、"高度自治"等主张早已超出了中国作为一个主权国家的底线，这样的对话放在任何一个国家都是不可能有进展的。

族文化权利的人。与中国其他地方一样，藏区也正在经历的现代化和市场化给传统社会结构和人们的观念带来的巨大冲击，由此也产生了传统文化如何在新的社会条件下生存和发展的问题。比如，现代教育体系造成了寺庙僧源的减少，给宗教传统传承方式的延续带来了挑战；与内地更密切的联系和国际化潮流造成说汉语甚至英语的藏族人口上升，由此带来藏语使用一定程度上的萎缩。类似问题不仅境内藏区存在，印度等地的流亡藏人社区同样存在。这类问题既不关乎中国政府的政策，也与达赖喇嘛无关，完全可以通过政府积极的治理逐步解决，而且事实上中国政府一直都致力于此。① 但在实际的美国西藏政策框架中，几乎一切政策设计都是围绕彻底否定中国对西藏的治理以及施压中国接受达赖喇嘛方面的谈判条件展开，而对西藏文化问题善意的关注则在实践中被扭曲为涉藏议题的操纵。于是造成了作为文化问题的“西藏问题”被作为反华工具的“西藏问题”绑架，藏区内部正常的社会矛盾被无限放大为政府治理失败的结果，由此导致中国在“西藏问题”上对美国愈发的不信任。在这种情况下，美国政府无论是以“谈判”促进中国藏区内部发生变化的图谋，还是在保存藏文化精华的过程中发挥自己作用的愿望，都是不可能实现的。

四、展望与建议：关键人物与公共外交并举

2012 年是中美两国的换届年，中美高层领导集体都将面临更

① 《西藏文化的保护与发展》白皮书，载王晨主编：《中国政府西藏白皮书汇编》，人民出版社，2010 年版，第 39—62 页。

新。同时，达赖集团政治变革后能否借助“美国造”的行政负责人上台“执政”打开对美游说新的局面也将在2012年见分晓。对于2012年中美关系中的“西藏问题”，我们有必要重点关注美国朝野各界在大选前围绕选举活动进行的涉藏议题操纵和制造涉藏新闻事件，用以吸引眼球、服务竞选。在当前的美国，“西藏问题”事实上已经成为美国政治社会生活中的“道德问题”，很多政客都借助与达赖喇嘛拉近关系以及在“西藏问题”上抨击中国捞取形象分。在这方面，民主、共和两党并没有本质的区别。在2012年的大选中，作为挑战者一方的共和党很有可能利用“西藏问题”提高自己的道德形象，而谋求连任的奥巴马总统也不排除加大炒作西藏议题的力度以及第三次会见达赖喇嘛的可能性，甚至有可能在“西藏人权问题”上直接定名攻击中国。在府会之间围绕“西藏问题”进行的博弈中，总统和行政当局出于对华政策立场的考虑，至多在“宗教压迫”及达赖喇嘛相关话题上做些文章；而一些国会议员由于远离外交决策环境和政策责任，在西藏议题上可能表现得更加有攻击性。更为重要的是，不能排除部分国会议员再度邀请伪“西藏流亡政府”首席噶伦洛桑孙根访美甚至提出要求中国政府与洛桑孙根的伪“流亡政府”进行对话的提案的可能性，而这些举动甚至比单纯支持达赖喇嘛更有可能伤害中美关系的整体发展。

针对这些情况，中国应当在坚持既有方针政策的基础上加大主动进取的力度，力争影响美国西藏政策的决策和执行体系中的关键和薄弱环节，改变被动因应美国操纵涉藏议题的做法，逐步降低“西藏问题”在中美关系整体中的破坏性：

首先，应当特别关注涉藏关键人物，特别是一些热衷于“西藏问题”的国会议员及其助手的动态。由于国会在美国介入“西藏问题”上的主导地位以及国会议事规则上的分散性甚至一定程度上的混乱性，部分热衷“西藏问题”的议员有可能利用华丽的“人权、宗教自由理念”对涉藏议题进行包装并影响对此不知情的其他议员，促使相关涉藏法案在国会通过并成为正式决议甚至公共法律，进而迫使行政当局不得不做出相应的应对。而议员普遍的事务繁忙状态及专业知识和信息的缺乏使得议员身边的助手在搜集涉藏信息、协调援藏游说组织关系方面发挥了重要的作用。①因此我们应当通过介绍西藏的真实情况影响这些关键性议员及其助手，至少减缓他们用涉藏人权议题攻击中国的力度。

第二，应当加强对美国的涉藏公共外交力度。“西藏问题”之所以被用来当作抹黑中国的工具，除了美国部分根深蒂固的反华势力的推动外，最根本的原因在于达赖喇嘛及其追随者成功利用人权、宗教、少数族裔权利、环境保护等话题将“西藏问题”变成一个“道德问题”。在这种情况下，相当部分议员和行政官员为了提升自己的道德形象，纷纷以对达赖喇嘛和流亡藏人群体表示支持、对中国进行谴责作为增加政治资本的手段。为扭转这一局面，我们有必要加强对美国广大草根阶层和社会中坚力量的公共外交。一方面完善现有涉藏外宣手段，提升藏学家代表团的公共外交成效，组织基层藏族农牧民外访团，向美国普通民众宣传西藏的真实情况；另一方面，扩大中国藏学、民族学学者与国外学术界的交流，着眼于加强长远性、平时性的学术和文化交流，以此间接影响美国广大中产阶级对藏区情况的感观。

第三，最为关键的是，应当切实贯彻落实第五次西藏工作座谈会形成的发展和稳定西藏及四省藏区的有效政策，加快落实各项惠民举措，提高广大藏族农牧民的生活水平；结合藏区实际，有

---

① 比如2011年3月以参议院外交关系委员会名义发布的报告《西藏：在世界屋脊寻求共识》(Tibet: Seeking Common Ground on the Rooftop of the World) 就是几名参议院工作人员基于2010年9月的西藏之旅写成。

效贯彻十七届六中全会关于社会主义文化大发展大繁荣的政策指示，满足藏族群众的文化生活需求。只要西藏人民的物质文化生活得到持久深刻的改善，无论是美国部分政客还是达赖集团，其炒作的涉藏议题都将不攻自破。

第二部分　中美经济关系

“当前，世界经济复苏的不稳定性不确定性因素加大，在这种情况下，尤其需要国际社会以同舟共济、合作共赢的精神携手应对。中美经贸关系既面临挑战，更面临重要发展机遇。……良性、公平的竞争有利于从根本上推动中美两国企业相互促进、共同发展。双方应坚持平等协商，遵循市场规律和世贸组织规则妥善处理经贸摩擦，不应把经贸问题政治化，不应搞保护主义。”

中国国家主席胡锦涛2011年11月10日在夏威夷檀香山会见美国工商界代表时的讲话。

第五章

美国经济复苏：难点、优势与新增长

2008年9月，美国爆发了“百年一遇的金融危机”。这场金融危机重创了美国经济，拖累了全世界经济的发展。从2008年至2011年底，美国经济经历了战后最严重的大衰退和缓慢复苏。2008年GDP下降0.3%，2009年出现了战后60多年以来最严重的大衰退，当年GDP下降3.5%；从2009年下半年开始起，美国经济开始缓慢复苏。

一、美国经济复苏的三大特点

1. 政府驱动性复苏，经济内生动力不足

2009年2月17日，奥巴马总统公布第一批刺激经济计划最初

7870亿美元，（后追加到8410亿美元），3月18日美联储主席伯南克宣布第一次量化宽松的货币政策，加印3000亿美元的钞票，总共动用了1.75万亿美元以增购国债。

2010年9月6—8日，奥巴马总统宣布第二批刺激经济计划的3500亿美元，11月3日，美联储主席伯南克宣布第二次量化宽松的货币政策，加印6000亿美元的钞票，以增购国债。

2010年12月17日，奥巴马总统批准2011－2012年全民减税8580亿美元（2008—2010年全民总共减税8520亿美元）。

2011年9月8日，奥巴马总统推出第三批刺激经济计划4470亿美元，命名为“美国就业法案”。9月21日，美联储启动“扭转操作”抛售短期国债以购买长期国债，旨在压低长期利率，从而为萎靡不振的美国经济注入新的活力，但效果不佳。由于在国会已占多数的共和党不合作，奥巴马总统的第三批刺激经济计划在国会受阻，只批准了薪资减税案。

2. 间歇性复苏，时好时坏不稳定

从2009年下半年至2011年底，美国经济复苏呈现波浪型增长。GDP增长：2009年下半年2.8%，2010年上半年3.8%，下半年2.4%，2011年上半年0.9%，下半年2.4%，2012年一季度1.9%。

3. 无就业复苏

美国的失业率按年度统计2008年5.8%，2009年9.3%，2010年9.7%，2011年9.0%；从2008年12月到2012年5月失业率超过7个点已达42个月，超过9个点已达28个月。2011

年 3 月 4 日美国劳工部公布的数据：平均失业高达 37 个星期，大大高于 1981—1983 年平均失业 27 个星期。奥巴马总统上台以来，将领取失业救济金的期限（45 个星期）经过三次延长增加到 99 个星期。

二、美国经济面对的三大难题

实际上，美国目前未充分就业数据远大于完全失业率，这是美国经济极为艰困的首要问题。根据劳工部 2011 年 5 月公布的统计数据，完全失业的 1250 万人，半失业的 800 万人，隐性失业的 200 万人，合计 2250 万人，占全国有就业能力人口 1.5 亿的 15%，也就是说每 6 个有就业能力的美国人中就有 1 个人没有充分就业。就业是民生的根本，失业大幅增加，将会继续打击消费，加剧贸易保护主义，使经济复苏缓慢。美国人储蓄率低，工作就是“银行”，失去了工作就失去了生活的来源。失业率居高难下，总统自然是千夫所指。2011 年 6 月 13 日奥巴马总统说：“当前美国经济面临最严峻的挑战就是失业率居高不下，我将尽一切努力增加就业，推动经济增长。”7 月 6 日“美国之音”说，奥巴马的经济政策日益受到“拷问”，因为美国的失业率已经突破 9%。被问到处理衰退问题上有何举措时，奥巴马承认了自己的失误。他说：“我认为人们对经济衰退持续时间之长可能没有做好准备，也没想到我们竟要做出那么多非常艰难的决策和选择，我愿为此承担责任。”9 月 1 日奥巴马总统说：“我们经历的是自大萧条以来最严重的金融危机。一般来说，在经历过这样的金融危机之后，病人需要很长时间才能康复。这种情况就是经济患了心脏病，虽然病人活过来了，正在渐渐康复，但是康复的速度非常缓慢。”

经济复苏缓慢，导致失业率下降速度缓慢。2012 年 4 月 26 日，美联储预测，2012 年失业率为 7.8%－8.0%，2013 年失业率为 7.3%—7.7%，2014 年为 6.7%—7.4%。

据《基督教科学箴言报》报道，近三年来美国人生活水平持续下降的时长和幅度为 50 年来之最。作为生活水平一个关键指标的人均可支配收入从 2008 年春季到 2011 年第二个季度减少 1315 美元，下降了 3.9%。这严重地影响了消费开支。须知 2010 年美国内消费占 GDP 的 71%，国内消费上不来经济就很难繁荣。

2009 年 3 月 23 日《新闻周刊》发表长篇报道《美国从享乐时代开始走向节俭时代》，称美国居民储蓄率在 2005－2006 年曾降为负数，次贷危机爆发后，72%的美国人民家庭财富遭受了损失。人们开始转变观念，增加储蓄，由 2007 年 1.7%的储蓄率上升到 2009 年的 3.9%。此后储蓄率继续上升到 2011 年 6 月的 5.4%。2011 年 7 月 25 日，希拉里国务卿在香港的讲演中说：“美国人正在向多储蓄、少花钱、少借贷进行过渡。”这场金融危机严重打击了美国消费者的信心。美国消费者信心指数从 2007 年 9 月的 99.5 迅速下降到 2008 年 1 月的 78.4。从 2008 年到 2011 年底四年中消费者信心指数一直在 70 到 40 左右的低位徘徊。须知消费者信心指数回到 90 以上经济才能恢复到繁荣阶段，看来这将是一段漫长的路。

从中长期来看，困扰美国经济的第二大难题是政府财政赤字猛增，债务负担沉重。众所周知有两条国际金融警戒线：一条是当年财政赤字占 GDP 的比例不要超过 3%；另一条是累积的政府债务不要超过当年 GDP 的 60%。美国 2008 财年财政赤字为 4548 亿美元，占当年 GDP 的 3.2%。奥巴马入主白宫后，财政赤字猛增，2009 年财年财政赤字达 1.41 万亿美元，占 GDP 之比达到 9.9%；2010 财年财政赤字 1.29 万亿美元，占 GDP 的 8.9%；2011 财年财政赤字

1.299万亿美元，占GDP的8.9%；2012财年财政赤字1.33万亿美元，占GDP的8.5%。四个财年奥巴马总统制造了5.33万亿美元财政赤字。美国舆论评论称，奥巴马是美国历史上花钱最没有节制的总统。2011年，美国政府累积债务达到15.23万亿美元，而去年美国GDP为15.29万亿美元，也就是说美国政府债务占GDP之比已达到99%，大大超过欧元区债务占GDP87%的比例。据国会预算办公室测算，到2015年美国政府累积债务将高达19.6万亿美元。据有关部门统计，目前美国总体国债每分钟增加约300万美元，折合每天43亿美元，每个月折合1290亿美元，每年约合1.5万亿美元。这可是全世界都承受不起的可怕的现实。面对如此沉重的债务负担，美国政府多年以来依靠增印美钞、增发国债、美元贬值和适度的通货膨胀这“三大法宝”来稀释和缓解。这是严重透支美元信用的作法，这等于是美国人欠债，却让世界替它买单，这是极不公平的。美元绑架了世界经济。2011年5月17日，世界银行发表名为《2011全球发展地平线——多极化？新的全球经济》的报告指出：“目前美元的主导地位将会在2025年之前某个时候终结，取而代之的将是一个围绕美元、欧元和人民币的多币种国际货币体系。”

2011年8月5日，国际评级机构标准普尔下调美国主权信用评级是一件大事，美国从长达94年的三A信用评级的宝座上跌落下来。12月21日另一家国际评级机构惠誉再次对美国发出警告，称如果国会在2012年无法制定减赤方案，其可能在2013年下调美国三A信用评级。众所周知，主权信用评级下调标志着美元的金融霸主地位面临危机。

当前困扰美国经济的第三大难题是房地产价格持续下跌。房地产价格2006年5月由涨转跌。据美银美林数据显示，到2011年第三季度全美房价较2006年一季度峰值时期已下跌33%，回到了2002年中期的水平。这超过了20世纪30年代大萧条时期1925年到

1933 年房价下跌 30%的幅度。问题是房价还在下跌，2011 年第三季度同比下跌 3.9%。2011 年 12 月 5 日美银美林房地产市场部发布“2012 年房市展望报告”，预计 2012 年至 2013 年第一季度，全美房价在现在的基础上还将继续下跌 7%。12 月 23 日，美国《新闻与世界报道》周刊网站报道，美国房地产价值自 2007 年以来的缩水总额超过了 6.4 万亿美元。

由于次贷危机、金融危机和经济大衰退，再加上失业率居高难下，领了次级按揭贷款购房的穷人，连续三个月无力交纳月供即被银行扫地出门。这种“断供止赎”的现象现在还在蔓延。据美国房地产协会统计，到 2011 年第一季度断供止赎的房屋已有近 1000 万套。被扫地出门的中青年夫妇只好带着孩子投奔父母亲，形成了“三世同堂”的现象，改变了美国人的生活方式。据人口普查局公布的数据，到 2010 年底已有 590 万儿童与祖父母一起生活。据 2011 年 7 月 20 日摩根史丹利发布的报告，美国自有住房率已从 2004 年的 69.2%下降到 2011 年 3 月的 66.4%，并预测仍有 750 万套住房逾期未偿还贷款待收回，到 2013 年自有住房率将下降到 59.7%。报告说美国正走向“租房社会”。

房地产业是美国经济的支柱产业。无论从历史还是现实来看，房地产市场对美国经济都具有举足轻重的影响。鉴于房地产本身庞大规模和巨大产值，如果房地产市场无法复苏，美国经济恐怕也很难实现真正的复苏。

2012 年是美国大选之年，奥巴马总统为了竞选连任，必定会使出浑身解数来刺激经济增长，扩大出口，增加就业。但是共和党会充分利用沉重的债务负担，逼迫奥巴马削减财政赤字，捆住奥巴马的手脚。

另外，欧债危机也会给美国经济带来负面影响。多年以来，美国最大的贸易伙伴实际上是欧盟。2011 年，美欧贸易额 6364 亿美元，占美国外贸总额 36876 亿美元 17.3%，对欧出口占美国出口总额的 18.1%。2012 年，欧元区可能陷入经济衰退，再加上欧洲普遍紧缩开支和削减民众福利，必然会影响消费和进口。不仅如此，美欧互相持有对方的股票、债券等金融资产，欧债危机的深化必然对美国经济产生不利的影响。全球最大期货交易商美国曼氏金融公司因欧债危机破产登记就是一个例子。

2012 年 4 月 17 日，国际货币基金组织预测美国经济增长率为 2011 年 1.7%，2012 年 2.1%，2013 年 2.4%。这表明美国经济在 2011—2013 年这三年中继续缓慢复苏，低速增长。

三、美国经济始终拥有的三大优势

综观美国经济，存在着失业率居高难下、债务负担沉重和房地产价格持续下跌的三大难点。但美国经济始终拥有三大优势，依然是全世界超级经济大国、最强大的经济体，这是任何别的国家所无法比拟的。

第一大优势：基础好、家底雄厚。

从 1890 年美国经济总量超越德国而居世界首位到现在已持续 123 年了。这里要特别指出的是人类历史上两次世界大战都发生在欧洲和亚洲的土地上，美国都躲过了历史浩劫，而且销售军火，大发战争财。

根据国际货币基金组织 2011 年 4 月份公布的世界经济展望数据库，2010 年美国 GDP 为 14.66 万亿美元，占世界比重 23.3%；排名其后的中国 5.88 万亿美元，占世界比重 9.3%；日本 5.46 万亿美元，占 8.7%，德国 3.32 万亿美元，占 5.3%。中、日、德三国经济总量 14.66 万亿美元，与美国经济总量相当。也就是说，美国这头大骆驼相当于中国、日本和德国三匹马之总和。

2011 年 6 月美国《财富》杂志公布的全球企业五百强中，美国有 133 家，占 27%；日本 68 家，中国 61 家，占 12%。

第二大优势：研发投入多，创新能力强，劳动生产率高。

以诺贝尔奖获得者作为一个指标衡量，到 2010 年美国诺贝尔奖得主占世界总数的 39%，占世界科学、医学和经济学领域的 47%，一共有 315 位获奖者，获得 317 个奖项。

从 2000 年到 2010 年 11 月间，世界各国太空发射的卫星中，美国占了 40%。

第三大优势：美元作为国际货币有利于美国有效地转嫁经济危机和债务危机。

从中长期的观点来看，美元将持续走弱。因为弱势美元符合美国的利益。弱势美元会刺激出口，增加就业，拉动经济复苏。弱势美元有助稀释和缓解美国面临的外债压力。资料显示，仅过去的 5 年间，美国利用美元贬值使其对外债务减少了 3.58 万亿美元。据测算，如果美国通胀年率达到 6%，4 年后，国债余额占 GDP 的比例就可以下降 20%。2011 年 10 月份美国通胀率已达 3.5%。2011 年 8 月，哈佛大学教授、原国际货币基金组织首席经济学家肯尼思·罗格夫在《金融时报》发表文章，提出三项措施应对债务危机，即债务减记方案，暂时抬高通胀和结构性调整。其中值得指出的是，罗格夫强调可选择在未来几年内推行适度通胀，比如把通胀率维持在 4—6%的水平，从而实施某种“去杠杆化”（减债）。8 月 12 日《纽约时报》一篇文章应和了罗格夫的观点，称“有时候通货膨胀并不那么邪恶”。

从历史上的金融危机与宏观政策应对来看，发达国家，尤其是主要储备货币发行国美国，以通货膨胀来化解危机不仅有可能、有

前景如何、美国是否已然走向衰落，全世界不禁展开了关于美国发展模式的叩问与思索。

一、标普为何下调美国主权信用评级？

作为世界著名的金融分析机构，标准普尔下调美国主权信用评级可谓在美国政商舞台上一石激起千层浪。那么，标准普尔是一个什么样的机构？它的评级为何如此重要？美国又到底发生了什么足以使标普认定其应当降级的事情呢？这些背景的梳理，有助于我们了解美国当前所面对财经窘况的原因与前景。

美国标准普尔评级服务公司（Standard & Poor's）是一家始创于1860年的百年老店，如今已成为具有全球影响力的世界性金融分析机构，与穆迪投资服务公司、惠誉国际评级公司一起并称为“世界三大评级机构”。虽然“三大机构”各有所长，标准普尔也更侧重于企业与股票评级，但其市场影响力可谓最为巨大。一般而言，标准普尔向全球客户提供被广泛认可的信用评级、独立分析研究、投资咨询等服务，其中以衡量全球股市表现和美国投资组合指数基准的标准普尔1200指数和标准普尔500指数最为著名。虽然其总部位于美国纽约，但在包括中国在内的全球各地均设有分支机构，标准普尔还设置了政府信用评级的业务，进行世界各区域内的公共融资评级、各主权评级以及各国际机构评级等。①

自称“中立”第三方评级机构的标准普尔对世界各国和地区政

① 参见标准普尔中文官方网站介绍，http：//www.standardandpoors.com/about-sp/main/cn/cn，2011年12月3日访问。

府的信用等级进行评估，该评估在全球金融舞台上被认为具有重要的风向标意义，是各国、各地区制定财经金融政策的重要参照之一。长期以来，美国在标准普尔的信用评级中始终是3A，即“最高级别，偿还债务能力极强”；与美国同时被列为3A级别的还有18个国家和地区，基本包括了英、法、德、加、澳等发达国家，中国香港特别行政区也被列入该级别。而美国被降至的AA+所代表的意思是“偿还债务能力很强，与最高级别差别不大”。目前，在标准普尔的评级名单之中，仅有美国与比利时两国为AA+。值得一提的是，中国大陆和台湾地区也被评定为属于2A级别的范围之内。虽然标准普尔的降级看似对美国的预期与评价并未发生本质性的调整，但从2010年4月起，标准普尔就将美国长期主权信用评级前景展望由“稳定”下调为“负面”，足见美国国家信用不但出现衰退，而且未来可能无法恢复甚至会变得更为糟糕。[①] 在降级后的首个交易日，华尔街就迎来了“黑色星期一”，美股大幅低开后快速下挫，仅当日上午三大股指跌幅就超过3%。实际上，在标准普尔宣布评级结果的第一时间里，美国财政部便立即“发难”，指出标普的计算中存在2万亿美元的误差，而这一误差对于评级结果起着重要影响。而标普则很快作出回应称，2万亿美元的误差仅是由于统计采用的时间跨度不同，而且，即便将这2万亿美元计算在内，也不会改变美国信用降级的结果。事实上，长期以来，国际政界、金融界对标准普尔等评级机构的质疑之声也不绝于耳，认为这些机构的分析和评级结果往往服务于美欧国家的全球金融战略与政策，甚至是美国“金融霸权”的助力器。如果在这个意义上观察，标准普尔对美国主权的降级，可能更具代表性。换言之，连标准普尔自己也不得不承认，美

① 参见标准普尔中文官方网站关于主权信用评级的信息，http://www.standardandpoors.com/ratings/sovereigns/ratings-list/cn/cn/?subSectorCode=39§orId=1245302552752&subSectorId=1245304207645，2011年12月3日访问。

国的确正在陷入联邦财政债台高筑与国民经济频现衰退的双重困境之中，这一事实是无可置疑的。

1987 年，美国经济学家詹姆斯·布坎南与理查德·瓦格纳合作出版了《赤字中的民主》一书。在书中，两位作者开宗明义地批判了凯恩斯经济学对美国政治经济面貌的巨大影响：它“导致了政治家的过度自由，摧毁了对政治家正常欲望的有效约束”。[①]正是凯恩斯主义的风行彻底打破了古典经济学对“预算平衡”这一朴素节俭标准的恪守，让“深思熟虑”的预算赤字、激增的公共债务以及如影随形的通货膨胀等成为后凯恩斯时代美国公共经济的基本旋律。20 世纪 60 年代以来，红色的赤字并不是可怕的财政警讯，而更像是屡试不爽的经济良方。伴随着过去 50 年两党交错掌权，民主党吹大了社会福利与援助项目的气球，而共和党则在拔高军事国防开支的同时，尽力压低了税收收入。[②] 在选举政治的扭曲下，任何需要“牺牲”而弥合赤字的调整都被验证将招致选民的“报复”，于是以举债方式填补国家财政支出的亏空成为一种极为正常的方式。根据统计，自 1960 年到 2011 年底，国会已经允许联邦政府提升债务上限达 79 次，这第 79 次正是 2011 年 7 月两党角力妥协的“成果”。

纵观美国联邦政府债务的增长历程，最近十年的激增令人咋舌。1981 年里根上台之前，整个国家债务约为 1 万亿美元，在其后 20 年也只增至 5.8 万亿，而当小布什 8 年总统任期结束之时，该数字已经窜至 11.9 万亿，这 8 年的举债水平竟超过了其上任前 20 年的总和。小布什时期高筑的债台除了与日益膨胀的社会福利项目有关外，

---

① ［美］詹姆斯·M. 布坎南、理查德·E. 瓦格纳著，刘延安、罗光译：《赤字中的民主：凯恩斯勋爵的政治遗产》，北京经济学院出版社，1988 年版，第 4 页。

② Allen Schick，*The Federal Budget*：*Politics*，*Policy*，*Process*，Washington，D. C.：Brookings Institution Press，2007，pp. 18－21.

更为严重的三个致命伤是其在2001年和2003年强力推行的巨额减税计划、反恐战争的高额投入以及全球金融危机对美国经济的严重打击，即税收不足但支出膨胀导致了入不敷出。值得一提的是，小布什的减税计划应该在2010年底到期，但作为与刚刚赢得中期选举的共和党人的交易，奥巴马又将其延续了两年，其影响或更为长久。奥巴马上台之后，新政府推行的经济刺激计划与全民医疗改革也给联邦财政支出增加了新负担，经济低迷又极大地侵蚀着联邦财政的税收基础。于是在不到3年时间中，奥巴马政府就已举债2.4万亿美元，联邦财政支出的约40%须凭借债维持。而从长期财经大趋势看，美国将在债务累累的阴影下艰难维系全球领导力。

二、经济衰退与“占领华尔街”运动

2008年全球金融危机以来，美国经济一蹶不振，可谓陷入了长期低迷的徘徊期。根据美国财政部、商务部等相关机构公布的数据显示，金融危机前后美国GDP降幅已达到了第二次世界大战以来的最高水平，而且这一趋势已从2007年年底持续至今，经济衰退的周期性与持续性可见一斑。而在后危机时代，美国经济竟然也毫无好转迹象。2009年和2010年经济增长速度极为缓慢，2011年上半年仅实现了0.8%的增长，创造了金融危机过后的新低。在经济近于停滞的同时，失业率却始终居高不下，根据2011年10月份公布的数据，全美失业率仍旧保持在9%的水平，其中内华达州的失业率甚至已达到了13.4%。在如此低迷的经济情势背后，事实上是美国经济主导产业难以重振雄风、引领经济发展的窘况。这一危险的趋势在制造业和房地产行业等领域内展现得尤为严重，与美国长期以来实体经济不足、虚拟经济当家的发展模式不无关联。

一般意义上，经济领域的衰落困境需要政府扮演起更为负责任的角色，发挥积极而关键的领导作用。这也是为什么 2008 年底当奥巴马历史性当选美国总统时，美国主流媒体将其与主导新政的富兰克林·罗斯福相提并论、并寄予厚望的原因所在。如众望所期待的那样，奥巴马上台之后，马上着手救市，并借助当初府会同属民主党主导的政治优势，主导通过了《美国复苏与再投资法案》。该法案总共涉及 7870 亿美元，是新政以来最大规模的政府干预经济刺激计划。虽然奥氏救市计划仍旧因扩大政府支出而饱受非议，但客观讲的确稳住了美国经济的阵脚，遏制住了其陷入更为严重的长期衰退的恶化趋势。但“授人以鱼”显然“不如授人以渔”，奥巴马政府的经济刺激只能解燃眉之急，要想提振美国经济复苏、甚至推进其长期发展，则必须为美国经济创造一个新的增长点，类似于 20 世纪 90 年代克林顿时代的 IT 经济。

关于新增长与新产业的战略规划，在奥巴马上台之初就曾作出明确的规划，即大力发展新能源产业与基础建设。新能源政策堪称奥巴马的“绿色新政”，被期待实现刺激经济、减少温室气体排放以及提高能源安全等三个重要目标。然而，关于新能源的系列政策在实施过程中却遭遇了技术研发、技术转化、利益角力、国际争议等多重阻力，导致其步履艰难。相比而言，基础设施建设则是效仿新政的做法，通过增加基础设施建设投入在提升国家硬件竞争力的同时带动各地的就业与投资。这一思维的突出表现就是奥巴马的高铁发展计划。按照该计划，到 2034 年，美国高速铁路将延伸到十大铁路走廊，服务 80%的美国人口，仅启动资金就可达约 80 亿美元。不过，这一贯穿美国的宏大计划一经提出就遭遇了从国会到部分州政府和地方政府的一致反对，特别是共和党阵营。从目前的态势看，如果以州和地方政府民意表决方式决定是否推进高铁发展进程的话，奥巴马可能无望借力该项目重振经济。①

在新增长点难以落实的同时，由于联邦财政状况堪忧，美国联邦政府的宏观经济调控能力本身也面临着巨大的挑战。在债台高筑的情况下，奥巴马不但无力有效地终止减税计划，甚至还凭借政治影响力和国会民主党的支持批准了全民医疗改革计划，极大地抬升了联邦财政支出。联邦财政赤字扩大化与常态化都极大地局限了政府刺激、引导经济发展的驱动能力，也压缩了政府对经济与市场的宏观控制空间。

此外，2010 年中期选举以来，美国政坛上呈现出的“府会分立”下的政党恶斗也在很大程度上牵制了政府制定、推行更有利于经济复苏的政策与计划。奥巴马的扩张型的“大政府”财政政策激起了共和党保守势力的反弹，在 2010 年酿成了一场延烧全美上下的“茶党”运动，最终导致了当年国会中期选举中共和党重返多数席位。2011 年以来，两党在财经议题上僵持不下，甚至分别因为预算分歧和债务上限分歧而形成僵局，联邦政府部分机构险些停摆。面对高居不下的失业率，两党仍旧争议不断。甚至由于 2012 年选举连任的压力，国会两院民主党人以联邦支出过度为由选择搁置奥巴马提出的就业刺激计划。在经济情势岌岌可危的紧要关头，华府决策圈却呈现出以驴象党争为中心的碎片化，令民众失望到了极点。

也正是在如此混乱的政经背景下，一场轰轰烈烈的草根抗议运动“占领华尔街”2011 年 9 月间开始在以纽约为代表的全美各大城市迅速蔓延开来。数以百计的抗议者以持续占领纽约市金融中心区的华尔街为手段，表达对联邦政府经济政策失望，反对大财团对政

① Michael A. Fletcher，“Plans for high-speed rail are slowing down”，*The Washington Post*，January 16，2012，http：//www.washingtonpost.com/business/economy/plans-for-high-speed-rail-are-slowing-down/2012/01/13/gIQAngYc1P_story.html，2012 年 2 月 23 日访问。

治的控制与垄断，反对政治与金钱之间的沆瀣交易，反对极少数人成为社会权贵的不公平的分配制度，等等。他们甚至还明确提出要求奥巴马“组建一个总统委员会，以结束金钱对国会议员的影响”。“占领华尔街”运动的口号之一就是“我们是99%”，意在表达对美国社会中仅有1%的人积累着巨额财富的现况的极度不满。①

“占领华尔街”运动虽然本质上不是一场有组织的“革命”，但可被视为是导致美国社会分裂的新型劳资抗争。一方面，大公司、大资本通过金钱控制政治，推进全球化与去国家化；另一方面是主张平等权利的社会群体，特别是受到全球化冲击的失业群体，呼吁将资本利益留在国内。“占领华尔街”运动虽然并没有反映出明显的政党倾向，但显然已开始成为在2012年大选前夕两党政敌竞相争取的对象。与此同时，“占领华尔街”运动的愈演愈烈加重了公众与政治人物对就业与经济复苏议题的关注度，如果该运动能够被控制在不对社会安定制造过大负面影响的范围内，反而有可能推进美国相关政治制度与政策安排的改良型调整与创新。

三、被牵制的中美经贸关系

2010年美国国会中期选举前夕，两党议员就曾竞相推出涉华竞选广告，拿中国议题说事，将美国经济低迷的责任归咎到大洋彼岸的中国身上。事实上，上一次以中国议题作为主打的选举还是20世纪90年代的事情。进入新世纪以来，特别是“9·11”事件之后，

① Phil Izzo, “What Percent Are You?”, *The Wall Street Journal*, October 19, 2011, http://blogs.wsj.com/economics/2011/10/19/what-percent-are-you/, 2011年12月5日访问。

随着美国陷入反恐战争和中美两国战略合作凸显，中国议题渐渐淡出美国竞选舞台。而当后危机时代来临之际，美国政坛上下在经济领域“回天乏术”，便再次调转枪口，指向中国。不可否认的是，随着2000年美国给予中国永久最惠国待遇和2001年中国加入世贸组织，两国经贸关系进入持续稳步发展阶段，相互依赖的格局初步显现。中美双方已互为最重要贸易伙伴。仅据美国官方统计，中国不仅已成为美国最大的进口来源地，而且一跃成为继加拿大、墨西哥之后的美国的第三大出口目的地。然而，在贸易互惠互利的同时，一方面，中国相对较低的劳动力和产品对美国传统制造业构成较大冲击与压力；另一方面，中国持有美国最大规模的国债，是美国最大的海外债主，这一局面又令美国国内保守主义者极为不安。在奥巴马希望重振美国制造业等实体经济的今天，如何处理对华经贸关系、重塑经济复苏的竞争力，成为美国的第一要务，而所谓的“弱美元”政策正可谓是摆脱经济失衡的“不二法门”。

正是在如此战略的驱动之下，人民币汇率议题才上升为当今中美经贸中的关键议题，凸显了经历金融危机后的美国在维持全球领导地位上的紧迫与焦虑。按照美国的逻辑，中国作为具有比较优势的经济体，其对华贸易中的赤字很难消弭，如果要降低中国的成本竞争力、提升美国本国产品的优势，汇率手段或为上策。然而，从90年代的“最惠国待遇”问题到今天的“人民币汇率议题”流变的背后，美国在经贸议题上也呈现出对华态度与战略的变化。从最初以政治和意识形态方式牵制中国经济发展，到如今通过人民币汇率等议题在扰乱中国发展步伐的同时，还要从中国经济腾飞的红利中分一杯羹，迫使中国分担起美国的经济压力与风险。

早在2003年7月，民主党人舒默等16位重量级国会参议员共同致信总统小布什，要求迫使人民币升值，从而拉开了国会施压人民币汇率的序幕。同年9月，“始作俑者”舒默和共和党人格莱厄姆首次正式提出涉及人民币汇率议题的立法提案，以诉诸国会立法动议方式介入人民币汇率议题。随后的4届国会中几乎每届都有人民币汇率议题法案摆上桌面，在整个涉华议题中所占比重不小。2010年，面对以就业与经济为主要议题的国会中期选举压力，国会众议院甚至以348比79的票数压倒性地通过了针对人民币汇率的相关法案，但该提案没能在国会参议院得以通过进而并未成为法案。2011年4月，美国联邦预算危机暂时平息之后，舒默等人马上重拾人民币汇率议题，威胁将在目前的第112届国会届期内，完成专门针对人民币汇率施压的专案立法或修正案。10月中旬，在民主党的极力主导下，《2011年货币汇率监督改革法案》被国会参议院放行，其规定，国会将有权要求美国财政部等相关机构每6个月向其提交一份关于主要贸易伙伴国汇率状况的详细报告，并要求一旦认定某国为所谓的“蓄意操纵本国货币汇率水平的国家”，即将其纳入美国征收“反补贴”关税的名单范围，以此惩罚“汇率低估国”的“不公平政府补贴”的出口行为。虽然法案全篇未明确提及任何具体国家，但其矛头显然已指向中国。

从近年来的态势看，人民币汇率议题俨然可以与20世纪90年代的最惠国待遇问题并称，成为困扰中美经贸关系发展的难点。事实上，相对于可以以给予待遇与否作为解决之道的最惠国议题而言，人民币汇率议题似乎更像是个“无底洞”，中美双方对升值到何种程度似乎很难达成一致。而白宫及财政部与国会在人民币议题上分饰红白脸的政治策略，也为该议题的协调解决增加了难度。从当前中美经贸关系的态势和美国经济的走向观察，人民币汇率议题将在可预期的时间段内继续得到关注，国会通过针对人民币汇率议题立法的可能性也正在加大。除人民币汇率议题之外，中国的知识产权保护与自主创新、政府采购、对美直接投资以及能源环保等议题也存在逐步升温的可能，成为未来中美经贸关系中交锋的新焦点。

四、为何炒作中国议题？

“中国议题又回来了！”——这应是美国政治观察者们评论 2012 年大选时的一个重要共识。早在 2010 年中期选举时，根据《纽约时报》的不完全统计，就有超过 100 个选区，250 个电视广告以中国为噱头，至少 29 名两党候选人负面操作了中国议题，其中甚至包括当时连任堪忧的参议院多数党领袖哈里·里德等重量级人物。①

根据美国广播公司和《华盛顿邮报》联合进行的一项民调显示，自 2010 年初以来，认为经济并无好转的民众始终多于乐观者。最近一次调查的时间为 2012 年 1 月 12 日至 15 日，其结果中认为经济向好者为 45%，认为无好转者为 54%。② 而美国哥伦比亚广播公司和《纽约时报》在 2012 年 2 月中旬完成的一项民调的结果也耐人寻味：将经济与就业认定为当今美国选举中最为关键议题的民众为 44%，远远高于其他任何政策议题。③ 两组数据足以充分说明一个不争的事实：目前美国广大选民对国家的经济与就业前景并不乐观，且急切期盼政治人物能采取有效措施尽快将国家带出经济低迷。与这两个民调几乎平行进行的另一个民调引出了更为直观的发现：根据哥伦比亚广播公司在 2011 年 11 月上旬进行的民调显示，有 61%的受访者认为中国近年来的经济发展不利于美国经济，认为有利于者仅为

① David W. Chen, “China Emerges as a Scapegoat in Campaign Ads”, *The New York Times*, October 10, 2010, http://www.nytimes.com/2010/10/10/us/politics/10outsource.html，2010 年 11 月 5 日访问。

② 参见 http://www.pollingreport.com/consumer2.htm，2012 年 2 月 3 日访问。

③ 参见 http://www.pollingreport.com/prioriti.htm，2012 年 2 月 23 日访问。

15%，认为毫无关联者为 12%，其他 12%为不确定者。[①] 两个维度的民调数据相互关联起来之后，霍克斯特拉们的逻辑便显露无遗了。美国民众急切要求激活经济，而又对中国经济发展所带来的竞争具有一定负面情绪，这自然为政治人物操作中国议题创造了巨大的想象空间。与此同时，抓住时机的政治人物对中国议题的负面炒作，也在很大程度上加剧了美国民众对中国经济的误解与担忧，进而建构出了一个抹黑中国的竞选怪圈。

在弥漫着负面涉华态度的政治环境下，两党候选人特别是总统参选人都已将中国议题视为“杀手锏”。奥巴马总统在 2012 年国情咨文中共五次明确提及了中国，使中国成为被提及最多的别国。其内容不是指责中国“不公平贸易行为”，就是极力炫耀自己政府“正从中国抢回就业岗位”。[②] 此举无非是在向选民作出一个交代，将民怨引向中国。与在任总统尚且“收敛”的表达相比，共和党挑战者更为肆无忌惮。受到保守派青睐的金里奇和桑托罗姆基本上重拾“中国威胁论”的老生常谈，新意不多。金里奇在强调“中国将成为美国面临的三大威胁之一”的同时，仅仅能抛出一些简单问题，如“如何比中国更具竞争力”或“如何在战略上与中国打交道”，而其能给出的答案却又相当常识化。[③] 更为保守的桑托罗姆干脆直接祭出“社会主义国家”的标签，煽动意识形态偏见，还声言将不惜与中国展开贸易战。[④] 相对于两位外行的“顾左右而言他”，罗姆尼的涉华

---

① 参见 http：//www.pollingreport.com/china.htm，2011 年 12 月 3 日访问。

② 参见白宫官方网站提供的 2012 年国情咨文全文，http：//www.whitehouse.gov/the-press-office/2012/01/24/remarks-president-state-union-address，2012 年 2 月 3 日访问。

③ October 11th，2011：Bloomberg/ Washington Post Republican Presidential Debate，Hanover，New Hampshire.

④ November 9th，2011：CNBC “Your Money，Your Vote” Republican Presidential Debate，Oakland University，Rochester.

立场走得更远，且更为尖锐。身为金融投资业出身的政治人物，罗姆尼却一改昔日倡导自由贸易的理性立场，狠狠揪住人民币汇率不放，宣称“上任第一天，就要把中国认定为‘汇率操纵国’”，并将借助WTO等国际机制制裁中国的“不公平竞争行为”。在经济议题之外，罗姆尼还不忘在军事和人权领域压制、抨击中国，并向选民承诺他将带领世界进入下一个“美国世纪”而非“中国世纪”。①

必须看到，2012大选刚刚拉开帷幕，两党参选人之间围绕中国事务的“示强竞赛”就已起跑良久，更多涉及具体政策细节的驴象直接交锋可能还要延后一段时间。当选战进入白热化之时，涉华政策将被较为细致地各自阐释，届时评估本次美国选举对中美关系大势产生何种影响将更为直观而清晰。

五、展望与建议：审时度势的对应之道

在后金融危机时代，作为世界第二大经济体的中国，在经贸等诸多领域与美国可以实现“有福同享、有难同当”的合作与互补。但面对美国旨在削弱中国竞争力的“劫富济贫”式的围堵，中国或应坐拥更为广阔的世界市场，在全球经济舞台上与美国和谐共舞。

从中短期看，虽然美国联邦财政和经济状况至今没有明显转好迹象，但美国国债相比较而言仍旧是较为优质的投资标的，具有较强的安全性与流动性，中国政府可以在一定时期内持有甚至增持美国国债。不过这种持有本身一定是有条件的，即一旦美国赤字或国

① November 9th，2011：CNBC “Your Money，Your Vote” Republican Presidential Debate，Oakland University，Rochester & November 12th，2011：CBS News/ National Journal's GOP Debate，Spartanburg，South Carolina.

债达到一定上限、导致其收益率出现较大下滑时，中国政府应该选择相应地减持美国国债。而与此同时，中国政府还应当逐步实现外汇储备投资与管理、国债投资的多元化。这一方面要求中国在持有美债时，适当考虑欧洲、日本以及更为广大的发展中国家的债权投资；另一方面也可以适度考虑转向对战略性资源（如黄金、石油、天然气等）开发与利用方面的投资。此外，在持有大量美债的条件下，中国政府应该当提高外汇储备的利用效率，例如建立以外汇储备为主、资金来源多元化的对外产业投资基金，扶持更多中国企业大步实现“走出去”战略；再如将外汇储备积极投资到战略性大型工程项目和人才培养与储备项目当中，使其发挥更为深远的效用。

从长期而言，作为世界第二大经济体，中国应该积极推进本币的国际化，即人民币国际化的步伐。事实上，中国无论在经济总量还是外汇储量上都为人民币国际化提供了极为良好的起点与基础，但由于资本管制、国内金融市场的不健全和“钉住美元”的汇率制度，人民币在国际货币中的地位仍然是极为有限的，这与中国与日俱增的经济实力已愈发不符。后金融危机时代，世界经济与金融格局面临重组，经济持续发展的中国一跃成为国际舞台上的关键参与者，人民币这一以实体经济为支撑的货币成为国际货币体系的重要支柱，将有助于增强中国在全球经济中的影响力与领导力，有助于摆脱美元的控制。

与此同时，中国应当坚定地推进人民币汇率形成机制改革，以促进经济结构调整。汇率作为一种价格和市场信号具有重要的调节作用。在增长方式转变的背景下，使汇率形成机制更加灵活将有助于让人民币汇率更好地反映外汇市场的供求状况，促使外贸企业进行增加内销、减少出口以及到国外设厂等应对市场变化的自身调整，从而推动整个经济向着内需主导的方向发展。事实上，推进汇改是有利于人民币国际化的。值得注意的是，中国政府应加快经济结构调整的步伐，使经济增长模式由投资、出口拉动转变为内需主导。改革开放三十多年来，中国的出口行业为经济增长和就业做出了巨大的贡献，但随着国内外经济形势的变化，出口导向型的发展模式已显示出较大局限。特别是在不断加码的人民币升值压力下，过于依赖出口的脆弱性就更加凸显。从长远看，人民币升值和国内劳动力成本的提高可能将是必然的，两者共同作用下人民币实际汇率升值的速度将比名义汇率升值的速度更快，因此中国政府需未雨绸缪，加快结构调整的步伐以增强中国经济抵御汇率波动风险的能力。

就当前美国国内政治种种乱象所导致的对华消极态度和过激政策而言，中国应该审时度势，积极作出这样一些回应。其一，在互利共赢的前提下，照顾美方关切。中国可以在转变增长模式的过程中，通过不同方式努力扩大自美进口，以缩小对美贸易顺差，具体可采取包括要求美国政府减少对华高科技出口限制、组织更多赴美采购团、鼓励中国赴美旅游与留学等方式，促进美国实体经济发展。其二，展开多层次、多渠道、多方式的外交攻势，减少自身国际压力。比如，积极主动地与美国国内相关决策者沟通互动、使其进一步了解中国真实的现况与意图；团结、鼓励与中国贸易往来紧密的美国企业及其相关商会和对话友好团体、个人等在美国政治生活中发挥良性作用；推进传播中国发展正面形象的对美公共外交，促使更多美国民众消除偏见、感受到中国经济将带给世界的机遇。再如，加大对美国以外的主要经济体尤其是G20成员国的经济外交力度，以破解美国在多边场合联合其他国家对中国施压的图谋。其三，区别选举政治与现实战略。2012年11月，美国总统与国会都将面临换届选举，而今已然进入了“选举时间”。从2010年中期选举中炒热的“中国议题”势将成为本次选战的焦点之一，在经贸议题上对华施压的情况可能会呈现出激增态势。对此，中国政府一方面应该郑重回应、申明态度、不允许任何的恶意指责与诬陷，另一方面也应在熟悉美国选举的“游戏规则”、在不做适得其反的过激回应的同时，积极为有利于中美两国关系稳步发展的政策议程创造更大空间。

第七章

人民币汇率：美国国会施压与中美经贸关系走向

2011 年中美关系高开低走，双边关系延续了 2010 年的纷争与摩擦。在美国对华的多个施压点中，人民币汇率问题依然是美国不愿放弃的着力点之一。与 2010 年相比，2011 年美国国内在人民币汇率问题上敲打中国的主战场发生了转移，即由 2010 年的美国众议院转移到美国参议院，其标志就是美国参议院在大约一周左右的时间内连续进行两次院会投票，顺利通过了旨在惩罚中国"汇率操纵"的"2011 年货币汇率监督改革法案"（S. 1619）。该法案的通过标志着美国对人民币汇率的施压达到一个新的高度，也意味着美国国内阻止汇率法案通过又失去了一道防线，人民币升值的压力进一步加大。本章首先梳理、概括 2011 年参议院在人民币汇率问题上施压的特点，接着分析特点背后的深层次动因及影响，最后对 2012 年美国施压人民币汇率问题的前景进行展望并尝试提出几点对策建议。

一、2011 年参议院在汇率问题上对华施压及其特点

2011 年伊始，在白宫准备盛宴款待来访的胡锦涛主席时，国会山的一些参议员则将准备抓住胡主席的访美时机，向中国领导人“再次提出他们长久关注的中国汇率操纵问题”。1 月 12 日，来自俄亥俄州的民主党参议员夏洛特·布朗与来自缅因州的共和党参议员奥利匹亚·斯诺向财政部长盖特纳递交了一封信，扬言参议院准备采取立法手段，以此为政府应对他国的汇率操纵提供“弹药”。这两位议员在信中写道：“中国通过汇率操纵补贴其出口的行为对仍处在从经济衰退中恢复的美国制造商和工人构成了短期和长期的挑战。”

接着，来自密歇根、纽约和宾夕法尼亚州的施塔贝劳、舒默和凯西 3 位参议员向参院提出汇率议案，声称他们的议案“将使财政部很难不正式将中国宣布为汇率操纵国，并对像中国这样的国家施以征收附加关税及禁止竞标美国政府项目之类的严厉惩罚”。与此同时，来自缅因州的麦克·米肖和来自密歇根州的桑德斯·麦科特参议员在国会山传阅一封信，称“中国很多的经济政策违背了其入世承诺，所有这些政策都给美国商务和就业造成了损害”，呼吁奥巴马告诉中国领导人，“美国人的耐心已快到尽头，我们不能再容忍中国无视其对国际社会所作的承诺”。

2011 年 10 月 3 日，美国参议院不顾中方坚决反对，以 79 比 19 的投票结果，程序性通过了《2011 年货币汇率监督改革法案》（S. 1619 议案）。2011 年 10 月 11 日，美国会参议院不顾国内外的强烈反对，以 63 票赞成、35 票反对的投票结果，通过了 S. 1619 议案，

此举表明美国在人民币汇率问题上对中国的施压进一步升级。与2003—2010年时的施压相比，此次美国参议院在人民币汇率问题上的施压呈现如下特点：

其一，施压的力度上升到最高等级。参议院以前所未有的压倒性多数通过S.1619议案，标志着参议院在人民币汇率问题上施压程度达到最高等级。我们可以将参议院在汇率问题上的施压程度划分出以下几个等级：

等级一是议员提出汇率议案并征集联署，这是在汇率问题上施压的起点，联署的议员越多，该议案进入委员会立法程序的可能性越大，也越能引起媒体、政府部门的关注。如舒默提出的“2010年汇率改革监督法案”征集到19名参议员的联署签名。

等级二是汇率议案进入参议院相关委员会的听证程序。议案若进入委员会听证程序，则表明议员在汇率问题上的诉求得到了议案所涉相关委员会的重视，并正式进入委员会的立法程序。如上述2007年5月参议院银行委员会举行的题为“中美经济关系：汇率和市场准入的策略和选择”的听证会。

等级三是汇率问题的议案在参议院负责管辖对外贸易的委员会获得通过。委员会是美国国会对议案进行实质性审查的重要决策单位，是国会两院立法的核心环节，一项议案若获得委员会审查通过，则意味着在立法进程上迈出了关键性的一步。如上述2007年7月美国参议院财政委员会以20票赞成、1票反对的压倒性多数通过的汇率法案。

等级四是汇率议案通过参议院程序性表决投票。与众议院不同，参议院立法规则或惯例赋予议员个体对某一议案充分辩论、提修正案或动议的权利。对于一项自己不喜欢的待决议案，任何参议员既可通过对该议案发表无时间限制的冗长讲话来拖延表决，也可以随意提出与议案内容毫无相关的修正案或附加条款来加以阻止，还可以发起新的动议来阻止议案通过。对于这种阻挠行为（fillibuster），参议院议事规则规定，议案推动者必须征集到16名参议员的签名，向参议院提出一项终止辩论（Cloture）的请求，对该阻挠行为进行程序性表决，且只有获得三分之二（通常是60票）以上的多数支持才能终结阻挠行为。如2005年4月舒默—格雷厄姆修正案（S.295）就以67：33的压倒优势打掉卢格等参议员的阻挠而获通过，成为可以付诸正式表决的汇率议案。获得程序性表决通过的议案一般容易在正式表决中获得通过，后者只需简单多数。因此可以说，程序性表决是汇率议案立法进程中障碍最大、也是难度最大的环节。

等级五是汇率议案或含有汇率施压条款的议案在院会正式表决通过。若汇率问题的议案通过院会的正式表决，则意味着议案完成了其在参议院的立法进程，因而是参议院在汇率问题上施压的最高等级。

从2003年以来参议院在人民币汇率问题上的施压等级看，截止到2010年，参议院在汇率问题上向中国施加了从等级一到等级四的压力，即施加了从提出议案、征集联署到程序性表决通过汇率议案的压力，从未就汇率议案进行正式表决。然而，从2011年10月3日到10月13日，参议院仅用了七八个工作日，先后在人民币汇率问题上向中国施加了等级四和等级五的压力，以压倒性的多数通过了S.1619议案，达到施压程度的最高等级。如果说众议员是由地方县市选区选出，众议院通过的议案往往更多地代表地方利益，因而有时难免通过带有极端性的法案，那么参议院相对来讲要更多照顾或考虑到国家整体利益，因而在立法上更加理性，使得大多数送到参议院的议案被搁置或打入“冷宫”，参议院在很大程度上扮演了极端性议案“坟场”的角色。然而，2011年，出乎很多人意料的是，一向理性立法的参议院居然以压倒性多数通过了以前一直被堵住或阻止的汇率问题议案，这标志着2011年参议院在人民币汇率问题上的施压力度达到了最高等级。

其二，议案内容具有综合性。从议案内容形成来看，S.1619议案综合了与2007年被参议院财政委员会通过的舒默—格雷厄姆议案的大部分内容，和2011年由参议员布朗和斯诺提出的、与2010年在众议院获得通过的法案内容一致的议案，因而具有明显的综合性特征，主要表现为该议案综合了不同版本的议案内容，体现为一种合作共识。具体来讲，S.1619综合了以下一些议案的关键条款：(1) 舒默、格雷厄姆、格拉斯利、鲍卡斯提出的“2007年汇率监督改革议案”(S.1607) 在措词上将“操纵”改为由政府政策或者因市场力量所引起的“根本偏差”；修改美国反倾销法，以便调整出口价格以反映被低估的货币价值，进而施加关税惩罚。① (2) 参议员布朗提出的“汇率改革以促进公平贸易议案”(S.328)。该议案使“基本被低估的货币”成为一种可根据美国反补贴关税条款采取行动的补贴。(3) 众议院在2011年9月通过的《汇率改革促进公平贸易法案》(H.R.2378) 规定了“根本性汇率失衡”的认定标准及由此构成出口补贴，要求针对汇率失衡征收反补贴和反倾销关税。由于S.1619议案综合了许多不同版本汇率议案的“精华条款”，因而又被称为《2011年布朗—舒默—格雷厄姆—斯诺—施塔贝劳—赛森斯—凯西—帕尔汇率监督法案》。S.1619议案内容的综合性可以看作是两党合作的产物，体现为一种妥协共识。虽然两党基于各自的意识形态和政治立场彼此争斗，在医疗保险、就业法案、政府预算、债务上限等问题上互不买账，相互拆台，但却在人民币汇率问题上相互妥协，表现出少有的“团结一致”，主要表现如下：一是两党的重要人物进行合作，对S.1619议案提出了修改意见，使该议案易于在参议院通过。如作为参议院掌管贸易立法的财政委员会的两个关键性人物，鲍卡斯和格拉斯利分别是该委员会的主席和少数党（共和党）召集人，他们在看了议案的初稿后提出了修改建议，使之既

① G. Hufbauer, The US Congress and the Chinese Yuan, October 19, 2007, http://www.iie.com/publications/papers/hufbauer1007.pdf.

为大多数议员认可又不违背 WTO 规则。① 二是两党多名议员参与了 2011 年汇率改革监督议案的发起和连署。S. 1619 议案的发起人布朗和斯诺是分别来自俄亥俄州的民主党参议员和来自缅因州的共和党参议员。参加该议案连署的包括舒默、施塔比劳、凯西、哈根等民主党参议员，也包括格雷厄姆、赛森斯、伯尔、柯林斯等共和党参议员。三是在参议院关于 S. 1619 的两次院会投票中，都有众多共和党人加入到民主党人的行动中。如在 10 月 3 日的程序性投票中，31 名共和党人投票支持由布朗、里德等 17 名两党议员提出的终结辩论动议。在随后的正式投票中，又有 16 名共和党人对 S. 1619 议案投了赞成票。多数议员的支持是 S. 1619 议案得以在参议院顺利通过的重要原因。

其三，放大汇率问题的严重性。2011 年，人民币汇率问题不仅被议员视为关系到美国就业、经济恢复、国际竞争力等问题，还被议员牵扯到事关美国制造业振兴、中产阶级队伍稳定、保持高端产业领先优势等问题上。在 2011 年前，参议员对中国汇率政策的指责主要集中在中国“汇率操控”政策阻碍了美国出口、造成了美国工人失业、不利于美国及世界经济恢复和平衡、损害了美国产品在国际市场上的竞争力，② 导致了美国对华贸易巨额逆差，以及导致中国所持美国国债大幅度增长，等等。到 2011 年，部分参议员为了让 S. 1619 在参议院通过，在原有指责的基础上增加了新的内容，有意放

---

① CURRENCY EXCHANGE RATE OVERSIGHT REFORM ACT OF 2011-MOTION TO PROCEED— (Senate - October 03, 2011), http: //www. prosperousamerica. org/2011/10/21/s—1619-floor-remarks-october-3—2011/.

② 一些分析人士认为，中国的汇率政策诱使其他东亚国家为了与中国产品竞争而干预外汇市场，以保持其货币价值低于美元，这被视为阻止了美元相对于其他亚洲货币的进一步贬值，从而减少了美国在整个亚洲的出口。例如，基于人民币价值相对于美元至少被低估 40%的假定，彼得森国际经济研究所的 C. Fred Bergsten 估计，由市场决定的中国汇率将导致人民币和其他亚洲货币相对于美元大幅升值，由此将促进美国出口，在美国新增 60 万到 120 万个工作岗位。

大人民币汇率问题对美国的重要性和亟待解决的紧迫性。参议员对人民币汇率新的指责包括：（1）中国汇率操纵关系到美国制造业振兴和中产阶级队伍稳定。如在 2011 年 10 月参议院就 S. 1619 议案辩论时，来自俄亥俄州的参议员布朗说道："我担心美国的中产阶级。我相信没有生机勃勃的制造业基地就没有美国的中产阶级。那些支持自由贸易的许多人士说我们正在变成一种服务经济。但是我没见到从事服务业工作的人们像在大型制造公司那样，一年能挣到 5 万、6 万或 7 万美元。制造业工作能给从业人员带来各种好处，然而，来自中国的不公平竞争正使美国的制造业基地越来越萎缩，美国中产阶级队伍的人数也越来越少。"（2）中国"汇率操控"正在侵蚀美国在高端制造产业的优势。布朗认为中国的"汇率操控"导致的"贸易赤字正沿着经济食物链向高技术产品一路攀升。工作流失不仅存在于轮胎、钢铁等产业，而且也发生在太阳能、风能等清洁能源组件制造业，也在汽车供应链"。舒默认为关于 S. 1619 议案的表决"事关我们的未来，因为我们与中国的竞争不再是在鞋、服装或家具这些劳动密集型产业上竞争，而是在我们做的大多数高端产品上竞争"。①

其四，议员激辩"贸易战"。由于参议院通过 S. 1619 议案可能引发中美之间贸易战的后果，因此，在两次院会投票前的辩论中，多名参议员围绕 S. 1619 是否是现代版的《斯穆特—霍利关税法案》、通过该法案是否会引发中美之间的贸易战、美国是否害怕跟中国打贸易战等问题展开激烈的争辩。以康涅狄格州独立民主党参议员利伯曼为首的议员认为，参议院表决通过 S. 1619 议案可能会招致中国的贸易报复，进而引发两国之间的贸易战。虽然中国"脆弱的经济"经不起贸易战，但中国被贸易战"打垮"也会破坏

① "CURRENCY EXCHANGE RATE OVERSIGHT REFORM ACT OF 2011" — (Senate - October 11，2011)，http：//www. prosperousamerica. org/2011/10/21/s-1619-congressional-record-october-11-2011/.

世界和美国经济恢复。利伯曼评论道："我理解该法案是对中国政府愤怒的表达，企图迫使中国政府更快地允许人民币升值。我理解呈现在我们面前的法案是向中国发炮警告。但中国也许从其自身的角度将此视为对其一种直接攻击，一种当头一棒，它可能试图在经济上进行报复。最坏的结果将是我们最终陷入相互破坏的贸易战中。"虽然"在贸易战中，中国事实上比我们更脆弱。但是，当今中国经济上的脆弱将给美国和全世界带来巨大的风险。如果一场贸易战将中国送入经济上的萧条或恶化，由此产生的经济不稳定将会严重阻碍美国所希望的全球经济恢复，当然也会极大地打击我们对美国经济恢复和在国内创造更多就业机会的希望"。对于利伯曼等人的观点，塞森斯、布朗等参议员展开反驳。他们认为 S. 1619 议案不是现代版的《斯穆特—霍利关税法案》，因而不会引发中国的贸易报复以及由此导致的贸易战。即使打贸易战，损失惨重的也是中国，所以没必要担心因通过 S. 1619 议案而招致中国的贸易报复。如来自亚拉巴马州的参议员赛森斯说，S. 1619 不是当年的《斯穆特—霍利关税法》，理由是"首先，美国在 20 世纪 30 年代是世界头号出口大国，我们通过关税壁垒阻止外国产品进入我国，从而使我国生产同类产品的制造商获得竞争优势，然后他们就报复。作为一个出口大国，我们的损失较伙伴国大。这是一项愚蠢的政策，暴露了我们的劣势。如今，中国一如当年的美国，是世界头号出口大国，而美国是世界头号进口大国，若打贸易战，则中国的损失较美国惨重。中国三分之一左右的出口流向美国，所以打贸易战只能让其付出更大代价，基于此，他们是不敢跟美国打贸易战的"。参议员舒默则认为美国在某种程度上已处于与中国的贸易战中。他说："我们长时间以来已经处于一场贸易战中。中国似乎做得不错。他们已经宣布了一场贸易战。这就是他们为什么补贴水、纸张、钢铁、资本和土地。中国的这种行为带有以下特色：间谍、侵犯知识产权和对其出口到美国的产品暗地里补贴30%。所以，我们已经处于一场与中国人的贸易战中。”①

此外，在解决人民币汇率问题的手段上，一些参议员对政府的双边手段和多边措施越来越失望和没有耐心，主张用单边立法来解决中国所谓的汇率操纵问题。如来自犹他州的参议员哈奇说：“2009年，盖特纳在参议院财政委员会听证会上作证时表示奥巴马总统相信中国在操纵汇率，这为许多经济学家所认可。但是，一旦上台执政，总统与财政部长都食言，并没有改变先前老一套对付中国货币问题的方式。”舒默极力主张美国单边立法是解决人民币汇率问题的最有效的途径。他在辩论中说道：“每个注意观察中国行为方式的人都知道，通过说服是不管用的，多边对话也不管用，表达真切希望仍不管用，甚至靠时间来解决同样不管用。只有美国为自己、为公平、为平等对待勇敢地站起来才管用。……有人说与中国谈判，可是我们已经谈了七年。有人说通过多边协议，我们已经尝试过了，可中国就是不听。唯一让中国改变其政策的方式就是通过将中国置于一种制度中来要求他们这么做。该制度的要求是：如果你不照章办事，你会承担严重的后果。”②

二、参议院通过汇率议案的动因

一向“理性立法”的参议院何以在2011年通过极端的汇率问题

① “CURRENCY EXCHANGE RATE OVERSIGHT REFORM ACT OF 2011” — (Senate - October 11, 2011), http://www.prosperousamerica.org/2011/10/21/s-1619-congressional-record-october-11-2011/.

② Ibid.

议案？哪些因素导致参议院以压倒性多数通过S.1619议案？对于这些问题的回答需要深入到美国社会层面寻找原因。大致来讲，如下因素合力导致S.1619议案的通过：

1. 制造业团体的大力游说

金融危机爆发以来，在人民币汇率问题上，代表钢铁、纺织、家具、造纸等制造业利益的游说团体对国会和政府发起一波又一波的行业游说。美国制造业主要分布在美国东部和中西部五大湖区，这些地区不仅人口稠密导致该地区众议院选区密集，而且因为州的数量多，也使该地区在参议院占有众多议席。产业地理的深厚使主要分布在该地区的制造业有望在国会山获得众多两院议员的支持。早在危机发生前，分布在上述地区的制造业利益集团（如全国纺织协会、美国家具协会、全国制造商联盟等）就将矛头对准中国，通过政治捐款、发表行业报告、媒体造势、草根游说、出席国会听证会、雇请说客等手段敦促国会和政府在人民币汇率问题上向中国施压。危机发生后，美国制造业利益集团加大了对国会和政府施压的力度。他们通过出台行业报告、媒体造势、出席听证会等手段极力渲染美国“制造业危机”，认为中国政府“操纵人民币汇率、侵犯劳工权利、不执行严格环保标准和产品质量标准、不遵守入世协议中开放市场的承诺”，攻击中国的汇率政策、出口补贴等是一种“掠夺性的行为”，要求政府“铲平竞技场”，以保护美国的制造业基地，以此向国会议员和总统，进而向中国施加更大的压力。

“美国制造业联盟”（AAM）是一家在美国钢铁工人联合会（USW）与美国制造商之间建立劳工与管理者伙伴关系的游说组织。该组织的执行总裁斯科特·鲍尔在2011年6月表示，“自中国虚假发誓让人民币升值以来，一年过去了"，"如果行政部门不采取强硬措施和要求中国按规则办事，那么国会除了通过由两党支持的抵消中国在贸易上享有的人为的不公平优势的强硬法案之外，别无选择。这样做将是一项绝对必要的减少赤字、创造就业和无成本的刺激经济的举措"。①

成员公司生产全美80%钢铁的"美国钢铁学会"（AISI）执行总裁兼CEO托马斯·J. 吉本森在国会听证会上发言称"北京运用诸如压低其货币价值的重商主义和扭曲市场的做法来给予其生产者相对于全球竞争者不公平的出口优势……在2000年至2009年间，中国的钢铁产量从占世界的15%跃升到占世界总量的47%……毫无疑问，像操纵汇率之类的中国重商主义政策正在以牺牲美国制造业利益为代价，促进中国就业增长和投资"。②

拥有55个工会、代表了1220万劳工的全美最大工会组织"劳联—产联"主席在国会听证会上说："国会和行政部门所能够采取的唯一最重要的支持就业的贸易措施就是解决中国政府对其货币的操纵。我们支持受到两党支持的2011年汇率监督改革法案……该法案将确保美国政府拥有它所需要的合法手段来抵消非法的、摧毁美国人工作的汇率偏差。通过实施我们的贸易法以铲平竞技场是一项快速的、两党支持的救济方案，它将在创造就业的同时不会给纳税人增加负担。我们支持促进国内制造业和出口的努力。这种努力与国

① AAM："Stop China's Currency Manipulation：Create Jobs，Grow the Economy，Reduce the Deficit"，aburke on 06/17/2011，http：//www. americanmanufacturing. org/blog/stop-chinas-currency-manipulation-create-jobs-grow-economy-reduce-deficit.

② Thomas J. Gibson，China's currency wall claims jobs，September 15，2010，http：//dyn. politico. com/printstory. cfm? uuid = 11A9CA5A - 18FE - 70B2 - A8D7594664BC2FD0.

会议员伯曼（Berman）在众议院提出的议案要求是一致的。”①

全国制造商协会（NAM）总裁约翰·英格勒（John Engler）说：“NAM长期以来强烈关注人民币汇率问题，认为中国的货币操纵是一个严重的问题。我们已敦促中国应允许人民币升值，并走向由市场决定其价值的汇率制度。我们一直呼吁美国财政部将中国的汇率政策行为定为汇率操纵……即使财政部拒绝这样做，我们也敦促通过继续与中国和IMF一起努力来解决人民币的低估，找到在当今环境下起作用的合作解决办法。”

“美国钢铁工人联合会”（USW）是全美“钢铁工业、纸业和林业、橡胶工业、制造业、能源等联合工业和服务业工人国际联合会”的简称。该组织是北美最大的工会组织，85名成员工作在广泛的产业领域，包括钢铁、轮胎、玻璃、造船、炼油和采掘。近几年来，该组织在对华贸易施压游说上非常活跃。该组织凭借其约80余万会众的选票优势和不菲的竞选捐款，对国会和奥巴马政府施加强大的影响。自危机发生以来，该组织先后要求对来自中国的无缝钢管、低端轮胎、太阳能电池等产品发起反倾销、反补贴调查，并且屡屡得到国会和政府的积极回应。

值得一提的是，为了制造声势，美国制造业利益集团还采用结盟游说手段对国会和政府施压。如由“劳联—产联”和“全国制造商协会”牵头成立的“公平汇率联盟”（FCC，其前身是2004年成立的“中国汇率联盟”）集结了来自制造业、农业、服务业和劳工方面的数十个游说团体，拥有超过300个会员公司。“该联盟相对于

---

① Testimony of Thea Mei Lee, Deputy Chief of Staff American Federation of Labor and Congress of Industrial Organizations before the House Committee on Foreign Affairs, “Job Creation Made Easy: The Colombia, Panama, and South Korea Free Trade Agreements”, September 23, 2011, http://foreignaffairs.house.gov/112/lee092311.pdf.

‘健全美元联盟’，针对性更强，将矛头直指中国人民币汇率。”① 从成立到现在，“公平汇率联盟”通过发表研究报告、出席听证会、聘请资深说客、动员草根游说等方式不断地向国会和政府游说，敦促国会、政府在汇率问题上对中国采取强硬措施。例如该组织聘请了美国国际顾问公司总裁查利·布卢姆（Charlie Blum）这样的资深说客。在2010年2月动员其会员公司向所在选区的议员施压，方式是让议员们在麦克·米歇奥德（Mike Michaud）与蒂姆·瑞恩（Tim Ryan）两位众议员起草的致行政部门的信上签名，目的是通过联名致信敦促行政部门在汇率问题上向中国施压。大规模草根动员的结果是，在2010年3月15日提交给美国财长盖特纳（Geithner）和商务部长骆家辉（Locke）的信上，共有130名国会议员署名。2011年FCC又将主攻方向转向参议院，通过发动数量众多的会员组织向各州参议员游说，大规模的草根动员使国会议员不得不正视来自民间产业在人民币汇率问题上的诉求。

2. 部分思想库、经济学家和政府官员的推波助澜

在人民币汇率问题上，对美国公众、议员影响最大的智库是美国“经济政策研究所”（EPI）和彼得森国际经济研究所这两家智库。EPI认为，美国对华贸易逆差与美国工作流失有着直接的相关性。它的研究结论中的数据经常被制造业利益团体和工会组织加以引用。2011年，EPI出台了新的研究报告，新报告不仅更新了截止到2010年底美国对华贸易赤字给美国造成的失业人口数据，而且还具体测算出人民币升值幅度与美国新创造就业之间的数量关系。EPI的最

① 邓彪、赵维焘：《论美国利益集团在人民币汇率问题上的结盟行动》，《中南财经政法大学研究生学报》，2010年第4期，第105页。

新数据包括：（1）与中国的贸易逆差由中国 2001 年入世时的 840 亿美元增加到 2010 年的 2780 亿美元。此贸易赤字消除或转移了美国 279.01 万份工作，占同期美国总就业工作数量的 2%①。（2）重估人民币价值能够在美国创造 225 万个工作。若仅仅让中国人民币兑美元升值 28.5%，则美国 GDP 的增长将为美国人提供 163.11 万份工作。如果亚洲新加坡、马来西亚、中国香港、中国台湾等其他国家和地区也受人民币升值的影响重估其币值，则美国 GDP 将增加 2857 亿美元，即增长 1.9%（包括中国效应）。这些好处将可在币值重估启动后的 18 个至 24 个月内显现②。

除 EPI 外，彼得森国际经济研究所也是一家在人民币汇率问题上对国会和政府颇有影响的智库。如在 2010 年 3 月众议院筹款委员会举行的人民币汇率问题的听证会上，该所所长伯格斯滕向国会进言，建议“美国与那些构成世界经济很大份额的国家一起行动”，认为“多边努力将产生最大影响”③。4 月，美 130 名国会议员在致行政部门的联名信中指出，美国要解决中国的“汇率操纵”问题，“必须有相应的外交努力跟进，不仅要与中国开展双边谈判，而且要在国际货币基金组织内及与其他国家开展多边外交。通过法律诉讼和国际施压的综合战略，中国有可能重新考虑其对

① Robert E. Scott, Growing U.S. trade deficit with China cost 2.8 million jobs between 2001 and 2010, EPI, September 20, 2011, http: //www.epi.org/publication/growing-trade-deficit-china-cost-2－8－million/.

② EPI, Revaluing China's currency could boost US economic recovery, June 17, 2011, http: //www.epi.org/press/news _ from _ epi _ revaluing _ chinas _ currency _ could _ boost _ us _ economic _ recovery/.

③ C. Fred Bergsten, Correcting the Chinese Exchange Rate: An Action Plan, Testimony before the Committee on Ways and Means, US House of Representatives, http: / /waysandmeans.house.gov /media/pd f/111 /10 － 03 － 24Bergsten _ T est imony.pdf.

人民币汇率的低估”①。在参议院对S.1619议案表决前夕，彼得森国际经济研究所的资深研究员伯格斯滕在为《纽约时报》写的一篇特稿中强调，“可以肯定的是，对于这些行为，一些美国公司会因没必要地惹怒中国人和引发贸易战危险而感到烦恼。……但我相信这些担忧被夸大。对世界贸易体系的真正威胁是保护主义政策，包括其他国家低估的币值及由此导致的巨额的贸易逆差。”

穆迪公司的分析师马克·赞迪也加入到指责中国汇率政策的行列中，他说：“对于制造业来讲，没有什么比从宏观上更好地确定这些货币之间的汇率更重要了。汇率操纵导致汇率偏差，这给所有制造商、也越来越给从事非制造经营者带来了重大的竞争劣势。”②

美国著名经济学家、诺贝尔经济学奖获得者克鲁格曼于2010年在《纽约时报》上撰文称，“中国将其货币人民币的价值维持在低位的政策已经对全球经济复苏造成了重大的拖累。必须采取某种措施。……这是一项严重损害世界其他国家利益的政策。世界大多数主要经济体被卡在流动性陷阱里……深度萧条，但又因为相关利率已接近于零而不能通过降低利率来刺激经济恢复。通过谋取不必要的贸易盈余，中国实际上是在对这些经济体施加它们不能抵消的反刺激效果”。③ 2011年10月2日，就在参议院准备就S.1619举行程序表决前夕，克鲁格曼又在《纽约时报》上发表文章，称“世界经济可怕的现状反映在许多参与者为了自己的利益

---

① Ellen，130 Members of Congress Push for Action on China Currency Manipulation，15 March，2010，http：//www.tradereform.org /2010 /03 /130 _ mebers _ of _ congress _ push _ for _ act ion _ on _ china _ currency _ manipu lat ion/.

② Currency Exchange Rate Oversight Reform Act - S.1619 LEGISLATIVE BULLETIN，http：//dpc.senate.gov/docs/lb—112—1—27.pdf.

③ Paul Krugman，Taking On China，*New York Times*，March 14，2010.

而采取的破坏性行动。然而，这么多经济体表现糟糕的现实不应该阻止我们对单个坏行为者追究责任。这就是参议院领导人本周将要做的事情。他们将采取立法措施威胁对中国和其他货币操纵国进行制裁。……美联储主席本·伯南克在上周清楚地指出：失业是一个‘全国性的危机’，许多工人现在处于长期失业状态，这使经济遭受短期和长期的损害的风险。我们承担不起忽视减轻国家性就业危机的重要手段。抓住中国问责虽然不会解决我们经济的自身问题，但这有助于问题的解决——而且这是一项长期以来早应该采取的行动。”①

就在参议院表决 S. 1619 议案前夕，一个由分别来自麻省理工学院、加利福尼亚大学和马德里货币与金融中心的三位经济学家所组成的研究团队发表了他们的研究报告。报告指出，“美国每个遭受中国竞争的地方县、市的制造业不仅引发更多工作的流失，而且导致整个失业率的上升。那些遭受中国竞争程度越高的地区，其接受失业保险、食品券和残废救济金者也越多”。这三位经济学家还计算出政府为应对失业增加的开支给美国经济造成的成本相当于从与中国贸易所获得收益的三分之一或三分之二。换句话说，美国从与中国贸易中所获得的主要好处（如有助于向美国消费者提供价廉物美的中国商品）被抵消了，而且该项估算不包括失业者所遭受的其他经济损失②。

一方面是经济学家的研究结论，另一方面是美国政府官员（前任、现任或候选）对人民币汇率的指责。前美联储主席格林斯潘在2011年6月说：“中国正在做的就是操纵汇率。”格林斯潘的评论为

---

① Paul Krugman, Holding China to Account, *New York Times*, October 2, 2011.

② Justin Lahart, Tallying the Toll of U.S.—China Trade, *Wall Street Journal*, September 27, 2011.

参、众两院议员攻击中国的人民币汇率政策提供了弹药。①

前财政部助理部长C·弗里德·伯格斯滕写道："人民币的人为低估——相对于其应有价值被低估20%—30%——等于是对中国出口的补贴和对美国和其他国家进口的关税。……如果我们想避免破产和保持增长，我们不得不攻击这种贸易赤字。"②

最有希望成为2012年美国总统大选共和党总统候选人的米特·罗姆尼也在人民币汇率问题上发表强硬言论。罗姆尼在美国微软集团总部发表演讲时说："我的政府工作的第一天，就将把中国定为汇率操纵国。"他还称，"如果他们偷窃了我们的知识产权，或由于他们操纵汇率导致美国企业和就业岗位被不公平地扼杀掉的话，我将对这些中国商品征收关税"。③

上述思想库、经济学家和政府官员关于人民币汇率的观点不仅塑造了美国媒体、选民对人民币问题的看法，使人民币问题在美国越炒越热，而且也影响了议员对人民币汇率问题的看法及其投票立场，这可以被议员在参议院辩论S.1619议案时经常引用他们的观点来证明。例如来自缅因州的女共和党参议员斯诺在2011年10月3日的院会投票后的发言中引用了美国经济政策研究所的研究报告。她说："经济政策研究所的报告发现自中国2001年入世到2010年，我们看到这一时期我们与中国的贸易赤字从83亿美元爆炸性地增长到2730亿美元，美中贸易赤字的增加已经消除或转移了美国280万个工作或每年31万个工作。正如我们从EPI的图

---

① Mark Drajem, Greenspan Says China Currency Mistakenly Used to Boost Jobs, *Bloomberg*, June 18, 2011, http://www.bloomberg.com/news/2011-06-17/greenspan-says-china-currency-mistakenly-used-to-boost-jobs-1-.html.

② *C. Fred Bergsten*, An Overlooked Way to Create Jobs, *New York Times*, September 28, 2011.

③ Bill Rigby, "Romney sharpens attack on China's economic policies", *Reuters*, October 14, 2011.

示中所看到的，实际上美国的每个州都受到了与中国贸易赤字的影响，成千上万的工作被贸易赤字转移，不到十年就转移了美国280万个工作。在我所在的缅因州，这意味着该项贸易赤字已经导致1万人，即占本州约2%的劳动人口失业。如图所示，工作流失的痛苦不是只限于某一单个州或国家的某一地区，而是从加利福尼亚到南卡罗来纳，从密歇根到得克萨斯，所有50个州的工人都遭受了因不能与来自中国的人为压低的廉价进口品竞争的损害之苦。”来自阿拉巴马州的参议员赛森斯在10月11日的辩论中引用伯克南在众议院听证会上的证词：“现在，我们关心的是中国的汇率政策正在阻碍全球经济……可能更正常的恢复，在阻碍经济从萧条中恢复”。舒默在辩论S.1619议案通过是否会导致中美“贸易战”的观点时援引罗姆尼的话：“采取纠正保护主义市场扭曲行动不会导致‘贸易战’，但不采取行动将意味着美国接受‘贸易投降’”。①

3. 金融危机后的国际经济环境有利于美国在汇率问题上向中国施压

IMF的相关报告、金融危机后世界经济复苏乏力、中国经济相对于发达经济体的卓越表现等均有利于美国在2011年继续施压人民币汇率。在2010年7月的报告中，IMF警告称，从中期来看，由于中国的政策刺激逐渐减少和全球经济恢复，存在着巨额的经常项目盈余回流中国的潜在可能。IMF在2011年4月发表的“世界经济展望”报告中指出，中国的经常项目盈余将从2010年的2970亿美元

---

① “CURRENCY EXCHANGE RATE OVERSIGHT REFORM ACT OF 2011” — (Senate - October 11, 2011), http://www.prosperousamerica.org/2011/10/21/s—1619—congressional-record-october—11—2011/.

上升到2011年的2060亿美元，到2016年将增加到8740亿美元。[①]“全球透视”杂志预测中国的外汇储备到2015年将在2010年水平上增加6640亿美元，达到3.5万亿美元。[②] 巴西甚至建议通过修改WTO规则来解决汇率问题，等等。这些因素均为美国加大施压人民币汇率的力度提供了借口。

此外，金融危机爆发后三年来，中国与美国、世界其他大多数经济体的经济表现呈现鲜明反差。在过去三年（2008—2010年）里，中国真实GDP年均增长率为9.8%，而同期世界其他主要经济体则经历了负增长、停止或低增长，这导致一些评论人士认为中国的钉住美元的汇率政策代表了一种“以邻为壑”的政策，亦即中国经济在全球经济危机时期快速增长是以牺牲他国为代价的。[③] 这种鲜明反差为指责中国汇率政策给美国就业和贸易造成负面影响的人提供了继续施压人民币汇率的口实。鲜明反差还导致美国国内一些人士认为，既然中国经济增长速度明显快于美国，那么人民币兑美元的价值也应该相应快速、大幅度升值。

4. 美国失业率居高不下、选举政治发酵、反对方的游说软弱无力等因素交互影响

金融危机爆发以来，美国失业率一直居高不下。2011年9月底，

---

① China's current account surplus as a percent of GDP is predicted by the IMF to rise from 5.2% in 2010 to 7.8% in 2016. IMF，World Economic Outlook Database，April 2011.

② HIS Global Insight，China，Interim Forecast，June 2011.

③ Wayne M. Morrison，Marc Labonte，China's Currency：An Analysis of the Economic Issues，CRS Report，August 3，2011.

美国的失业率仍高达9.1%，是1945年以来的第二高点①。欧债危机愈演愈烈、日本经济遭受大地震重创、“阿拉伯之春”蔓延等等，这些因素导致美国大多数州、选区对外出口下滑，从而使奥巴马政府通过增加出口显著改善就业状况的希望落空。在美国国内，共和党不赞同、甚至有意阻挠奥巴马政府提出的通过增加对教育、基础设施、技术的投资来减少失业的计划，两党之间的政治斗争不利于美国经济增长和失业率下降。随着2012年大选年的临近，民主、共和两党也加大了对中国贸易政策指责的力度，人民币汇率问题自然也成为被攻击的最好靶标。

因担心参议院通过S.1619可能带来的不利影响（如引发中美之间的贸易战），在对华投资和贸易中有着重要利益的美国农业、高端制造业、服务业等产业的利益集团对参议院展开游说。9月21日，也就是在舒默、布朗等人推动参议院对S.1619议案进行程序性表决的前夕，美中商会、全国零售业联盟、先进制药技术协会、全国小麦协会等51家游说团体联名致信参议院多数党领导人里德和少数党领导人麦康奈尔，敦促他们反对在人民币汇率问题上采取关税立法行动。这些商业团体认为国会在汇率问题上的“单边立法”偏离了美国所应关注的来自中国的主要挑战：知识产权保护不力、对市场准入的限制、对金融服务贸易自由化的需要、对诸如稀土之类商品的出口限制、歧视性的自主创新和其他产业政策。此项立法不仅不可能促使中国尽快修改其汇率政策，加快形成反映贸易流量的、由市场决定的汇率机制，相反，将可能招致中国这一目前是美国增长最快的出口市场对美国的贸易报复。而且，美国采取抵消被低估汇率的行动是否符合WTO关于抵消关税适用的标准也是有疑问的。任何需要商务部估算“真实”汇率的

---

① 胡文涛：《占领华尔街”运动的特征、动因及影响》，《现代国际关系》，2011年第11期，第44页。

立法可能会导致估算过程的高度主观性和潜在政治化。更为重要的是，这样的举措不会在国内创造大量新的工作。人民币升值和其他因素带来的在中国经营成本的增加，将导致生产线向其他低成本制造国家转移，而不是返回美国。① 对于反对团体的理性呼吁和意见，参议院多数党领导人里德并没有采纳，而且即使他愿意采纳也做不到，因为 S. 1619 议案除了获得作为参院多数党民主党的绝大多数议员力挺外，一部分共和党人也加入了投票支持 S. 1619 议案的阵营。

51 个商业团体的结盟游说或联合施压为何未能奏效？主要原因有如下几点：一是反对 S. 1619 议案的产业如零售业、高科技产业、农业，对参议院的影响力不如制造业。不像钢铁业对于宾夕法尼亚州、造纸业对于缅因州、纺织业对于北卡和南卡州的重要性，零售业不是各州的支柱产业，因而一般不能引起参议员的重视和回应。高科技产业虽然是一些州（如加利福尼亚、马萨诸塞州等）的支柱产业，但高科技产业吸纳就业的人数有限，其握有的选票数量远不如传统制造业，由此导致其对大多数国会议员的影响有限。农业利益集团虽然对中西部一些以生产小麦、大豆的州很有影响力，但农业州内部的利益集团在对华贸易态度上出现了分歧。如在某一农业州，对华出口大豆、小麦的生产商与未能对华出口或出口较少的牛肉生产商在对人民币汇率问题上的态度差别较大。前者反对在人民币汇率问题上采取过激行为，后者赞成通过汇率施压打开中国的牛肉市场。不同利益集团之间的诉求分歧导致农业州参议院在 S. 1619 议案的投票上出现分裂。二是跨国公司虽然资金雄厚，游说经验丰富、技巧也高超，但他们不再

① Coalition of 51 American business associations sent the US Senate leaders a letter opposing currency legislation，http：//www. uschina. org/public/documents/2011/09/letter-senate-opposing-currency. pdf.

愿意像90年代游说MFN和PNTR那样投入全力进行游说，原因是当时美国跨国公司还没有大量进入中国市场，因此需要大力游说。在进入中国市场后，大多数在华投资的美国跨国公司奉行本土化经营的原则，亦即将在中国生产的产品主要卖给中国消费者，只将少量产品销往母国或其他国家。因此，不像以主要依赖国内市场的传统制造业那样更易感受到汇率变化对企业出口的影响。高科技产业的跨国公司对人民币兑美元的汇率变化显得不那么敏感，这导致它们在人民币汇率问题上的态度模棱两可，对游说不大热心。何况跨国公司也希望借美国内在人民币汇率上的施压来表达对中国保护知识产权不力、自主创新政策、市场准入限制等问题的不满。只有当美国内关于汇率问题的单边立法可能引发两国贸易战时，他们才会行动起来。因为因美国的单边立法导致的中国报复很可能包括限制美国跨国公司在中国投资。三是金融危机背景下国内政治气候对美国跨国公司游说不利。经济全球化深入导致美国产业结构调整加快，美国高端制造业比较普遍地将生产线向海外（包括中国）转移，此举招致美国内舆情的诟病，指责跨国公司不仅不爱国，反而还帮助中国“偷走”美国人的工作，这使跨国公司在道义和良心上遭受谴责，从而使跨国公司在人民币汇率问题上的反制游说显得底气不足。而且跨国公司在人民币汇率问题上的游说主要走的是上层路线，即主要对政府官员和少数几个国会领导人游说，缺少90年代进行大规模草根游说的厚度或深度，上层路线的游说方式在金融危机导致美国民粹主义复兴的背景下效果不大。金融危机后美国经济虽然有所复苏，但也是“无就业增长”的恢复，如何有效地增加就业或降低居高不下的失业率成为美国国内普遍关注的关键性经济问题。这种情势明显有利于在参议院掌控多数席位的民主党，因为民主党的群众基础是制造业的中小企业主和劳工群体，特别是后者。面对来自S. 1619

支持方和反对方的压力，民主党掌控的参议院自然倾向于选择积极回应制造商和劳工团体的利益诉求。

此外，在党派政治极化的背景下，不排除一些原本不想投赞成票的民主党议员基于党内团结的考虑最终选择投赞成票。另外，大多数议员并不想真与中国打贸易战，他们投赞成票的目的主要是为了向中国施加新的压力，通过立法恐吓迫使中国加快人民币升值的步伐。在他们看来，即使 S. 1619 议案因自己的赞成票而获通过，但由于还有共和党掌控多数席位的众议院和考量国家整体利益的白宫两道关卡，因此，即使在参议院获得通过，它成为公共法律的可能性也不大，一如 2010 年众议院通过的 H. 2378 议案一样，最后也是不了了之。

三、对中美经贸关系的影响

参议院在汇率问题上的连番施压并通过汇率议案一度给中美经贸关系造成冲击。和以往一样，在参议院高票通过 S. 1619 后不久，中国政府强烈抗议美国参议院在汇率问题上的单边立法行动。中国外交部发言人马朝旭表示，中方已经多次阐明在人民币汇率问题上的政策，并表明了坚决反对美国会参议院有关人民币汇率议案的严正立场。这项议案以所谓“汇率失衡”为名、行保护主义之实，严重违反世界贸易组织规则，不仅解决不了美自身经济和就业问题，到头来只会严重干扰中美经贸关系，干扰中美两国和国际社会共同推动世界经济强劲复苏和增长的努力，损人而不利己，有百害而无一益。中国央行表示，美参议院一再无视事实，纠缠人民币汇率问题，把经济问题政治化，将严重危害中美经贸关系，损害全球经济的恢复和平稳增长。央行当日发布报告称，人民币汇率并非中美两国贸易不平衡的主要原因，人民币汇率正逐渐趋于合理均衡水平。报告指出，人民币升值解决不了中美贸易失衡问题。美国出口限制是造成中美贸易不平衡的重要原因之一。中国商务部新闻发言人沈丹阳表示，美参议院推动以立法方式逼迫贸易伙伴货币升值，不仅违反国际规则，还将严重损害中美贸易关系。“这无异于发出了贸易保护主义升级的错误信号。”很显然，在人民币汇率问题上，面对美国参议院最新的施压举措，中国政府基本上沿袭了先前的抗议模式。虽然口头抗议并不是有效应对美国在汇率问题上纠缠不休的最佳方式，但通过此举也向美方表明中国政府在事关中国经济主权的汇率政策上不会屈服于外来压力的坚定立场。

参议院通过 S. 1619 法案也鼓励、刺激了美国国内的对华贸易保护主义。受参议院通过汇率议案的鼓舞，2011 年 11 月 7 日，8 家美资光伏电池生产商以中国政府使用包括人民币汇率低估、政府无息或低息贷款等手段推动太阳能电池板的出口，向美国商务部提出对中国光伏电池业进行“反倾销”、“反补贴”的调查申请，美商务部于次日正式就中国输美太阳能电池板发起“双反”调查。该案例是参议院通过 S. 1619 议案后美国对中国高端制造业产品发起的首个“双反”调查案例，标志着由人民币汇率问题、美国内贸易保护主义等因素引发的中美贸易摩擦沿着产业链向上攀升的趋势。

就参议院施压对中国汇率市场的影响来看，2011 年参议院在人民币汇率问题上的压力升级不仅导致总体上人民币兑美元不断升值的态势，而且还导致人民币兑美元在 2011 年末一度出现了自 2005 年升值以来非常罕见的连续贬值。

事实上，2011 年人民币对美元汇率的走势总体上一路升值。从

1月4日的1美元对人民币6.215元，到11月4日的年内高点1美元对人民币6.165元。此前，连破6.6、6.5、6.4、6.35等多个重要关口，全年升值幅度近5%。① 11月4日前人民币对美元的升值连创新高的原因除了中国经济基本面继续好于美国、国际热钱流入等因素外，来自美国的施压是其中的一个重要因素。自美国参议院程序性表决通过S.1619议案以来，人民币对美元的升值速度加快，并突破6.35，使10月4日到11月4日成为升值幅度最大的单月。然而，物极必反，美国持续的高压致使人民币对美元升值过快，在短期内升值过多，由此产生了人民币对美元的价值回调的压力。美国的施压连同外汇占款连续负增长、宏观经济增速下滑隐忧难退、热钱流出预期浓重等负面因素相结合，共同导致11月4日以后人民币即期汇价连续12个交易日触及跌停，并引发了国际投资者对于人民币中长期可能出现贬值的忧虑。美国国会施压不仅导致中国汇率市场波动，为国际对冲基金大肆在中国投机提供了契机，而且严重打击了中国的出口，使中国企业出口所获得的利润空间越来越小，随之而来的是大量工厂倒闭和工人失业，也给中国社会的维稳带来了不小的挑战。

四、展望与建议：遏制失控

人民币汇率问题是中美经贸关系中极易引发贸易摩擦的问题。金融危机后美国经济恢复乏力、美国失业率居高不下、中美贸易逆

---

① 《人民币即期汇率触及6.3175创17年新高》，《证券日报》，2011年12月27日。

差不断扩大、中国外汇储备不断积聚等因素，导致近年来中美在人民币汇率问题上的角力呈现常态化、国际化的态势。

尽管自中国入世以来美国对华出口速度明显快于其对世界所有其他主要经济体的出口，美国绝大多数州对华出口均出现了远高于对世界其他国家出口的快速增长，中美贸易给美国消费者带来了许多实实在在的好处，但美国普通民众特别是劳工阶层或者不知晓，或者知晓但不认同，或者认同但不“领情”。手中持有大量选票的劳工阶层认为即使中美贸易给美国带来了好处，那也只是给跨国公司精英、华尔街的投机商等少数人带来好处。虽然人民币汇率低估让美国消费者得到了好处，使美国即使在金融危机后连续两轮推出量化宽松货币政策后国内物价依然维持低通胀，中国庞大的外汇储备也成为美国低成本融资的一大来源，但是这些好处在那些已经失业、面临失业或利润、工资下降的美国劳工和制造商看来，却与他们无关。正如一位美国网民在对路透社的一篇关于“众议院议长博纳反对参议院表决通过的 2011 年汇率监督改革法案”报道的评论中所说，“为了获得与经济复苏无关的、更多一点的利润，美国的一些企业心甘情愿地把工作转移到了中国。这种做法的问题在于，如果没有工作，我们就没钱，东西再便宜也买不起”。所以，在美国失业率居高不下的背景下，中国入世后美国各州对华出口迅猛增长的事实很容易被人们对失业者的高度关注和同情所掩盖或忽视。全球化导致的美国产业转移进程（对华贸易是其中一部分）也在美国内部产生了“输家”和“赢家”。作为全球化竞争中“输家”的传统制造业从业人员（包括劳工和生产商）没有感受到中美贸易带来的好处，而作为“赢家”的跨国公司、华尔街金融家、大豆等农产品出口者则不愿意将其在对华贸易和投资中所获得的巨额利润拿出一部分来补偿或救济“输家”，美国也没有“劫富济贫”的传统和转移支付制度。

此外，不管中国如何辩解人民币汇率自2005年来升值了约30%，而美国对华贸易逆差不仅没有下降，反而还有增无减，几乎所有美国人都认为中国人民币汇率存在人为的操纵，不像世界其他主要经济实体实行由市场决定本国货币价值的汇率政策。所以，只要中国一日不实行完全由市场决定的人民币汇率政策，美国就一日认为中国不遵守国际规则，一日不会放过在人民币汇率问题上对中国的纠缠。可以预见，只要人民币的价值是主要以美元作为定值的参考货币，亦即实行主要钉住美元的汇率政策，美国就不会放弃对人民币汇率施压。正如舒默所言：人民币“钉住美元，也就是钉住了美国的政治压力。如果我们能预测什么，那么就是如果我们撤掉对中国的压力，中国的汇率操纵问题将会更糟”。

预测2012年美国在人民币汇率问题上的走势，既存在引发汇率争端恶化的不利条件，也存在缓和汇率问题摩擦或不使之失控的有利条件。而不利条件如下：

第一，受欧债危机和金融危机后虚拟经济继续去杠杆化的影响，2012年全球经济增长继2011年下半年之后继续趋于放缓，此种趋势将拖累美国经济恢复，处于高位的失业率也将难以显著下降。失业率不能有效解决必然会加大美国对他国的贸易保护，与美存在最大贸易逆差、人民币又不能自由兑换的中国自然将继续成为美国攻击的靶标。

第二，2012年是美国大选年。按照冷战后历届美国总统选战中外交议题选择的规律，除了2004年总统大选因“9·11”事件凸显反恐战争议题外，其他几届总统大选的外交议题都包括中国问题。在选举中，“中国崛起对美国的挑战”及“如何敲打中国”成为两党候选人捞取选票的热衷话题。在当前美国经济增长乏力、失业率居高不下，而中国经济继续保持高速增长的鲜明反差下，两党候选人为了取悦掌握大量选票的劳工团体和中小企业主，必然会继续炒作中国对美国的各种"威胁"，在人民币汇率问题上继续敲打中国。如前所述，在参议院表决通过 S. 1619 之前，共和党中处于领先优势的总统候选人罗姆尼就针对人民币汇率问题发表强硬言论。这预示着人民币汇率问题将在 2012 年大选年可能继续被炒作、放大、甚至再度恶化。

第三，从中国来讲，中国虽然在加紧实施转变经济增长方式、扩大内需的政策，但难以在短期内有效地减少对美国市场的依赖，难以显著缩小中美贸易差额。中美经贸关系中的这种不对称相互依赖将有利于美国继续在人民币汇率问题上对中国施压。

第四，从 S. 1619 议案在众议院面临的命运来看，尽管众议院包括议长博纳、二号人物埃里克·坎托及共和党党鞭在内的共和党领导人均反对 S. 1619 议案，但该法案在众议院支持者甚多，目前已有 225 名支持者，其中包括 61 名共和党人，已经超过了众议院人数的一半（218）。相当数量的共和党议员对 S. 1619 的支持及目前处于领先的共和党总统候选人罗姆尼在汇率问题上的强硬立场，表明共和党内部在人民币汇率问题上陷入分裂，也标志着在共和党内自由贸易的观点进一步被边缘化。"在米特·罗姆尼大力宣扬的情况下，（众议院）共和党领导层将难以反对汇率立法"。如果 S. 1619 议案在两院通过、协商并最终送到白宫总统办公桌上，奥巴马很难否决该议案，因为一般送到总统办公桌的议案大都已在两院获得了超过 2/3 多数的议员支持。

当然，2012 年也存在着一些有利于缓和中美人民币汇率争端的条件：

第一，2012 年中国全球贸易顺差将继续呈下降趋势，这有利于缓解美国在人民币汇率问题上对中国进行施压。中国 2011 年贸易顺差降至自 2005 年以来的最低点——1550 亿美元，凸显出全球增长放缓和国内需求上升对中国经济格局的改变。贸易顺差收窄有望减轻外界要求中国加快人民币升值的压力。①

第二，自2001年中国入世以来，特别是金融危机爆发以来，中国已成为美国出口增长最快的市场，在2012年美国主要贸易伙伴国经济可能持续疲软、中国经济将继续保持增长的情形下，中国仍将保持作为美国出口增长最快市场的势头。在中国不断减少对美出口、美国不断增加对华出口的情形下，美国不会在人民币汇率问题上与中国摊牌，对打贸易战不得不有所顾忌。

第三，美国国内在人民币汇率问题上的分歧及制度均衡使关于汇率问题的议案不至于成为法律。在人民币汇率问题上，虽然几乎所有美国人都认为中国政府在控制人民币汇率，但对于是否将人民币汇率问题置于美国对华贸易政策的优先位置及如何处理人民币汇率问题上，美国内部颇有争论，不同产业、媒体、智库、政党、国会、政府内部均有分歧、意见不一，大致形成了以传统制造业生产商、劳工、亲劳工智库（以EPI为代表）、少数主流媒体（以《纽约时报》为代表）、大多数民主党议员、商务部等为一方，以服务业、农业、亲企业智库②、大多数

---

① 《中国贸易顺差降至6年来最低点》，《金融时报》，2012年1月10日。

② 传统基金会的德里克·赛瑟斯（Derek Scissors）认为人民币升值对美国就业的影响有限，“至多带来数千个工作机会”，……，“中国政府对国企的保护或对垄断行业市场准入的限制较人民币低估对美国对华出口的限制更严重”。参见Heritage Foundation，WebMemo，Deadlines and Delays：Chinese Revaluation Will Still Not Bring American Jobs，April 6，2010. 卡内基国际和平基金会的米歇尔·佩蒂斯（Michael Pettis）认为中国政府为了保持给中国企业（特别是国有企业）提供人为的低成本贷款，有意压低中国居民在中国银行存款的真实利润（有时利润为负）。中国政府这种强制地将普通居民收入转移给中国生产者的“金融压制”政策导致了中国企业的过度投资和产能过剩，进而导致过剩的产能只能通过寻求扩大出口来消化。参见Carnegie Endowment for International Peace，How Can China Reduce Its Reliance on Net Exports?，June 24，2010。

主流媒体[1]、多数共和党议员、财政部[2]为另一方的两大阵营。前者认为中国“人为压低人民币币值”是导致美中贸易巨额逆差、美国工作大量流失的“罪魁祸首”，因此，人民币汇率问题应是中美贸易中亟待解决的关键问题。鉴于双边对话、磋商及多边施压对中国不起作用，美国应该通过汇率立法和加强美国贸易法的执行来促使中国加快改变其汇率政策的步伐。后者认为，美中贸易中，美国面临的首要挑战是中国在市场准入、知识产权、自主创新政策等方面的问题，人民币汇率充其量至多只是美国面临的诸多挑战之一。在解决人民币汇率问题的手段上，重点应放在双边和多边施压上，依靠单边立法只会适得其反。

两大阵营之间的分歧虽然不能确保在金融危机和大选年背景下人民币汇率问题再度被炒热或放大，但分歧及美国政治生态中固有

---

① 对于S.1619议案，《华盛顿邮报》、《华尔街日报》等代表美国跨国公司、金融资本利益的主流媒体纷纷表示反对。如《华盛顿邮报》的社论认为，“这是一个起反作用的议案，是要以给美国创造就业的名义来制裁所谓中国操纵货币的行为”。而且“以关税或其他制裁方式惩罚中国不但不大可能增加美国就业，更有可能在招致北京对美国报复的同时，其他低工资国家将填补中国留下的空缺，结果反而不利于美国经济增长和就业增加。原本不稳定的全球经济最不需要的是美中之间的贸易战”。参见Editorial，Trade trauma，Washington post，October 3，2011；《华尔街日报》在9月17日发表的题为“罗姆尼在中国问题上的大错”的社评文章认为，“问题的核心不是中国货币的价值”。Romney's China Blunder，Wall Street Journal，September 17，2011.

② 许多美国国会议员对财政部在近些年没有将中国列为“汇率操纵国”感到挫伤。财政部在2005年向国会的报告中谈到在全球宏观经济与微观经济相互作用的条件下，难以确定一国是否存在汇率操纵。美国问责局（GAO）在2005年向国会提交的报告中提出了一个便于财政部对“汇率操纵”积极决定的定义：一国必须拥有全球性经常项目盈余和对美国重大的双边贸易盈余，以及必须存在通过操纵其汇率获取不公平竞争优势的“故意”。一些观察家认为，财政部没有将中国确定为“汇率操纵国”是因为不能证明中国的汇率政策是“有意”获取不公平的贸易优势，因为中国干预汇率市场只是试图延缓或停止人民币的升值（与人民币急剧贬值相对）。有些观察人士认为，只要中国持续采取让人民币汇率更有弹性的政策，美国财政部是不会指定中国为“汇率操纵国”的。参见Wayne M. Morrison，Marc Labonte，China' Currency：An Analysis of the Economic Issues，CRS，August 3，2011.

的制度均衡可以起到减震器的作用。两院之间、府会之间、两党之间的制衡机制使关于汇率问题的极端议案难以在两院通过并由总统签署成为法律。2011年在众议院以压倒性多数通过H. 378议案后，虽然舒默等人想一鼓作气推动参议院表决通过H. 378议案，但遇上参议院忙于中期选举而只能看着趁热打铁的机会丧失。待到中期选举后舒默、布朗、斯诺等人在参议院顺风顺水地推动汇率立法时，众议院已然是共和党人的天下。由博纳领导的众议院并不愿意跟随参议院的步调起舞，从而导致S. 1619议案的命运很可能与H. 378议案一样，即最终只在一院通过。即使大选年众议院在汹汹舆情的推动下通过S. 1619议案，奥巴马总统也很可能基于国家利益的考量否决这样的议案。自1930年以来，在美国贸易史上，除了《斯穆特—霍利关税法案》连闯三关成为生效的贸易法案外，还没有一项保护主义色彩比较浓厚的贸易提案在两院通过并被总统签署。

对于大选年美国可能再度在人民币汇率问题上对中国施压的趋势，中国一方面不要过于担心、自乱阵脚，一方面也要积极行动，有效应对。虽然美国政治生态演变和制度均衡中存在着避免人民币汇率问题失控的因素，但中国不能将防止汇率问题失控的希望完全寄托在美国身上。为此，中国可采取如下措施来积极应对：

第一，加快转变经济增长方式，大力发展内需，拓展对新兴经济体的出口，减少对美出口依赖，缩小中美贸易逆差。美国在人民币汇率问题上对中国屡次发难的由头是美对华贸易出现巨额逆差，底气是中国出口对美国市场的依赖性大于美国出口对中国市场的依赖性。中国可通过大力发展内需、开拓发展中国家出口市场等举措来缩小对美贸易顺差和降低对美国市场的依赖，这是我国应对美国高压政策的根本途径。

第二，加强与美国农业州的合作，发挥农场主利益集团、农业州议员抵制贸易保护主义汇率议案的作用。从整体上讲，美国农业相对于中国具有明显的比较优势。自2000年以来，美国农产品对华出口增加了十倍。中国成了美国一些主要农产品的出口市场（如对华大豆出口已占到美大豆全球出口总额的10%以上）。丰厚的出口利润使“美国大豆协会”、“美国小麦协会”、“玉米加工者协会”等均反对美国国会在人民币汇率问题上采取单边立法的手段，其所在州的两院议员也在国会大力反对人民币汇率立法。当然，由于美国农业经营门类品种多样，美国并非在所有农产品贸易领域都占比较优势，有些种类的农产品（如棉花、苹果等）则受到中国廉价出口的挑战，其经营者也加入到对华贸易保护的队伍中，因此，美国农业利益呈现分化的现象，但主体还是支持对华自由贸易的。中国可加强与美大豆、小麦、牛肉等生产商和出口商的合作，鼓励他们在国内积极开展抵制贸易保护的游说。

第三，鼓励、敦促在华投资的美国跨国公司加大对美国国会和政府的游说力度。很显然，美国跨国公司在高端制造、服务业方面代表着美国全球领先的竞争力优势。中国经济多年来的蓬勃发展也吸引了世界前500强中的美企纷纷登陆中国。金融危机前美国跨国公司在华盈利率高出其世界平均盈利率15%以上，危机后中国经济率先走出低谷并强劲增长又使美跨国公司不仅在华利润损失远小于世界其他国家，而且对中国市场前景相当看好。因此，以中国市场为盈利重点、在中国大获其利的美跨国公司是中国可以利用来反制美国国内贸易保护主义的一支重要力量。应该说，美国跨国公司是不希望看到中美经贸关系因母国贸易保护主义的强烈冲击而遭受动荡甚至断裂的。他们也在人民币汇率问题上单独或联合一些农业利益团体、零售商集团等组织对国会山进行游说，并且收到了一定的成效。但是，笔者认为，美国跨国公司还没有尽到自己最大的努力来进行反制游说。相较于20世纪90年代最惠国待遇游说和PNTR游说，美国跨国公司在轮胎特保、人民币汇率问题上的游说缺乏草根游说的深度，并且规模也小得多。中国可通过满足美跨国公司的合理诉求（如加强执法透明度、加大打击侵权盗版力度等），利用美国跨国公司对中国市场逐渐增加的依赖度来引导、鼓励，甚至敦促美跨国公司加大对母国的游说力度，让其母国民众、议员深切感受到他们在中国的经营对于维持、增加母国的就业机会和保持美国全球竞争优势多么重要。

第四，加大与美国国会领导人所在州或选区的经济合作，争取国会领导人对中美贸易的支持。美国国会两党领导人，包括参议院多数党和少数党领导人、众议院议长、两党党鞭、两院分管贸易立法的委员会、小组委员会主席等都在人民币汇率问题上握有相当大的权力。他们拥有是否及何时就人民币汇率问题举行听证会、是否及何时将汇率问题议案提交院会表决等权力。由于选区利益是决定国会领导人对待人民币汇率问题态度的根本因素，因此，我国应仔细研究两院各领导人所在州、选区的产业地理状况及其对华贸易态度，通过加强与其所在州、选区的经济合作（手段包括增加政府采购、扩大进口、在当地投资等）来争取其对汇率立法的抵制或至少对汇率立法持消极态度。

第五，继续发挥中美战略与经济对话、中美商贸联委会等双边机制在汇率争端上的“减震”作用。美国总统对法案的否决权意味着以奥巴马为首的美国政府是阻止极端汇率议案成为美国公共法律的最后一道防线。因此，中国应在汇率问题上加强与奥巴马政府的沟通，督促美国从全球经济和中美关系的大局出发抵制国内的贸易保护主义，通过摆数据、讲事实让美国政府感受到中美贸易巨额逆差产生的真正原因并非人民币价值被低估。中国应让美方明白，减少中美贸易差额不能仅仅靠中方的努力，美方也应采取切实行动，比如放松对华高技术产品出口限制和中资企业对美投资限制，拿出诚意和行动来减少对华贸易赤字。

最后，中国应做好应对最坏情形的准备，预先设计好应对美国在大选年通过极端汇率议案的方案。若美方执意在人民币汇率问题上挑起事端，则中国需要有相应的报复措施，只有对贸易战准备充分，才能有效地威慑美方在汇率问题上的轻举妄动。

总之，在美国大选年，中国一方面要以我为主，不为所动地开拓国内消费市场和拓展发展中国家市场，最大限度地减少对美国市场的依赖，一方面利用美国产业地理政治和政治生态中有利于中美贸易稳定发展的因素，尽可能抑制美国国内在人民币汇率问题上的失控，同时也要做好因汇率争端恶化而打贸易战的准备。

第八章

跨越太平洋的战略经济伙伴：中美关系与TPP协定谈判

自2008年3月美国表态加入“跨太平洋战略经济伙伴关系协定”（Trans-Pacific Strategic Economic Partnership Agreement）[①]谈判以来，美国推进TPP谈判的行为在实施“重返亚太”战略的大背景下早已超出了单纯的经济利益考虑范围。如何理解美国的这一行为？TPP谈判本身包含着怎样的战略意义？这一谈判发展的内在动力是什么？面对紧锣密鼓推进的TPP谈判，中国又应该做出怎样的应对？作者尝试对这些问题做出分析和解释。

① 这一协定现已更名为《跨太平洋伙伴关系协议》（Trans-Pacific Partnership Agreement，简称TPP）。

一、谈判的战略意义分析

TPP 谈判虽然只是近几年出现的新事物，但它却与冷战结束后美国对亚太地区事务进行多边安排从而确立领导地位的构想密不可分。尽管冷战期间，“缺乏多边主义一直是亚太或东亚地区的主要特征”，[①] 然而冷战结束后，美国参与亚太地区事务方式的一个重大变化就是“由单纯的军事同盟向制度化的政治、经济和军事综合组织发展”。[②] 换言之，多边性制度安排在美国亚太政策中的地位得到了提升。作为一项多边性制度安排，TPP 谈判早已经超越了单纯的经济利益范畴，而更多地具备了战略上的深层含义。

1. 落实“重返亚太”战略的重要举措

TPP 谈判是美国通过 APEC 塑造亚太地区权力结构失败后的卷土重来，是落实“重返亚太”战略的重要举措，其目的是打造属于美国的“太平洋世纪”。

对于如何影响和塑造亚太地区[③]的权力结构，美国长期以来鲜有

① Barry Buzan and Gerald Segal, “Rethinking East Asian Security”, in Michael T. Klare and Yogesh Chandrani, eds., *World Security: Challenges for a New Century*, New York: St. Martin's Press, 1998, p. 106. 转引自何卫刚：《美国亚太战略解析》，载《当代亚太》，2004 年第 11 期，第 10 页。

② 王帆：《冷战后美国亚太联盟战略的调整》，载《外交学院学报》，2002 年第 2 期，第 34 页。

③ 此处的“亚太地区”是广义上的，它不仅包括东北亚、东南亚及大洋洲国家，还涵盖太平洋东岸的部分美洲国家，如北部的美国、加拿大，南部的智利、秘鲁等国。

系统的战略规划。冷战期间，出于遏制所谓“共产主义威胁”的考虑，美国对亚太地区事务的参与主要是通过双边性军事同盟体系实现的，其重点集中于东北亚和东南亚，而在经济方面少有成型的固定安排。这种局面在冷战结束前后的几年里发生了改变：在安全事务方面的影响力经历了暂时消退的同时，因应亚太地区经济的蓬勃发展，美国尝试从经济上确立对本地区的主导权，这种行为的直接产物就是1984年提出的“太平洋共同体”构想。从美国政府以后的表态来看，这一构想的基本思路是：首先建立以美国为中心的扇形经济结构，继而塑造以美国为轴、以东亚国家为辐的扇形权力结构。在具体实践中，1989年成立的亚太经济合作组织——APEC被赋予了实现这一构想的功能。但后来的发展证明，现实中的APEC并没有成为美国塑造亚太地区权力结构的得力工具，其通过APEC影响地区权力布局的企图暂时落空了。[①] 笔者认为，这是美国试图从多边经济组织主导亚太地区的第一次努力。

“利用亚洲的增长与活力已成为美国经济和战略利益的核心，也是奥巴马总统优先考虑的重点。”[②] 小布什政府大力推行的反恐战争极大地消耗了美国积累的庞大经济剩余，同时其经济政策为后来的次贷危机埋下了祸根，而由次贷危机演化而来的金融危机时至今日仍然威胁着美国经济。相较之下，亚太地区国家虽然历经90年代末期金融危机和2007年以后爆发的次贷危机的洗礼，但总体上仍保持

---

① 国内学者认为出现这种结果的原因在于：一方面，美国推动APEC朝安全机制化方向发展的努力遭到了大多数亚太国家的抵制；另一方面，美国担心在亚太地区建立多边机制会危及其在该地区的双边同盟体系。可以说内、外条件的缺失导致APEC难以成为美国影响亚太地区局势的工具。相关分析参见魏红霞：《美国与亚太经合组织》，载王缉思等主编：《美国在东亚的作用：观点、政策及影响》，时事出版社，2008年版，第262—281页。

② Hillary Clinton, “America's Pacific Century”, *Foreign Policy*, November 2011, p. 2.

着一枝独秀的发展势头——世界经济增长的重心已经转到了亚太地区。另一方面，经济繁荣为政治崛起提供了有利条件。亚太地区国家开始谋求提高在全球政治中的话语权。“未来的政治将取决于亚洲，今后10年美国外交方略最重要的使命之一将是把大幅增加的投入锁定于亚太地区”。① 这样，通过TPP谈判强化与亚太国家的经济联系以提振本国经济，② 同时达到巩固自身政治主导地位的目的，奥巴马政府对此可谓是既有意愿又有能力。因此，美国推行TPP谈判的行为并不是偶然的。③

“美国最佳的对亚洲战略”“需要把政治、军事和经济三方面的因素融为一体，而且前提必须是美国继续保持全球领导地位。……在经济上，美国应继续支持自由贸易政策的扩大。”④ TPP谈判现在已经成为美国落实“重返亚太”战略的关键组成部分，其旨在通过多边谈判重新整合亚太地区的权力关系，最终确立美国的“太平洋世纪”。笔者认为，美国通过TPP谈判意在实现如下目标：

第一，扭转在亚太地区经济一体化中的被动局面，加大对本地区经济合作的深度介入，实现对外经济合作重心的根本性转向。

第二，通过经济合作达到密切政治关系、强化既有联盟体系、争取潜在联盟国家的目的。

---

① ［美］希拉里·克林顿：《美国的太平洋世纪》，《参考消息》，2011年10月14日，第10版。

② 关于亚太地区经济增长状况及美国从TPP谈判中获得利益多少的分析，参见Daniella Markheim, “America Should Follow Through with Trans-Pacific Partnership Trade Negotiations”, http://www.hcritage.org/research/reports/2009/12/america-should-follow-through-with-trans-pacific-partnership-trade-negotiations.

③ 美国国内对于是否支持和参与TPP谈判是经过认真考量的。对相关利益集团及国会态度的分析可参见Claude Barfield, “U.S Trade Policy and Asian Regionalism”, Paper delivered to JEF-AEI Conference, February 2009, pp. 8—10.

④ ［美］扎勒米·哈利勒扎德等著，滕建群、林治远等译：《美国与亚洲——美国新战略和兵力态势》，新华出版社，2001年版，第43页。

第三，对亚太地区权力关系进行重新分化组合，防止权力结构失衡而危及美国的利益。

第四，在上述措施的基础上实现美国对亚太地区经济、政治和安全事务的主导，为美国的"太平洋世纪"奠定基础。

从 TPP 谈判推进的实际情况来看，谈判对象已经涵盖太平洋两岸十数个国家，谈判议题也涉及诸多经济领域。密集的谈判议程和对谈判的大力推动显示美国对 TPP 谈判寄予了深切期望。因此，推进自由贸易谈判不过是一个由头，而借助贸易谈判实现政治目的才是重点所在。综上所述，笔者认为这是美国试图从多边经济组织主导亚太地区的第二次努力。

2. 建立经济合作新规范以保持其领导权

TPP 谈判试图在经济领域确立新的合作规范，通过 TPP 谈判这一多边经济合作平台来保证美国对国际制度的主导。美国力推 TPP 谈判的直接后果是冲击了以 APEC 为核心的亚太地区经济合作制度。"APEC 在亚太地区构建了一个覆盖地区最广、纳入成员最多、包容性最强的区域经济合作框架。"① 在 APEC 多边框架内推进区域经济合作已成为大多数亚太国家的共识。但美国明显对这一经济合作框架存在不满，这种不满既来自国内又来自国外—国内层面，众多利益集团担心从中难以获得足够多的好处而对政府施压。② 国际层面，

① 刘晨阳、宫占奎：《亚太区域经济一体化发展及其对 APEC 的影响》，载《亚太经济》，2008 年第 5 期，第 12 页。

② 相关分析参见 Vinod K. Aggarwal，"The Political Economy of a Free Trade Area of the Asia-Pacific：A U. S. Perspective"，in Charles E. Morrison and Eduardo Pedrosa eds.，*An Apec Trade Agenda?：The Political Economy of a Free Trade Area of the Asia-Pacific*，Singapore：Institute of Southeast Asian Studies，2007，pp. 57—58。

美国对既有 APEC 合作方式一直耿耿于怀。[①] “在当前背景下，将 APEC 作为促进亚太自由贸易区的关键工具不仅缺乏可信度，而且将会进一步撕裂 APEC 成员国、破坏它一直扮演的有用角色。”[②] 因此，美国自 2008 年以来开始极力推进 TPP 谈判，这使得 APEC 面临被逐渐架空的尴尬境地。

首先，加入 TPP 谈判的前提条件是“申请加入的国家需要同所有成员国进行‘一对一’谈判，并接受 TPP 的相关条款”。“一对一”谈判模式固然源自世贸组织规则，但当谈判双方处于实力不对称的情况下，这种模式却十分有利于处于强势地位的一方。鉴于众多亚太国家对美国市场的高度依赖，“一对一”式的谈判将使小国直接暴露在美国的超强压力之下，而美国可以采取多种手段取得自己所想要的让步。这样，原本属于中小国家的主导权极易旁落到美国手中。这也是 TPP 谈判在美国加入之前默默无闻，而在美国加入后很快呈现“美国化”特征的重要原因。另一方面，TPP 谈判的“一对一”模式毕竟与世贸组织谈判的“一对一”模式不同。这是因为后者建立在最惠国待遇原则基础之上而前者却不是。在美国加入谈判而取得主导地位之后，它可以依据这一谈判模式对后加入的国家提出符合自身利益的要求以约束和限制后者，同时不必担心自己做出的让步会适用于其他成员国家——从中可以看出 TPP 谈判具有鲜明的“分而治之”逻辑。[③] 知名经济学家巴格瓦蒂认为，20 世纪 90

---

① 围绕 APEC 的合作方式，美国与其他亚太国家进行了三次大的较量，但最后的结果显然没有达到美国的预期。具体分析参见李克新：《从“三次交锋”看 APEC 合作方式的演进》，载《世界经济与政治》，2006 年第 2 期，第 30—35 页。

② Vinod K. Aggarwal, “The Political Economy of a Free Trade Area of the Asia-Pacific: A U.S. Perspective”, p. 39.

③ 对区域贸易政策分而治之效果的分析参见 Jagdish N. Bhagwati, *Termites in the Trading System: How Preferential Agreements Undermine Free Trade*, New York: Oxford University Press, 2008, p. 81。

年代，美国推行美洲自由贸易区谈判的结果是将南美洲国家分化成了两个集团，同样的结果很可能也会在亚洲出现。①

这表明 TPP 谈判是建立在双边性互惠基础之上，申请加入谈判的国家无法像在 APEC 中那样按照“共识性单边主义”（concerted unilateralism）原则行事。因此，TPP 谈判实际上颠覆了既有的 APEC 合作方式。

其次，TPP 谈判的另一个突出特点是“高标准、全面覆盖”原则。它将农业、知识产权、劳工标准、环境标准、服务贸易、投资标准及政府采购等敏感议题悉数纳入谈判范畴，“100％撤销关税，不承认例外”。② 众所周知，上述议题都是多边贸易谈判中的棘手问题，也是多哈回合谈判至今无法完成的主要障碍。从长远来看，尽管如美国所言，将这些难题纳入 TPP 谈判的做法确实包含着推进多哈回合谈判的考虑，但换一个角度考察就会发现，美国的考虑并不仅仅局限于此。这是因为一方面，对于大多数亚太国家而言，上述议题或是关系到国计民生或是与国家主权紧密关联从而不会轻易让步，但这些议题涉及的领域又恰恰是美国经济的强项。将这些议题纳入谈判议程的做法不仅帮助美国由此撬开亚太国家的国内市场，借机提振美国经济，而且鉴于上述敏感议题极易引发对象国家国内政治的分化组合，这实际上又为美国额外提供了有用的外交工具。另一方面，推动将这些敏感议题纳入谈判显示了美国对国际经济制度的积极塑造。敏感议题“久谈不决”的直接后果就是导致至今在对应领域仍然缺乏获得一致公认的制度安排。通过将自身的规则注入其中，将帮助美国获得“先行者优势”——“被赋予建立未来规

---

① Jagdish Bhagwati，America's Threat to Trans-Pacific Trade，http：//www.project-syndicate.org/commentary/bhagwati20/English.

② 关于 TPP 谈判的两个特点，参见李巍、崔荣伟：《小心，美国的 TPP 谈判》，载《中国经济周刊》，2011 年第 5、6 期合刊，第 18 页。

则或创立潜在竞争者进入该制度的障碍的控制权”。①

综上所述，TPP 谈判实质上充当了美国争夺亚太经济合作领导权的有力平台，它的推进不仅对 APEC 造成消极影响，而且有利于美国对本地区经济合作规则的重新塑造。

3. 分化东亚一体化进程以实现制衡

TPP 谈判的重要目标之一是旨在分化日益推进的东亚一体化进程，达到对地区性主导国家制约并施压的目的。美国在始终关注亚太地区经济一体化进程的同时保持着高度警惕，这主要是担心地区经济一体化（尤其是东亚经济一体化）进程中可能出现的“排美”倾向。20 世纪 90 年代以来，伴随 APEC 前进的是亚太地区内部经济合作的突飞猛进，特别是进入新世纪以来，以“10＋1”、“10＋3”为代表的地区经济一体化进程已经引起了美国的严重关切。出于对“东亚经济体会从原来跨太平洋之间的纽带转向形成一个区域化的、把美国排除在外的经济体”② 的担心，尽管 APEC 仍然获得了美国的支持，但是“进入第三个十年，APEC 在其最初的主要目的——避免在太平洋中间划线和使以亚太为中心的合作成为大多数成员的首选之间，面临着深刻的、难以解决的张力”。③ 换言之，正是因为 APEC 无法有效防止亚太地区经济一体化出现的对美离心趋势，才使得美国将重心转向了 TPP 谈判。

---

① ［美］罗伯特·O. 基欧汉著，门洪华译：《局部全球化世界中的自由主义、权力与治理》，北京大学出版社，2004 年版，第 287 页。

② 王缉思等主编：《美国在东亚的作用：观点、政策及影响》，时事出版社，2008 年版，第 296 页。

③ C. Fred Bergsten, “Pacific Asia and the Asia Pacific: The Choices for APEC”, Policy Brief, July 2009, Peterson Institute for International Economics.

TPP谈判改变了美国在亚太地区经济一体化过程中的“旁观者”角色，而且这一谈判的高度开放性质助推了区域贸易政策的歧视性本质，其引发的“多米诺骨牌”效应已经得到一定程度的显现。① 这稀释了东亚一体化进程，削弱了亚太国家内部的合作共识，为美国介入亚太地区经济合作提供了有利机会。

另一方面，防止潜在的地区强国主导亚太地区事务也是美国一直坚持的目标。“既然随着时间的迁移，美国前所未有的势力势必减弱，那么当务之急必须是以不威胁到美国在全球的首要地位的方式处理好其他地区大国的崛起问题。”② 如果说当初APEC曾被美国视为是与日本争夺亚太地区经济一体化主导权的工具的话，那么今天的TPP谈判则有浓重的针对中国色彩。“随着中国的崛起，一些美国战略家十分担心东亚区域合作进程可能导致一个中国为中心的地区国家集团，担心‘中国试图影响该地区新兴的政治机制的结构，鼓励一个把美国排斥在外的东亚共同体的发展’。”③

鉴于今天的中国经济已经与包括亚太在内的世界经济深度关联，其对很多亚太国家的经济具有举足轻重的影响，这使得指望仅仅通过TPP谈判就能削弱或阻断这种联系的想法几近于痴人说梦。因此，与其将美国推动TPP谈判的行为解读为是谋求遏制和包围中国，倒不如视其为与中国争夺对亚太中小国家的影响力。对于美国来讲，与小国签订贸易特惠协定（Preference Trade Agreement，即PTA）的收益主要来自在非贸易问题上的合作。过去十几年中，“两种相反的趋势令人遗憾地同时发生在亚洲，一方面是中国正在努力

---

① 截至目前，已经参与谈判的国家有新加坡、新西兰、智利、文莱、美国、澳大利亚、秘鲁、马来西亚、越南等九个国家。已经表现出加入意愿的国家有日本、加拿大、墨西哥、韩国、泰国、菲律宾及巴基斯坦等国。

② ［美］兹比格纽·布热津斯基著，中国国际问题研究所译：《大棋局：美国的首要地位及其地缘战略》，上海世纪出版集团，2007年版，第161页。

③ 张小明：《美国与东亚关系导论》，北京大学出版社，2011年版，第214页。

构建一套完整的经济合作协议；另一方面是美国对其亚洲战略利益的忽视。这种对比导致人们开始怀疑美国正在迅速丧失对亚洲经济和政治格局变化的影响力”。[①] 因此，通过TPP谈判笼络东北亚和东南亚地区的众多中小国家以巩固美国对这些国家的影响力，避免它们“跑”到中国的战略轨道上去，才是美国推动谈判的重要目标。而从近几年中美两国围绕南太平洋诸多岛国进行的紧张博弈来看，美国推动的TPP谈判极有可能为将来把这些国家也纳入谈判范围埋下伏笔。从中美双边关系的角度看，这样营造的施压氛围也便于美国在地区贸易争端和国别贸易争端中联合其他国家共同对付中国。

综上所述，TPP谈判是美国通过APEC塑造亚太地区权力结构失败后的又一次卷土重来，在凭借APEC难以实现主导亚太地区事务的意图之后，美国将希望寄托在TPP身上，企图借助这一多边构想实现APEC无法企及的目标。这一多边构想最终能否取得成功，不仅取决于美国本身的政治意愿与行为，更取决于它自身运行的内在逻辑。

二、TPP谈判的发展动力

作为当今最具影响力的国家，美国的参与使TPP谈判从默默无闻状态迅速成为众人关注的焦点。随着议事议程的密集进行，TPP谈判迄今为止已经进行了12轮。[②] 美国力推TPP谈判的行为最终能否取得成功？对这个问题的探究涉及到谈判的发展动力问题。笔者

① ［美］威廉·W. 凯勒、托马斯·G. 罗斯基著，刘江译，朱锋校：《中国的崛起与亚洲的势力均衡》，上海人民出版社，2010年版，第8页。

② 最近一轮多边谈判于2012年3月2—9日在澳大利亚的墨尔本举行。

认为答案可以从TPP谈判的内部和外部两个方面寻找。鉴于美国在TPP谈判中的压倒性影响，在围绕TPP谈判内、外两个方面追寻谈判的发展动力问题时，要紧紧围绕美国展开。

1. 内部动力的缺失：美国实力与意愿的错位

虽然只是一个“后来者”，美国的加入却使得TPP谈判迅速“美国化”了，其对谈判的决定性影响不言而喻。不过在美国力推这一谈判的背后却隐隐浮现出其实力与意愿的错位，这导致了TPP谈判的内在发展动力不足。具体而言：

首先，美国缺乏为谈判提供前行动力的实力而空有塑造亚太地区权力结构的意愿。如前所述，通过多边经济谈判谋求深度介入亚太事务，消除该地区权力结构变化带来的风险，最终维护自身的主导地位是美国推进谈判的主要目标。然而，意愿和实力毕竟是两回事，美国是否具备为主导谈判所必需的经济实力却是令人质疑的。诚然，美国仍占据着世界经济的头把交椅，但这并不意味着它“能”做到这一点。在过去近十年时间里，美国为推行反恐战争而将众多的资源和注意力倾注于中东和南亚，这严重消耗了之前积累起来的庞大经济剩余——小布什政府留给奥巴马的是一个内外债多达十万亿美元、国内失业率高达8.3%、政府财政赤字约为一万亿美元的经济烂摊子。[①] 而2007年以来接连爆发的次贷危机、金融危机和债务危机沉重打击了美国经济，其各项经济指标至今仍未有大的改观。经济实力的相对衰落导致了美国难以再像战后初期那样，游刃有余地与其他国家建立一种“经济与安全的互换式安排”关系来推行体现自身意志的对外贸易政策。换言之，战后初期在经济、安全等方

---

① 根据新华网、美国劳工统计局等网站数据统计。

面的绝对优势赋予了美国牺牲经济利益以换取安全利益的选择自由。与之相比，今天的美国在经济上出现了短板，它无法为其他国家提供让它们甘愿追随美国“重返亚太”战略的经济刺激。

不仅如此，进一步从TPP谈判的目的来看，奥巴马政府还想从与亚太国家的经济合作中攫取经济收益。在2010年提出的“五年出口翻番”详细战略规划中，亚太地区成为实施该战略的重点地区。如此一来，美国在亚太地区的目标可谓意在谋求安全、经济利益“两手都要抓”。对众多在经济上依赖中国的亚太地区国家而言，参与TPP谈判最初显然不是一个有吸引力的选择。因此，美国推进TPP谈判面临着一个挑战——如何在既谋求经济利益又获得安全利益的同时，让其他亚太国家自愿追随美国（即便这种追随可能并不出于真心）。

其次，国内社会涌动的贸易保护主义思潮影响了美国在TPP谈判中的行为，这增加了在短期内成功结束谈判的难度，也证明谈判的内在动力后劲不足。“选择地区主义而非全球主义，是美国政府面临强大社会压力、而缺乏政策自主性的权宜之计，它充分体现了在一个社会力量全面复兴的背景下，国家进行政策选择的局限性。”①20世纪90年代末期酝酿的贸易保护主义情绪终于在小布什政府第二任期内爆发——2006年的国会中期选举以民主党人全面胜利告终。②民主党人通过国会对小布什政府施加了强大的政治压力，迫使后者不得不就体现利益集团要求的农业、环境及劳工标准等条款与已经和美国签订自由贸易协定的国家进行重新谈判。这股贸易保护主义思潮同样限制了继任政府的对外经济战略选择——上任初期，奥巴马政府迟迟未能决定采取怎样的对外贸易政策。

---

① 李巍：《制度变迁与美国国际经济政策》，上海人民出版社，2010年版，第271页。

② 关于对民主党人保守贸易政策的分析，参见崔荣伟：《“新贸易政策”对〈美韩自由贸易协定〉的影响》，载《美国研究》，2010年第4期，第83—89页。

国内社会涌动的贸易保护主义思潮对美国在 TPP 谈判中的具体影响体现在：

第一，限定了美国对双边自由贸易协定（Free Trade Agreement，即 FTA）与多边贸易谈判关系的立场。在美国未加入之前，TPP 谈判国家对双边 FTA 基本采取排斥姿态，主张以 TPP 新标准取代双边 FTA，美国加入后则坚持 TPP 谈判应与双边 FTA 共存，因此招致了一些国家的不满。[①] 美国之所以这样做，当然有为了维护既得利益的考虑，因为它之前已经采取了实际行动，通过签订多种类型的双边贸易、投资安排来分化亚太国家，[②] 显然美国不愿“前功尽弃”。不过究其根源，倒不如说这种姿态更多地是为了迎合国内压力集团——在美国已经与亚太国家签订的多个双边 FTA 中，几乎每个都针对不同的领域，同时也回避了相应的敏感问题。例如与澳大利亚的 FTA 主要针对农产品和工业制成品问题而回避了糖类市场开放问题、与韩国的 FTA 主要针对牛肉和汽车问题而回避了农业问题，等等。如果美国政府选择以 TPP 新标准来取代既有的双边 FTA 的话，这将意味着对业已形成的利益格局进行重新洗牌，届时它将无法承受来自利益集团和国会的巨大压力。

第二，影响了美国对具体谈判领域的选择。虽然 TPP 谈判对外宣称要坚持“高质量和黄金标准”，试图通过“全面覆盖”原则达到塑造一个所谓的“新的改进型的 FTA”，即“21 世纪 FTA 新模式”，但在谈判中美国却将重心主要集中在自己具有优势的强项上。面对来自其他亚太国家的抵触情绪，美国将农业、环境、劳工标准和知识产权等敏感议题以及广受发展中国家非议的“新加坡议题”列入

---

① DuLan, “Comments on US Strategy for Promoting Trans-Pacific Partnership”, *China International Studies*, May/June 2011.

② 沈铭辉：《跨太平洋伙伴关系：美国应对东亚合作》，第 8 页，http://iaps.cass.cn/news/146800.htm。

TPP谈判议程，表面上宣称是为了超越小布什政府的做法，其实质却是奥巴马政府在国内强大社会压力下的无奈之举。

通过以上分析可以看出，自身经济实力的相对衰落导致美国无法为其他亚太国家提供参与TPP谈判必需的经济刺激，并且美国的立场很大程度上又被国内政治所影响，这使得TPP谈判经受着内部发展动力不足的困扰。要想推动TPP谈判的快速顺利进行，美国需要在更广泛的范围内来解决这一问题。

2. 外部动力的生成：美国对经济与安全互动的构建

就推进TPP谈判所需要的外部动力源来看，笔者认为主要有两个：

第一个动力源是依靠TPP谈判对外产生的“多米诺骨牌”效应，在这种情况下，其他国家出于对被歧视和被孤立的担心而自愿申请加入。

由于TPP谈判本身并没有摆脱双边FTA的“歧视性本质”——相反，美国坚持两者可以共存这一立场意味着TPP谈判和双边FTA本质上是相通的。美国多次对外宣称，由双边FTA到区域性FTA再到全球性FTA是一个自然的发展过程，三者之间并不存在矛盾之处。但实际情况远非如此。TPP谈判所寻求的“高标准”、“全覆盖”说到底其实是将体现了美国利益的各种标准和条款涵盖了进去。美国对众多敏感议题的坚持只是反映了它自身的立场，其他国家未必甘心接受。一个明显的例子就是日本在加入TPP谈判问题上的矛盾表态。由于农业问题在日本国内社会中具有高度政治敏感性，任何决定加入TPP谈判的日本政府都将面临极大的政治风险。对于日本来讲，加入TPP将不得不开放国内农业市场，然而不加入TPP则会担心在地区经济一体化过程中被边缘化。这也是野田政府最初在加入 TPP 谈判一事上表态极为谨慎的重要原因。

出现上述情形的原因是因为，农业、环境、劳工标准等敏感议题往往与国内经济密切相关，仓促开放将会极大地冲击国内经济，而且像投资、贸易便利化等议题很大程度上还关系到国家主权安全，这使得国家很难在这些议题上轻易做出妥协。因此，“多米诺骨牌”效应难以为 TPP 谈判提供充足的前行动力。

第二个动力源是将经济与安全挂钩，通过两者的有机互动来产生谈判所需的外部动力。

“国家并非总是认同并按照自由贸易的逻辑行事；它们有包括政治稳定和安全在内的多重目标，这些目标有时相互冲突，因而它们的贸易选择是与一整套范围更广、更复杂的算计紧紧结合在一起。”①透视战后美国在亚太地区的存在可以看出，整个冷战期间美国基本上采取了“以经济换安全”的做法：美国对日、韩、菲等盟国进行大规模经济援助以换取这些国家对美国冷战“遏制战略”的遵从，这种做法随着两极结构的固化而逐渐被制度化。到了冷战末期，随着安全局势的缓和与盟国间权力结构的重大变化，美国降低了牺牲经济利益的意愿，开始谋划夺回经济优势——这一时期也是美国与日、韩、菲等盟国经济纷争不断爆发的时期。与此同时，美国在亚太安全方面的影响力经历了短暂的退潮。总体来看，整个冷战期间，美国在亚太地区的重点或偏向于安全或偏向于经济，鲜有两者都予以重视的时候，但是中国的崛起改变了这一情形。

“毫无疑问，中国爆炸性的经济增长是几十年来最重要的地缘政治进展。”② 日渐崛起的中国已经引起了美国深深的恐惧——这种恐

---

① ［美］约瑟夫·格里科、约翰·伊肯伯里著，王展鹏译：《国家权力与世界市场：国际政治经济学》，北京大学出版社，2008 年版，第 100 页。

② Stephen M. Walt, The End of the American Era, *The National Interest*, November/December 2011, p. 9.

惧又因为美国自身实力的相对下降而得到了强化。美国“主要是害怕中国不断增长的经济实力最终会转化为一种军事力量，从而对美国的安全造成威胁。随着中国在即将形成的明显两极化的世界格局中日渐成为唯一的竞争者，这种担忧情绪将会越来越强烈”。① 而“在国际机制和双边关系中，美国惊恐地发现，其他一些国家都对与中国之间的双边关系受到结果和协定的影响日益敏感”。② 在这种大背景下，美国显然不会任由作为“重返亚太”战略关键组成部分的TPP谈判因为动力不足而半途而废。“随着冷战结束带来的初期震荡的消失，以及欧洲与亚洲新的安全风险的出现，美国官员们开始注意到这点（经济与安全政策整合的重要性），并开始将对外经济关系融入到确保优势的大战略当中。”③ 换言之，谋求经济与安全之间的有机互动开始成为美国对外政策的发展方向。

基于以上观点，笔者认为，美国“重返亚太”战略追求的所谓经济、军事“双介入”就有了一个可以讲得通的解释：近两年美国在亚太地区举行的频密军事演习充当着为TPP谈判提供前行动力的角色。

美国与亚太盟国的一系列军事演习虽然大都属于例行安排，但近两年来这种军事演习的逐步扩大化却极大地恶化了地区安全局势，加剧了本地区国家之间原本就十分脆弱的不信任感，并强化了他国对中国崛起的危机感。不断扩大化的军事演习除了巩固美国与盟国

① ［美］戴尔·科普兰著，黄福武译：《大战的起源》，北京大学出版社，2008年版，第344页。

② ［美］乔纳森·科什纳：《中国经济崛起对中美关系的影响：竞争、政治冲突与（非）战争》，载朱锋、［美］罗伯特·罗斯主编：《中国崛起：理论与政策的视角》，上海人民出版社，2008年版，第201页。

③ ［美］迈克尔·马斯坦多诺：《学术与治术中的经济与安全》，载彼得·卡赞斯坦等主编，秦亚青等译：《世界政治理论的探索与争鸣》，上海人民出版社，2006年版，第247页。

之间的安全联系之外，也很大程度上冲击了当前亚太地区大致形成的“经济上中国主导、安全上美国主导”的利益格局。

确切地讲，军事演习对TPP谈判的作用机理是：不断扩大化的军事演习人为地制造了亚太地区内部的安全困境，压缩了中小国家的选择空间，从而达到威逼中小国家在美中之间进行“重新站队”的效果。面对这种胁迫式的军事合作关系，中小国家将不得不重新审视诸如“经济上靠中国、安全上靠美国”、“从美中相互制衡中获利”之类的想法，最终可能会面临在经济和安全之间进行零和式选择的窘境。[①] 具体到TPP谈判中就是：牺牲经济利益换取美国进一步的安全保护——倘若如此，这将推动TPP谈判的进行。

三、展望与建议：未雨绸缪的防范与化解

对中国而言，美国推行的TPP谈判构成了严峻挑战：从短期来看，它不仅可能导致中国参与其中的东亚地区一体化进程有陷入停滞的危险，而且面对美国试图通过TPP谈判实现“重返亚太”战略的意图，中国如果对此没有做出相应反应，极有可能面临被孤立的不利局面；从长期来看，如果美国通过TPP谈判顺利实现了“重返亚太”战略的意图，它将从安全和经济两方面形成对中国的高压态

---

① 2012年2月8日，新加坡外长尚幕根在美国智库战略与国际研究中心举办的新加坡研讨会上提醒美国“慎言中国”，认为美国常常用“输赢”来看待政治关系，并视美国对亚洲的关注为围堵中国的方式。此番谈话虽然是就中美关系而言，但从另一个侧面折射了美国在安全事务上对亚太中小国家施压带来的“反效果”。因为像新加坡这样的小国一直将“大国平衡”战略作为主要的获利手段，显然它们不想被美国逼得太紧。

势，中国如果不积极化解其带来的风险，未来在经济和安全上能否和平发展都会带来不确定因素。有鉴于此，中国应该高度重视对TPP的追踪研究，并未雨绸缪、积极主动地防范和化解这一挑战，将风险尽早消弭于无形之中。笔者认为，可以采取如下应对之策：

第一，加强对TPP谈判的跟踪研究，及时掌握相关情报信息，以便对谈判进展心中有数。不仅关注谈判可能给中国带来的经济影响，更要重视研究谈判背后的政治、战略动机，特别要将TPP谈判放在美国对外战略大转移的背景下，联系其战略变革意义展开研究。

第二，要意识到“经济决定论”的缺陷。推进与亚太地区其他国家的经济合作当然非常重要，例如，在实践中要继续推动中、日、韩三国之间的区域合作、推进中国—东盟自由贸易区的进一步深化发展、积极参与APEC为代表的多边经济合作、加强与TPP谈判国家的沟通和交流等。但不能认为经济合作的顺利开展自然会带来安全上的可靠保证，TPP谈判并不是单纯经济意义上的谈判，它更多地包含着政治和战略含义，在实践中它与美国在亚太的军事力量调整存在密切的互动关系，是一套“组合拳”。换句话讲，中国不能“以一手对两手”，而要“以两手对两手”——综合运用经济和安全手段维护自身利益。

第三，作为“组合拳”的一部分，至少到目前为止TPP谈判进行得比较顺利。相比之下，中国在安全方面的“短板”暴露无遗。为此，中国亟需加强自身的安全能力，不仅要提高自身的军事实力和水平，还要提高运用这些实力的技巧，当然更要有运用这些能力的意愿。笔者认为，中、老、缅、泰四国湄公河联合执法为如何运用这些军事实力提供了有益的借鉴——当然不是唯一的借鉴。

第四，在看到挑战的同时，也要看到其中蕴含的机会。TPP谈判国家就众多敏感议题进行的讨价还价可以提供有用的启示。尽管现在中国加入TPP谈判时机并不成熟，但这并不意味着将来不加入。相反，美国主导下的 TPP 谈判这一多边制度存在本身就意味着一个重要的权力中心在亚太地区的生成。中国长期徘徊于其外并不能有效解决问题，只有加入其中并干预其权力运行，才能化解风险、从内部消除其带来的挑战。

最后，加快国内改革进程，以改革对冲将来可能加入 TPP 谈判带来的经济和政治风险。这需要对相关的受波及产业进行风险评估，在此基础上进行有针对性的改革。

第九章

双边直接投资：经济政策与中美资本流动

随着中国对美国直接投资的增长，中美之间资本流动继续向双向模式演进，双边直接投资在中国和美国双边关系议题中的地位也迅速提升，这直观反映在中美两国高层讲话与对话对这一议题的强调：2011 年 5 月 4 日，美国商务部长骆家辉在亚洲协会就中国在美国直接投资发表讲话；2012 年 2 月 17 日，中国国家副主席习近平访美期间在中美经贸合作论坛开幕式演讲中阐述中美双向直接投资的发展趋势。① 中美直接投资关系在两国关系议题中位置的不断上升说明两点：第一，在未来较长时期，中美双边直接投资仍具备持续发展的潜力；第二，同贸易问题一样，双边直接投资问题因双边结构性因素和政策协调的难度也成为中美关系中的一项长期议题。

---

① 讲话内容分别参见美国国务院国际信息局网站（http：//iipdigital. usembassy. gov/st/chinese/texttrans/2011/05/20110506162209x0. 1085888. html # axzz1qpEoRy2P）和人民网（http：//politics. people. com. cn/GB/1024/17150441. html）。

中美双边直接投资总体发展趋势是机遇与挑战并存。由于中美两国当前都处于经济结构转型和调整时期，政府对经济干预较多，因此经济政策对双边直接投资的影响在2011年的投资数据中表现较为明显。2011年的投资情况更具体地反映出宏观经济因素与微观商业利益共同构成中美双边直接投资发展的动力与阻力，尤其是宏观经济形势下经济政策调整对资本跨国流动的影响。此外，在外资政策方面，中美两国都进一步深化了鼓励与防范并存的原则。

本章将总结2011年中美双边直接投资走势与特点，结合两国宏观经济结构和政治安全关系，探讨资本流动趋势变化的动因，进而通过两个案例做进一步的具体分析，在此基础上评估既有的和新的因素对未来中美双边直接投资的影响，提出对未来发展趋势的预判与政策建议。

一、2011年中美双边直接投资概况

2011年全球对外直接投资整体上呈增长态势。根据联合国贸发会议（UNCTAD）2012年1月底的估测，尽管全球经济尚未脱离漩涡，但2011年全球对外直接投资流量达1.5万亿美元，增长17%，超过金融危机前平均水平，并预测2012年会继续适度增长，不过2011年最后一个季度的下滑趋势却反映了风险和不确定性的存在。①

2011年流入发展中国家和转型经济体的外国直接投资总额达7550亿美元历史高点。中国吸收外国直接投资达1240亿美元（其

① UNCTAD，*World Investment Report*，http：//www.unctad.org/SearchCenter/Pages/Results.aspx？k=FDI.

中，非金融类投资达 1160 亿美元），同比增长 8.1%，全球排名第二。虽然 2011 年最后两个月全国吸收外国直接投资放缓，但由于非金融类服务部门吸收外国直接投资增长，中国依然保持了整体增长的态势。① 从投资方式来看，2011 年外国对华直接投资流量中，纯跨国并购达 90 亿美元，同比增长 50.8%；绿地投资达 819 亿美元，同比下降 3.2%。② 2011 年，美国对华直接投资同比呈现较大降幅，这与亚洲国家对华直接投资同比增长的态势形成鲜明对比。另外，欧洲对华直接投资也略有下降，但降幅比美国小得多。中国对美直接投资占美国吸收外资整体比重依然较小，但中国对美国直接投资涉及的范围和领域较广泛。

1. 美国对华直接投资

根据中国商务部发布的数据，2011 年全年全国新批设立外商投资企业 27712 家，同比增长 1.12%，实际使用外资金额 1160.11 亿美元，同比增长 9.72%。③ 其中，十个亚洲国家及地区（中国香港、中国澳门、中国台湾、日本、菲律宾、泰国、马来西亚、新加坡、印尼、韩国）对中国大陆投资新设立企业 22302 家，同比增长 1.11%，实际投入外资金额 1005.17 亿美元，同比增长 13.99%；美国对华投资新设立企业 1497 家，同比下降 5.01%，实际投入外资金额 29.95 亿美元，同比下降 26.07%；欧盟 27 国对华投资新设立企业 1743 家，同比增长 3.26%，实际投入外资金额 63.48 亿美元，同

① UNCTAD，*World Investment Report*，http：//www.unctad.org/SearchCenter/Pages/Results.aspx? k=FDI.

② Ibid.

③ 中华人民共和国商务部网站，http：//www.mofcom.gov.cn/aarticle/tongjiziliao/v/201201/20120107940573.html。

比下降 3.65%。

截至 2011 年底，美对华投资项目累计达 6.1 万个，累计合同外资金额 1623 亿美元，实际投入 676 亿美元。目前，美国仍是中国大陆外资最大的来源地之一。按实际投入金额，美国排在中国香港、中国台湾、日本以及新加坡之后，居第五位，排名较 2010 年没有变化。

美国商务部经济分析局（Bureau of Economic Analysis，BEA）公布的美国对外直接投资流量数据更新至 2011 年的第三季度。2011 年前三季度美国对外直接投资净流量（资本输出—资本流入）总额为 3062.77 亿美元，同比增长 17.15%，但是前三季度对中国直接投资净流量则为负 18.13 亿美元。而 2010 年全年对华直接投资净流量总额为 95.65 亿美元。而在过去十年，除 2009 年中国企业历史性大规模投资美国，造成美国对中国直接投资净流量为负值外，美国对中国直接投资净流量总体保持了增长态势。①

因此，虽然中国和美国相关部门对对外直接投资和吸收使用外资的统计方法不同，但两国官方公布的数据都表明 2011 年美国对中国直接投资总额较 2010 年呈较大降幅。

商务部新闻发言人沈丹阳在 2012 年 1 月 28 日新闻发布会上表示，2011 年中国对外投资增幅很小，利用外资增幅也不算很大，是这几年比较低的，“初步分析，最主要的原因是全球经济复苏步伐放缓，一些主要的发达经济体，比如美国、欧盟经济增长乏力，企业投资决策更加谨慎，全球跨国投资减少造成的”。② 发言人还表示，一些国家对外国投资者采取了新的保护措施，也对中国企

---

① 根据美国商务部经济分析局（Bureau of Economic Analysis）公布的数据估算。

② “中国对外直接投资高增长止步 2011”，财新网，http://economy.caixin.com/2012—01—21/100350782.html。

业“走出去”产生了一些冲击，加上中东、北非地区局势变化和政权更迭，加大了企业对外投资的安全风险，企业决策相对谨慎。

2. 中国对美直接投资

据中国商务部统计，2011 年我国境内投资者共对全球 132 个国家和地区的 3391 家境外企业进行了非金融类对外直接投资，累计实现直接投资 600.7 亿美元，同比增长 1.8%。其中股本投资和其他投资 456.7 亿美元，占 76%；利润再投资 144 亿美元，占 24%。在 2011 年中国对外直接投资中，对欧洲和非洲的投资呈现快速增长。2011 年，中国对欧洲、非洲的直接投资分别达 46.1 亿美元和 17 亿美元，同比增长 57.3%、58.9%。其中对欧盟投资 42.78 亿美元，同比增长 94.1%。① 2011 年中国企业在海外的并购领域更为广泛。当年以并购方式实现的直接投资 222 亿美元，占投资总额的 37%，涉及采矿业、制造业、电力生产和供应业、交通运输业、批发零售业等。②

从投资金额和交易量来看，根据联合国贸发会议报告，2011 年美国吸收外国直接投资流量达 2107 亿美元，依然排名全球第一，但同比下降 7.7%，欧洲则上升 23%，这一趋势与 2011 年美国强劲反弹而欧洲持续下降形成鲜明对比。③ 在 2011 年外国对美直接投资流量中，纯跨国并购（Net Cross-border M&A）达 1297 亿美元，同

① 中华人民共和国商务部网站，http：//www.mofcom.gov.cn/aarticle/tongjiziliao/v/201201/20120107940573.html。

② 同上。

③ UNCTAD，*World Investment Report*，http：//www.unctad.org/SearchCenter/Pages/Results.aspx? k=FDI.

比增长 61.6%；绿地投资达 513 亿美元，同比下降 10.2%。[1] 根据中国商务部公布的数据，2011 年中国企业在美累计直接投资 60 亿美元，同比增长约 20%。[2] 据美国荣鼎咨询公司的统计，2011 年前三个季度中国在美国直接投资额 41.87 亿美元，其中绿地投资 28 项，并购 19 项。因此，相比之下，中国在美国直接投资额在美国吸收外国直接投资总量中的比重依然较小，根据联合国贸发会议的统计和中国商务部的数据，2011 年的比重约为 2.85%。

从投资范围和类型来看，2011 年中国在美国直接投资范围依然广泛，涉及能源、电力、航空、信息技术、电子消费品、通讯、运输、化学、医药、金融和工程承包等领域。投资金额较大的几项交易主要是并购的形式，如中国海洋石油总公司（China National Offshore Oil Corporation，CNOOC），以 5.7 亿美元收购切萨皮克能源公司（Chesapeake Energy Corp.）在尼奥泊拉拉页岩油气块 33.33%工作权益项目，中国华能集团（China Huaneng Group）和广东省粤电集团合资的海外国际兴业有限公司以 12.32 亿美元的股权价值成功收购印度 GMR 集团持有的总部位于美国马萨诸塞州的全球电力公司（InterGen）的 50%股权等等。绿地投资方面，金风科技投资 2 亿美元在伊利诺伊州建立风电厂，上海芮屈生物技术有限公司（Naturegen Biotechnology）在美国弗吉尼亚生物技术研究园建立研发机构等等。另外，在中国国内的宏观调控政策作用下，流入到美国不动产领域和可再生能源领域的资本也较为突出。

如从地域分布来看，根据荣鼎咨询公司的统计，从 2003 年到 2011 年第三季度，吸收中国直接投资总额超过 15 亿美元的州有加利福尼亚州、得克萨斯州、纽约州、伊利诺伊州。

---

① UNCTAD，*World Investment Report*，http：//www.unctad.org/SearchCenter/Pages/Results.aspx? k=FDI.

② http：//rhgroup.net/notes/chinese-fdi-in-the-united-states.

中国对美国直接投资最引起关注和争议的是并购型投资，绿地投资由于能创造新的资产和增加就业，在政策层面遇到的阻力相对较小。虽然美国担忧敏感资产并购威胁国家安全等老问题依然存在，但 2011 年中国对美国直接投资还是呈现出深化发展的态势，并且中海油收购美国页岩油气项目等一些交易的成功也反映出中美双边直接投资中的机遇与互惠。

二、经济政策对中美双边直接投资的影响

2011 年中美双边直接投资特点突出表现为在某些行业领域投资的消长，这种变化主要归因于两国宏观经济形势和经济政策调整。中国经济经过近 20 年的高速增长，正逐渐显现出“硬着陆”的风险，因此通过宏观调控实现经济“软着陆”是中央政府当前面临的重要任务。美国则截然相反。2007 年底，美国次贷危机演化为金融危机可谓为美国经济泼了一盆冷水，为尽快实现经济复苏和降低失业率，美国国会批准、联邦政府实施了包括财政政策和货币政策在内的一揽子经济刺激计划，力图使经济升温。

在经济高度相互依存的情况下，一国的宏观经济政策不仅对本国经济产生影响，也会对其他国家经济产生一定程度的影响，而美国由于拥有全球经济主导权，其本国宏观经济政策的变动对别国的影响更是不言而喻。为了尽可能抵消金融危机对中国经济的冲击，中国中央政府于 2009 年和 2010 年实施了四万亿经济刺激计划和银行巨额贷款。然而，货币的超发引发投资过热，大量资金流入房地产，同时美联储的量化宽松政策导致大量美元流入国际市场，加剧了中国通胀压力。因此，在 2011 年，中国中央政府开始控制房价，

提高准备金率。通过调控使经济平稳运行依然是当前中国宏观经济政策的主要基调。

在这种背景下，中美两国各自的宏观经济形势和政策调整对2011年双边直接投资的具体影响表现在以下方面：

1. “一救一控”，中美政策差异影响房地产投资

2009年，美国国会通过了经济刺激法案，财政部采取了稳定金融业的行动，美联储向金融系统注入资金并降低了融资成本，在这些综合调控政策下，美国经济形势开始逐渐好转，表现在：金融危机中首当其冲遭受重创的银行业已完全恢复基础活力，流动性较强且能够发放贷款；美国家庭负债率也已得到持续三年的改善；新经济特征公司持续性地创造新财富，如ebay、facebook、twitter等；失业率2011年11月份意外降至8.6%。[①] 更重要的是，房地产市场略显回暖迹象。根据美国经济分析局的数据，除2005年外，2000—2010年美国对外直接投资净流量总额都保持在1200亿美元以上，2007年达到峰值3935.18亿美元，2005年则跌至谷底，仅为153.69亿美元。[②] 在这中间的2006年美国房地产市场正值顶峰，并于同年美联储加息后泡沫破裂。因此，在美国房价到达顶峰前夕，2005年大量资金流入依然看涨的房地产市场，资本输出缩水。在泡沫破裂后，2007年美国国内资金开始撤出国内房地产市场，重新到海外市场寻求投资机会。房价持续下跌和房地产市场疲软一直是次贷危机以来美国经济复苏最大的障碍，美国联邦政府和国会采取了一系列救市措施，接管“两房”，购买抵押债券，阻止房价无止境下跌，而

① 求职人数的减少也是失业率下降的原因之一。

② Foreign Direct Investment in the U.S.：Country and Industry Detail for Financial Inflows，1994—2011，http：//www.bea.gov/international/index.htm#omc.

这些政策效果开始显现。从新房开工量来看，美国商务部 2012 年 2 月 16 日发布的数据显示，1 月份美国新房开工量经季节调整按年率计算为 69.9 万套，同比增长 9.9%，环比增长 1.5%。美联储主席伯南克也表示，金融危机期间美国建筑业开工量急剧下降的局面已经结束。美国房地产抵押贷款巨头房利美公司 2012 年 2 月 21 日发布报告称，今年美国经济形势正在缓慢改善，而房地产市场会 7 年来首次给美国经济带来"正贡献"。① 虽然美国房地产市场真正走出低谷实现复苏依然困难重重，房屋销量上升可能是房价进一步下跌推动的结果，但是新房开工量的增加说明部分资金开始重新回到美国房地产市场，其中包括从中国等亚洲新兴市场国家撤出的美国资本。

在美国联邦政府和主流经济学家竭力挽救不断下跌的房价时，中国中央政府却在通过控制开发商资金链和市场需求等综合措施遏制房价继续上涨，以防止房地产市场泡沫破裂对经济造成冲击。在这种情况下，一些中国资本纷纷离开国内房地产市场到美国投资房地产，如中国私募基金 SZ Prosperity Investment 出资 600 万美元购买了位于加州特曼库拉（Temecula）的一处零售房产；SOHO 中国出资 5.69 亿美元购买了纽约公园大道广场（Park Avenue Plaza）49%的股权，这座位于曼哈顿中城的写字楼的租户包括麦肯锡咨询公司、黑石集团和瑞士再保险公司。除了企业，中国对美国房地产的投资也不乏购买美国居民住宅的个人投资行为。中国房地产门户网站搜房网以 4600 万美元收购位于纽约市华尔街 72 号原属美国国际集团（America International Group，AIG）旗下的培训中心，计划将这个培训中心作为自己的全球培训中心，培养国际管理人才，以为国内投资美国住宅提供中介服务。

① 《深圳商报》，2012 年 2 月 27 日。

综上所述，“一救一控”——美国的救市政策和中国的控制房价政策，影响了资本在两国房地产市场的跨国流动。

2. 美国政府吸引制造业回归，增加本土就业

奥巴马政府的《总统经济报告》指出，自 2010 年 3 月份以来，工商业创造了 370 万个工作岗位，其中 2011 年创造的工作岗位为 2005 年以来数量最多的。根据美国劳工部数据，美国失业率在 2011 年虽然较 2010 年初的近 10%有所下降，但 2011 年 1—3 季度的失业率依然平均停留在 9%左右，直到第 4 季度至 2012 年初才开始再次出现下降的趋势。[①] 面对失业率高居不下的压力，奥巴马政府推出新的政策鼓励企业创造工作岗位，重点就是产业回归和制造业再造政策。美国商务部 2011 年 6 月宣布了一项“选择美国”（Select USA）计划，旨在促进本国和外国企业在美投资。美国权威行业研究机构供应管理协会（ISM）2011 年 10 月 3 日公布的数据显示，2011 年 9 月美国制造业活动连续第 26 个月扩张。2011 年 11 月 16 日，中国商务部发言人沈丹阳在谈到有关美国企业回迁潮的消息时，表示并没有形成所谓的回迁潮，但美国的经济形势和相关政策确实对中国高附加值行业吸收外资造成一定压力。

不过，奥巴马政府为促进就业而制订的吸引外资计划有利于中国企业在美国进行绿地投资，而且绿地投资本来就比较受美国州和地方政府欢迎，政策和政治障碍比并购型投资小得多。2011 年 2 月 25 日，美国印第安纳州 20 多位市长参加由普渡大学孔子学院举办的“中国圆桌会议”，探讨如何吸引更多中国企业到美国投资，在此之前，中国山东南山铝业公司与印第安纳州的拉法耶特市（Lafayette）

---

① 美国劳工部网站，http：//www. bls. gov/news. release/pdf/empsit. pdf。

签署投资协议，首期投资1亿美元在该地区新建铝型材料制作工厂，预计提供200个工作岗位；另外，2011年3月，中国化工集团子公司蓝星有机硅公司（Bluestar Silicones）宣布斥资1980万美元收购一座位于北卡罗来纳州夏洛特市的工厂，预计在接下来的三年时间里该厂会为当地创造125个就业岗位。

3. 中国涨薪政策抬高美国企业投资成本

低廉而丰富的劳动力和庞大的市场是中国吸引发达国家转移低端产业的重要因素。然而，经过持续的高速增长，中国经济不断向刘易斯拐点靠近，中国长期存在的“人口红利”即将消失，同时物价上涨使劳动者实际生活支付能力下降，最低工资标准的提高和加薪潮的出现推动中国劳动力成本上涨。这必然会在某种程度上影响美国等发达国家企业重新权衡是在中国追加劳动密集型产业投资，还是将部分加工贸易产能转向越南、印度等劳动力成本更低的国家。另外，虽然美国劳动力工资水平比中国高数倍，但是其生产效率是中国的4倍，由此可以抵消劳动成本的差距。① 美国波士顿咨询集团研究结果显示，随着“美国制造”的成本优势日益显现，今后五年间，美国将新增200万至300万个工作岗位。回流过程虽然缓慢，但已显露迹象，比如2011年10月，福特汽车公司宣布把1.2万个工作岗位从中国和墨西哥迁回美国。该研究报告发现，最有可能回迁美国的制造行业包括运输工具、电子设备和器械、家具、塑料和橡胶制品、机械、金属制品和电脑，这些类别的产品占美国从中国

---

① Boston Consulting Group Report, *Why America Is Likely to See a "Manufacturing Renaissance"*?

进口商品的近 70%。①

三、中美直接投资的政策与政治环境

虽然从长远来看，国际直接投资的发展从根本上还是受经济因素和商业利益驱动，但是两国的国家对外直接投资战略和吸收利用外资的政策促进或制约着资本跨国流动，并且政策互动和政治博弈是中美经贸、投资关系的重要内容。2011 年，中美两国在对外直接投资议题上的政策动态如下：

1. 中国加强外资管制

随着中国国内资本的积累和产业升级战略的实施，中国中央和地方政府调整了吸引外资的优惠政策。2008 年中国开始实施《反垄断法》，2011 年 2 月中国国务院发布了关于外国投资者并购境内企业安全审查制度的通知，从而针对国际并购交易中涉及的国家安全问题建立起一套正式程序。根据该通知，中国将建立外国投资者并购境内企业安全审查部际联席会议制度，具体承担并购安全审查工作，联席会议将由国家发展和改革委员会和商务部牵头。发改委和商务部目前依据《反垄断法》规定对此类并购交易进行审查。审查的范围覆盖：外国投资者并购境内军工及军工配套企业，重点、敏感军事设施周边企业，以及关系国防安全的其他单位；外国投资者并购

① Boston Consulting Group Report, *Why America Is Likely to See a "Manufacturing Renaissance"*?

境内关系国家安全的重要农产品、重要能源和资源、重要基础设施、重要运输服务、关键技术、重大装备制造等企业，且实际控制权可能被外国投资者取得。并购安全审查内容为：并购交易对国防安全，包括对国防需要的国内产品生产能力、国内服务能力和有关设备设施的影响；并购交易对国家经济稳定运行的影响；并购交易对社会基本生活秩序的影响；并购交易对涉及国家安全关键技术研发能力的影响。

中国政府为实现经济结构转型和维护经济安全而对外资政策进行调整引起美国方面的不满。2011 年 5 月 4 日，美国商务部长骆家辉在亚洲协会上就中国在美直接投资问题发表讲话中强调，在美国只有为数不多的几个产业限制中国或其他外国投资者投资，但在中国投资的美国企业往往被整个行业拒之门外，或被披露以专有信息作为在中国运营的条件。这种待遇和机会的不平等是改善中美商务关系的主要障碍，并认为中国政府新建立的外资并购安全审查制度又为美国公司设置了一道需要逾越的不必要的障碍。

彼得森经济研究所贸易问题专家加里·赫夫鲍尔（Gary Hufbauer）认为，美国在中国直接投资的减少与中国对外资采取“歧视性政策”有关，“中国通过各种方式强调自主创新政策：坚持让在中国有合资企业的外国公司向中方转让技术；不论在省级和中央级别的政府采购项目中，倾向于本国企业或合资企业。这些在美国公司中都非常不受欢迎。而这有可能会影响一些公司在中国增加投资的兴趣”。赫夫鲍尔还强调，知识产权对美国企业极其重要，如果以此作为进入中国市场的条件，它们当然会不高兴。①

① http：//www. voanews. com/chinese/news/20111118-china-declines-us-fdi-134145823. html.

2. 美国加大吸引外资力度与加强针对性防范并举

在美国的经济发展史上，外国直接投资为美国经济提供了资金，促进了就业，在美国创造了大量财富，助其成为全球第一大发达经济体。在经济复苏时期，美国更需要外国资本进一步发挥外资的作用，同时维护其长久以来塑造的自由开放的投资环境和外资政策。2011 年 6 月 15 日，时任美国商务部长骆家辉宣布“选择美国”（Select USA）计划，旨在促进美国及外国企业在美投资，促进就业。该计划将整合美政府过去为吸引投资而出台的鼓励措施，帮助各州应对不利于吸引本国及外国公司在美投资的各种联邦政策。这些措施包括企业协调各级审批部门以保证在美投资免遭无理刁难；建立 www. selectusa. gov 网站，向企业提供各种吸引投资的联邦项目和服务等。

然而，落实促进投资政策并不意味着美国因渴求资金和就业机会而全面放松外资监管，也不意味着中国企业在美国某些行业投资存在的政治障碍会因此而消除。相反，美国对外资的审查和监管在某些方面会进一步强化。其中，网络安全是当前最受关注的一个方面。早在 2009 年 10 月，美中经济与安全评估委员会（U. S. —China Economic and Security Review Commission）就在一份报告中强调，“中国的间谍活动正逐步削弱美国的应付能力”，怀疑并指责中国正在发动“网络间谍战”。[①] 另外，中国在空间技术领域的研发活动也引起美国国会和国防部的警惕，质疑中国是否能明确划分民用和军用，并担心中国在太空领域的发展会挑战美国在该领域的主导权。

① 2011 Report to Congress of the U. S. —China Economic and Security Review Commission.

因此，网络安全和空间科技竞争恐怕将为中国企业未来在美国的并购型投资增加政策和政治障碍。

2011 年中美两国相关外资政策和监管机制的调整并没有直接影响到 2011 年度的双边直接投资，但双方彼此都有所抱怨和不满。在中美双边直接投资快速发展和变化时期，两国外资监管制度的完善，势必为今后更多的投资摩擦埋下伏笔。不管是双边安全关系的延伸性影响，还是双边磋商中的“议题挂钩”，都令本已复杂的中美关系又在投资层面多了一些政策博弈和政治较量。

四、案例分析：百思买与金风科技

1. 案例一：百思买关闭中国大陆门店

2011 年 2 月 22 日，美国最大的消费电子零售商百思买（Bestbuy）宣布关闭中国大陆地区全部 9 家门店及位于上海的零售总部，同时百思买在中国的经营业务将整合到旗下五星电器品牌中。

2006 年，通过收购江苏五星电器，百思买正式进军中国家电零售业，改变了此前只在中国市场采购的角色。刚刚进入中国市场时，百思买的体验式购物和售后服务吸引了不少中国消费者，但其运营模式似乎一直“水土不服”。和国美、苏宁等国内家电零售业巨头不断扩张领地不同的是，2008 年 10 月，距离百思买敲开中国市场大门 19 个月后，百思买第二家门店才艰难诞生。直到 2010 年，百思买才正式走出上海滩，先后在苏州和杭州开设两家门店，这是其在北京试验店之外首次走出中国总部所在地。即使将五星电器的 100 多家门店计算在内，百思买在中国市场的门店数量与国美、苏宁上千家门店相比，也很难较量。

事实上，百思买在上海一直希望加快拓展速度，但据了解，2011年一年便有3个签约项目最终没有入驻。此外，其在上海市光新路附近的一个项目也签约多年尚未入驻。业内人士认为，出现这种现象可能与百思买目前门店一直亏损有关。

从企业管理层面来看，百思买在中国经营失败、“水土不服”的主要原因在于其营销模式在中国市场竞争力不足。全球电器零售市场上主要有两种商业模式：一种以国美、苏宁为代表，其将销售区域分租给不同的家电厂商，并由厂商派驻促销员在卖场销售，连锁卖场从中收取租金，并从产品的销售额中提取一定的比例作为利润；另一种则以百思买、沃尔玛为代表，企业通过规模采购低价买入产品，然后在卖场内由员工加价销售，零售商赚取买卖差价。从两种模式看，前者更像商业地产商，而后者实质是经销商。

业内资深人士认为在内资家电卖场内，家电供应商通过租赁场地、派驻促销员掌握了大部分主导权；而外资家电零售商则通过现金买断的方式获得整个卖场的主导权。后者的这种方式本应是商业的本质，但在中国采取这种方式，会让绝大部分的二线品牌供应商不敢与外资合作，最终的结果便是外资家电零售商的卖场变成一线品牌的天下，于是在家电品类的丰富程度上无法和内资家电零售商比拼，由此他们的销售很难有大的突破。有业内人士指出，百思买赚取差价的模式，代表了零售行业的本质。但是，这种模式却叫好不叫座。

百思买遇到的另外一个问题是成本高居不下。在其现有模式下，门店租金和装修费用不像本土竞争对手一样转嫁给供货商。由于门店里的促销员都是由自己聘用，百思买还比竞争对手多出了很大一块人力成本。此外，百思买坚持“买断经营”的策略，他们还需要自己掏钱去购买供货商的样机，并承担样机折旧的损失。

除了经营模式的失败，百思买收缩中国市场的案例还反映出宏观层面的两个重要因素：

第一，优惠政策结束，外资运营成本提高。中国已经结束了资金匮乏时期，为了依据自身经济增长方式调整产业结构，提高利用外资的质量，外资的超国民待遇正在结束，一些优惠政策正在取消。目前苏州、无锡等长三角富庶地区都提高了投资门槛，对新进的外资企业不仅没有过去的优惠政策，甚至还会对一些产业在诸如节能减排方面订出很高的标准。中国在 2010 年 12 月 1 日统一内外资企业与个人城市维护建设税和教育费附加税，以及 2007 年统一内外资企业所得税率，都让外资企业的税费增加了很多。

第二，中国本土企业竞争力增强。海外经营“水土不服”是每一个跨国公司需要解决的问题，而这一挑战的成功或失败突出地反映在与本土企业竞争的结果上。对百思买来说，如果没有国美、苏宁的成长和对中国市场的占领，或许中国消费者只能选择并逐渐适应百思买的营销模式。上海交电家电行业协会秘书长韩建华认为，“水土不服”导致连年亏损是百思买关闭门店的主要原因。“中国的家电市场是一个相对充分竞争的市场。在百思买正式进驻中国前，中国电器零售企业苏宁、国美和永乐已经占有了家电市场的大部分份额。比如，上海目前 3 家本土家电连锁企业保持着 80%左右的市场占有率和 160 多家门店，而百思买在上海仅有 6 家门店，很难与本土企业抗衡。”

因此，百思买在中国市场商业模式的失败本质上是与本土企业竞争的失败。中国经济的高速增长的核心必然是企业的发展，而这些本土企业的成长壮大意味着今后力图立足中国的外资企业面临的竞争必然比 20 世纪 90 年代激烈得多，而优惠政策的逐步取消一定程度上加快了竞争力不足的外资企业的撤退。不过，寻求市场是企业的本能，面对中国市场这个庞大蛋糕的诱惑，也许撤离只是暂时的，在慢慢适应了抬高的投资门槛，以及创造出新的营销模式后，外资企业不会轻言放弃中国市场。

2. 案例二：金风科技在伊利诺伊州建厂

金风科技在美国的全资子公司天润风电公司（Tian Run Shady Oaks，LLC）于 2010 年 12 月在美国中标风电场项目，将投资 1.98 亿美元建造，2 年建成。据金风科技公共事务部总监兼新闻发言人姚雨介绍，“与以往金风科技一直把自己定位为风电综合解决方案供应商不同，此次金风还承担了发电厂的职能”。此次招标方为美国伊利诺伊州电力机构（Illinois Power Agency）。天润公司 100%控股位于当地的 Shady Oaks 风电场，该风电场将自 2012 年起为 IPA 供应为期 20 年的电力。天润公司将负责 Shady Oaks 风电场的投资、建设（包括设备采购）。该风电项目规划总装机容量 106.5 兆瓦，计划采用公司 1.5 兆瓦直驱永磁风力发电机组。拥有自主知识产权的直驱永磁技术，在机组发电效率、可靠性、电网友好性和用户长期总拥有成本等指标上占优势。在过去 3 年多时间，金风科技已有 3000 多台设备采用此技术，此次在美中标 71 台是重大突破。

2011 年，仅在第三季度就有 5 家中国新能源企业在美国投资，除了风电设备制造商金风科技，还有 4 家光伏企业，如中国大型太阳能电池生产商塞维太阳能（LDK Solar）向加利福尼亚州罗斯维尔市的太阳动力公司（Solar Power Inc.）注资 3300 万美元。

中国的清洁能源产业发展较早较快，加上劳动力成本较低，经过几年迅猛发展后，目前处于产能过剩状态，很多太阳能和风能设备处于闲置状态。比如中国目前拥有全球太阳能电池板产量的40%，但由于安装成本高无法在国内普及，90%以上的产品出口国外，而中国本土光伏市场仅占全球市场的约2%。美国清洁能源发展起步较晚，落后于欧洲。奥巴马政府为了给金融风暴后处于低谷的美国经济寻求新的增长点，逐渐增多对美国清洁能源的扶持政策。美国拥有巨大的清洁能源市场，这吸引了困扰于国内市场供过于求的中国清洁能源企业赴美投资。

另外，由于中国劳动力成本低，中国企业的太阳能和风能设备出口具有价格竞争优势，它们向海外市场的扩张，引起了美国有关利益集团的不满。2010年10月15日，美国贸易代表（USTR）办公室宣布，应美国钢铁工人协会9月9日的申请，美方将按照《美国贸易法》第301条款，对中国政府所制定的一系列新能源政策和措施展开调查。2011年10月，美国相关政界人士、公司高管和律师们带着太阳能电池板现身美国国会听证大厅，宣告美国可再生能源领域迎来首起光伏产品贸易诉讼案。因此，反补贴、反倾销调查的压力也是中国新能源企业赴美投资建厂的重要原因。

除了寻求市场，美国的全球销售渠道、研发能力、用于生产光伏电池的多晶硅等生产材料也是这些中国企业所看重的，整合这些资源符合这些企业的全球战略。不过，将生产线移至美国意味着劳动力成本的提高，而中国企业能否弥补价格优势的缺失，也许还需要进一步权衡。此外，金风科技的此项大手笔投资令美国风力涡轮机市场领军者通用电气（GE）感到了竞争的压力，在最近面向分析师们的一次介绍会上，通用做出了一个直接的反应——展示了一些照片，用以说明某些中国产品质量不佳。因此，赴美投资未必能彻底规避美国企业和利益集团的施压。

五、展望与建议：强调经济要素互补和投资利益的双赢

中美两国经济一热一冷，经济政策分别侧重于调控与刺激，这在某种程度上改变了投资环境和资本的收益预期，进而影响了两国之间的资本流动。因此，2011年中美双边直接投资趋势的变化和新特点从根本上说是两国经济形势和经济政策在对外直接投资领域的反映。这些新的变化和特点有的是暂时性的，有的则具有持续性。长期趋势和走向取决于较为稳定的因素，其间的波动和变化则受一些短期因素的干扰。

美国企业对华直接投资减少是局部性和暂时性的。首先，中国庞大的劳动力是其他国家不可替代的。虽然中国劳动力成本提高和美国政府的吸引企业回归本土政策会让美国企业重新权衡在中国经营和在母国经营或转战其他国家的成本和收益，但是，在明显提高本国生产率之前，恐怕在其他拥有廉价劳动力的发展中国家几乎找不到像中国这样的劳动力规模和技术水平。其次，中国的市场潜力是美国企业难以割舍的。即使面对日益强大的中国本土企业的竞争和优惠政策的取消，中国13亿人口的市场对外资企业是“魅力依旧”，目前撤出中国的外资企业都没有表示彻底放弃这个市场，只是在亏损影响资金运转的情况下暂时撤离，在设计出有效的运营模式后，应该会重新开辟中国市场。对于中国政府对外资优惠政策的逐步取消和监管审查的加强，外资企业会有一个逐渐适应的过程，并且，美国会与中国在双边投资议题上不断磋商谈判，缓解企业压力。因此，基于劳动力总量和市场规模的稳定性，美国对华直接投资应

该会逐渐恢复并继续扩大。

中国企业对美直接投资也会继续增长和扩展。税收和就业是东道国政府对外资企业的普遍而恒久不变的期望，即便偶尔某些企业在某些行业投资会遭遇美国本土竞争对手和利益集团的刁难，但由于能为美国州和地方政府增加税收和工作岗位，除了某些商业和政治阻力，政策拉力也是很大的。不过，中国企业的海外运营经验较少，能否成功占领市场、实现投资回报，则取决于企业的商业策略和投资战略。

政策和政治层面，虽然中美之间的政治和安全不互信在 2011 年并没有像当年中海油并购优尼科那样对具体交易表现出直接的影响，但是政治和安全问题会因中美关系的性质长期干扰双边投资关系。另外，中国近期外资审查制度的完善可能会触发中美外资政策的相互性，即美国可能也会进一步提高中国企业对美直接投资的门槛，利用外资审查制度强化投资壁垒，作为对中国的回应和谈判筹码。

可以预见，未来中美两国政府在双边直接投资议题上的沟通和磋商会愈加频繁。不过，中美经济要素互补和投资利益的存在，是企业投资的根本动力，也为两国决策者留下了磋商和谈判的空间，以缓解资本要素流动带来的利益再分配矛盾。

第三部分　中美军事安全关系

“中美两军关系是两国关系的重要组成部分，需服从、服务于建设中美合作伙伴关系的大局。希望中美两国防务部门本着‘尊重、互信、对等、互惠’的原则，继续扩大和加强多领域、多形式的对话交流，尊重和照顾彼此重大关切，培育和增进战略互信，为构建健康、稳定、成熟的两军关系而共同努力。”

中国国家副主席习近平 2012 年 2 月 14 日在五角大楼会见美国国防部长帕内塔、美军参谋长联席会议主席邓普西时的谈话。

第十章

补强战略短板：中美军事交流走向

中美军事交流对于中美两国、亚太地区和全球而言都具有格外重要的意义，但是却频繁陷入“交流—停滞—恢复—再停滞”的发展怪圈，成为两国关系中的战略短板。2011年中美两军实现了多次高层互访，双边的磋商机制稳定运行，两国军方领导人还在多种场合共同为地区安全事务展开磋商。但是美国对台军售令两军间正常交往再次中断，双方已达成的共识与合作难以落实。中美军事交流目前存在的主要障碍，反映在包括历史遗留的“三大障碍”、两国在东亚形成的战略对冲态势和新兴领域的互相猜忌等多个方面，凸显了两国在安全利益上的冲突和防务政策上的分歧。未来，中美两军应该朝着建立完善而分工明确的交流体系、逐步改变从最差场景出发的战略思维、力图解决台湾问题来促进军事交流走上新的台阶的方向努力。

一、中美军事交流的意义与现实怪圈

中美关系解冻之初，两国在军事安全方面的合作关系构成了两国关系的最主要内容。共同对抗苏联霸权使中美军事关系在建交之初迎来了一段“蜜月期”。但是冷战结束以后，两军关系随着两国整体关系的起伏经历了多次重大考验，总体发展态势并不乐观，前景亦不明朗，成为当前困扰两国战略界的一个重要的问题，亟待双方破解这一困局。

实际上，无论对于中美两国，还是对于西太平洋地区，甚至全球安全而言，中美军事交流都具有极为重要的意义。首先，对于中美两国而言，军事交流可以起到相互了解彼此战略能力与意图、形成客观战略定位、避免陷入负面战略预判与降低战略互信赤字的作用。两军交往还可以扩大和加深安全合作的领域与深度，也有利于中国同美国的军事盟友等广大国家加强军事往来。① 其次，对于地区安全而言，中美军事交流可以有效降低双方发展严重军事冲突的可能性，降低地区安全热点的危机程度，对于维护地缘政治平衡与安

① 例如美国长期限制以色列与中国之间的军事交往，导致中以军方在21世纪以来的军事关系发展停滞长达十年，以色列也无法再向中国出口高端技术武器。直至2011年6月，以色列总理巴拉克访华才重新启动了中以之间的防务交流。双方在反恐领域的情报分享与人员培训等方面将逐步展开合作，这也为中国同美国的军事盟友重启军事交流树立了一个典型。参见卢琛：《“我们也想发展中以军事合作”》，《中国国防报》，2011年6月21日，第16版。对于这一点，美国学者葛来仪持类似观点，认为中国军方对于发展同其他国家之间的军事关系更感兴趣，特别是美国的盟国，解放军可以借此学到美国如何培训和运作。参见吴挺：《美防长或提建中美新对话，讨论核、太空、网络及导弹防御》，《东方早报》，2011年1月4日，第A12版。

全总体态势的稳定非常重要。最后，对于全球安全而言，中美军事交流可以使双方强化在全球各领域的安全合作，特别是在反恐、海上安全、人道主义救援、核问题、太空等非传统安全方面，两国的加深交往有利于促成在这些关键议题上的全球紧密合作。①

如果结合中美关系的定位来考虑，中美军事交流对两国总体关系的意义更加凸显。经过中美两国元首的多次会晤，“积极、合作、全面”已经成为当前阶段被双方普遍接受的双边关系定位的表述。就“积极”而言，中美军事交流对于两国化解战略崛起困境中彼此的怀疑与忧虑、避免严重的战略误判从而走向对抗和冲突、确立正面的相互预期，有显著意义。就“合作”而言，中美在安全领域有着广阔的合作空间，在共同维护地区稳定和促进世界和平方面亟待提升合作的水平。就“全面”而言，中美军事关系成为两国总体关系的“晴雨表”，只有两国军方正常稳定的交流，才标志着双方关系的全面健康发展。这对于稳定中美两国关系的大局，中国实现和平崛起，特别是中美实现一种崭新的大国和平相处的局面有着关键的意义。况且，与中国同世界其他国家开展的蓬勃的军事交流相比，已经落后的中美军事交流更应该迎头赶上，在“新型军事关系”方面取得建树。②

然而这一重要的双边军事关系频繁陷入到“发展—停滞—恢复—再停滞”的恶性循环中。这样的怪圈在中美建交以来的近 30 年

---

① 关于中美军事交流的效能，学界类似的观点分析参见高倚天：《中美军事关系怪圈的背后》，《世界知识》，2010 年第 21 期，第 32—33 页；沈雅梅：《从马伦访华看中美军事关系》，《中国社会科学报》，2011 年 7 月 21 日，第 14 版。

② 有评论认为，整个 2011 年中国军事交流表现为全方位、多层次，涉及防务对话、联合演习、国际救援、海军护航等一系列行动，“走出去、请进来”的步伐越来越大，“军事透明度”也越来越大，并且中国军事院校与世界各国的军校之间的交流也日渐常态化。参见罗尔文：《防务 2011：变革之心》，《南方周末》，2012 年 1 月 5 日，第 B6 版。

间不断上演，可被称为“六起六伏”（参见表1）。近10年间，对台军售问题成为困扰两军关系发展的最主要障碍，美国对华政策中“接触与遏制”两面性中“遏制”的一面加剧，引发两国军方敌对思维强化，更使得两军交往难以持续稳定地推进。

表1　中美军事关系交往的停滞与恢复怪圈（1980—2010）

序号	时间	军事关系走向	事件概述
1	1980年1月	开启	美国国防部长布朗访华
2	1989年6月	停滞	受1989年政治风波影响，美国对华制裁
3	1993年10月	恢复	克林顿政府助理国防部长傅立民访华
4	1995年5月	停滞	李登辉访美，中方冻结两军交往
5	1996年6月	恢复	美国国防部副部长斯科洛姆访华
6	1999年5月	停滞	美国轰炸中国驻南联盟使馆
7	2000年1月	恢复	解放军总参谋长熊光楷访美
8	2000年4月	停滞	美军电子侦察机侵入中国领空并迫降
9	2001年10月	恢复	中国国防部长曹刚川访美
10	2008年10月	停滞	小布什政府宣布对台军售
11	2009年10月	恢复	中央军委副主席徐才厚访美
12	2010年1月	停滞	奥巴马政府宣布对台军售

军事关系成为中美关系中战略短板的效应非常明显，中国国内学者也纷纷用“水桶原理”来形容两军交往在中美总体关系中的尴尬地位。① 两国军方也都希望走出这一负面循环，开启可以稳定运行、维持两军正常交往的机制。在这方面，中美双方都体现出一定

① 许多中国学者将军事关系称为两国关系最薄弱的一环。由于军事安全涉及国家核心安全关切，该领域双方交往水平的滞后反映了两国战略互信的缺失。参见李明波：《盖茨访华修复中美关系“短板” 歼—20试飞并非对美“亮剑”》，《广州日报》，2011年1月13日，第17版；余万里：《军方代表首次亮相中美战略对话 第三轮中美战略与经济对话启动首次战略安全对话意义重大》，《文汇报》，2011年5月9日，第6版。

的主动性，但均将造成目前困局的原因推给对方。在恢复两军交往动力方面，有中国学者认为，在受到冲击之后，是中国做出决定恢复两军关系，而不是美方。原因在于中国在目前美国改变东亚战略与安全态势的情况下，希望中美军事关系可以迅速发展，增加双方的战略共识，给美国以机会解决两军关系中的一系列问题，特别是东亚安全领域的问题。而美国学者则认为，美方迫切希望了解中国军力发展的真实意图并增强中国军事透明度，使得美国更加主动和迫切希望恢复两军交往。①

在影响两军交往的责任归属方面，中方一直强调美国对台军售等“三大障碍”是困扰中美军事交流的主要原因，特别是美国一再挑战中国核心安全利益与关切，使得中国必须采取手段体现出维护主权与领土完整的决心。与此同时，中方也一再向美国强调希望与美方在“尊重、互信、对等、互惠”的基础上发展两军关系，在触及底线的问题上毫无妥协余地。②

与中方立场对立的是，美方并不认同中方因为售台武器问题频繁中断两军既定的交往安排。相反，美方一直强调中国军力发展的不透明、中国经济发展后的军事“扩张”倾向等问题。同时，美方也一直把中美军事交流的着眼点放在一些自己关注的现实问题上，

---

① 中国学者牛军和美国学者葛莱仪（Bonnie Glaser）分别持有上述观点。参见吴挺：《美防长或提建中美新对话，讨论核、太空、网络及导弹防御》，《东方早报》，2011年1月4日，第A12版。2010年12月，中美在华盛顿举行的第11次国防部副部长级防务磋商中，美国国防部副部长弗卢努瓦对外透露称，美方向中方提供了2010年公布的《美国核态势评估》、《弹道导弹防御评估》及《太空活动评估》报告。提供这些以往只给美国最亲密盟友的报告，显示出美方的用意在于希望中方能够逐渐增加军事透明度。

② 中美发展军事关系的“三大障碍”分别为：1. 美国售台武器问题；2. 美国舰机对中国近海实行大范围、高强度的侦察；3. 美国国内歧视性法律问题，如《2000年国防授权法》等限制对华高技术出口以及限制两军交往等。参见叶秋：《“中美新型军事关系”咋相处》，《中国国防报》，2011年5月17日，第1版。

比较侧重于涉及其重大利益而又急需与中国协商解决或沟通信息的议题。例如，在2010年奥巴马政府宣布对台军售导致中美军事关系再度中断后，因“天安号”事件引发的朝鲜半岛局势剧烈变化造成东北亚安全局势骤然紧张，而中美军方却无法及时协调，引发了美国军方高层对中方的多次抱怨。① 时任美国国防部长盖茨曾提出访华请求，但是中方认为时机尚不合适从而暂缓了此次访问安排，美国军方对此更加不满，并持续向中方施加各种压力。

二、2011年两军交流的主要内容与走势

对于中美两国而言，尽管两军交流因为各种问题的影响而中断，但是在全球与地区安全局势变幻莫测的当下，积极寻求双边磋商是双方共同的需求。2010年年末，在香格里拉对话期间两国国防部长单独会晤后，双方逐步恢复了一些机制性的对话，例如在美国举行了海上安全磋商机制年度会晤和第11次中美国防部防务磋商。推迟近半年的美国国防部长盖茨的访华安排也定于2011年伊始进行，上述积极的迹象为2011年中美两军恢复高层互动奠定了基础。2011年中美军事交流的主要内容可以用“三次高层互访、两条磋商路径和一届多边对话”来概括（见表2）。

① 2010年6月的香格里拉安全对话上，时任美国国防部长盖茨指责中国军方是中美整体关系向前发展的障碍。7月19日，美军太平洋司令部司令罗伯特·威拉德接受美国媒体专访时称，中国会因美国对台军售而中断美中军事交流，说明中国对美中军事交流的重视程度不够，远不及美国。7月21日，美国防部长盖茨再次批评中国中断两国军方来往。参见王菊芳：《一边挑战中国核心利益，一边指望中国坦然接受，美竟抱怨中国中断军事交流》，《国防时报》，2010年8月18日，第24版。

表 2　　2011 年中美军事交流大事记概要

次序	时间	事件
1	2011 年 1 月	美国国防部长盖茨率团访华
2	2011 年 5 月	中美战略与经济对话设立并举行首次战略安全对话
3	2011 年 5 月	中国人民解放军总参谋长陈炳德率团访美
4	2011 年 6 月	中美两国国防部长梁光烈与盖茨参加香格里拉对话
5	2011 年 7 月	美军参谋长联席会议主席马伦率团访华
6	2011 年 12 月	中美在北京举行第 12 次国防部防务磋商

具体来说，“三次高层互访”分别指美国时任国防部长盖茨 2011 年 1 月访华，中国人民解放军总参谋长陈炳德 2011 年 5 月访美以及时任美军参联会主席的马伦 2011 年 7 月访华。这三次重要访问，又分别临近或稍后于胡锦涛主席对美国国事访问、中美第三轮战略与经济对话以及美国副总统拜登访华。可以说，两军高层的交往与两国元首互访紧密结合，两军关系的发展也与中美总体关系的走势相契合。

“两条磋商路径”主要是指中美两军之间较为成熟的国防部年度防务磋商以及中美战略与经济对话框架下新创立的“中美战略安全对话”。一老一新两条磋商途径为两国双边的安全事务磋商提供了重要的平台。

“一届多边对话”是指中美两国都参与了东亚地区重要的多边安全对话机制——香格里拉对话。除此之外，中美两国的军队高等院校和其他相关团体也举行了若干次双向互访，如 2011 年 5 月美国国防大学将官班代表团和国防大学国防军事学院代表团分别访华。

“相互尊重、合作互惠”的新型军事关系是中美总体关系在军事领域的延伸和发展，是两军关系长远目标的反映。对于这一新型军事关系的内涵，中国军方给出了清晰的界定，即“相互尊重就是要尊重彼此的核心利益和重大关切，合作互惠就是要通过两军务实合作为双方带来实实在在的好处，为两军关系的发展不断注入活力”。中美两军的高层互访，近年来呈现出许多与以往不同的特征来，而这些积极的变化都与中方对于“中美新型军事关系”的阐释相吻合，即“互相尊重、合作互惠”。①

可以发现，从美国国防部长盖茨访华开始，中美各自无论是派出代表团还是负责来访接待工作，都在逐步扩大开放程度，参与人员的身份也越来越多元化，在对等的基础上彼此“礼尚往来”，形成了深入的互动局面。每一次访问都不再是“走马观花、点到为止”或者“犹抱琵琶半遮面”，而是向着“见多识广、信者不疑”的方向发展。

通过中美双方的高层互访，双方实现了敏感领域的逐步开放，促使军事交流逐步深入，更富实际意义。对于美国而言，中国人民解放军的战略核导弹部队一直是一支非常神秘的军事力量，不仅中国的核武器与战略导弹实力是美国最希望窥探的秘密，连这支部队的指挥员也是美国最为重视的情报对象。美国军方领导人非常希望访问“二炮”司令部并参观相关设施，与此同时也希望邀请“二炮”司令员访美。但是数十年来，美国屡次邀请中国第二炮兵司令员访问美国都没有成功，直到 2005 年 10 月，美国时任国防部长拉姆斯菲尔德才首次参观了中国“二炮”司令部。为了推进这一交往的深度，美国军方在 2009 年 10 月中央军委副主席徐才厚访美之际，邀请他参观了位于美国内布拉斯加州统辖核武器运用的美国战略司令部，先行一步做出了重大的“释放善意”的举动。中方做出的回应是在 2011 年美国国防部长盖茨访华之际，邀请他访问了“二炮”司

① 有中国军事专家认为，“中美新型军事关系”的核心是“互相尊重”，首要的是以平等的态度尊重各国的主权和领土完整，尊重各国的政治制度，尊重各自的发展道路和重大安全关切，而不去挑衅对方的核心利益。参见叶秋：《“中美新型军事关系”咋相处》，《中国国防报》，2011 年 5 月 17 日，第 1 版。

令部，并且“二炮”司令员靖志远接受了盖茨的访美邀请。[①] 美国参联会主席马伦访华之际，中国军方甚至一定程度向其公开了“二炮”的部分武器装备，使得美国军方对这只神秘部队的认识不仅仅停留在指挥员层面，而具体到了作战部队的真实情况。相应的，在陈炳德总参谋长赴美访问时，美方安排了中方代表团赴美国最大的、弗吉尼亚州诺福克海军基地、[②] 驻扎着美国陆军精锐部队第三机械化步兵师的佐治亚州斯图尔特堡军事基地、美国空军战术中心所在地内利斯空军基地和陆军国家训练中心等极具战略价值和敏感度的军事重地参观。[③] 这些军事要地很多已经多年没有向外方军队领导人开放，后两者更是首次向中国军方领导人开放，美方的特殊安排也凸显了美国希望“平等互惠”地加深两军实质了解的迫切愿望。马伦访华之时，中方安排他赴北海与东海舰队基地所在地参观，一定程度上也有利于消除美国对中国反潜导弹和潜艇的警惕心理。[④]

除了敏感领域开放深度逐步扩大外，中美军方人员交流的广度也在不断扩展。当 2011 年 5 月陈炳德总参谋长率团访美之时，中方不仅派出了第二炮兵政委张海阳上将，还包括总参谋长助理戚建国中将、广州军区副司令员郑勤中将、南京军区副司令员兼海

① 张颖：《二炮司令员接受盖茨访美邀请 美国防长盖茨自称访华成果丰盛 所遇军方领导人均支持中美接触》，《东方早报》，2011 年 1 月 13 日，第 A13 版。

② 诺福克海军基地是美海军在东海岸最大的战略母港，中国军方代表团在此观看了 F/A—18 舰载机模拟航母起降和 E—2 预警机、MH—60 直升机展示，参观了“格雷夫利”号和“科尔”号宙斯盾驱逐舰。陈炳德参谋长访问期间还乘直升机抵达第 3 机步师野战训练场，该师是美陆军全球应急作战力量的主力部队之一，代表团考察了第 2 旅司令部作业，观摩 F/A—18 舰载机、阿帕奇武装直升机、M1A2 主战坦克、155 毫米自行火炮和步兵的实弹射击演习。

③ 叶秋：《“中美新型军事关系”咋相处》，《中国国防报》，2011 年 5 月 17 日，第 1 版。

④ 张全：《马伦访华能否助推中美两军》，《解放日报》，2011 年 7 月 11 日，第 4 版。

军东海舰队司令员苏支前海军中将、济南军区副司令员兼济南军区空军司令员张建平少将、总参情报部部长杨晖少将以及总参外办副主任关友飞海军少将，涵盖陆、海、空、二炮在内的中国解放军的新生代中坚力量。代表团中有两个上将、三个中将、三个少将，既有总部主管作战、情报以及外事的高级将领，又有三大军区、四大军兵种的高级将领。“二炮”政委张海阳和总参情报部部长杨晖尤为吸引美方的注意。美方曾多次邀请“二炮”的主官访美，此次无疑在某种程度上满足了美方的胃口。杨晖部长出访，则可以让双方面对面、点对点地交流，排除一些不必要的战略误判和误读。①

在中美两军交往的过程中，“开诚布公、直言不讳”已经渐渐形成双方交流的习惯。两国军方的领导人在敏感问题上都鲜明、直观、明确地提出各自的观点和利益诉求。特别是陈炳德总参谋长访美时关于美国利用国内法《与台湾关系法》干预台湾问题的做法“太霸道”、“中国军力落后美国 20 年”等言论，受到全世界各国媒体的高度关注。马伦在访华期间接受关于美国在南海问题上的态度的提问时，也直言不讳地称美国重视“航行自由”等“美国的国家利益”。

中美 2011 年军事交流的一大亮点是将双方军方的交往纳入到了中美战略与经济对话的机制下。战略与经济对话是经中美两国领导人达成共识创立的，是双边最高规格也是最具战略性的双边对话机制，对于两国关系而言具有不可比拟的重要作用。正因为如此，美国国防部长盖茨在会见中方领导人时曾经多次建议在该对话机制下增设军方的对话渠道，在如此重要的对话机制中，军方不应该长期缺席。军方的参与也有助于将太空、导弹防御、网络安全这些过去

① 叶秋：《“中美新型军事关系”咋相处》，《中国国防报》，2011 年 5 月 17 日，第 1 版。

没有得到充分解决的议题纳入对话范围。[①] 在 2011 年 5 月举行的第三轮中美战略与经济对话上，这一设想成为了现实。来自中国外交部、中国人民解放军，美国国务院、国防部的高级官员参与了本次对话。中国外交部副部长张志军积极评价了这次对话的意义，称战略安全对话起到了“加深了解、增进互信、增加合作、管控分歧”的作用，将有力地支持中美战略与经济对话机制的发展。中国的军方人士也认可这一机制的功效，并称在核军控、外太空和网络等方面双方已经举行了工作组级别的对话。[②]

回顾 2011 年的两军交流，美军参联会主席马伦访华期间双方就发展两军关系达成七点重要共识非常引人瞩目：双方除同意保持以往沟通管道外，还表示将加强两军海上军事安全联合行动，并定于 2011 第四季度在亚丁湾举行军舰编队、通讯演练和反海盗联合演练；在 2012 年上半年前举行中美海上军事安全工作小组会议和年度会议；中国人民解放军一位军区司令员于 2011 第三季度访问美军太平洋总部；美军太平洋总部司令在 2011 年年底前访华；两国海军医疗船进行交流并组织开展联合医疗救援演练；美陆军军乐团于 2011 年第四季度访华；两军将于 2012 年第三季度举行人道主义救援与减灾联合演习。[③]

然而非常遗憾的是，由于 2011 年 9 月奥巴马政府再度宣布了高达 58 亿美元的对台军售，中美军事交流被迫再度中断。中国军方发言人在国防部记者会上强烈谴责此次对台军售，“表示极大愤慨和坚决反对”，并“强烈敦促美方立即采取有效措施，消除对两军关系造

① 江玮：《美国驻华大使洪博培：美盼将军事对话纳入 S&ED》，《21 世纪经济报道》，2011 年 1 月 13 日，第 3 版。

② 韩曙、王姗姗：《第三轮中美战略与经济对话亮点纷呈》，《工人日报》，2011 年 5 月 12 日，第 8 版。

③ 李莉：《美国要懂得尊重他国》，［中国］《世界报》，2011 年 7 月 20 日，第 2 版。

成的严重损害”。中美两军计划内的一些高层交往、联合演练和大项活动因而受到影响。美国军方显然不希望两军正常的交往再度中断，并敦促中国军方不要以取消或暂停两军关系向华盛顿抗议。美国国防部新闻秘书乔治·里特称，“我们的期待显然是他们能够继续维持交流与合作。与我们中国的军事同行保持对话至关重要，透明度则是这一对话的试金石”。美军参联会主席马伦的发言人也重申了继续推进两军关系的意愿。①

迄今为止，中美军事关系已经7次陷入停顿，美国主动中断了2次，且持续的时间都比较长。中方主动中断了5次，相对而言持续的时间短一些。危机事件与对台军售构成了两军中断交往的主要原因。特别是近年来，几乎每隔一两年的时间，美国政府就会宣布一次对台军售，中美军事关系也就会经历一次中断。军售的频率与军事交往的起伏周期完全吻合，换句话说，对台军售问题已经直接左右了中美两军的交往状态，而中美军事交流所涵盖的领域远远超过台海的范围。频繁受制于美台政治关系和军工集团的军火利益，使得两国军方都颇为遗憾，并为两军关系发展的前景感到担忧。随着美国全球战略重心东移，中美两国在亚太地区的安全关系更加微妙，美国大幅削减军事预算更使得中国军事威胁成为美国军方争夺预算的核心理由之一。② 可以预期的是，中美军事关系的交往所要面临的负面因素会更多、困难会更大。对台军售对两军交往的影响将会持续下去，双方目前尚找不到有效解决这一问题的办法。“时断时续”恐怕会是两军交流的常态，在这种情况下，中美双方都难以对军事

① 吴挺：《中国反击美国对台军售》，《国防时报》，2011年年10月3日，第24版。

② 美国将在未来一个阶段大约削减4500亿—5000亿美元军费，这对美国国防而言是巨大的挑战。未来美国国内各部门将会进行激烈的预算斗争，会导致中国被妖魔化，任何解放军的现代化意图和进展都将被视为“中国威胁论”而炒作，这对两军关系发展是非常不利的。

交往抱更大的期望，军事交流的效果也必然大打折扣。

三、防务政策分歧与军事交流的核心障碍

中美军事交流近年来频频经历大幅波折，从根本上讲是源于两国核心安全利益存在冲突，防务政策具有显著分歧。应该说，中美两国近年来为两军关系的发展提出了一系列指导思想，包括陈炳德总参谋长访美时提出的建立“新型军事关系”以及美军参谋长联席会议主席马伦对中国发展现代化军事实力的客观认识。[①] 这些指导原则的背后实际上揭示了中美军事关系发展不同于两国其他领域发展关系的前提。中美之间的经贸合作可以基于共同的商业利益，两国的文化与教育往来基本上不预设前提，双方鼓励彼此之间的各层面的多元友好往来。但是军事关系并不一样，原因在于军事交往是最体现国家主权象征的交往，是与国家安全等核心利益保持高度一致的接触。而国家主权与安全利益往往不具有双赢或者共赢性质，是

① 美军参谋长联席会议主席麦克·马伦2010年12月1日在“美国进步中心”发表演讲指出，中美两军关系不应是“零和游戏”，双方军事交流和合作应该向前看。中美两军关系是中美关系的重要组成部分，但相对于中美两国“高度相互依存的经济关系”及政治关系，中美两军关系已经“远远落后”。美国理解中国军事现代化以及中国海军“能力”的扩张，是为了适应中国迅速发展的经济需求，中国90%的货物运输都要通过海上航道。事实上，亚太各国包括美国都得益于中国的崛起。马伦还对中美军事交流提出了三项建议：首先，两军应该就交流和对话确定恰当的基调，在交流中保持互相尊重；其次，两军合作是多层面的，不应局限于亚太地区，而应扩展到双方有共同利益且中国力所能及的地方；第三，两军合作应该面向未来，而不是纠缠于过去。面对国际环境和世界秩序的变化，两军交流应“从致力于解决具体问题和服务于双边关系转变为致力于达到我们更广泛的一致目标”。参见余晓葵：《美参联会主席马伦称美中两军关系应面向未来》，《光明日报》，2010年12月4日，第8版。

一国外交政策的底线与不可撼动的利益核心，因此军事交往的发展自然比其他领域更容易遭遇困难，取得交往成果也更加来之不易。[①]特别是当前中国与美国作为崛起国与霸权国的关系，存在权力竞争与转移的结构性矛盾，军事关系的发展也就更具挑战性。

当前中美两国的安全利益冲突与防务政策之间的分歧可以用“传统障碍、战略对冲、新兴领域”来概括。

第一，“传统障碍”就是指中美军事交流中的“三大障碍”。这其中，台湾问题特别是美国对台军售问题是影响两军关系甚至是中美总体关系最敏感也是最核心的问题；美国对中国近海与近空的抵近高强度、大密度的连续侦察严重影响了中国的国家安全；美国国内包括《2000年国防授权法》和《迪莱修正案》等法律也从制度上根本限制了中美两军的交往。横向对比来看，中国在美国开展军事交流的国家中基本属于很低的层次，双方缺少实质性的安全合作，两军高层之间也很难建立起真正的信任。例如，美军同外军发展有着较为明晰的8级标准，由低到高依次为：高级将领互访、参谋情报交换、两军召开讨论会和研讨会、军官赴美受训以及互派观察员、进行工程和医疗方面的联合演习、小规模军训、联合实战军事演习、多国联合军事演习。冷战结束以后，中美之间的军事交流基本介于第3级和第4级之间。[②] 中美两军之间的关系是两国各领域关系中互信程度最低的，双方的战略与政策出发点都是基于最坏的场景，即为中美之间严重的军事冲突做好一切准备，因为在台湾问题上中美

---

① 有中国的军事专家这样概括中国处理与美国军事交往中的分歧：在涉及主权和领土完整的核心问题上，中国会寸步不让，告诫美方切勿触犯这一底线；而在一些非核心问题上，双方可以求同存异，通过磋商化解矛盾。无论是推迟还是恢复对美高层交往，都是为了展现中方的一种姿态：推迟是为了表达不满，恢复是为了释放善意。李忠发等：《盖茨访华，中美军事交往“回暖”》，《新华每日电讯》，2011年1月10日，第5版。

② 叶秋：《“中美新型军事关系”咋相处》，《中国国防报》，2011年5月17日，第1版。

不能完全避免正面对抗的可能性，美国也担心中国的崛起冲击并挑战其世界头号军事强国与霸权的地位。“三大障碍”可以说是横亘在中美军事交往中的一块巨大的拦路石，绕道而行被证明是行不通的，双方只能集中智慧寻求突破这一困境。

第二，“战略对冲”就是指美国全球战略重心东移的调整与中国形成的东亚地区主导权的争夺态势。有中国学者认为，中美军事关系的发展有几个决定因素，分别为：美国对华战略定位、美国如何看待中国军力发展以及美国能否尊重中国的核心利益与重大关切。[①]实际上，这几个因素反映的是同一个根本问题，即美国对华战略的指向性。从2009年奥巴马政府上任开始，美国进行全球战略重心转移的态势愈发明显。2010年至2011年借助朝鲜半岛问题和南海问题，依靠军事同盟体系和拉拢新兴大国，并积极介入地区多边安全与经济机制，形成与中国争夺东亚主导权的态势，开始加强对中国崛起的遏制，这与中国长期希望坚持的周边经济与安全政策，特别是希望延续“战略机遇期”的想法存在明显的对冲态势。与此同时，由于收紧军事同盟关系，美国在亚太五个军事同盟的安全利益也成为美国的利益延伸，造成中美利益冲突重叠程度进一步扩大。[②]美国着重加强了以关岛为核心的东亚军事基地群的建设，严密控制中国军力在“第一岛链”和“第二岛链”的发展，针对中国提升“拒止和反介入”能力提出“空海一体战”战略。这种大规模、极具指向性的军事部署调整，预示着中美两军关系在未来存在较为严重的战略对抗可能性，对于两军交往来说是相当负面的信息。

---

① 高倚天：《中美军事关系怪圈的背后》，《世界知识》，2010年第21期，第33页。

② 美国积极在东北亚寻求建立美国—日本—韩国三边同盟，等于将中国同日本与韩国的利益冲突转移成中国与美国同盟体系的直接冲突，利用军事同盟实现利益延伸，进而挑战中国的核心利益与周边安全，这成为美国在亚太地区推行“小多边主义”的一种主要战略手段。参见郑继永：《军事结盟不可能结出和平的果实》，《学习月刊》，2011年第3期，第45—46页。

第三，“新兴领域”就是指包括外太空安全、互联网络空间、核武器与战略导弹防御部署等新近出现的安全议题。在上述这些议题上，中美两军实际上是存在较大的合作空间的，双方可以共同参与制定国际性的协议和规则以共同维护在这些领域的安全。但是，美国作为全球独一无二的超级军事强国，在包括外太空、网络空间和导弹防御等方面都希望拥有垄断性的权力。比如，美国积极发展太空武器，并对中国进行的卫星爆破试验给予格外的关注。在网络空间方面，美军建立了网络指挥部，更是有可能在未来的信息化战争中采取网络战的手段。美国提出在中东和东亚建立与西欧类似的导弹防御系统更是给亚洲各国带来新一轮冲击。尽管美国希望同中国在这些议题上进行深入的交流与互动，表面上看双方通过协商可以加深相互认知与了解，避免采取针锋相对的对抗，但是分析美国的根本用意，还是在于希望窥探中国在这些领域的发展实力与潜力，应对中国对美国在这些领域优势的冲击。正是因为这些原因，中美在这些新兴领域的对话开展并不顺利，双方都一定程度上怀疑对方别有用心。

在上述这些利益冲突与政策分歧下，中美军事关系的发展显得步履蹒跚并不意外。将中美军事关系置于两国关系发展的大背景下，可以看出，中美军事交流往往是负重前行，背负着非常沉重的压力，受到各方面因素的影响。如果说中美经贸关系是两国关系发展的“压舱石”，那么军事关系就往往被视为“减压阀”。从美国方面看，相对来说美国的国会和国防部对两军的交流比较消极，往往做出各种各样的限制，而军队和行政部门相对积极。美国国内在对华发展军事关系方面的阻碍，是两军交流无法正常展开的关键因素。在很多问题上，两国军队层面无能为力，必须服从最高决策，服务于两国政治关系大局。① 这也就使得中美两军的交流在很多问题上出现

① 曾经有美国军方的人士透露称，美国时任常务副国务卿斯坦伯格承认对中国的抵近侦察的决策来自于美国最高层。

“想谈的谈不了，必谈的没法谈”的尴尬局面，军事关系的敏感性和脆弱性使得许多讨论无法连续进行。

鉴于对台军售等问题对美国对华政策与中美关系造成的困扰，美国国内战略界近一年多来掀起了新的一轮美国台海政策的辩论。一些反思美国台海政策观点的人士发表了一些观点，认为美国的外交政策应该在中国崛起和军力增强的情况下做出适当修正，避免中美陷入常规甚至核军备竞赛，逐步收回对台湾的保护承诺就是避免上述风险的选择之一。美国乔治·华盛顿大学教授查尔斯·格拉泽、美军前太平洋司令部司令普理赫与前美国参谋长联席会议副主席欧文斯等人就分别发表文章和演讲，呼吁两军加强交往，推动两国关系更上一层楼。欧文斯甚至提出重新考虑对台军售和重新审视《与台湾关系法》，引起了美国国内亲台势力的反弹。[①] 虽然修改《与台湾关系法》和终止对台军售目前还未成为美国战略界的主流意见，但这样的辩论还是有益的，有利于美国国内重新审视其台海政策，并有可能通过其内部利益权衡，推动有利于中美两军关系发展的政策。

四、展望与建议：“斗而不战，破而不乱”的务实交流

中美军事交流屡屡遭遇停滞，也使得中国国内在同美国进行军事交往方面存在一些争论和不同意见。有一些人认为，同美军交往得不偿失，例如美国提倡的“军事透明度”问题实际上是一种变相的侦察行为，具有敌对性。考虑到美国目前采取的种种对华不友好

① 于喜斌：《美对台军售喊暂停》，《中国国防报》，2011 年 4 月 12 日，第 10 版。

的战略举动，军事交流的意义遭到质疑。应该说，这种看法不无道理，因为美国屡屡失信于中国，三番五次在台湾问题等涉及中国核心利益的问题上挑战中国的主权，没有履行“相互尊重”这一双方开展军事交流的基本原则。中国国内出现这种意见，反映出了对中美军事交流前景的悲观预期，对两军交往的功能与效果的期望值在降低。但是，如果从另一个角度来讲，正是因为中美之间显露出来越来越严重的安全对抗态势，两军之间的交流才更显得重要，而且双方在不涉及核心利益的问题上合作的空间是巨大的，共同利益也是广泛的。

对于未来中美军事交流的开展，笔者认为双方应该在如下一些方面着力：

首先，中方应该倡议为中美军事交流建立完善而分工明确的交往体系。中国应该具有更为广阔的视野，在坚持国防为国际总体外交服务、为国防现代化服务的同时，针对性地制定一些策略，特别是区分中美军事交流在不同情境下的功能，为中美军事交流制定一个准确的定位。有学者提出，中国发展与美军的关系，可以具有下述的思想目标：增加合作、控制冲突（危机管理机制）、降低或消除误解以及增进互信。这种综合性目标的提出，就是希望针对不同的目标，采取不同形式的军事交流。在不同的情境下，即便是双方尖锐冲突之时，两军的交流不是一概中断，而是某一部分发挥主要效能。例如：两军的高层互访推动总体关系的发展，并制定两军交往的规划；防务磋商与战略安全对话负责协商和解决双边或多边、地区或全球性的热点安全问题；军事热线等负责在危机事态之下双方的紧急协调与有效沟通；军事人员培训与访问加强双方军队中低层官员与官兵的友好往来等等。通过建立完善而分工明确的交流体系，形成具有真正长远视野的有效战略协调机制，保持各方面的工作稳步推进，在任何事态发生或者任何局势下，中美之间军事交流不致完全中断，保持部分紧急磋商和危机管理的常态有效性。① 在发生对台军售等严重影响两军关系的事件的情况下，中断象征国家主权代表的军方高层友好访问，同时积极发挥军事热线和磋商机制的效果，正面、高强度地提出抗议和反对意见，采取综合性的反制措施。

其次，中美双方应该适度调整“基于最差场景”出发的高度敌对性思维模式。当中美之间的安全形势与全球安全态势发生急速变化时，适时的部分调整从最坏场景出发的思维，转变为从“最有可能”的场景出发来考虑问题，应该成为未来思维的主轴，并与此同时努力争取最好的情景。毕竟最坏场景出发的思维成本是极大的，效果也可能不是最理想的。这一点需要中美相互之间逐渐累积互信作为支撑，并培养合作的习惯。

最后，中美之间“斗而不破”的局面很有可能演变为“斗而不战，破而不乱”。换句话说，即中美之间的斗争主要在外交层面，而不是军事战斗层面。包括军事外交在内的外交战线的斗争，可以与美国撕破脸，比如在台湾问题等涉及中国核心利益与主权的问题上，按照美国现有的政策框架，对台军售将久拖不决，持续成为中美关系的“振荡源”。在这种情况下，维系中美之间大局的平稳几乎是不可能的，两国之间的斗争难以停滞。只有斗而不怕破，不惜暂时冷却或者忍受两国总体关系在一定时期徘徊于低谷期，才能迫使美国从自身利益的角度权衡台湾问题的轻重，不再利用对台军售借题发挥。没有中美外交斗争的“破”，也就难以带来美国对华政策框架的

① 有中国学者提出，中美之间的几个主要协调机制，如“战略与经济对话”、军事交流、关于台湾问题的三个公报等，实质上没有真正涉及战略互信，更多是解决实际问题。这是一种“即兴主义”的外交框架，以短期利益为驱动，头痛医头，脚痛医脚。中美之间尚未建立一个具有长期视野的战略协调机制。参见相蓝欣：《对美斗争，要确保“破脸”不破裂》，《国防时报》，2011年1月17日，第19版。

“破”，从而有别于《与台湾关系法》的美国新台海政策框架也就无从确立。解决了台湾问题这一中美关系中的提纲挈领的问题，中美军事交流才能真正走上一个新的台阶。

第十一章

调整战略困境：中美东南亚地缘博弈

2011 年是美国亚太战略转型的关键之年，其中尤为引人注目的是对东南亚战略进行的调整。特别在下半年，奥巴马政府对该地区投入大量外交和军事资源，不仅全方位加强了同该地区的外交和经贸关系，还将一些关键国家进一步纳入由美国主导的亚太战略结构当中。尽管美国对东南亚乃至整个亚太战略进行的调整不一定完全以中国为对手，但在其一连串行动背后，无疑是以中国崛起日益威胁美国的地区主导地位为主要考虑的。本章从这一基本判断出发，重点考察三个问题：第一，美国 2011 年在东南亚地区进行了哪些新的战略部署？对当前该地区的地缘局势形成了哪些重大影响？第二，面对各种国内外因素的制约，美国的东南亚战略能否顺利推进？其未来趋势如何？第三，中美在东南亚地区的战略博弈是否终将导致两国陷入严重的地区战略对抗？两国应如何化解矛盾，加强合作，共同维护地区的安全与稳定？

一、美国2011年的东南亚战略调整及其地缘影响

奥巴马政府自成立之初便一直高调宣称美国要“重返亚洲”，但由于美国在全球经济危机影响下经济长期低迷不振，且同时深陷于阿富汗和伊拉克战争泥沼，实无足够力量支撑此言。2011年，随着美军从中东地区撤军计划的逐步实施，奥巴马政府计划腾出更多战略资源转向亚太地区。作为此次战略转型的关键一环，美国在东南亚地区纵横捭阖，进行了大量新的规划和部署，其东南亚战略已基本成形。

1. 美国东南亚战略调整的主要表现

在政治及外交层面，奥巴马总统及其政府高层利用各种场合，多次重申美国对亚太特别是东南亚地区“战略再关注”的承诺。[①] 早在2010年5月，奥巴马向国会递交上任以来首份《国家安全战略报告》，就提出了“重振美国和领导世界”战略，明确指出亚太地区是美国的未来关注重心，美国将在东盟、亚太经济合作论坛、跨太平洋伙伴关系及东亚峰会等地区多边框架内寻求发挥更大作用。[②] 2011年伊始，美国明显加大了对东盟及东盟各国的外交联系，国务卿克

---

① 尽管奥巴马总统及克林顿国务卿等政府高官多次宣称美国将“重返亚洲（return to Asia）”，但在许多人看来，因美国无论从地缘影响还是战略关注来说都从未真正离开过这一地区，故用“战略再关注”（strategic refocus）更加准确。

② The White House, *National Security Strategy*, May 2010.

林顿，副国务卿奈兹、伯恩斯及主管亚太事务的助理国务卿坎贝尔等高官频频访问东南亚各国，不断重申美国“将留在这里”的决心和信心。尤为引人注目的是克林顿国务卿在《外交》杂志2011年11月号上发表的题为《美国的太平洋世纪》一文。在这篇阐述美国亚太政策的纲领性文章中，她表示美国将像当年建立跨大西洋网络一样建立跨太平洋关系，把太平洋作为未来繁荣和全球领导权的重心。紧接着，奥巴马11月中旬出席在印尼巴厘岛举行的第六届东亚峰会，因是美国总统首次出席该峰会，更被看作美国对该地区“战略再关注”的标志性一步。

在地缘安全方面，奥巴马政府通过一系列军事合作和战略安排，进一步加深了同东南亚国家的军事安全关系。美国国防部在2010年2月发表的《四年防务评估报告》中已清晰地表达了美国在东南亚的战略路线，即加强与菲律宾和泰国的同盟关系、深化与新加坡的战略伙伴关系（或称“准同盟”关系）以及与印尼、马来西亚和越南的“可预期的战略伙伴关系”。2010年下半年，中国同一些东南亚国家在南海岛礁归属问题上发生纠纷，美国借机加强了同越南、菲律宾等国的军事合作，以平衡中国“日益增长的军事力量”和“处理与邻国领土纠纷问题过程中的强硬态度”。2011年，特别当6月下旬南海争议再次热化之际，美国又加快了同东南亚主要国家的军事安全合作。从组织印尼、马来西亚、新加坡等14国参加美国主导的亚太地区最大规模的军事演习到宣布在新加坡部署濒海战斗舰，再到11月宣布在澳大利亚部署2500名海军陆战队，其军事触角已伸到东南亚地区的多个战略要点。同时，美国海军还计划在未来10—15年里把1/3的战舰从其他地区转移到西太平洋，逾半数的海上军力将驻扎在亚洲。最令中国人感到担忧和愤慨的是美国在南海岛礁争端中对菲律宾的支持。美国不但对菲律宾采取的一些主动挑衅行动予以“善意忽略”，还接连以退役军舰等武器装备补充菲律宾军力。不仅如此，2011 年 11 月 16 日，正在菲律宾访问的克林顿国务卿竟然将国际社会普遍接受的“南中国海”的一部分称为“西菲律宾海”，其不惜违反外交道义，借南海争端拉拢东南亚国家的意图昭然若揭。尽管上述这些军事或准军事部署及行动并不全然以中国为假想敌，但美国加强同东南亚各国的军事关系，凸显美国对亚太地区安全的主导地位，仍在客观上逐渐促成了一种重点针对中国的地缘战略态势。

奥巴马政府不仅在外交及安全领域加强同东南亚各国的联系与合作，还借此大力推动同后者的经贸关系。正如克林顿国务卿 2011 年 10 月所说，美国外交政策应“进一步向经济倾斜”。[①] 这一方面是美国当前深陷债务和经济危机、国内需求与就业不振的必然要求，另一方面也表明美国不仅寻求在地缘战略上重振在东南亚乃至亚太地区的主导地位，更要结合外交、军事及经贸等手段，全方位提升对这一地区的战略掌控能力。除加强同东南亚各国的双边经贸往来外，美国东南亚战略中有关经贸方面的又一重要抓手便是“跨太平洋伙伴关系协定（Trans-Pacific Partnership Agreement，TPP）”。这一协定最初由新西兰、新加坡、智利和文莱四国发起，旨在促进亚太地区的贸易自由化。美国于 2008 年 2 月宣布加入并开始推行自己的经贸议题，逐渐掌握了对该协定谈判进程的主导权。2009 年 11 月，美国正式提出扩大该协定的成员范围。截至 2011 年 11 月，又有澳大利亚、秘鲁、马来西亚、越南和日本等五国先后加入谈判。11 月 12 日，在夏威夷参加 APEC 会议的奥巴马高调宣布除日本外的九个国家已就该协定贸易大纲达成一致（日本于 11 月 11 日方决定加入谈判），并预计在 2012 年底之前签署“新一代贸易协定”。如

① Hillary Rodham Clinton，“Economic Statecraft—speech at Economic Club of New York”，http://www.state.gov/secretary/rm/2011/10/175552.htm，Oct 14，2011.

顺利建成，该协定成员国的经济总量将大大超过亚太地区现有最大的“中国—东盟自贸区”。由于该协定对新的申请者设置了非常高的准入门槛，人们普遍猜测中国可能会被长期排除在外。从美国东南亚战略部署的角度看，可以说美国推动该协定的主要目的正是为了同“中国—东盟自贸区”抗衡，并借此拆散未来可能形成的由中国主导的地区贸易集团。对此，在美国战略暨国际研究中心（CSIS）于 2012 年 1 月举行的一次会议上，美国副国家安全顾问弗罗曼（Michael Froman）坦承，由于亚太地区存在大量缺乏美国参与的经贸协定，奥巴马政府担心“美国面对着被排挤出亚洲的可能”，因此要通过推动一个囊括整个地区的新的高标准的经贸机制，维护美国在亚太地区的战略利益。[①]

总之，同 2010 年相比，美国对东南亚地区的“战略再关注”不但日益公开高调，而且更加全面和立体化。如果说其之前推进东南亚战略的主要手段还停留在加强外交表态并同一些东南亚国家举行联合军演的话，如今则是外交、军事和经贸手段同时进行并相互促进。尽管受目前国际形势及自身经济状况所限，美国要长期保持对东南亚的战略投入并非易事，但即便如此，也已经对东南亚乃至整个亚太地区的地缘形势产生了深远的影响。

2. 东南亚各国对美国加强战略投入的反应

由于印尼、马来西亚等东南亚国家一贯奉行“大国平衡政策”，希望美国在政治、经济、外交、军事上重新重视东南亚地区，因此奥巴马政府对东南亚的“战略再关注”颇受一些国家欢迎，认为这

① CSIS website，http：//csis. org/event/trans-pacific-partnership-speaker-series，Jan. 5，2012.

有助于平衡中国日益上升的地缘影响，使自身及整个东盟发展不至于过度依赖中国。此外，菲律宾、越南等南海岛礁声索国也希望借美国之力，在同中国的争议中获得更加有利的地位。特别是作为美国盟国的菲律宾，仅仅一年前，当希拉里国务卿在东盟外长会议上高调宣布南海安全事关美国利益时，菲律宾外长罗慕洛还曾公开表示"解决南海领土争端不需要第三方参与"，如今则越来越公开地呼吁美国更多介入南海争端，并期待美菲两国尽早确定"在此问题上合作的模式"。[①] 这种明显的态度转变，无疑受到了美国不断加强对该地区"战略再关注"的刺激和鼓励。

尽管如此，出于对自身利益及整个地区长期稳定与发展的考虑，绝大多数东南亚国家对美国"战略再关注"及其地缘影响也存在着相当程度的忧虑和困惑，主要表现为下述几点：

第一，各国担心美国不断增加东南亚战略投入特别是对南海问题的介入，可能会导致中美战略对抗，进而殃及东南亚各国的安全及整个地区的稳定局面。如荷兰国际关系研究院克林根达尔亚洲论坛（Clingendael Asia Forum，CAF）的一位高级研究员所说，"如美国实力强大到足以遏制中国日益强势对待其邻国的话，它对南海地区的有力介入将有利于该地区保持稳定。然而，中国在经济、外交和军事上崛起的速度太快，使美国愈加丧失能够在必要时成功介入的压倒性力量。在此背景下，华盛顿对南海问题的介入很可能会使该地区变得更不稳定，因为这不但（因刺激中国的邻国与之对抗）加大了中国同某一邻国发生冲突的危险，还将最终导致中美两国陷入危机"。[②] 即便美国如其一直宣称的那样在南海岛礁争议中"持中

---

① 星岛环球网：《菲律宾推东盟讨论南海问题遇挫转向美国求助》，http://news.stnn.cc/guoji/201111/t20111116_1667334.html，2011年11月16日。

② Frans-Paul van der Putten, "The United States' Dangerous Game in the South China Sea", *Clingendael Asia Forum*, 28 June 2011.

立立场”，随着其不断增大在菲律宾、新加坡、澳大利亚及日、韩等中国周边国家和地区的战略部署，中国也必将日益担心美国的战略企图而积极寻求“突围”。如在此过程中出现严重的冲突和对抗，地缘位置极端重要而整体实力相对不足的东南亚地区必然首当其冲。

第二，各国也普遍担心美国在加强对东南亚地区“战略再关注”的过程中反客为主，损害东盟对地区事务的主导权。早在2010年9月于纽约召开的第二届美国—东盟峰会上，当奥巴马公然宣称“美国旨在亚洲承担领导角色”，而东盟“有潜力发挥更多领导作用”时，便引起一些东南亚国家的警惕和不满。2011年，美国白宫及国务院高官又多次重申美国领导亚洲的决心，更令这些国家担心有一天会被迫成为美国的“追随者”。从希拉里国务卿发表的《美国的太平洋世纪》一文也可看出，美国的外交政策旨在“使自己（美国）处于最有利的地位，以保持我们的领导作用、保障我们的利益以及推进我们的价值观”。① 至于东盟的利益及长期以来的地区主导权能否继续保持，则不是也不可能是美国的首要考虑。因此，东盟对美国在东南亚地区所发挥的作用一直怀有疑虑。例如，对于美国大力推动的TPP谈判进程，东盟虽未公开反对，但在2011年11月17日于印尼巴厘岛召开的东盟峰会上决定，2013年以后将成立一个由东盟和中日韩共同参与的自由贸易区。考虑到奥巴马仅仅五天前刚就TPP贸易大纲发表充满信心的讲话，这一决定无疑反映出东盟对美国主导亚太经贸合作的企图持保留态度。

第三，印尼、越南、缅甸、柬埔寨等国还担心，美国加强对东南亚地区的“战略再关注”会给其创造更多干涉各国内政的借口。美国历来对一些东南亚国家的所谓“人权和民主问题”指手画脚。

---

① Hillary Clinton，“America's Pacific Century”，*Foreign Policy* online：http：//www. foreign policy. com/articles/2011/10/11/americas _ pacific _ century，Nov. 10，2011.

实际上，美国之所以迟至2009年才加入《东南亚友好合作条约》，正是由于之前的小布什政府不愿在这些问题上向东盟让步。尽管奥巴马政府出于战略考虑加入了该条约，但并不意味着美国会停止利用这些问题向一些东盟国家施压。克林顿国务卿在《美国的太平洋世纪》中便将“推进美国价值观”当作对亚洲“战略再关注”的主要目标之一，其中多次谈到要“促进民主和人权”。她在2011年11月访问越南期间，除了表示要同越南加强交往以促进南海局势稳定外，还敦促越南应“在改善国内人权纪录上更进一步”，这不禁令一些国家担心美国的“战略再关注”对自身而言是一柄双刃剑。

第四，东南亚国家也担心有朝一日会被迫同“美国战车”绑在一起，从而给自身经济利益带来严重损害。过去十几年来，中国同东盟各国及澳、新等东南亚周边国家的经贸联系飞速发展，已经或正在超过美国同其中多数国家的经贸总额，并在相当大程度上促进了这些国家的经济发展。一旦这些国家主动或被迫与美国一道同中国进行战略对抗，则不但难再分享到中国经济高速发展给地区带来的红利和机遇，而且短期内便可能由于中国的经济报复而陷入经济困境。

当然，出于自身利益考虑，东南亚各国对美国的“战略再关注”也表现出不同的立场。大致可分为三种：一种以菲律宾为代表，对美国加强地区战略投入基本持欢迎和鼓励态度，希望尽可能扩大同美国在战略、军事、经济上的合作；第二种以越南和缅甸为代表，虽然希望借此改善同美国的关系并获得尽可能多的战略和经济利益，但对美国加强地区战略投入可能给本国内部政治稳定和改革发展方向带来的挑战持有很大戒心；第三种以新加坡为代表，在欢迎美国加强亚太战略参与的同时，鼓励通过相关大国及东盟的合作维持地区安全与稳定，不希望由任何一个大国担任“领导者”或“仲裁者”。

3. 美国战略调整对中国周边安全的负面影响

仅仅几年前，中国战略界还在讨论如何更好地利用新世纪头二十年的“战略机遇期”不断发展壮大自己。当时的设想是以经贸合作带动地缘安全合作，逐渐形成以东盟为核心、以东亚国家间合作为基础的广域自由贸易区和地区安全框架。然而，美国对亚太地区的“战略再关注”在一定程度上打破了这一曾为东亚各国普遍认同的愿景，并导致中国周边地缘环境面临的压力迅速上升。

首先，中国周边一些国家逐渐抛弃原有的以东亚合作为基础的共同发展蓝图，而大有同美国一道制衡和防范中国之势。这种转变固然有中国随自身实力快速发展而表现得更加自信与强势的原因，但美国的“战略再关注”无疑为一些国家对华态度和行动上的变化提供了极为重要的物质及心理保障。自 2010 年下半年以来，不仅菲律宾、越南等国经常跟随美国一些防华、反华势力渲染“中国威胁论”，并在外交和安全层面加大同中国对抗的力度，就连几年前对中国崛起持乐观和信任态度的新加坡、澳大利亚等国也开始有了一定程度的转向。新加坡前内阁资政李光耀过去一年多所发表的文章和讲话，[①] 以及澳大利亚于 2011 年 11 月同意美国增加在澳军力部署，均是明显的例子。正如日本《产经新闻》2012 年 1 月的一篇文章所言，“中国外交部负责人总结去年（2011 年）的中国外交说，那是‘令人难忘的最坏一年’”，不但中国的周边环境变得不稳定，中国的地区影响也在下降；“中国外交面临四面楚歌的局面，是因为美国的

① 新华国际：《李光耀竟对中国崛起有顾虑》，http：//news. xinhuanet. com/world/2011－01/26/c _ 121026466. htm，2011 年 1 月 26 日；新华国际：《李光耀：只有美国能抗衡中国》，http：//news. xinhuanet. com/world/2011－05/28/c _ 121468202. htm，2011 年 5 月 28 日，等等。

回归亚洲战略和与中国的主权之争日益激化”。[①] 尽管这种观点不无夸张成分，却客观反映出中国之前在东南亚地区“以经贸带动安全合作”的战略构想正面临越来越大的挑战。

其次，随着中国周边一些国家对借美国力量平衡中国影响的期待日益加深，它们在边界、海洋问题上开始对中国表现出更加强硬的态度，南海局势变化便是典型的例子。在对南海岛礁争议的介入问题上，如果说美国之前还有些迟疑不决和遮遮掩掩的话，2011 年则开始愈加公开地显示其增强介入的意图。美国不但在外交上加强了对菲、越等南海岛礁声索国的支持，还通过联合军演、加强情报合作甚至加大军售和军事援助力度等方式公然帮助这些国家同中国对抗，使南海局势更趋动荡复杂。以前文所述菲律宾在南海岛礁争议中的态度变化为例，尽管该国在 2010 年还反对“第三方”介入争端，但在美国的一系列外交支持和军事援助下，现已成为南海问题国际化的最有力的鼓吹者，甚至不顾东盟绝大多数成员的反对，执意在东盟内部推动成立针对中国的“南海问题同盟”。这些行动不仅威胁到中国对其所属南海岛礁的主权及其他海洋权益，也给地区局势发展增添了新的变数。

最后，由于美国加大对整个亚太地区的“战略再关注”，中国近年来一直热议的海军“走出去战略”在规划和实施上正面临更多挑战。虽然根据《2010 年中国国防白皮书》，中国海军建设仍主要本着近海防御的战略要求，但毋庸置疑的是，随着越来越多的中国企业、资本和人员走向海外，中国政府必须尽快制定与此相配合的安全战略，海军战略从近海防御向远海防御转变势在必行。[②] 然而，无

---

① 人民网：《日媒：中国外交四面楚歌军队等强硬派抬头》，http://military.people.com.cn/GB/16850908.html，2012 年 1 月 11 日。

② 新华网：《外国媒体称中国安全战略须配合“走出去”国策》，http://news.xinhuanet.com/world/2011－04/08/c_121279440.htm，2011 年 4 月 8 日。

论中国政府如何向国际社会表示将坚定不移地践行和平发展理念与积极防御战略，仍有不少国家对中国的军事现代化尤其是海军力量发展抱有疑虑。特别是美国，认为中国不断提升军事“反介入（anti-access）能力”，将对美国在亚太地区安全上的绝对主导地位形成巨大挑战，使整个亚太地区逐渐脱离美国的掌控和影响，故而近年来愈加强调美国在亚太地区的领导地位，并试图通过加强自身军事投入、巩固和扩大各种军事同盟等手段，遏阻“新兴力量崛起给地区安全造成的潜在威胁”。① 尽管白宫高层一再表示这些战略行动并不以中国为对手，但随着美国加大对西太平洋特别是南中国海周边地区的军事投入，中国海军“走出去”势必变得愈发困难。

二、美国东南亚战略的相关争论与未来走向

如果说迟至 2010 年下半年，人们对美国加强东南亚战略投入的目的和程度还存在一定争论的话，2011 年以来奥巴马政府的一系列行动和表态则为这些争论暂时画上了句号。正如奥巴马多次表示的，“美国回来了，而且将不再离去”。然而从长期看，美国是否有足够力量和战略意志来实现这一目标呢？一方面，美国战略界对奥巴马政府的亚太战略转型尤其是东南亚战略调整一直争论不休；另一方面，美国能否顺利推进其战略意图，不仅取决于其自身实力发展，也与美国同该地区其他国家及国家组织的关系如何演变密切相关，

① US Department of Defense, *Annual Report to Congress—Military and Security Developments Involving the People's Republic of China* 2011, pp. 22—29.

其中最重要的无疑是中美关系。假如美国不能始终保持对东南亚地区的战略关注和投入，或者其东南亚战略的实施未能给该地区带来预期的稳定与繁荣，则其对整个亚太地区的战略构想也将日益难以为继。

1. 美国东南亚战略调整的主要意图

美国对亚太特别是东南亚地区的“战略再关注”究竟出于何种意图？是否像许多中国学者所认为的主要是“针对中国”呢？据美国布鲁金斯学会高级研究员李侃如（Kenneth Lieberthal）的分析，奥巴马政府早期的亚太政策特别是对华政策的主要制定者是副国务卿斯坦伯格（James B. Steinberg）和国家安全委员会东亚事务高级主管贝德（Jeffrey Bader），他们倾向于一种通过加强美中合作推进亚太安全与经贸发展的政策。然而，从 2009 年后期开始，美国国防部部分官员要求对华采取更加强硬的态度，并呼吁亚太地区其他国家联合起来同中国抗衡，由此埋下了美国不顾中国感受而高调加强对亚太地区“战略再关注”的伏笔。2011 年春，斯坦伯格和贝德先后离任，自此，美国国务院、国家安全委员会和国防部等部门的主管当中支持美中合作的“知华派”力量大大减弱，其结果便是美国对华态度渐趋强硬并加快了亚太战略转型的步伐。[①] 还有一种解释认为，由于针对朝核问题的六方会谈迟迟无进展，且美国同日、韩等国关系也难有起色，美国负责亚太事务的助理国务卿坎贝尔为了在任内有所建树，便力促美国加强亚太战略投入并将东南亚地区当作亚太战略转型的切入点。因此，国务院是推动美国东南亚战略调整

① Kenneth Lieberthal, “The American Pivot to Asia”, *Foreign Policy* Website, http://www.foreign policy.com/articles/2011/12/21/the _ american _ pivot _ to _ asia, December 21, 2011.

的关键力量。[①]

另一种观点对国务院及坎贝尔本人所发挥的作用给出了不同解读。据新美国安全中心（CNAS）亚太安全项目主管帕特里克·克朗宁（Patrick Cronin）分析，奥巴马政府在上任之初面临着小布什时代遗留下来的许多外交与军事难题，而“财政状况不佳也使奥巴马更加关注如医疗改革等国内事务而非对外政策”。但克林顿国务卿和国防部长盖茨均认为应更多关注亚洲国家普遍崛起给亚太局势带来的变化，并在美国战略东移大方向上达成共识。这样，2010年底，新上任的国家安全顾问多尼隆（Thomas E. Donilon）已经开始就美国战略重心将逐渐转向印度—亚太地区（即广义的亚太地区）进行较系统的论述了。之后，虽然奥巴马政府中负责亚洲事务的高级官员纷纷离职，使美国亚太政策的制定权几乎完全落在助理国务卿坎贝尔身上，但他承担的角色更多是原有战略思路的贯彻者，而非美国新亚太战略的创始者。[②] 考虑到新美国安全中心同坎贝尔本人的关系，[③] 克朗宁的解释或许更加接近事实。

无论将美国对东南亚乃至亚太地区的“战略再关注”归因于奥巴马政府内部的人事变化，还是国防部与国务院的高层共识，有一点是确凿无疑的，即美国2011年以来全方位展现对亚太特别是东南亚地区的“战略再关注”，是一年前甚至更早时候便已定下来的大方针，而中国崛起带来的地区影响则是制定此方针时的首要考虑。

实际上，早在小布什执政时期，美国就在一定程度上为应对中

① 根据笔者2011年9月在华盛顿对美国前国务院高级官员的访谈。

② Patrick M. Cronin, “The Slow Emergence of an Obama Foreign and Security Policy and the Outlook for Asia”, *The Asan Institute for Policy Studies Issue Brief*, No. 10, June 2011.

③ 2007年，时任美国战略暨国际研究中心高级研究员的坎贝尔与米歇尔·弗卢努瓦（Michèle Flournoy，现为美国助理国防部长）在首都华盛顿共同创立新美国安全中心，是当前美国安全与外交政策研究领域最重要的智库之一。

国崛起而进行过两次较大的亚太战略调整。第一次是在其刚上任时大幅修改克林顿政府的对华立场，将中国定位为“战略竞争者”而非“战略伙伴”，声称美国要加强在西太平洋的军力部署，以“防止再次出现一个新的对手”。这次亚太战略调整的核心是借助日、韩等盟国力量对中国进行“预防性遏制”。[①] 第二次调整是在大约五年之后。根据白宫 2006 年出台的《国家安全战略报告》，美国的东亚战略将从过去的以安全事务为重点转向安全与经贸并重，尤其要扩大对该地区的贸易和投资并加强介入东亚现有的地区组织及外交活动；对中国则强调“负责任的利益攸关方”这一概念，逐渐重视扩大同中国的合作并对中国的未来走向表示审慎乐观。[②] 此次调整的重点是进一步改善对华关系并加强介入东亚合作特别是经贸一体化。然而，由于大部分战略力量都被用于伊拉克和阿富汗两个战场，美国很难像计划的那样全面介入亚太事务。结果，安全议题在美国同亚太国家的合作中仍占绝对主导地位，而安全合作的主要对象则是日、韩、澳等盟国及印尼、菲律宾等对美国反恐战争起较大作用的国家。简言之，直到小布什总统离任，美国参与东亚经贸一体化的力度依旧较弱，对东南亚地区整体上仍缺乏重视。

2009 年之后，随着美国面临的反恐压力逐渐减轻，特别是由于中国在全球金融危机中展现出巨大的政治和经济力量，使美国战略界愈加担忧美国在未来亚太地缘格局中所处的地位以及中国迅速崛起可能对当前地区局势产生的冲击。白宫在 2010 年发布的《国家安全战略报告》便以此为主要依据，提出“重振美国和领导世界”战略并将亚太地区当作未来的关注重点。[③] 美国国防部更是在 2011 年

---

① 吴心伯著：《太平洋上不太平——后冷战时代的美国亚太安全战略》，复旦大学出版社，2006 年版，第 125—131 页。

② The White House, *National Security Strategy*, March 2006.

③ The White House, *National Security Strategy*, May 2010.

8月发布的《中国军力年度报告》中突出强调中国的军事科技发展速度及“海上野心”，并再次对“北京越来越强硬的军事姿态”表示担心。报告称，“尽管中国在军事透明度和安全事务上不断取得温和的进步，但它将如何运用不断增长的军力尚不确定”。报告指出，虽然美国欢迎中国为国际安全事务做出更大贡献，也鼓励中国继续融入国际经济体系，但美国必须在推动中美军事交流以外，“继续监测中国的军力发展和军事战略，并同盟国与友国一道，不断调整军力配置、姿态和作战概念，以维持稳定与安全的东亚环境”。[①] 负责东亚事务的副助理国防部长薛迈龙（Michael Schiffer）则在报告发布之后直言不讳地说：“中国持续、快速而大规模的军事投资使中国正在获得更大能力，我们相信这会给地区军事平衡带来潜在的不稳定因素，提高产生误解和误判的风险，并导致地区紧张和焦虑不断增加。”[②]

除了对中国军力发展表示疑虑外，美国还担心，随着中国经济力量的迅速提升，特别是以东盟为核心的“东盟＋X”机制继续巩固，美国有可能在不远的将来被排挤出逐渐由中国主导的东亚经贸一体化之外。美国战略暨国际研究中心在一份战略报告中指出，美国在过去十几年里过于重视中国迅速崛起的市场而忽略了东盟对美国安全与经济的重要性。随着中国—东盟自贸区2010年正式成立，以及“东盟＋6（中、日、韩、印、澳、新）自贸区”的不断推进，美国在同东盟的贸易中愈显不利，东盟国家也普遍怀疑美国能否一直保持对该地区经贸及安全的兴趣。报告称，东南亚地区不论从地

① US Department of Defense, *Annual Report to Congress—Military and Security Developments Involving the People's Republic of China* 2011, page I.

② Nathan Hodge, "China's Naval Power Draws U.S. Notice", *The Wall Street Journal* online, http://online.wsj.com/article/SB10001424053111904787404576528512211856454.html, Aug 24, 2011.

缘位置还是经济意义上看对美国而言都是至关重要的，因而，美国必须在政治、军事、经贸、民间交流等各方面加大同这一地区的联系，包括推进“跨太平洋伙伴关系”、加快同东盟各国签署自由贸易协定，以及确保在南中国海争议地区的自由航行权，等等。[①] 的确，美国 2011 年以来有关同东盟关系的一系列表态与行动，正是这一战略转向的明确体现。

现在回到开始提出的问题：美国此轮东南亚战略调整是否主要针对中国？答案无疑是肯定的。但是要看到，其背后的根本原因并不是政府内部“知华派”为对华强硬派所取代，也不是所谓“中国近来在南海问题上的强硬态度”，而是中国迅速崛起对美国在亚太安全及经贸体系中长期主导地位形成的尤其是心理上的挑战。只要这种心理继续存在，美国便会根据局势发展不断调整其东南亚及亚太战略，从而尽量减缓自身实力相对下降的趋势并继续扮演地区领导角色。

2. 美国战略界的相关评价与争论

美国东南亚战略调整是整个亚太战略转型的关键环节，因而应从后者的角度进行全面考察。此轮战略调整既然很大程度上是战略界心理变化的反映，必然带有一定的权宜特征甚至盲动性，特别是奥巴马本人 2011 年 11 月 17 日在澳大利亚访问期间突然抛出的“转向亚洲论（pivot to Asia[②]）”，不但没能如预期的那样给地区盟友带

① CSIS：*Developing an Enduring Strategy for ASEAN*，Jan. 2012，pp. xi-xiii.

② “pivot”一词的本义是“枢纽、中心”，作动词用时表示“以……为中心进行活动”。奥巴马提出“以亚洲为中心”，实际的意思是将美国的战略重心从中东和欧洲逐渐转向亚洲，故译作“转向亚洲论”似较贴切。

来更大信心，反而引起了亚太国家的普遍质疑或批评，即便在美国国内也引起了不小的分歧。从美国战略界的反应来看，虽然一些人支持奥巴马政府加快亚太战略转向，但更多的人则持怀疑和批评态度。

支持一方主要包括战略暨国际研究中心、新美国安全中心、美国和平研究所（US Institute of Peace）等与奥巴马政府决策圈关系密切的智库和学者。他们一般认为，亚太地区不但经济增长迅速，且世界上大多数核国家都集中于此，使该地区成为“21世纪经济一体化与19世纪均势政治共同出演的大舞台”；美国在亚太拥有越来越大的利益，多数美国民众也认为亚洲对美国国家利益的重要性超过欧洲，但美国过去对该地区时断时续的战略关注令亚太国家普遍怀疑美国能否一直保持足够的决心和投入，这不仅严重影响美国同该地区在安全及经贸领域的合作，还刺激了一些地区大国将美国从该地区排挤出去的野心，并使得该地区变得更加动荡不安。因此，战略转向亚太理应成为美国全球战略的关键部分。① 虽然一些支持者承认奥巴马使用“转向”（pivot）一词容易引发误解，但对其强调美国将继续扮演地区领导角色及保持军事投入则表示赞赏和支持。

反对一方除传统基金会、企业研究所等保守派智库外，还包括一些自由派学者和媒体人士。其反对的理由主要有三：

第一，美国并无足够财政力量长期支撑其“转向亚太”。目前，美国国债已超过14万亿美元，几乎同国民生产总值一样多，大规模削减政府开支势在必行。由于医疗保险、社会保障等国内公共支出很难削减，首当其冲的必然是国防费用。按白宫及国会2011年下半年达成的共识，美国未来十年将削减国防开支近4900亿美元，这对

① Michael Green and Dan Twining, “Dizzy Yet? The Pros and Cons of the Asia ‘Pivot’,” *Foreign Policy* online, http://shadow.foreignpolicy.com/posts/2011/11/21/dizzy_yet_the_pros_and_cons_of_the_asia_pivot , Nov. 21, 2011.

于美军在中东面临的艰巨任务而言已经是雪上加霜；同时，随着中国经济和军事实力的迅速提升，美国不可能长期维持在亚太地区的绝对优势，若此时将主要精力转往亚太，必将陷入左支右绌、两面皆输的境地。

第二，“转向亚洲”的提法给人以“美国易变”的印象，削弱了美国的可信度。如迈克尔·格林等人所说，“即便在冷战最紧张的年代，美国也保持着非常稳定的全球战略；然而今天，当我们的相对实力和自由度都有所加强的时候，反而表现得不像一个全球大国了”，“我们不但正在失去欧洲盟友的信心，还给人一种美国将本着简单化的、同一时间只能应付一个地区的思维制定大战略的印象”。①他们认为，战略收缩不等于战略放弃，美国必须同时承担东西两个半球的国际责任和领导角色。因而，当美国国防部在2012年1月发布的新国防战略中表示，美军将正式放弃长期以来一直遵循的“同时打赢两场战争”的原则，改为“在打赢一场战争同时能够应付和威慑第二个敌人”时，甚至连一些共和党人也抨击该战略“是在保证美国的衰落”。②

第三，美国对亚太特别是东南亚地区的战略关注迅速上升，可能给美中关系和地区局势带来更多的困扰和不稳定因素。奥巴马总统及一些政府高官2011年11月前后密集访问亚太地区，不但提出“转向亚洲”、“继续承担领导角色”等口号，还高调加强同菲律宾、新加坡、澳大利亚等国的安全合作，对中国这一“潜在对手”而言是一个巨大刺激；考虑到奥巴马政府仅仅两年前还把改善美中关系、

① Michael Green and Dan Twining, “Dizzy Yet? The Pros and Cons of the Asia ‘Pivot’”, *Foreign Policy* online: http://shadow.foreignpolicy.com/posts/2011/11/21/dizzy_yet_the_pros_and_cons_of_the_asia_pivot, Nov. 21, 2011.

② 新华网：《美军新战略报告三次提中国国防预算规模仍最大》，http://news.xinhuanet.com/world/2012-01/07/c_122549398.htm，2012年1月7日。

确保两国尊重彼此的核心利益当作制定亚太战略的基础，如今的态度转变尤其令中国难以接受。结果，中国只能靠加快军事建设予以抗衡，而这反过来又会促使亚太各国加快提升本国军力，整个地区可能因此陷入一场没有赢家的军备竞赛甚至引发战争风险。①

总而言之，尽管美国战略界普遍认为中、印等地区大国的崛起使亚太地区日益成为国际政治、经济及安全议题的中心，但就美国如何应对这一地缘结构变化则看法各异。各方争论的焦点不仅包括对美国未来经济与军事实力发展的判断，还在于美国能否在重新树立其地区领导地位的过程中，给整个地区的稳定与繁荣带来更多信心和动力。鉴于当前美国国内外对上述问题的评估存在诸多分歧甚至对立，奥巴马政府以东南亚战略调整为核心的亚太战略转型能否顺利推进，尚需更多时间来验证。

3. 美国东南亚战略的发展趋势

短期看，美国对亚太地区的“战略再关注”很难再有实质性进展，对东南亚的战略投入也可能停留在“雷声大，雨点小”的阶段。除了必须重点应对有关伊朗、巴基斯坦、叙利亚及朝鲜等迫在眉睫的安全和政治议题之外，美国还面临着即将到来的总统大选及亚太地区多个国家领导权交替所产生的诸多不确定性。虽然奥巴马政府及美国国会在大选期间定会在一些问题上加大对华施压的力度，但这些行动更多是出于短期的国内政治考虑，而非为了系统地推进其东南亚及亚太战略。即使在美国总统大选之后，中美两国也很可能会在接下来一段时间里进行谨慎的相互试探和

① Conn M. Hallinan, “Obama's Dangerous Asia ‘Pivot’”, http://www.internationalpolicydigest.org/2011/12/21/obamas-dangerous-asia-pivot/, Dec. 21, 2011.

磨合，尽量避免突然的单方行动引起对方误判；此外，新一届美国总统如何同亚太各国尤其是日、韩、俄、朝等刚刚或即将完成领导权交替的国家打交道，也还是一个未知数。正是由于这些不确定性，无论奥巴马总统能否如许多人预期的那样赢得连任，美国都不大可能在未来一两年内大幅增加对东南亚及整个亚太地区的战略投入。

不但如此，由于“转向亚洲论”自提出之日起便遭到国内外的普遍质疑和批评，奥巴马政府在对亚太战略的表述上甚至会出现一定程度的弱化和收缩。事实上，奥巴马刚刚发表完“转向亚洲”的讲话，白宫国家安全事务副助理罗兹（Ben Rhodes）便在一次简报会上解释称：“那种认为我们加强对亚太地区的关注某种程度上是以跨大西洋联盟为代价的观点是错误的……跨大西洋联盟始终居于美国在世界诸多事务中的核心，坦白说，是我们所有重大利益的关键所在。”① 在国防部一个月后发布的新安全战略中，“转向（pivot）”已被“战略再平衡（strategic rebalance）”所取代，连容易引起歧义的“战略转移（strategic shift）”甚至过去常用的“回归（return）”都不再出现，表示奥巴马政府正从“转向亚洲”的表态向“维持欧亚平衡”退缩。② 更加明显的变化是克林顿国务卿于 2012 年 3 月 7 日就尼克松访华 40 周年纪念发表的演讲。讲话中，克氏不但明显降低了美国将维护其亚洲领导权的调门，还几次表示亚洲需要通过美中协商与合作来建立一种有别于当前的“新秩序”。③ 在澳大利亚智库罗伊国际政策研究所（Lowy Institute for International Policy）

① Ben Rhodes, “Readout of President Obama's Recent Trip to Asia”, Nov, 22, 2011.

② US Department of Defense: *Sustaining U. S. Global Leadership*: *Priorities for 21st Century Defense*, Jan. 2012.

③ Hillary Clinton, “Remarks at the U. S. Institute of Peace China Conference”, http://www.state.gov/secretary/rm/2012/03/185402.htm, March 7, 2012.

的怀特教授（Hugh White）看来，这意味着美国战略高层正在重新考虑美国亚太战略转型的速度与方式，其影响足以改变未来亚太地区的地缘博弈态势。①

尽管奥巴马政府对亚太战略的态度变化是令人鼓舞的，但这或许同习近平副主席2012年2月访美及美国亟需中国在伊朗、朝鲜等问题上的帮助有关，而不表示美国会从根本上改变将战略重心逐渐转向亚太的既定方针。长期看，随着中国的不断崛起，美国必将继续以东南亚地区为重点加强对亚太的战略投入，试图再次确立在亚太安全与经贸合作等事务中的主导权。至于其推进东南亚战略的主要方式，则会因自身需要及地区局势的变化而表现为外交、军事、经贸、价值观这四种手段的不同组合，其中最重要的当为加强在该地区的军事部署及安全合作关系。

根据美国国防部2012年1月出台的安全战略指南，美国在亚太的经济与安全利益“必须以在该地区的军事能力和军事存在为基础”，因此，美国将在维持甚至增加地区军事部署的同时，把现有同盟与安全合作伙伴关系扩展到整个亚太地区。这一战略虽然承认美国同亚太各国特别是中国在维护地区稳定与繁荣上有许多共同利益，却又表示“中国作为地区大国的崛起对美国的经济与安全有潜在影响”，因而要不断推动中国增强战略透明度并“继续促进一种基于规则的国际秩序，以维持地区稳定并鼓励新兴力量的和平崛起、经济活力和建设性的军事合作”。② 该战略出台之后在美国国内鲜有质疑和批评之声，即便是一直抨击奥巴马政府在国际事务上“过于软弱”

① Hugh White, “Hillary on China: A Nixon Moment?”, Lowy Institute for International Policy online, http://www.lowyinterpreter.org/post/2012/03/12/Hillary-on-China-A-Nixon-moment.aspx, March 12, 2012.

② US Department of Defense: *Sustaining U.S. Global Leadership: Priorities for 21st Century Defense*, Jan. 2012, p. 2.

的保守派人士也大多暂时“失声”，或者仅仅在军事预算削减问题上做文章。这表明，美国战略界已经就加强对东南亚及亚太地区的“战略再关注”这一大方向达成基本共识，尤其是要进一步扩大在该地区的军事存在及拓展安全合作关系。未来无论哪个政党执政，都可能沿着这一方向走下去，唯一的差别不过是谁能展示出更多的政治耐心和外交技巧而已。

4. 中美在东南亚地区的地缘博弈与合作困境

毋庸置疑，美国对亚太特别是东南亚地区的“战略再关注”不但给中国的地缘安全环境带来了不小的冲击，也深刻地影响着地区安全形势的发展方向。然而，这是否意味着中美在亚太尤其是东南亚地区的地缘博弈必然会朝着对抗和冲突方向发展？既然其结果对所有国家都是不利的，中美两国应当如何逐步扭转这一可能趋势，并逐渐构建一种相互包容、共享惠益的亚太安全合作机制呢？

(1) 中美在东南亚地区的“合作困境”

从地缘政治的角度看，连接着太平洋与印度洋的东南亚地区对中美两国的重要性不言而喻。随着中国军事实力特别是海军力量的发展，两国在这一地区的地缘矛盾和较量变得更加尖锐而频繁，双方似乎面临着一种难以摆脱的“合作困境”：美国尽管一再重申欢迎中国和平崛起并鼓励中国在地区事务中发挥更大的“建设性作用”，却又不断加强在该地区的战略部署，甚至或明或暗地支持其他国家共同对中国进行“防范”和抗衡；中国虽然希望能通过自身和平发展打破“国强必霸”的大国崛起传统模式，却经常因美国及一些周边国家的防范甚至遏制行为而被迫采取较强硬姿态，很难同其开展更加充分的合作。客观地说，中美分别作为新兴大国和守成大国，必然存在一定程度的利益矛盾，而双方在意识形态和政治、社会制度上的差异也是“合作困境”的重要根源。然而当前的问题是，由于美国自2010年起大幅加强对亚太特别是东南亚地区的“战略再关注”，中美在该地区的“合作困境”不仅短期内难以得到缓解，甚至还有进一步恶化的可能。

首先，中国的快速崛起和美国实力与国际地位的相对衰落使整个美国战略界陷入一个新的“战略迷惘期”。据粗略统计，在2001到2011这11年当中，美国国民生产总值占世界总量的比重从约32%下降到23%；中美两国国民生产总值比例从约12：100增长为近50：100，而国防开支比例也从约5：100增长到约13：100。[①] 然而，美国仍有一些保守派人士坚决否认美国的实力和地位正在衰落，不承认西方在国际道义、发展模式等方面存在根本缺陷，反而经常指责中国等新兴大国的崛起给世界带来更多不稳定因素并进行各种诋毁和遏制，这种思潮必然会反映到美国的全球战略和对华政策之中。正如国际关系学者杨洁勉所言，“对于历来以‘敌人’和‘对手’为主要战略目标的美国来说，如何对待综合国力日益强盛的中国，使奥巴马政府陷入迷茫之中。一方面，中国不是美国现实的敌人，也不一定是将来的敌人；但另一方面，中国的崛起对于想永远保持世界领袖地位的美国而言，确实在国际力量对比变化、国际规制权和话语权、亚太合作框架、发展道路和模式、世界热点问题应对等方面提出了挑战。奥巴马政府试图制定出能够应对这一历史性挑战的全球战略，并在实践中予以落实”。[②] 美国2010年以来对亚太地区的“战略再关注”便是此次全球战略转型的关键环节。只要美国战略界对美国未来的实力发展持有根本分歧，中美就很难彻底摆脱当前的“合作困境”，两国在亚太

① 数据来自世界银行统计：http：//data.worldbank.org.cn/，2012年2月20日。

② 杨洁勉：《浅析奥巴马政府的全球战略调整》，载《国际问题研究》，2011年第2期，第20页。

尤其是东南亚地区的竞争态势也可能进一步扩大。

其次，中美虽然在冷战中为了共同应对苏联扩张而开始彼此接近与合作，但双方在巩固和拓展战略互信的基础上一直难有突破，特别在冷战结束后，两国关系更是不断经受一些现实矛盾的冲击和干扰，令双方建立战略互信的过程时断时续、进退不定。此外，中美由于有着不同的外交体制和政治文化，在如何促进战略互信的问题上也经常本着不同的原则和思路：美国外交倾向于从解决具体问题入手，最后确立某种宏观关系，是一种自下而上的建构；中国外交则倾向于先确立彼此的总体关系，再据此解决较低层次的具体问题，是一种自上而下的扩展。[①] 从中国角度看，作为相对弱势一方，中国要求美国对中美关系给出一定的承诺和保障是完全合理而必要的；而在美国看来，与其追求缺乏具体合作内容和成果的战略关系定位，不如先在某些具体领域取得一定的进展。从中美多年来的军事交流情况也可以看出，每当美国在对台军售等涉及中国核心利益的问题上有比较大的行动，中国都认为这是对中美互信建设的严重干扰，因此提出强烈抗议并暂时中断原定的军事交流计划以示抗议。但美国的观点是：正因为双方缺乏战略互信，美国才会采取对台军售等“防范性”行为，中国中断双方军事交流的举动不但不利于增进互信，反而更加证明了对台军售的“合理性”。[②] 这个例子一定程度上解释了中美军事安全关系为何远远滞后于双方总体关系发展，以及为何中美难以有效巩固和拓展彼此的战略互信。

最后，当前两国在东南亚的地缘博弈很可能会在未来一段时期体现出自我强化的态势。例如，奥巴马政府于 2010 年 7 月高调宣称“南海问题事关美国的国家利益”，之后虽未继续就美国将在该问题上扮

---

① Henry Kissinger, *On China*, New York: The Penguin Press, 2011, pp. 221—2.

② 根据笔者 2011 年 9 月在华盛顿对美国前国务院高级官员的访谈。

演的角色展开论述，也没有在地区军事投入上采取较大动作，却立即刺激一些企图“借美抗中”的东南亚国家开始大幅提升军力并加强了同中国对抗甚至主动挑衅的态度。再如，美国2011年在亚太的军事部署同往年相比并没有本质性的提升，但由于奥巴马政府不断重申对“战略转向”和维护美国亚洲领导权的决心，东南亚及周边各国便纷纷行动起来，为美国加强参与地区安全议题做政治和军事上的积极准备。如果将东南亚地区看作一个整体的话，美国关于“战略再关注”的表态和行动的确起到了“牵一发而动全身”的效果。这说明，即使美国未来不再就加强战略投入采取新的表态或行动，该地区各国的政治和军事神经也需要一段时间才能回归平静。然而如上文所述，美国继续加大对东南亚及亚太地区的战略关注已成为未来美国政府的既定方向。由此可以判断，中美“合作困境”在未来相当长时期内仍将对两国关系发展和地区安全局势形成较大的挑战。

(2) 中美突破“合作困境”的必要性与可能性

由于中美之间存在较大的“战略互信赤字”以及各种各样的现实问题，两国战略界都有不少人相信，中美在亚太特别是东南亚地区的地缘较量终将导致两个大国陷入严重对抗；还有人从霸权转移的历史经验出发，悲观地认为“中美必有一战”。然而，无论从理论还是现实角度而言，如此判断都显得为时过早。基辛格在《论中国》一书中便有力地指出：“完全根据历史来判断未来，从本质上说是不正确的。即使最相似的类比也不表示如今一代人会重复其前辈的错误”；“中美两国既不必也不应该陷入一场零和博弈之中”，但这需要双方领导人“对两国关系投入严肃而持久的关注，从而逐渐建立一种真正的战略互信和彼此合作”。[1] 的确，中

① Henry Kissinger, *On China*, pp. 522－3.

美在地缘博弈过程中逐步克服原来的“合作困境”，进而共同塑造面向未来的良性地缘秩序，不单是有可能的，更是各自的战略利益及地区局势所决定的。

作为具有全球影响力的两个大国，中美关系不仅关乎两国人民的根本福祉，也涉及亚太地区乃至整个世界的安全、稳定与发展。面对着全球经济危机的未明前景以及核扩散、气候变化、能源危机、粮食危机等一系列严峻的全球性和地区性问题的挑战，两国各自的利益正在同彼此及全球利益日益紧密地交织在一起，双方在过去十余年中的合作也在不断深化扩展，逐步形成了在沟通中促磨合、在竞争中求合作的互动格局。这注定了双方虽然在一些问题上存在分歧或局部利益冲突，但互利合作必然是两国关系发展的主流。尽管美国对亚太特别是东南亚地区的“战略再关注”给中国的周边环境带来了直接压力，使中国被迫经常在涉及自身核心利益的问题上表现出更加鲜明的态度甚至采取一些行动，但要看到，美国在亚太并没有挑起战争的意图和能力，其加强地区战略投入的目的不是制造冲突，而是防范和威慑；不是为了发动战争，而正是为了防止战争发生。[①] 这表明，美国对亚太地区的“战略再关注”本质上更多是以攻为守的战略收缩，而非恃强而霸的战略扩张。从上述认识出发，人们可以对未来中美在地缘竞争过程中的互动模式进行较为乐观的判断：

第一，中美间频繁的首脑外交及双方达成的一系列战略共识为两国开展更多合作与良性互动奠定了基础。从 2009 年和 2011 年两个《中美联合声明》的内容看，双方均认为中美不但在合作应对地区和全球安全挑战方面有着共同责任，在亚太地区也拥有广泛的共同利益，双方均支持构建和完善一种开放、包容、共赢的地区合作框架。中国一再强调“欢迎美国作为一个亚太国家为本地区和平、

① 王帆：《学者称中国拥有远洋海军时中美对决才可能出现》，东方网：http://mil.eastday.com/m/20100920/u1a5457397.html，2011 年 12 月 5 日访问。

稳定与繁荣做出努力”，而美国也重申自己“欢迎一个强大、繁荣、成功、在国际事务中发挥更大作用的中国”。双方还同意要通过深化对话、加强协调和拓展务实合作的方式，进一步努力培育和深化战略互信，以加强双边关系。① 这表明，两国在对彼此的战略意图和角色定位上已经取得了初步的战略共识，从而可以在相当程度上避免局部矛盾或暂时的利益冲突阻碍中美合作的大局。

第二，中美现有的60多个对话交流机制为两国加强协商与合作提供了重要平台。中美在2000年以前仅有不到20个对话机制，但在之后十余年里陆续建立了40余个对话交流机制，足见中美关系过去十年来的蓬勃发展。② 如此多的对话交流机制不但在促进相互沟通、解决彼此分歧以及扩大和深化两国合作方面发挥着重要作用，还可以有效防止双方在一些突发情况下出现误判，并能在危机出现的第一时间进行及时的沟通和处理。

第三，中美关系在经历了2010年因美国执意对台军售等错误行动造成的大起大落后，重新步入了谨慎磨合与平稳发展的正轨，双方开始有意地对彼此展示更多的耐心和善意。例如，美国在2011年9月21日宣布总额达58.5亿美元的对台军售之前，曾经多次同中国有关方面进行积极的解释和沟通，希望获得中国的默许；在美国正式宣布军售之后，中方除外交部副部长张志军及陈炳德总参谋长分别向美驻华大使及美军参谋长联席会议主席提出严正抗议，并表示“两军计划内的一些高层交往、联合演练和大项活动肯定会受到影响”外，也未如一年多之前那样暂时中断两国军事交流。③ 此外，

---

① 见两国分别于2009年11月17日和2011年1月19日发表的《中美联合声明》。

② 吴心伯著：《世事如棋局局新——二十一世纪初中美关系的新格局》，复旦大学出版社，2011年版，第156—169页。

③ 关于美国在宣布对台军售之前一直寻求中国政府谅解并积极同中国沟通军售清单内容的观点，来自笔者2011年4月至9月同华盛顿多家智库台湾问题学者的交流。

2011 年美国国防部长盖茨访华及陈炳德总参谋长访美期间的一系列态度相对温和的演讲和访谈，也表示两国高层正在以更加客观和建设性的态度对待彼此的矛盾与分歧。

第四，虽然一些亚太国家欢迎美国加强对本地区的“战略再关注”以平衡中国迅速增长的地区影响，但这些国家并不希望看到中美走向战略对抗，更无法承受中美陷入严重冲突将给地区安全局势及自身经济利益带来的巨大损害，因而，它们强烈反对美国过多、过快地增加在亚太地区的军事存在以及任何联合遏制或排斥中国的行为。东盟在 2011 年 11 月 17 日针对奥巴马就 TPP 贸易大纲发表的讲话宣布将继续推进“东盟＋6 自贸区”的建设，便是这一态度的明确反映。可见，地区各国对中美良性互动的期待和协助也是促使中美早日走出“合作困境”，共同致力于地区安全、稳定与发展的重要力量。

在上述各种积极因素的规范和推动下，中美有望本着一种新的安全关系，以更加平和与积极的方式进行地缘互动。在这种关系中，两国的目标不是独占地区霸主地位，更不是你死我活的排他性竞争，而是通过发挥各自的优势及领导作用，为地区各国和谐共处及共同繁荣创造更加安全稳定、公平合理的秩序。

四、展望与建议：中美共同构建亚太安全合作机制的路径

首先，两国须在现有基础上，继续巩固和扩大战略互信与共识，主要指对彼此的战略目标及利益范围特别是核心利益的把握。如上所述，当前中美高层已就各自的战略意图达成初步共识，即两国均乐见对方繁荣和强大，欢迎对方在亚太地区发挥更加积极而建设性

的作用，支持构建和完善一种开放、包容、共赢的地区合作框架。但在现实中，两国都有不少人仍然对对方的真实意图持有较深的怀疑和戒心，特别是美国一些保守派人士既不愿接受中国实力与国际地位迅速上升的现实，也不相信中国坚持走和平发展道路的决心，因而经常故意夸大中国军力提升对美国国家利益和未来地区局势的负面影响。与此相似，中国也有一些人从美国 2010 年以来对南海问题的介入及对台军售的例子出发，倾向于把美国加强对亚太地区的“战略再关注”看作完全是为了阻碍中国发展的遏制行为。鉴于此，中美有必要通过更多的高层交流，对各自的战略意图进行更加明确而具体化的公开阐述；同时，也应进一步确认并切实尊重彼此的核心利益，在这个前提下不断增强两国的战略互信。

其次，中美应利用一切机会扩大具体领域的务实合作，继续巩固和拓展两国的共同利益。当前，两国在安全和发展议题上拥有愈来愈多的共同利益，双方不仅都面对着全球经济危机、恐怖主义、能源与环境危机等一系列需要各国携手应对的现实挑战，在把握和引领未来世界政治、经济和文化思潮方面也有着许多共同利益和责任。事实上，两国现有共同利益如此之多，以至于有些人认为，中美已经超越了利害均沾的“利益攸关方”关系，而正在成为共同参与决策的某种程度上的“利益共同体”了。[①] 不过还应看到，两国在安全和发展议题上的共同利益虽然呈不断扩展和深化趋势，但在一些具体领域仍有许多零和博弈式的利益冲突，而双方对这些冲突的应对方式将反过来影响彼此对共同利益的认知和投入程度。因此，中美应在各层面、各领域展开更多的对话协调与务实合作，不断扩大双方的共同利益，凝聚对两国关系及世界未来发展的共同愿景。

再次，两国须充分利用并积极整合现有的地区安全合作机制。

① 王红茹：《奥巴马来找“中美共同利益”》，载《中国经济周刊》，2009 年第 44 期，第 18—21 页。

据新加坡国立大学东亚研究所所长郑永年的分析，当前亚太地区存在多种次区域的安全机制，但最主要的仍是作为冷战产物的以美国为中心的同盟关系。目前亚太地区能够保持相对和平与稳定，主要不是因为这些机制的存在，而是中国没有表现出与美国争霸的战略意图并小心维持着同美国的"'和平'关系"，但这种"和平"局面是非常脆弱的，必须构建一个覆盖亚洲地区的集体安全体系方可保证整个地区的长久安全。① 尽管这一愿景无疑为各国战略界所普遍支持，但"千里之行，始于足下"，在当前亚太地区波谲云诡的局势下，中美作为该地区最大的两个国家，应从再次确认各自的长期战略目标出发，共同参与并逐渐整合现有的安全合作机制，不断汇集有关各国对共同安全利益的共识和努力。对于中国来说，这意味着要更努力地向其他国家、特别是周边相对弱小的国家展示自己和平崛起与促进地区共同发展的良好意图，同时尽量向美国各界说明自己无意颠覆原有的地区秩序和行为规则；对美国而言，则须真正本着促进地区安全与繁荣的目标，欢迎中国更多地加入到一些安全合作机制中来，而非对中国的参与设置重重障碍，甚至鼓励和支持一些主要针对中国的安全机制的发展。

最后，中美还需要在致力于地区安全合作的同时，进一步推动两国以及亚太各国之间在经济、社会、文化等其他领域的广泛交流与合作。这些非安全领域的互动不仅能够有力促进各国的相互理解与包容，使它们在安全议题上的协调合作变得更加容易，还可以为地区安全合作提供有益的借鉴和持久的动力。然而目前的问题是，无论就中美两国还是整个地区来说，对安全与经济合作的重视和投入程度都远高于对社会及文化交流的关注，整个地区尚无多少以社会和文化议题为主要内容的各国普遍参与的机制化平台。须知在很

① 郑永年：《亚洲的安全困境与亚洲集体安全体系建设》，载《和平与发展》，2011年第5期，第1—5页。

多时候，安全合作难以深入进行的原因并不在于各方缺乏合作的诚意，也非彼此的经济相互依赖程度不够高，而是各自的民意没能给予足够的理解和支持。若通过更多的人文交流为彼此在安全议题上的互动创造更好的氛围和条件，必然能为各国在进行安全合作时提供更大的推动力与选择空间。总之，只有以促进各自社会之间的相互理解与包容为根本，中美及亚太其他国家才有可能真正做到同心协力，一起构建一种面向未来的开放而共赢的地区安全合作机制。

第四部分　中美关系中的台湾问题

“台湾问题事关中国主权和领土完整，始终是中美关系中最核心、最敏感的问题。中方赞赏美方多次重申坚持一个中国政策，希望美方恪守中美三个联合公报精神，以实际行动维护两岸关系和平发展局面和中美关系大局。”

中国国家副主席习近平2012年2月15日在白宫与美国总统奥巴马会谈时的谈话。

第十二章

威慑感制衡：美台军售新动向

如何剖析在两岸和平发展的进程中台湾一再向美国求购武器的做法，又如何理解一贯声称确保台海和平的美国在坚持“一个中国”的同时不断依据《与台湾关系法》向台湾军售危害海峡稳定？奥巴马政府究竟执行的是怎样的台海政策？本章旨在分析 2008 年以来中国大陆—台湾—美国三方的角色重塑与关系重构进程，详述 2011 年以来美国对台政策的新转变以及对台军售的新进展，从促进与制约两方面，从美国国内政治、台湾岛内政治、台美关系和中美关系等四个维度分析影响美国对台军售因素的变化，勾勒出美台军售问题的最新动向，最后展望美国对台军售的前景。

一、角色重塑与关系重构：“美国—大陆—台湾”的新三角博弈

对于台海地区而言，国际社会普遍认为 2008 年国民党在台湾的

重新执政与马英九对两岸关系政策的重大调整，成为该地区地缘政治走向的重要拐点。从宏观来看，中国大陆、台湾和美国三方在新世纪以来综合实力对比的急剧变化，金融危机以来中美合作应对全球衰退、恢复平衡性增长，两国愈发明显的亚太地区主导权竞逐以及该地区日益蓬勃发展的多边合作，构成台海局势变化的综合背景。在这些因素的影响之下，中国大陆、台湾和美国正经历着一场地区角色重塑与三边关系重构的过程。

对于中国大陆而言，近年来随着综合国力的显著提升与军事现代化步伐的加快，以及两岸和解与和平发展的进程稳步推进，当前阶段的地区角色重塑意味着中国将同美国竞争亚太地区的主导权，并牢牢把握台海地区的未来发展趋势。实际上，上述这两种角色定位是相辅相成的，中国大陆既可以通过稳定台海地区局势，深化同台湾之间的经济联系，协商谈判两岸和平协议以塑造自身在该地区和平主导型力量和经济发动机的角色，也可以通过积极参与和引领亚太地区的多边制度合作，将两岸关系置于亚太地区整体快速发展、区域制度合作卓有成效的框架之中，使大中华地区的整体竞争力和绩效表现更上一个台阶。

对于台湾地区而言，民进党执政时期台湾选择激进的“台独”路线造成台海地区的高度不稳定，使该地区一度成为亚太最有可能诱发战争冲突的区域。此外，在经济上台湾主要依赖对外贸易的出口型增长模式也因为无法融入亚太地区的多边经济合作而日益陷入困境。两岸关系的恶化与美台之间政治互信的滑坡将台湾置于发展的困境，相形之下，在中国大陆加速经济崛起之际，台湾几乎成为亚太地区发展的冷门与边缘地带。在马英九当选和国民党重新执政以后，台湾继续改善两岸关系并重新建立同美国之间的政治互信，这样一方面可以稳定地区局势，避免战争冲突，另外一方面，得到美国的支持可以在一定程度上彰显台湾在亚太地区和国际社会的存在，通过两岸制度化合作融入到亚太地区多边竞争框架之中，挽回同香港、新加坡、韩国等传统的亚洲“四小龙”竞争的劣势，避免被边缘化的命运。①

对于美国而言，进入21世纪以来在中东进行的两场战争大大消耗了美国的国力与战略资源，并且一定程度上伤害了美国的外交软实力与国际领导权。因为中国在亚太地区加速崛起，美国已经日益感受到了中美之间两强竞争的压力，美国作为守成大国同中国作为崛起大国之间长期的战略竞逐将会成为未来几十年的国际政治主题之一。② 与此同时，中国大陆提出的两岸和平发展战略得到了马英九当局的积极响应，随着两岸之间经济与民间交流的日趋紧密，美台关系地位相对下滑，美国同样感受到了在台湾问题上介入能力的下降。地区角色重塑对美国意味着通过调整全球战略资源的配置，加强同中国大陆的地区主导权竞争，同时强化与台湾全方位的非官方关系，提升在台海问题的话语权和干涉力度。

如果从三对双边关系重构的角度看，首先，就两岸关系而言，2010年两岸制度性协商取得重大成果，两岸经济综合框架协议（ECFA）的签署使大陆和台湾之间的经济关系愈发紧密，逐渐向着经贸共同体的方向发展。此外，两岸不仅在人文、教育、旅游等方面开展广泛而深入的交流与互动，军事与安全部门也打破隔膜有了一定试探性的接触。总体而言，以“九二共识”为基础的现行两岸互动框架以及和平发展的理念得到包括台湾民众在内的两岸人民的

① 马英九在2008年5月20日就任台湾领导人的演说中突出强调了台湾在全球化浪潮中应对挑战必须坚持开放，过去的八年，台湾因为错误的道路导致国际竞争力下降，在其执政期间，将主要通过加强美台关系和两岸关系来提高台湾的国际竞争力和参与度。参见马英九2008年5月20日的就职演讲，“中华民国行政院新闻局”，2008年5月20日，http：//info. gio. gov. tw/ct. asp？xItem=36959&ctNode=3802&mp=1。

② 已经有中国学者将当前的国际体系描述为“两超多强”格局，这与中国政府与学界长期以来持有的“一超多强”国际体系格局的判断有所不同。参见《中国学者首提全球格局从一超多强转向“两超多强”》，环球网，2010年12月30日，http：//world. huanqiu. com/roll/2011－12/2314726. html。

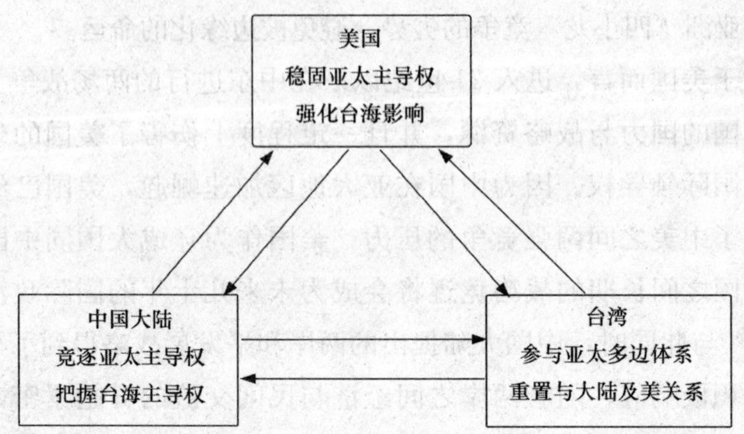

图1　中国大陆—台湾—美国之间的角色重塑与关系重构

支持和拥护。然而，两岸本着“先经后政、先易后难”的顺序进行谈判协商，不可避免地将会触碰到敏感的政治话题，虽然两岸有意尽量淡化和回避各种争议，但是却阻止不了各种矛盾的聚集和爆发，主要体现在两岸在主权归属、国际法地位、与国际社会的互动以及相互政治承认方面。台湾当局虽然重视与大陆之间的关系，并提出了两岸洽谈和平协议的可能，但是却设置了重重障碍。① 台湾当局始终强调自身执政的合法性和国际法地位，通过维持与邦交国之间的“外交关系”以及与美日等大国的实质关系，力图彰显其国际社会的存在，强调“中华民国”在“主权”方面的权利，抵制大陆的统一诉求。正是在两岸向心力越来越强化的同时，台湾当局仍刻意强调

① 在竞选2012年台湾地区领导人的过程中，马英九曾在“黄金十年、国家愿景”的施政方案里提出“两岸和平协议”构想。2011年10月18日，他在接见“台美日三边安全对话闭门研讨会”访问团时提出了两岸洽谈和平协议的几项具体条件，包括在“国家”有需要、“国内”民意高度支持及“国会”监督下等三项条件的成熟。所谓“国家”有需要指包括“以台湾为主、对人民有利”、两岸达到充分互信及符合区域与国际社会的期待。马英九强调该协议是希望将两岸和解与合作过程制度化以达到台湾海峡永续和平的目标，并非与大陆谈判统一。参见李丽慎：《马：协议非谈判统一》，《台湾时报》，2011年10月19日，第4版。

自身国际地位的离心力，也留下了外来势力干涉的机会与空间。

其次，从中美关系来看，金融危机爆发之后中美合作抵御经济危机使台湾问题的关注度下降，但台海局势也并非风平浪静。奥巴马就任以来不仅频繁宣布对台军售以致超过了他的几位前任，更强化了同台湾的军事“软件”方面的合作。台湾问题时刻没有离开中美两国领导人的视线范围，每次两国高层会晤，台湾是必然的议题之一。尽管中美两国元首经常会晤，高层互动和战略性对话频繁举行，《中美联合声明》也写明了双方彼此尊重核心利益，但是作为中国最重要的核心利益的台湾问题，美国却始终采用两面手法，在大陆与台湾之间搞平衡。在美国的对华政策中，美国各级官员始终强调处于基石地位的是中美三个联合公报和《与台湾关系法》。① 此外，里根总统时期提出的对台湾的“六项保证”也成为美国台海政策的隐形基础。② 这一承诺实质上严重侵犯了“一个中国”原则，却成为

---

① 在美国的政府官员特别是国会议员看来，《与台湾关系法》的地位高于三个联合公报，这也正是美国依据该法向台湾提供防御性武器却屡屡违反《八·一七》公报的原因。而美国上至总统下至各部门官员和国会议员均想当然地认为对台军售与美国的对华政策丝毫没有冲突。

② 在里根政府时期，中美两国围绕美国对台军售这一《中美建交公报》中的遗留问题展开谈判，在谈判期间为了获得台湾的信任和支持，里根政府向台湾做出了“六点保证”，按照台湾方面的记述，分别为：“1. 不同意确定终止对台军售的最后期限；2. 不同意对台军售项目前不与中共磋商；3. 不担任台海两岸的协调人；4. 不同意修订《与台湾关系法》；5. 决不改变台湾主权的立场（台湾是中国的一部分）；6. 不强迫台北与中共谈判。”参见金秀明、胡祖庆：《与台湾关系法——过去与未来十年》，台北：五南图书出版公司，1991 年 1 月版，第 51 页。对于这“六项保证”或称“六项承诺”，存在着不同的措辞和版本。金秀明书中的版本与陶文钊在《中美关系史（1972—2000）》中所引用的转引自中美关系报告编辑小组主编：《中美关系报告：1981—1983》中的依据台湾“外交部”发言人发表的声明中的版本有所不同。关于这些不同的版本之间的差异，参见中美关系报告编辑小组主编：《中美关系报告：1981—1983》，台北美国文化研究所，1984 年版，第 129 页；陶文钊：《中美关系史（1972—2000）》，上海人民出版社，2004 年 7 月版，第 129 页。

了美国政府与国会默认的惯例，并成为台美关系的基础和标志之一。[①]

在大陆与台湾之间愈发形成紧密的相互依赖的情况下，美国非常谨慎地表达对两岸进一步和平发展的支持。[②] 在大陆—台湾—美国的三角中，出现了美国被边缘化的趋势，这显然是非常不利于美国战略利益的。在中美在亚太地区竞争经济主导权、安全方面的对抗形势愈发明显的情况下，台湾作为美国的战略筹码的意义非常重要，因此美国试图渲染大陆军事现代化的安全威胁和两岸意识形态与政治体制的差异，强化对台湾的影响力。

最后，从美台关系来看，台湾与美国彼此互有诉求，也就彼此成为各自的战略筹码。对台湾来说，陈水扁执政末期的台美关系遭遇了重大的信任危机，双方关系一度降到了最低点。小布什政府宣布不支持“台独”是对民进党执政时期两岸政策的重要否定，因此

① 美国国务院负责亚太事务的助理国务卿库尔特·坎贝尔（Kurt M. Campbell）在2011年10月4日众议院举行的“为什么台湾重要”听证会上作证时称：“作为我们根据《与台湾关系法》的承诺的一部分，我们继续根据台湾的需求提供台湾防御性军事系统，以及根据我们长久以来追溯到《与台湾关系法》诞生之初就存在的政策，我们在做军售的决定时不会事前与中华人民共和国磋商。”这表明美国政府虽然未明确使用里根的“六项保证”这一说法，但实际上已将其作为《与台湾关系法》相关联的一贯政策加以执行。参见Kurt M. Campbell，Assistant Secretary of Bureau of East Asian and Pacific Affairs of U.S. Department of State，Testimony Before the House Foreign Affairs Committee，Why Taiwan Matters Part II，October 4，2011，http：//foreignaffairs. house. gov/112/70584. pdf。

② 以美国在台协会台北事务处处长司徒文（William A. Stanton）的观点为例，他认为台湾的民主制度以及主流民意的支持保证了两岸关系发展处于合理的进程中，并且台海地区的和平稳定对包括美国在内的整个区域是有利的，但是他也强调了美国对于目前两岸进展的积极作用和扮演的重要角色。“美国在两岸关系之中，一直以来都扮演着间接但重要的角色，未来也将保持下去。身为台湾坚定的朋友，即使在我们继续支持两岸关系加温的同时，美国也会继续支持台湾的安全、民主和发展。”参见《美国在台协会处长司徒文海基会两岸关系学术研讨会演讲词》，2011年3月8日，http：//ait. org. tw/zh/officialtext—ot1103. html。

马英九上任之后的首要任务就是恢复台美之间的政治互信。① 主动缓和两岸关系，降低台海地区两岸冲突的可能性，解除了美国的主要担忧，也是马英九坚持维持台海现状的“三不”政策（不统、不独、不武）的基本寓意。全方位提升美台关系，并继续向美国求购武器成为台湾赢得美国信任的重要举措。② 台湾实现了从“麻烦制造者”到“和平缔造者”的转变，得到了包括美国政府高层的肯定和赞扬。③ 但台湾也清醒地意识到自身的生存与发展竞争力困境依然非常严峻，化解之道在于借助美国提升亚太外交重视程度，依靠美国提升台湾在国际社会和地区的地位与话语权，维系台湾所谓的“主权”。④

从美国的角度来看，重新提升亚太在美国全球战略布局中的重要地位是一种必然的选择，奥巴马政府也正在按照这一思路重新调整美国全球战略的资源配置。在美国的亚太战略中，台湾占据着重

---

① 台湾外事部门将其作为“活路外交”的重要方面执行。参见时任“中华民国外交部长”的欧鸿炼于 2009 年 3 月 19 日向台“立法院”第七届第三会期所做“外交业务”报告，http://www.mofa.gov.tw/webapp/ct.asp?xItem＝37433&ctNode＝1425&mp＝1。

② 台湾提出了两种策略：“一方面基于我与美国双方共同价值理念，加强与美国在安全、经贸、人权、司法等全方位的合作，另一方面，继续敦促美国依据《与台湾关系法》及‘六项保证’对我军售，除确保我之安全及利益不受影响，以及维持台海和平与安全外，亦有助亚太地区稳定与发展。”参见台湾“外交部长”杨进添于 2011 年 9 月 20 日在台湾“立法院”第七届第八会期的“外交业务”报告，http://www.mofa.gov.tw/webapp/ct.asp?xItem＝54601&ctNode＝1425&mp＝1。

③ 包括时任美国情报总监的丹尼斯·布莱尔（Dennis Blair），美国国务卿希拉里·克林顿、时任美国副国务卿的詹姆斯·斯坦伯格（James B. Steinberg）和美军太平洋司令蒂莫西·基廷（Timothy J. Keating）都在不同场合做过类似的表态。

④ 台湾“立法院长”王金平 2011 年 1 月赴美访问时曾点破两岸关系与台美关系的区别，他表示：“两岸关系牵涉的是台湾‘主权’与领土完整，如何求同存异，求得两岸共同发展，是两岸未来重点；但台美关系是台湾生存与发展，两者之间不同，一个关系主权，一个关系生存。”参见王金平：《绝不轻忽台美关系》，［台湾］《民众日报》，2011 年 1 月 30 日，第 A2 版。

要的一环。发展与台湾之间的全方位的非正式关系不仅将给美国带来各种利益，也能起到美国捍卫对盟友承诺的示范作用。

二、奥巴马政府对台军售项目及进展

奥巴马政府在2009年上任以来，面对纷繁的外交事务，无暇在对台军售问题上给予更多的精力，基本延续小布什任期内的台海政策。加之小布什卸任之前已经完成一笔60多亿美元的军售，大大缓解了奥巴马政府的压力，因此奥巴马得以在任期之初将精力集中于谋求良好的中美关系的发展。当时由民主党控制的美国国会也在此问题上较为克制。2009年10月，美国国会两院联席会议通过的“2010年国防授权法”最终版中，将两院数月前各自通过的向台湾出售F—16C/D战斗机的1226条款删去，为奥巴马顺利访华营造了良好氛围。①

随着两岸和平发展的进程不断取得新的进展，台湾岛内不愿见到两岸和解的政治势力和一贯亲台的美国某些政治势力与利益集团开始向美国行政当局施压，企图扭转台海地区朝向两岸和解与全面

① 美国国会因为美国国防部公布的2009年版《中国军力报告》中提出“台海地区的军力已经失衡，对台湾安全构成了新的挑战，必须有所应对”，便在2010年的美国国防授权法案中要求美国总统在该法案生效后90天内，向国会提出《台湾空军报告》，这一报告需要详细列出台湾空军战斗机的各种情况说明，以及评估台湾空军与大陆空军作战时维持制空权所需的装备，以谋划美国如何协助台湾提升空军战斗力，分析设计台湾未来五年的防卫计划。但最终因为奥巴马访华，为了营造良好的政治气氛并考虑到F—16C/D战斗机的敏感性等原因，这一条款被删除。参见《美国会删除对台军售条款 台媒忧关系生变 美或重定东亚利益》，[香港]《大公报》，2009年10月16日，第A19版。

交流的方向发展，试图炒作两岸军事力量失衡和台湾防卫能力缺失的政治话题，强化美台军事关系，加重自身的政治筹码。一贯亲台的美国国会议员通过召开听证会等各种方式不断介入到台湾问题中来。纵观2010年，包括众议院军事委员会、参议院情报委员会、拨款委员会和美中经济与安全审查委员会（US China Economic and Security Review Commission）在内的国会相关机构召开多次听证会，围绕中国的军力发展和台海局势进行辩论，其间不断有议员提议对台出售F—16C/D战斗机、柴电潜艇以及更先进的雷达以遏制大陆战斗机军事现代化步伐。①

迫于日益增大的军售压力，同时碍于不愿因此而刺痛中国，影响与中国的全面合作关系，奥巴马选择先执行部分并不敏感的军售，采取平衡大陆与台湾的“折中政策”，将更为棘手和敏感的军售事项向后推迟，以寻找更好的时机。2010年1月6日，美国国防部批准雷神（Raytheon Company）、洛克希德·马丁（Lockheed Martin）等公司开始执行小布什政府2008年10月宣布的军售计划。1月29日，美国国防部公布了奥巴马政府的首批对台军售清单。在共计63.92亿美元的军售计划中包括了UH-60M“黑鹰”直升机、爱国者三型（PAC-3）导弹系统、“鹗级”（Osprey class）猎雷舰、“鱼叉”（Harpoon）反舰导弹、博胜指管系统等装备与相关技术服务。②中国大陆对此极为愤慨，特别是奥巴马访华签署《中美联合声明》

---

① 参见孙哲主编：《后危机世界与中美战略竞逐》，时事出版社，2011年3月版，第347—352页。

② 根据美国国防部国防安全合作署（DSCA）递交给美国国会的通知书，黑鹰直升机总额为31亿美元；114枚“爱国者三型”导弹、3套雷达系统和相关设备与服务共计28.1亿美元。“博胜指管系统”共计3.4亿美元，其中包括35套MIDS/LVT—1机载终端机、25套舰载MIDS终端机和相关设备与服务；翻新与升级的鹗级猎雷舰共计1.05亿美元；鱼叉导弹及相关设备与服务包括10枚RTM—84L型与2枚ATM—84L型，共计3700万美元。参见《美国宣布新一波对台军售 总额约64亿美元》，人民网，2010年1月30日，http：//tw.people.com.cn/GB/14810/10881384.html。

墨迹未干之际就接连宣布如此重大的军售计划，显然是进一步刺激中国，挑战中国的核心利益。中美之间的高层往来和军事交流一度受到重大影响。[①]

即便如此，美国向台湾出售F－16C/D战斗机的话题也从未停息，特别是面对中国大陆密集的强烈抗议和一度要对涉及军售的美国企业进行制裁的提出，更激起了台湾岛内和美国国会部分政治势力大肆鼓吹更大规模和更先进项目军售。这其中需要特别提到的是，美国政府于2010年12月决定向台湾出售226枚新型战术弹道导弹（ATACMS）系统及24套发射平台等设备，总价9000多万美元（约30至40万美元/枚）。海内外的媒体都不约而同地称这笔军售为"创下美国对台出售攻击性武器的先例"。[②]

面对2010年末至2011年上半年包括胡锦涛主席赴美国事访问和两军高层互访等中美频繁的高层互动，台湾当局颇感冷落，在军售问题上更是不遗余力、煞费苦心。美国在台协会主席薄瑞光（Raymond Burghardt）在胡主席访美后赴台访问时，马英九再次向其迫切提出购买F－16C/D战斗机。[③] 随后马英九还分别会见了包道

① 在美国政府宣布对台军售消息之后的17个小时内，中国提出了四项反制措施，包括：1. 暂停中美两军计划内的有关互访安排；2. 推迟中美两军部分交往项目；3. 推迟双方拟于近期举行的中美副部长级战略安全、军控与防扩散等磋商；4. 对参与售台武器的美国公司实施相关制裁。参见《我四项措施制裁美对台军售》，载《国防工业》，2010年第1期，第58—59页。

② ATACMS战术导弹长约4米，重1530公斤，最初的产品Block Ⅰ装有950枚M74子弹，最大射程为165公里。Block Ⅱ装设改良型导弹制导系统，融合了GPS，使精度大幅提高，采用13枚BAT子弹，可以实时摧毁在300公里范围之内移动的装甲部队。该导弹如果部署在澎湖地区可以威胁到中国大陆福建省一线的港口和导弹基地。关于改型导弹的介绍可参见《美决定售台弹道导弹 为首次提供进攻性武器》，中国广播网，2010年12月31日，http：//www.cnr.cn/junshi/zgjd/201012/t20101231_507536455.html。

③ 《马见薄瑞光吁美售F—16》，［香港］《大公报》，2011年1月25日，第A22版。

格（Douglas Paal）、卜睿哲（Richard C. Bush）、沃尔福威茨（Paul Wolfowitz）和阿米蒂奇（Richard Lee Armitage）等美国的台海专家和前政府官员，复述里根政府的“六项保证”并大力游说美方向台湾出售相关武器。① 台湾“立法院长”王金平 2011 年 1 月在哈佛大学演讲称，中国大陆的军事研发与技术已经居于东亚领先地位，美国必须认清局势的快速变化，提供台湾 F—16 C/D 战斗机等防卫性武器。②

实际上，一份包括提升 F—16A/B 性能在内的军售方案 2011 年 1 月中旬就已经拟定完毕。在中国大陆试飞歼—20 战斗机的情况下，美方下定决心提升台湾的空军战斗力。根据《华盛顿时报》报道，该军售项目中包括了台湾现有的 145 架 F—16A/B 战斗机性能提升所需的电子装备、发动机、导弹及相关技术和服务，总金额约为 40 亿美元。③ 由于中美高层的互访安排及中美战略与经济对话的召开，对台军售事宜便一直被搁置到 2011 年下半年。

这期间，台湾方面通过正式和秘密的渠道不断向美方进行游说，

---

① 参见《马英九见美学者：买 F—16 很重要　提“6 大保证”》，中国新闻社，2011 年 2 月 14 日；庆正：《马英九：两岸议题核安优先 接见美前副国务卿 台美已恢复高层互信 沟通管道畅通》，[台湾]《旺报》，2011 年 3 月 30 日，第 A5 版；《买 F—16C/D　马向美提了 19 次》，《台湾时报》，2011 年 6 月 25 日，第 7 版。

② 王金平称，大陆的歼—20 隐形战机已向美国国防部长展示，而美国售台的 F—16C/D 战斗机根本不足以防御大陆战机，两岸军力失衡的问题越来越严重，美方应对台支持，以让台湾有信心和大陆谈判。同时，台湾所希望美方售予的柴电潜艇已谈了 10 年，但仍无进展，台湾现在只有四艘潜艇，设备老旧，作战力薄弱，但大陆最近潜艇和弹道导弹试验成功，相形之下，美国应协助台湾强化防卫力量。参见王良芬：《何去何从？王金平：二月初宣布》，[台湾]《中国时报》，2011 年 1 月 25 日，第 A4 版；《王金平哈佛演说 吁美售台 F—16》，[台湾]《自由时报》，2011 年 1 月 27 日，第 A02 版。

③ 美国《华盛顿时报》军事专栏五角圈内（Inside the Ring）2011 年 1 月 12 日报道，美国已拟订新一轮对台军售方案。重点项目包括先进的主动电子扫描有源电子扫描阵（Active Electronically Scanned Array，AESA），以及响尾蛇系列最新型的 AIM—9X 空对空导弹等，将使得台湾现有的 F—16A/B 战斗机大大升级。参见《传美再对台军售 加强 F—16 战力》，《星岛日报》，2011 年 1 月 15 日，第 A30 版。

希望推进军售的进展。台湾“外交部北美司长”令狐荣达曾于6月下旬秘密访美。台湾的部分议员也于7月初赴美访问，成员包括国民党“立委”李明星、廖婉汝、帅化民、徐少萍、郭素春、陈淑慧与民进党“立委”涂醒哲等。他们在美期间拜访了美国国务院、国防部、国会参众两院及智库，并访问了亚利桑纳州空军基地。上述团体在访问中都不断向美方表达希望美国政府尽快出售F－16C/D型战斗机和柴电潜艇的愿望。①

在台湾的政治游说攻势下，美国政府也通过秘密渠道向台湾传递最新的军售进展。负责东亚事务的副助理国务卿梅健华（Kin Moy）于2011年6月29日（上任前24小时）旋风式秘密访台，并与台湾地区领导人马英九和民进党主席蔡英文见面，主要讨论了对台军售问题。随后，台湾“立法院外交国防委员会”委员林郁芳于7月3日称，美国将宣布协助台湾提升其F－16战机的性能，暂时压下出售F－16C/D的计划。军售将在此后两三个月内确定。② 8月中旬，《国防新闻》（Defense News）亚洲部主任颜文德（Wendell Minnick）透露，美国国防部已在8月上旬派人告知台方，美国将不出售F－16C/D战机，只将现有的F－16A/B升级，包括加装有源电子扫描阵雷达（AESA）。③

经过国会的接连施压和面对不断强化的台湾游说，美国行政部门已经不得不公开做出政策表态。面对中美下半年仍然高密度的高层互访，以及出于美国经济低迷和债务危机困扰下需要中国合作解

---

① 李宇欣、邱燕玲：《争取F－16C/D战机 台美国会议员联谊会今组团访美》，[台湾]《自由时报》，2011年7月6日，第A4版。

② 《美将助台提升F－16战机性能》，《东方早报》，2011年7月5日，第A15版。

③ 据媒体报道，美国国防产业的人士称这一折中方案虽然没有出售新的战斗机，但是升级套件将让台湾145架F－16A/B成为该机型的最先进战机，只略逊色于美国向阿联酋出售的安装有APG－80 AESA雷达的F－16E/F。参见《台购新F－16传遭拒 美未证实》，中央社台北，2011年8月15日电。

困的战略考虑，奥巴马政府只能选择9月作为宣布对台军售敏感度最低的时间点。因为该时间点距台湾地区的选举及中美下一阶段的高层互访都有一定的间隔，有较为充裕的时间缓和此次军售的政治冲击，不仅最大程度上降低干预台湾2012年1月的领导人选举，又觅得一个相对合适的中美关系冷淡期。

2011年9月16日，美国国务院向国会做了协助台湾F－16A/B型战斗机升级的军售方案的简报，总金额约42亿美元。① 9月18日至20日，在美国弗吉尼亚州里契蒙举行的第10届“美台国防工业会议”上，美国国防部负责东亚和太平洋事务的助理国防部长彼得·赖沃伊代表美国官方与会，同台湾“国防部副部长”杨念祖商谈并确定了军售的细节。② 9月21日，美国政府正式对外宣布了新一轮对台军售计划，美国国务院助理国务卿坎贝尔和美国在台协会主席薄瑞光共同宣布了该方案。此次军售将台湾现役145架F－16A/B型战机升级，包括配备导弹预警系统、整合式作战系统及有源电子扫描阵列雷达（AESA）等。③ 同时，出售美军现役140枚“AIM－

---

① 《助台F－16A/B升级 美最快下周公布 美国务院向国会简报42亿美元对台军售案》，台湾《中华日报》，2011年9月18日，第A2版。

② 此前九届“美台国防工业会议”，美国国务院都会派出一名高管与会并在会议上发表讲话，但2011年的会议国务院却借口时间安排不开而未派代表与会，也引发了外界的各种猜测。长期鼓吹美国对台军售的共和党参议员柯宁通过其发言人对美国国务院的决定表示遗憾，认为“国务院选择缺席这场重要会议，令人感到非常失望。”这也从一个角度证明，美国国务院在对台军售的决策中，其意见或许与国防部等其他部门不同。参见张毅：《美媒称奥巴马拒绝售台新F－16战机》，《新闻晨报》，2011年9月17日，第A5版。

③ AESA雷达通常也称为有源相控阵技术，是战机上雷达的最新技术。由8块小型雷达组成，探测距离较传统雷达增长一倍以上，超过370公里；该种雷达干扰和噪音大为减少，能同时进行对空和对地的搜索、跟踪甚至压制、干扰对方雷达的功能。目前AESA雷达已成为新型战机的标准配备，美国的F－22 、F－35（JSF）、F/A－18E/F、F－16E/F甚至F－15改进型都装有这种雷达，中国国产的歼－10B和歼－20战机也装备有AESA雷达。参见《美售台“歼－20”克星 中国驻美武官：中方必反应》，香港《明报》，2011年7月30日，第11版。

9X”短程空对空导弹、64枚“CBU－105”集束炸弹等，并计划向F－16机组人员提供飞行训练，整个计划涉及金额达58.5亿美元。① 对这项军售案，美国国务院负责亚太事务的助理国务卿坎贝尔和国家安全委员会亚洲事务高级主任丹尼尔·拉塞尔（Daniel Russel）都给予了积极评价，称这是美国“史无前例”的对台军事支援，显示美方坚守对台承诺及恪守《与台湾关系法》。军售将带来台海安全与稳定，台湾在安全与和平的基础下，可继续与大陆维持合作与经贸交流对话，符合美国利益。② 奥巴马在执政前三年共向台湾出售近122亿美元的先进武器，数额之高在美国历届总统执政初期都很罕见。③

中国政府对美国对台军售的行为表示了强烈的愤慨和抗议，外交部、国防部和国台办等单位相继发表严正声明进行抗议。中国外交部副部长张志军在军售宣布后奉命连夜召见美国驻华大使骆家辉，向美方提出强烈抗议。中国驻美大使张业遂也在华盛顿向美方提出强烈抗议。在美国纽约出席联合国大会的中国外交部长杨洁篪会见美国国务卿希拉里时严正表态，呼吁美国纠正售台武器的错误做法，立即撤销售台武器的错误决定，停止对台军售和美台军事联系，“以实际行动维护中美关系大局和台海和平稳定”。④

---

① 参见美国国防部安全合作署网站2011年9月21日公布的对台军售项目清单。其中清单一共三份，内容分别为飞行员培训项目，F－16A/B战斗机升级项目以及军售武器装备清单。主要硬件部分金额达53亿美元，飞行员训练等项目占5亿美元，另外5200万美元用于零件等装备，http：//www.dsca.mil。

② 《美助卿：史无前例军援台湾显示美方坚守对台承诺》，环球网，2011年9月23日，http：//taiwan.huanqiu.com/taiwan_military/2011－09/2028992.html。

③ 《美国亚太事务助理国务卿：史无前例军援台湾》，星岛环球网，2011年9月22日，http：//news.stnn.cc/guoji/201109/t20110922_1644694.html。

④ 《外交部副部长张志军就美宣布对台军售计划召见美驻华大使提出强烈抗议》，中国外交部网站，2011年9月21日，http：//www.mfa.gov.cn/chn/gxh/tyb/zyxw/t861018.htm；《杨洁篪敦促美方纠正售台武器错误，以实际行动维护中美关系大局和台海和平稳定》，中国外交部网站，2011年9月23日，http：//www.mfa.gov.cn/chn/gxh/tyb/zyxw/t861435.htm。

三、美国对台军售的原因分析

1. 军售决策的既有解释与不足

有学者从美国的意识形态、地缘战略、国内政治和美台关系四个维度分析美国对台军售的深层次原因。具体来说：冷战思维的意识形态、追求稳定亚太霸主地位的地缘战略、军火商集团与保守势力的国内政治利益诉求及提升美台关系从而牵制两岸关系发展，构成了奥巴马政府向台湾频繁出售大量武器的原因。①

这种分析的框架较为全面也很有代表性，但是也有不足之处。首先，这种观点认为美国的地缘政治战略，即追求稳定亚太的霸主地位是美国对台军售的核心因素。这样难以解释美国为何欢迎两岸之间的和解，并鼓励两岸继续对等协商。如果两岸继续如陈水扁时期一样对抗，那么美国更可以强化对台军售，利用台湾这枚棋子与大陆对抗以稳固亚太霸主地位，而不至于因两岸和解而在台海事务上影响力下滑。其次，冷战思维的延续与提升美台关系、牵制两岸关系发展实际上都与美国的地缘政治战略直接相关，前者是这一战略观念因素的体现，后者是这一战略的策略支撑。再有，对于奥巴马政府迎合军火商和保守势力的分析并不是很深入。传统上民主党的支持者主要来自劳工阶层，军火商则主要支持共和党。奥巴马政府上任伊始民主党全面控制了国会参众两院以及白宫，在此期间迎

① 李振广：《奥巴马政府对台军售的深层原因分析》，载《和平与发展》，2010 年第 4 期，第 51—54 页。

合军火商和传统保守势力是不合逻辑的。应该具体分析美国的保守势力和军火商采取怎样的策略手段，利用奥巴马政府执政中的困境施加政治压力，迫使奥巴马政府一步步推进对台军售。最后，需要指明的是，上述的分析框架与大部分研究该问题的成果类似，只从促进军售的角度分析，缺乏对美国售台武器制约因素的分析。只有对后者同样加以深入研究，才能更好地理解美国对台军售决策的全貌，并有针对性地提出政策建议，抵制美国未来继续对台军售的行为。

另外有学者指出，基于理性决策模式分析美国对台军售问题不够全面，还应该考虑非理性的心理因素等，并根据该假定利用较为前沿的前景理论提出新的分析框架。具体到军售问题，有学者根据决策动因的有限理性与沉没成本效应、政策制定与延续的框定依赖和决策变化中的参考依赖与偏好反转等角度，提出如下一些观点：1. 地缘政治和意识形态的惯性思维是美国决策中有限理性的体现；2. 前期向台湾不断出售的武器使美国政府不愿看到这些付出白费，从而进一步升级军售；3. 美国国会和军工集团等通过引导舆论、炒作“中国威胁论”、“维护台湾民主”以及就业话题等议题的方式操纵决策范围；4. 决策者依据风险规避或者风险倾向等原则，选择决策参考点并适当调整偏好，奠定对台军售基调。①

概括起来，这几个观点主要是从决策惯性、决策议题与舆论塑造和决策框架确定三个维度进行分析，是一种较为新颖和全面的分析逻辑，将各种影响决策的因素有机地结合在一起。但是其不足在于，该分析框架并没有明确指出影响美国对台军售的根本原因，也未提出各影响因素的相互关系及优先级次序，而且在决策原因的分析中掺杂着一些影响决策的手段。在具体的决策节点，难以准确预测决策者究竟受到哪些具体因素的影响，特别是决策者究竟是倾向

① 徐振伟、韩珊珊：《美国对台军售基于前景理论的分析》，载《台湾研究集刊》，2011 年第 1 期，第 56—62 页。

于风险规避还是倾向于利用风险力图获利。

在借鉴学界既有的研究成果的基础上，本节提出如下分析框架（参见图2）：首先，美国对台军售问题应该置于中国大陆—台湾—美国三角互动的框架之下。美台军售问题从根本上来说是台湾方面求购武器、美国方面决策出售类别与规模的供需问题，直接相关方为美国和台湾，在此分析框架中着重分析美国和台湾方面的因素，中国大陆的因素作为隐性因素在这一过程中发挥影响。其次，该分析框架将促进因素与制约因素统筹起来考虑，以增强解释力。

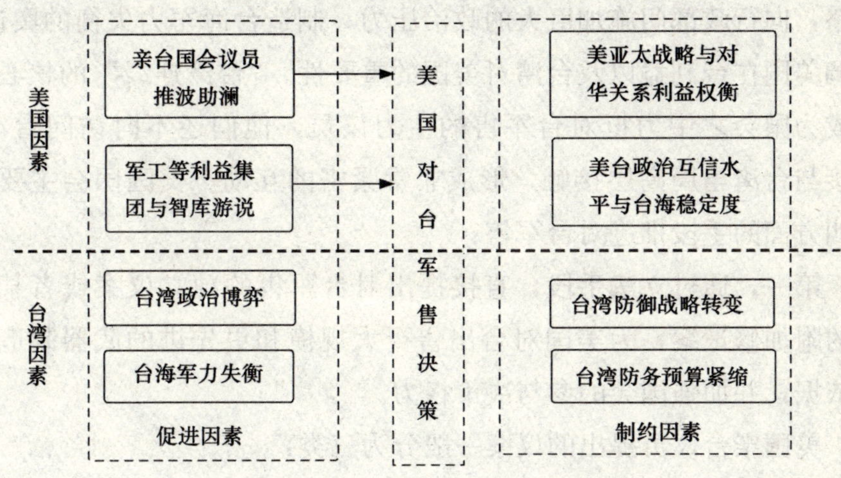

图2　美国对台军售决策原因分析框架

2. 美国方面的促进因素

(1) 美国国会的推波助澜

美国对台军售的决策与其国内政治博弈，特别是国会的政治生态显著相关。在美国国会内部，一直存在着一个稳定的亲台议员团体，特别是在2010年年底的美国中期选举之后，这股势力更加强大。以亲台著称的美国国会“台湾连线”在对台军售中发挥着重要作用。例如第111届国会中，众议院共435名众议员中就有134名成员属于“台湾连线”；参议院100名议员中，有27名“台湾连线”成员，两院中亲台势力占近三分之一。与此形成鲜明对比的是，2005年6月成立的对华友好的“美中工作小组”不过20多位成员。亲台势力在美国国会的壮大及对华友好议员团体相对萎缩，使国会政治运作朝着显著利于台湾的方向发展。他们共同对奥巴马政府施加强大的政治压力，要求向台湾出售F－16 C/D战斗机等新式武器。

美国国会在近年来推进美国对台军售方面采取多种手段并用的策略，向行政部门施加巨大的政治压力，制造台海军力失衡的舆论，强调美国在台利益以及台湾对美国的重要性。“台湾连线”的核心成员成为国会之中力挺对台军售的主力议员，他们还不时访问台湾，直接与台湾当局高层接触，形成非常紧密的互动。美国国会主要采取四方面的手段推进对台军售：

第一，通过立法手段，直接提出对台军售的独立议案或者某法案的附加修正案，为美国对台出售更大规模和更先进的武器制造法理依据，并加强国会的参与决策权力。

美国亲台议员提出的议案一般分为三类：

第一类是关于向行政部门要求推进对台军售的单一议题的议案，此类议案的影响力较弱，通常只表达议员政治意见，提交到国会各委员或分委员会之后便被搁置起来难以继续推进。此类议案的一个典型案例为来自民主党阵营的新泽西州众议员罗伯特·安德鲁斯（Robert Andrews）2011年4月13日提交议案（H. Cong. Res. 39）向奥巴马发难，要求总统推进向台湾出售F－16C/D战斗机和升级F－16A/B战斗机的进程。[①]

① 该议案共有40名议员联署，被提交到众议院外交委员会亚太事务分委员会后便搁置至今。参见美中经济与安全审查委员会2011年的年终报告，第287—288页，http：//www. uscc. gov。

第二类是关于台湾的一个综合性的法案。此类议案的影响力较前一类明显加强，而且往往在参众两院都会提出各自的版本。2011年9月12日，美国得克萨斯州共和党参议员约翰·科宁（John Cornyn）与新泽西民主党参议员罗伯特·梅南德兹（Robert Menendez）共同提出“2011年台湾空军军力现代化法案”（S.1539）。该法案认为中国大陆军力扩张对台湾构成明显的危险，将严重影响美国执行对亚洲盟友安全承诺和保护美国东亚利益的能力；美国依据《与台湾关系法》，有义务提供台湾需要的防卫武器并明确规定美国总统必须出售至少66架F－16C/D给台湾，以强化其防卫能力。[①]9月21日，共和党众议员金格瑞（Kay Granger）提出了“2011年台湾空军军力现代化法案”的众议院版本（H.R.2992）。[②]

此外，9月14日佛罗里达州共和党众议员罗斯雷婷（Ileana Ros-Lehtinen）提出“2011年台湾政策法案”（H.R.2918），要求美国政府接受台湾的F－16C/D采购书或者给予正式的出售许可。[③]另外，该议案特别要求行政部门就对台军售问题与国会磋商并提交详述台湾所需防卫武器的年度报告。该要求实际上力图强化国会在对台军售过程中的决策权。

第三类则是附加于某一个重要的美国贸易、外交或军事综合性法案的修订案。因为这一类议案往往与重要议案相关联，往往可以提交到参众两院的院会讨论，一旦通过，将成为正式法案具有法律效力，影响力也最大，因此也常常成为某些亲台议员的惯用手段。2011年6月20日，众议院外交委员会通过“2012年对外关系授权法案”（H.R.2583）。这一法案中就包含加利福尼亚州民主

① 该议案有19位参议员联署，9月12日被提交到参议院外交委员会。参见吴玲瑜：《史无前例 美议员提案强制售台F－16C/D》，《台湾时报》，2011年9月14日，第5版。

② 该议案有22位众议员联署，2011年11月17日被提交到众议院外交委员会。

③ 该法案共有29位众议员联署，2011年11月17日被提交到众议院外交委员会。

党众议员霍华德·伯曼（Howard Berman）、印第安纳州共和党众议员丹·波顿（Dan Burton）和弗吉尼亚州民主党众议员加里·康诺利（Gerry Connolly）提出的修正案，要求总统立即采取步骤向台湾出售66架F—16C/D和升级的F—16A/B，并出售8艘柴电潜艇。

9月22日，参议院否决了由约翰·科宁参议员提出的要求总统向台湾出售不少于66架F—16C/D法案的修正案（S. Amdt. 634 to H. R. 2832）。[①] 穷追不舍的科宁很快提出新议案。11月17日，美国众议院外交委员会投票通过他提出的议案（S. AMDT. 1200 to S. 1867），要求总统奥巴马向台湾出售66架F—16C/D战斗机。法案被递交到参议院大会审议。[②] 然而该法案仍然没有逃脱失败的命运，12月1日该议案因为违反了参议院的议事规则而被搁置。

第二，议员单独或者联署写信给总统奥巴马或国务卿希拉里，表达对于对台军售事宜的政治关切，向行政部门传递政治压力。

议员通过写信给行政部门负责人也是一种政治施压的方式，而且更为直接。有的信件经过大量议员联合署名之后会形成一股巨大的声势，国会参众两院甚至会配合行动，形成叠加效应，加深对决策的影响。2011年4月1日，一贯亲台的参议院外交关系委员会资深参议员理查德·卢格（Richard Lugar）写信给美国国务卿希拉里，表达对美国对台军售进展的关切以及对台湾空军战

① 该法案的投票结果为48票赞成，48票反对，4票弃权，未达到60票的最低通过票数，而48张反对票全来自民主党议员，赞同的48票则来自共和党及部分民主党议员。参见曹郁芬：《售台F—16C/D案 参院未通过》，［台湾］《自由时报》，2011年9月24日，第A6版。

② 《美众议院通过议案 要求奥巴马向台售F—16C/D战机》，人民网2011年11月18日电。

斗力不断恶化的担忧，并强烈支持美国向台湾出售F－16C/D型战斗机。①

随后，参议院掀起了联合写信向奥巴马施压的浪潮。2011年5月26日，参议院“台湾连线”共同主席梅南德兹和俄克拉荷马州共和党议员英霍夫（Jim Inhofe）等45名（接近半数）参议员联名致信奥巴马，要求依据《与台湾关系法》，在F－16生产线关闭前尽快同意向台湾出售66架F－16C/D型战斗机以及为台湾现有的F－16A/B升级，协助台湾空军军力现代化以维持台海和平及稳定，否则将使台湾面临大陆的军事威胁，严重影响美国国家安全。②

在参议院向行政部门施加巨大压力之后，众议院也出现了大规模议员联名致函奥巴马施压的情况。8月1日，包括内华达州民主党议员柏克丽（Shelley Berkley）、弗吉尼亚州民主党议员加里康诺利、佛罗里达州共和党议员迪亚兹巴拉特（Mario Diaz-Balart）和佐治亚州共和党议员菲尔·金格瑞（Phil Gingrey）四位众议院“台湾连线”共同主席在内的181位（近四成）众议员致信奥巴马，对台海的军事失衡表示关切，希望在F－16C/D生产线关闭之前同意出

① 卢格在给希拉里的信中称台湾的战斗机目前面临着严重的更新换代问题。目前已经超期服役的F－5型战斗机即将退出现役，“经国号”（IDF）战斗机也逐渐老化，台湾从法国购买的幻影－2000战斗机难以更换零部件，上述这些问题迫使奥巴马政府必须尽快向台湾出售F－16C/D，否则F－16A/B退役时，台湾将丧失可靠的空防能力。参见曹郁芬：《支持售台F－16C/D　美议员致函希拉里》，台湾《自由时报》2011年4月3日，第A4版。

② 联署的重要参议员还有国土安全委员会主席利伯曼（Joe Lieberman）、银行委员会主席约翰森（Tim Johnson）、商业科学及运输委员会主席洛克菲勒（Jay Rockefeller）、外交委员会亚太小组主席韦柏（Jim Webb）、军事委员会共和党首席议员麦凯恩（John McCain）、司法委员会共和党首席议员葛拉斯里（Charles E. Grassley）等。刘永祥：《美近半参议员要求售台F－16C/D战机》，《联合报》，2011年5月28日，第A17版。

售该款战斗机给台湾。除了增强台湾的安全，还可增加工作机会。①

第三，通过干扰奥巴马政府的正常人事任命，强迫行政当局在对台军售问题上表态或推进相关军售进程。

根据美国宪法，参议院拥有对重要政府官员的人事任命权，美国一些亲台的议员也就充分利用这一权力，将对台军售问题与之挂钩，给行政部门制造麻烦。在这一点上，得州参议员科宁是一个典型。7月21日，他威胁阻挠奥巴马总统对候任的美国副国务卿伯恩斯的人事任命，要求国务卿希拉里必须于10月1日前对F—16军售做出表态，并发布台湾空军力量评估报告。这使美国政府不得不明确提出了公布对台军售最后决定的时间节点。②

随后，屡次提交议案被否决的科宁再次使出了阻挠提名的手段。11月23日，科宁参议员再次致函奥巴马总统，威胁阻挠参议院对候任国防部助理部长马克·李柏特（Mark Lippert）的人事任命，呼吁奥巴马政府重视台湾战斗机短缺的问题。他要求奥巴马政府在短期内采取明确行动，并进而要求售台新型F—16C/D型战斗机。③

第四，通过召开一系列以台湾为主题的听证会，请行政部门官员和学者等出席听证，为推动对台军售提供决策依据并营造舆论氛围，同时体现国会在军售问题上的决策权。

美国国会中一向对华敌视的“美中经济与安全审查委员会”于

① 在这封联名信中，联署的众议员强调了台湾空军更新换代的紧迫性。他们认为美台防务部门都在报告中指出，台湾已渐失战斗机“质”的优势，并且未来10年台湾将淘汰70%的战斗机，如果无法取得新战机并升级现有的F—16A/B将十分危险。参见曹郁芬：《美181众议员联署 促速售台F—16C/D》，台湾《自由时报》，2011年8月3日，第A5版。

② 《美或近期决定是否售台F—16》，《香港商报》，2011年7月23日，第A14版。

③ 科宁在信中称升级F—16A/B只能解决台湾空军“质”的问题，却解决不了“量”的问题。台湾490架战斗机难以抵挡中国大陆的2300架，2020年台湾的战斗机将只剩下145架。他还认为美国在亚太地区的威信岌岌可危，而美国对台政策象征美国对亚太地区的整体立场以及影响力，美国一定不能放弃台湾人民以及美国在东亚稳定上的战略利益。周永捷：《美议员挟人事案 促售台F—16》，中央社华盛顿11月23日专电。

2011年4月13日召开了一次关于台湾问题的听证会，邀请了奥巴马政府主管台海事务的官员出庭作证。美国国防部东亚政策主管戴维·赫尔维（David Helvey）作证时强调美国对台军售的主要考虑依据是台湾的防卫需求，中美之间军事交流是否受影响不会干扰军售程序。美国国务院负责亚太事务的副助理国务卿克克里滕·布林克（Daniel Kritenbrink）则称，美国欢迎两岸持续对话沟通、强化经济合作，但也希望中国降低军事部署。美国将持续履行《与台湾关系法》所赋予的责任。①

美国众议院外交委员会在2011年举行了两次以“台湾为何重要”为主题的听证会。第一次听证会在6月16日举行，这是该委员会近七年来首度以台湾为核心议题举行听证会。外委会的主席罗斯雷婷强调了美国保住亚太霸主地位的决心，从而对中国发出了一个强硬的信号。在这一战略之下，美国要维持台湾的自主性与独立决定自己命运的权利。《与台湾关系法》与“六项保证”仍是美台关系的基础，两岸目前的经济交流可能是大陆促进统一的手段。议员柏曼则认为当马英九两年前提出“不统、不独、不武”时，中国大陆应该以承诺放弃对台湾使用武力来回应，但实际上却增加了导弹部署，台湾不能对大陆报以期待。其他多位众议员重申美国不应该放弃台湾，美国对台湾民主的支持以及对台军售强化台湾信心，更利于两岸之间的协商和谈判，并呼吁奥巴马尽快对台出售F－16C/D等武器。②

---

① 参见《美：对台军售不受大陆影响》，《文汇报》，2011年4月15日，第A32版；《美称无意防堵中国崛起》，《香港商报》，2011年4月15日，第A31版。

② 出席此次听证会的议员包括众议院外交关系委员会主席罗斯雷婷、民主党众议员柏曼等。应邀作证的包括前亚太事务副助理国务卿薛瑞福（Randall G. Schriver）、乔治敦大学教授唐耐心（Nancy Bernkopf Tucker）和美台商会会长韩儒伯（Rupert J. Hammond-Chambers）。曹郁芬：《美议员拟提案 强化“与台湾关系法”》，台湾《自由时报》，2011年6月17日，第A2版。证词全文参见：Why Taiwan Matters，Hearing Before the Committee on Foreign Affairs House of Representatives，112th Congress First Session，June 16，2011，http：//foreignaffairs. house. gov/hearing _ notice. asp？ id=1310。

第二场“台湾为什么重要”听证会10月4日举行，邀请了美国国防部负责亚太事务的副助理部长罗沃伊（Peter Lavoy）和负责亚太事务的副助理国务卿坎贝尔作证。此次听证会前美国政府刚刚宣布新一轮对台军售，因没有出售F－16C/D，包括外委会主席罗斯雷婷恩在内的众多议员对奥巴马政府强烈不满，甚至谴责奥巴马的行为违背了《与台湾关系法》。

罗沃伊作证时提出了台湾防空的新战略，即发展不对称的理念与科技创新，而美国并未排除出售F－16C/D给台湾。两岸关系的进展并没有让大陆降低对台军事部署，而台湾稳定是美国推广在亚太地区和平与稳定的基础，维持台湾的自信和选择自由才能以和平方式解决台海问题。[①] 坎贝尔作证时指出，亚太地区是美国安全和繁荣的重心。在美国的亚太战略中，台湾占据着重要的一环。在美国看来，两岸关系改善不完全取决于两岸间的和平发展，同时依赖于美国对台湾的安全支持给予台湾的信心。美国的政策是兼顾大陆与台湾，中美关系发展不会以牺牲美在台利益代价。台湾的未来要根基于美台之间健全而多元的、稳定的关系。[②]

（2）利益集团与智库的游说

在美国对台军售的决策中，包括军工集团在内的利益集团、智

① 罗沃伊提出，台海两岸的军力平衡持续向大陆倾斜，美国的“台湾空军军力评估报告”最重要的结论是，台湾的防务资源有限，不能与大陆竞赛。要维持长久的安全不能单靠采购有限的先进武器系统，需要将采购和计划重点置于创新和不对称的概念上，以将台湾的存活力和优势发挥到最大。曹郁芬：《台湾大选 美：不会选边站 亚太助卿坎贝尔 表达华府中立立场》，台湾《自由时报》，2011年10月5日，第A2版。

② 坎贝尔表示，美台关系取决于四个维度，分别为政治关系、经济联系、安全关系和民间往来。政治关系以双方共同的价值观和所谓的民主信仰为基础，经济联系依赖于美台之间的贸易关系和正在进行中的投资协定谈判。最重要的是美台之间的安全关系，对台军售是关键环节。

库等游说团体发挥着关键的作用。他们通过各种方式向国会议员和行政当局游说和施压，营造舆论，推动军售的进程。

对奥巴马政府而言，目前最为困扰他的便是低迷的经济和居高不下的失业率，就业问题已经几乎成为他余下任期内需要解决的首要问题，这就使得军火制造商和相应选区的国会议员可以借就业问题向奥巴马政府施加压力。通过观察美国十年来的失业率走势可以发现（参见图3），在小布什任期之内美国的平均失业率一直在4%—6%的区间内浮动，在小布什即将卸任之际，失业率的数字开始急剧上升，而此时也正是全球金融危机开始爆发之际。

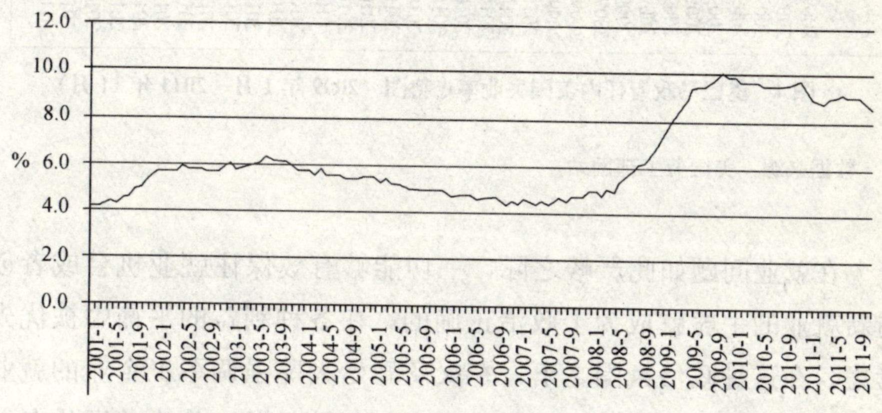

图3　美国平均失业率走势图（2001年1月—2011年11月）①

数据来源：美国劳工部网站。

奥巴马就任总统之时（参见图4），失业率已经达到了7.8%，并在此后的几个月间继续急剧攀升，到2009年金融危机爆发一周年之际，美国的失业率甚至达到了两位数，创下了10.1%的新高。此后失业率虽然几经起伏，但始终在9%以上的高位运行，成为奥巴马政府的头等难

① 美国的平均失业率统计指16岁以上的人口的失业率，数据经过季节因素调整。数据来源参见美国劳工部网站，http：//data. bls. gov/pdq/SurveyOutputServlet?request _ action=wh&graph _ name=LN _ cpsbref3。

题。直到最近，失业率终于下降到 8.6%，但是仍然不容乐观。

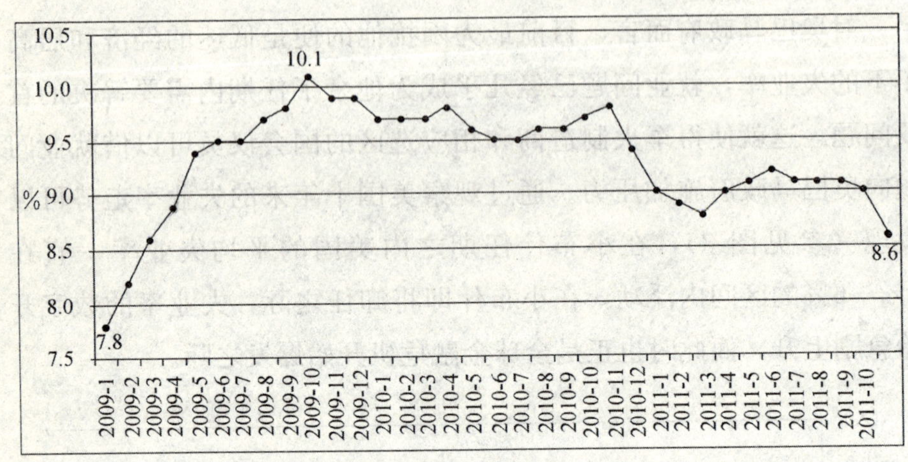

图 4 奥巴马政府任内美国失业率走势图（2009 年 1 月—2011 年 11 月）

数据来源：美国劳工部网站。

在就业问题如此严峻之际，一切能够有效保住就业机会或者创造新就业的手段就成为了政治正确的，在各种利益的平衡中被优先考虑。在这种政治氛围之下，军火商开始大肆强调军工企业的就业岗位问题以及军火销售可以带来的巨额经济效益。作为美国排名前三位的武器出口对象，对台军售便与美国的就业和军火商的经济利益直接挂钩。根据一项统计，冷战之后，美国对台军售的经济利益显著提升。每当美国签订 1 亿美元的军贸合同时，就会增加 15000 个就业机会。而美国的国内生产总值中，每 100 美元的收益，就有 1.5 美元的军火收益。如果按每增加 10 亿美元的军火出口将带来 2 万个就业机会来计算，美国对台军售至少可增加超过 30 万个直接就业机会。[1] 这对于面临高失业率困扰的奥巴马政府来说，是难以抗拒

① 戚兴元、周冠华：《美国对台军售问题探因》，载《理论导刊》，2004 年第 3 期，第 60 页。

的诱惑，而各大军火商所在州的国会议员则更需要“视就业为政治生命”，想尽一切办法大肆鼓吹对台军售。

就在奥巴马政府宣布升级台湾现有的F－16A/B而不出售新型的F－16C/D之后的第二天（9月22日），洛克希德·马丁公司通过电子邮件向大量议员和其助理发送备忘录，标题为“台湾——新F－16 C/D战机的优点”。备忘录引述了美国国防部的结论，即一旦台海发生冲突，台湾无法保卫自己的F－16战机或跑道不受导弹威胁，并以中国大陆强烈反对对台军售为理由强调F－16 C/D战斗机对台湾的重要性。[①] 此外，该公司还发出警告，称2011年底前若没有新订单，生产线将逐步关闭，即使有新订单，该款型号的生产也会出现较为明显的“空档期”。该公司CEO史蒂文斯（Bob Stevens）在2011年8月的《国际航空》杂志上撰文强调，目前可能购买F－16的潜在客户包括台湾，这也暗示台湾和美国政府要加快F－16C/D战斗机的军售进程。[②]

除了军工集团的游说之外，在美国政坛中还长期存在着一些亲台的机构，在幕后推动众议院外交委员会举办“台湾为什么重要”听证会的福摩萨基金会就是其中之一。该基金会长期以来致力于游说美国的国会议员，推动有利于台湾的各项议题，特别是对台军售。此外，他们还将游说的目标瞄准美国的青年政治家，为未来持续影响美国政治、培养支持力量。福摩萨基金会举办的第九届“亲善大使培训营”便旁听了众议院外交委员会的台湾问题听证会。此次培训营的22位来自台湾和美国各地的学员，在两周内拜访了133位参众议员的办公室，游说国会支持军售F－16C/D战机给台湾、给予

① 《售台F－16C/D　洛马加入游说》，中央社华盛顿2011年9月29日电。

② 截至2011年8月，洛克希德·马丁公司仅有58架库存F－16战斗机。F－16生产线将在2013年底停产，该公司将全力研制F－35战机。程嘉文：《洛马：F－16生产线将关》，［台湾］《联合报》，2011年8月5日，第A3版。

台湾免签证待遇及加入国际组织等。①

美台商业协会（US—Taiwan Business Council）也是一个重要的亲台团体，他们近年来一直在不断游说国会和行政部门出售F—16C/D给台湾。该协会的会长韩儒伯每年都频繁访问台湾，参加每年一度的“美台国防工业会议”，通报军售的最近消息并参加国会的各种听证会。他们通过分发请愿书的方式，锁定重点议员进行密集游说，例如参议院军事委员会主席、密歇根州民主党议员李文（Carl Levin），通过就业问题向他施加压力，要求其支持出售给台湾新型战斗机。该协会的请愿书指出，出售F—16给台湾可以促进美国经济，产值可达87亿美元，为制造业创造近8.8万个就业机会。②在游说策略上，考虑到工会等劳工组织是民主党的主要支持者，以及美国共和与民主两党当前的严重对立情况，美台商会便积极寻求各种工人协会和跨党派党团议员的支持。他们目前获得了国际机械师及航天工人协会（International Association of Machinists and Aerospace Workers）的支持。③

在对台军售的游说中，美国各种各样的智库也发挥着重要作用，他们成为学者、官员集中讨论军售问题的平台，起到了从学术和政策咨询角度影响决策的重要作用。尤为引人注意的是小布什任期内的部分重要官员目前以学者的身份在各种研讨会等公开场合频繁做出有利于军售的表态，因其特殊的身份，强化了对台军售的说服依据。例如，小布什政府的国家安全委员会亚洲事务主任格林（Mike Green）在战略与国际问题研究中心（CSIS）的一次研讨会上提出，根据《与台湾关系法》，美国是有足够理由向台湾出售F—16C/D战

① 曹郁芬：《福尔摩萨基金会：美国不会放弃台湾 主题〈台湾为何重要〉显示对台支持》，台湾《自由时报》，2011年6月26日，第A1版。

② 《美台商会游说新F—16售台案》，中央社台北2011年12月2日电。

③ 该协会是美国劳工联合会产业工会联合会（AFL—CIO）下属的一个组织。

斗机的。当时适逢中国大陆刚刚试飞歼－20战斗机，格林的表态也暗指歼－20的研发会对台湾造成更大冲击，是促使美国对台湾出售F－16C/D的直接原因之一。[①] 另外，小布什政府的国防部长拉姆斯菲尔德（Donald Henry Rumsfeld）也公开表态支持对台出售F－16C/D。他认为中国大陆的数千枚导弹部署对台湾造成了严重的安全威胁，两岸目前的空军战斗力根本不成比例。[②]

美国众议院军事委员会议员史密斯2011年9月9日也应战略与国际问题研究中心邀请，就美国的亚洲政策发表了演说。他认为美国需要同中国维持交往，但是也需要通过在亚洲维持有效的军力存在来协助亚洲国家制衡中国，特别是在台湾海峡的军力存在可以吓阻大陆。随着中国在区域拒止和反介入方面的能力的提升，美国已无法如1996年台海危机一般通过几艘航母进行军事干预，美国更应该出售F－16C/D战机给台湾。他也承认，两岸之间的经贸交流是正确的方向，但是美国不能放弃台湾，美台关系对美国非常重要。[③]

3. 台湾方面的促进因素

(1) 台湾岛内政治博弈

台湾岛内，军购是蓝绿阵营热炒的议题之一。对台军售是美国对台湾政治力量支持的标志，也一定程度上意味着台湾执政当局的“合法性”。蓝绿阵营相互恶斗的政治生态下，马英九被描绘成“倾

① 王枝旺：《格林：美应售台F－16C/D》，《台湾时报》，2011年1月14日，第5版。

② 曹郁芬：《美前国防部长伦斯斐 主张售台F－16C/D》，［台湾］《自由时报》，2011年2月24日，第A4版。

③ 参见曹郁芬：《奥巴马政府若拒售台F－16C/D　美议员：国会将有抗议行动》，［台湾］《自由时报》，2011年9月10日，第A19版。

中卖台”、自废武装的形象。民进党更抓住台湾两架 F－5 型战机同时失事的消息，痛批国民党阻挡军购预算。台湾当局高调向美求购 F－16C/D 战机显然主要是马英九需在政治上做出“爱台湾”姿态，以避免被绿营攻击。

民进党实际上大力支持向美国求购武器。2011 年 9 月中旬，民进党主席蔡英文赴美访问曾进一步加大游说的力量。她在华盛顿秘密会晤了美国副国务卿奈兹（Thomas Nides），以及包括共和党参议员麦凯恩（John McCain）、无党籍参议员利伯曼（Joe Lieberman）、共和党参议员柯克（Mark Kirk）及外交委员会亚太小组委员会主席韦伯（Jim Webb）在内的多位国会议员。蔡英文在访问中不断强调民进党执政后将展现捍卫台湾安全的决心。在两岸军力失衡的情况下，她呼吁美国议员协助促成 F－16C/D 战机的军售，得到了议员的正面响应。①

有台湾学者认为，台湾向美国求购新战机在政治上的需求甚至更高于军事上。在蓝绿对立严重对立、互相攻讦的情况下，绿营一直质问马英九，为什么蓝营称台湾与美国和大陆的关系都很好却买不到新的战斗机。因此对蓝营来说，美国同意军售可以回击绿营的政治责难，有利于选举。另外有学者认为，马英九上任后二十几次呼吁美国出售 F－16C/D，如果美国不出售武器给台湾，就会严重打击马英九政府的政治威信。

美国宣布对台军售无疑对争取连任的马英九选情有正面影响，马英九也立即将其作为政绩进行宣传，强调其重视防务。他在 2011 年 10 月 25 日表态称，在他执政三年内向美国争取到了三次共 183 亿美元的军售案，超越陈水扁执政八年 80 多亿美元和李登辉执政十二年 163 亿美元，证明他执政会捍卫“国家主权”、保护台湾的安

---

① 张丽娜、晏明强、庄蕙嘉：《蔡英文：民进党不憎恨中国人》，《台湾苹果日报》，2011 年 9 月 16 日，第 A16 版。

全、保障民众的福祉。并且在争取美国军售过程中，台湾采购 F—16A/B 升级案并非希望两岸打仗，并未造成两岸关系的紧张。①

(2) 台海军力平衡需要

美国对台军售的一个客观的因素是台湾海峡军事力量平衡的急速变化。相对而言，因为中国大陆经济快速崛起，为国防建设提供了有力的资源保证，再加上中国大陆的国防投入自改革开放以来一直处于为经济发展让路的低水平状态，所以近年来中国大陆的军事现代化步伐不断加快。相对而言，台湾的防务力量受制于多方面的因素而发展停滞。美国国防部和国家情报总监办公室推出的历年度《中国军力报告》，一再渲染所谓的"中国军事威胁论"，强调两岸军力失衡日趋严重，为对台军售寻找依据。

目前台海地区的军事力量对比相较以往确实出现了非常大的变化，特别是在大陆传统上发展相对滞后的海空力量方面。根据 2010 年 1 月美国国防情报局的报告，台湾目前具有的近 400 架战斗机中大部分缺乏战斗能力，60 架 F—5 已濒临退役，56 架幻影 2000—5 维修困难，不利于战备，126 架 IDF"经国号"战斗机欠缺续航能力，剩下的 146 架 F—16A/B 战斗机作为台湾空军的主力机型也面临着性能升级的困难。②

到了 2011 年，台海的海空军力平衡进一步向着有利于中国大陆的方向倾斜。非常引人注目的是中国大陆研发的新一代隐形战斗机歼—20 的试飞引起了包括台湾和美国在内的全世界的关注。2011 年

---

① 台湾师范大学政治学研究所所长曲兆祥和淡江大学国际事务与战略研究所助讲师黄介正是上述看法的典型持有者。李泉：《求售战机以示爱台 学者：马为助选情》，香港《明报》，2011 年 9 月 16 日，第 A20 版。

② 相关报告内容参见孙哲主编：《后危机世界与中美战略竞逐》，时事出版社，2011 年 3 月版，第 344—347 页。

1月11日，中国人民解放军空军部队举行了由成都飞机制造厂生产的歼—20的试飞试验。有美国等国家的军事专家认为该型号的飞机将在未来数年之内逐渐完善成型，并用来对抗美国的新一代主力战斗机F—22。[①] 美国研发新一代战斗机F—35的不顺利也加重了美国战略界和军方的担忧情绪。由于F—22战斗机造价过于昂贵，面对预算紧缩压力的美国国防部将重心转移至相对较为低廉的F—35机型战斗机。美国计划未来20年购买2000多架F—35战机，作战及维修保养费更高达1万亿美元。但这款由洛克希德·马丁公司研发的战斗机因为发动机问题，曾经一度停飞[②]，而且预算经费一再追加，工期也屡次拖延。F—35目前的经费已经比最初估算的时候追加了一倍以上，达到了每架约9200万美元，工程计划也从2001年签署合约时的10年延长至2016年。[③] 台湾岛内对于台海的空中力量

① 根据日本《朝日新闻》的报道，歼—20最早可能在2017年开始部署。该报称歼—20悬挂了大型导弹，经过空中加油可以飞抵关岛，但在技术和性能上要与F—22匹敌还至少需要10—15年。但是一些军事专家持不同意见，美国“国际评估与战略中心”（International Assessment and Strategy Center）的费学礼（Rick Fisher）认为，歼—20在2019年年底前后将能在性能甚至数量上与F—22分庭抗礼。中国军事问题专家卜思高（Dennis Blasko）也认为，歼—20的研发过程可能会远超过外界多数观察家的估计。参见《日媒：中国隐形战机月中试飞专家：歼—20短期难投入备战》，[澳门]《新华澳报》，2011年1月6日，第4版。

② 加州爱德华空军基地编号AF4的F—35试验机2011年8月2日在地面飞引擎时，提供电力的涡轮机出现故障，迫使引擎关闭，事件中无人受伤。国防部8月3日下令停飞全部20架F—35试验机，当局表示查清事故原因后，才决定何时解除禁飞令。F—35制造商洛·马公司表示，支持停飞及做出全面检查。这次已是年内第三度因机件故障停飞。2011年3月一架F—35电力系统发生故障，起飞后不久迫降，证实是维修过程存在漏洞；6月另一架F—35因软件出问题，或会影响飞行控制，亦须一度停飞。参见《F—35坏机美军战力再挫》，《太阳报》，2011年8月5日，第A46版。

③ F—35战斗机初步设计有3种型号，其中F—35A战机预定取代美国空军的F—16和A—10战斗机；F—35B具备垂直起降能力，将取代猎犬式战斗机。F—35C预定部署于航空母舰，取代F—18战斗机。《美F—35战机造价贵》，《新报》，2011年1月15日，第A12版。

对比进一步向大陆倾斜更感到担忧，质疑台湾空军发展缓慢，甚至认为台湾即使购买 F—16C/D 也无济于事，台湾空军不仅在数量上，而且在技术上相对大陆也优势不再。①

相比大陆的空军力量建设方面的成就，台湾空军的表现则相形见绌。2011 年 9 月 13 日，台湾空军花莲基地的一架 RF—5E 侦察机和一架 F—5F 战斗教练机在宜兰县东澳山区失事。这也是在 7 年中此款飞机的第 6 起事故，总计造成 5 位飞行员殉职，3 人失踪。自 1974 年投产的 F—5F 战斗机，最多时有 66 架，目前仅剩下 32 架。②除了飞机失事外，台湾军方举行的导弹试验也令台湾当局非常难堪。2011 年 1 月 18 日，就在胡锦涛主席赴美进行国事访问期间，台湾军方在屏东九鹏基地举行近年来最大规模的导弹试验，马英九亲临现场观摩。最终共发射 19 枚导弹，却有 6 枚脱靶，失误率竟然接近三分之一。③

美国国防部密切关注着台海的军力对比的变化趋势。根据 2011 年版的《中国军事与安全发展报告》，中国大陆在空军力量方面同样

① 王宗铭：《林中斌：歼—20 让台湾买 F—16 C/D 也没用》，《民众日报》，2011 年 1 月 13 日，第 A4 版。

② F—5 型战斗机由美国诺斯洛普公司在 1962 年推出，1973 年美国授权台湾生产，1974 年 10 月台湾生产出第一架该款飞机。部分 F—5 型战斗机目前仍在服役，服役期近 37 年。F—5F 战斗机目前主要承担情报搜集、训练以及最后一道防空防线的任务。参见《F—5 服役 37 年"空中铁棺材"》，《台湾苹果日报》，2011 年 9 月 15 日，A3 版。

③ 此次参演兵力包括 4 架超级眼镜蛇攻击直升机、8 架"经国号"（IDF）、6 架幻影—2000、6 架 F—16、6 架 F—5E/F 战斗机及各式导弹系统，近 600 人参加，模拟敌军自不同距离、空层发动袭击，由三军各型防空导弹系统拦截。试射的 19 枚导弹中，由"经国号"、幻影—2000 发射的天剑二型与云母导弹各有一枚近距离越过靶机未引爆，一枚空射麻雀导弹提前引爆，地面发射的一枚麻雀导弹升空 10 秒后熄火坠海，补射的一枚也未引爆，一枚刺针导弹未击中目标坠海，最终 6 枚导弹脱靶。《台试射 19 导弹 6 脱靶》，《太阳报》，2011 年 1 月 19 日，第 A29 版；《台导弹演习射失 马英九不满》，《香港经济日报》，2011 年 1 月 19 日，第 A16 版。

对台湾占据着一定程度的优势，但因为区分出了部署在台海范围的武器装备，这样的比较更有针对性一些。通过表 1 可以看出，在战斗机方面，虽然大陆的总数量达到了近 1700 架，但部署在台海范围内的只有 330 架，与台湾空军战斗机的数量比为 0.85：1，数量上处于劣势。在轰炸机/歼击机和运输机方面的数量对比分别为 7：1 和 2：1 左右。考虑到台湾的飞机服役期一般都较长，将逐步退出现役，而大陆飞机的更新换代速度和装备数量的增长速度都明显快于台湾，在未来一个阶段大陆部署在台海范围的空军力量在数量上也会逐渐占据明显优势。

表 1　　中国大陆与台海的空中力量对比

机型	中国大陆		台湾	军力对比
飞机	总量	台海范围	总量	台海范围
战斗机	1680	330	388	0.85
轰炸机/歼击机	620	160	22	7.3
运输机	450	40	21	1.9

资料来源：美国国防部 2011 年 5 月 6 日发布的《2011 年中国军事与安全发展报告》。

从海军方面来看（参见表 2），海军在台海范围内的东海与南海舰队在大型舰艇的数量上基本是台湾海军的 2—4 倍，大陆在潜艇方面的优势较大，台湾只有 4 艘柴油动力潜艇，没有核潜艇，无法有效组成一支完整的包括训练、保养和轮值防务在内的潜艇编队，而这也是台湾大力向美国求购 8 艘柴油动力潜艇以组成完整潜艇编队的主要原因。

表 2　　台湾海峡海军军力对比

装备种类	中国大陆		台湾	军力对比
	总量	东海与南海舰队	总量	台海范围
驱逐舰	26	16	4	4
护卫舰	53	44	22	2
登陆艇	27	25	12	2
中等登陆艇	28	21	4	5.3
柴动力潜艇	49	33	4	8.3
核动力潜艇	5	2	0	—
海岸巡逻艇	86	68	61	1.1

资料来源：美国国防部 2011 年 5 月 6 日发布的《2011 年中国军事与安全发展报告》。

在导弹力量方面，中国大陆占据着绝对优势（参见表 3）。值得注意的是，根据美国国防部的报告，大陆的短程弹道导弹（射程在 300—600 公里）的数量共有 1000—2000 枚，相应的发射器有 200 个左右，而这一射程范围的导弹是针对台海地区的主要导弹，也是震慑"台独"势力和外来干涉力量的主要武器装备。

表 3　　中国大陆的导弹力量

系统	导弹数量	发射器	预计射程
洲际弹道导弹	50—75	50—75	5400—13000＋公里
远程弹道导弹	5—20	5—20	3000＋公里
中程弹道导弹	75—100	75—100	1750＋公里
短程弹道导弹	1000—2000	200—250	300—600 公里
陆基巡航导弹	200—500	40—55	1500＋公里

资料来源：美国国防部 2011 年 5 月 6 日发布的《2011 年中国军事与安全发展报告》

台湾的防务部门也密切关注着两岸军力变化情况。根据台湾防务部门发布的年度军力报告（参见表 4），大陆陆海空三军目前都占据了较为明显的优势。在总兵力方面，解放军兵力是台湾兵力的8.5倍。随着台湾兵役制度改革，当推行“全募兵制”之后，台湾的总兵力数量可能进一步下降，两军兵力对比差距呈进一步扩大趋势。在空军装备方面，大陆的战斗机数量达到了台湾空军的8倍以上。主要战斗机方面，大陆共有1860架，而台湾的战斗机持续减少至390架左右，数量对比达到了4.8：1，大陆占有明显的数量优势，防空导弹系统的优势更是达到33倍。在海军方面，除了陆战队的数量两军基本持平外，海军各种舰艇，特别是潜艇方面，大陆的优势都是非常明显的，数量比一般在5—15倍之间。在战略导弹部队方面，台湾军队处于空白，该报告认为大陆有包括巡航导弹在内的约1400枚战术导弹，这也是大陆防止台湾海峡发生严重事态，特别是台湾走向独立的“杀手锏”。①

表4　解放军与台湾军队兵力与装备对比

项目	台军	项目	解放军	两军之比**
总兵力	27万	兵力	230万	8.5
陆军	18万	兵力	126.4万	7.0
	1200	装甲车	7000	5.8
	200	陆航直升机	400	2.0
	1000	重型火炮	0.8万	8.0
海军	3.9万	兵力	26.4万	6.8
	190	舰艇	930	4.9
	30	大型作战舰	70	2.3
	10	两栖舰	40	4.0
	4	潜艇	60	15.0
	1万	陆战队	0.8万	0.8

① 需要说明的是，台湾防务部门对大陆的军事力量的估算未说明数据的来源，并且各项统计都是计算解放军的总兵力和总装备情况，而显然解放军的这些军事力量除了要面临台湾问题之外还有其他的防卫需求，因此这种对比的分析有一定局限性。

续表

项目	台军	项目	解放军	两军之比**
总兵力	27万	兵力	230万	8.5
空军	3.7万	兵力	39.4万	10.6
	420	战机	3400（含海航）	8.1
	0	轰炸机	300	—
	390	主要战斗机*	1860	4.8
	0	强击机	300	—
	0	无人机	280	—
	30	防空导弹系统	1000	33.3
第二炮兵	无	兵力	14.6万	—
	无	战略导弹	180	—
	无	战术导弹	1400（含巡航导弹）	—
	无	核弹头	450—500	—

*台军主要战斗机型为F—16、幻影—2000、IDF号和F—5E；解放军主要战斗机型为歼—7、歼—8、歼—10、苏—27和苏—30。**解放军的兵力或装备与台湾军队的相应项目数量比，下同。

数据来源：台湾“国防部”发布的“中华民国100年国防报告。”

4. 美国方面的制约因素

(1)“重返”亚太战略与中美关系权衡

奥巴马政府上台以来，就逐步展开对外交战略的调整，而亚太地区是这一战略调整的核心。在外界看来，如何利用东亚新兴经济体高速的发展态势帮助美国应对经济危机，扩大出口以实现就业成为奥巴马政府上任伊始最重要的考虑之一。而中国作为新兴崛起的亚太大国，也是美国必须要面对的一个难题。如何同中国这样一个亚太地区的新兴强国处理关系，采取怎样的策略应对中国的崛起，都是奥巴马政府面对的难题。此外，除了台湾问题之外，朝核问题、东海油气资源争议、南海岛礁争端等也使亚太蕴藏着诸多的安全争端的隐患。

面对这些挑战，奥巴马政府进行了一系列的外交政策调整，美国的“重返亚太”战略逐步清晰地展现在世人面前。奥巴马在2009年11月首次对亚太进行访问时，提出了美国要恢复领导力，而他自己也是美国的首位“太平洋总统”。寻求经济复苏和平衡与持续的增长关系到美国的利益，美国与太平洋的联系是实现这一利益的关键。奥巴马提出了美国强化与亚太联系的两种途径：在双边联系上，美国要强化与盟国之间的关系以及协调好与中国这样的新兴大国的合作；在多边的框架下，美国要利用好APEC以及东亚峰会等地区性组织。①

奥巴马的这一战略构想奠定了美国“重返亚太”的基本框架。接下来，美国的外交官员阐述美国的亚太政策时基本都遵循着这一框架。美国国务卿在奥巴马访问亚洲后做了“亚洲的地区性架构：原则与重点”的政策演讲，演说中她强调亚太关系是美国的一项重点。她上任一年来四次访问亚洲，奥巴马也在上任第一年就访问了中日韩等东亚大国，并参加了在新加坡召开的APEC会议、签署《关岛国际协议》、在G20会议上与亚太国家紧密协作并倡议成立了“美国—东盟”峰会，这些都体现出美国不仅要长期驻留亚太，而且要恢复在该地区的主导权的战略目标。② 希拉里在随后一次演讲中提出了美国在亚太的一套总体目标：保持和加强美国在亚洲和太平洋地区的领导能力、改善安全、扩大繁荣并促进美国的价值观。在策略上，美国将施展“前沿部署外交”（Forward-deployed diploma-

① 奥巴马总统在东京发表的演讲，美国国务院国际信息局，2009年11月14日，http：//chinese. usembassy-china. org. cn/111409pv. html。

② 希拉里·克林顿国务卿演讲：《亚洲的地区性架构：原则与重点》，美国国务院国际信息局，2010年1月12日，http：//chinese. usembassy-china. org. cn/011410. html。

cy)，增加投入各种外交资源。[①] 联盟关系、新生伙伴关系和区域性机构合作是奥巴马政府亚洲参与的三条主要路线。美国副国务卿在尼克松中心的演讲重新阐述了美国强化与亚太联系的三个支柱：以传统同盟为核心，与新兴力量（中国、印度、印尼）建立联系，利用地区多边架构（东亚峰会、APEC）。[②] 此后，新任副国务卿伯恩斯在美中关系第五次双年会上的演讲[③]、希拉里在《外交》杂志上发表的文章《美国的太平洋世纪》[④] 以及国家安全事务助理汤姆·多尼隆在《金融时报》发表的文章《美国重返太平洋并将维护国际规则》[⑤] 都延续了上述战略构想。

美国的亚太战略构想中非常重要的一点就是处理与中国的关系。美国将发展对华关系置于美国与新兴大国双边关系的框架之中，在处理各种地区热点问题和应对全球经济危机、实现平衡与可持续增长方面都迫切需要与中国合作。正是基于合作的需要，在中美元首实现互访之后，"积极、全面、合作"的中美关系定位逐步得以确定。随着中国崛起的态势愈发显著，中美相对实力的接近使得大国崛起困境和地区主导权争夺的命题摆在了中美两国面前。中国军事

---

① 国务卿希拉里·克林顿关于美国与亚太地区关系的讲话，美国国务院国际信息局，2010 年 10 月 28 日，http：//www. america. gov/st/eap - Chinese/2010/October/20101029034247x0. 4677175. html? CP. rss＝true。

② 副国务卿斯坦伯格在尼克松中心的讲话，美国国务院国际信息局，2010 年 8 月 16 日，http：//chinese. usembassy-china. org. cn/081610ir. html。

③ 副国务卿伯恩斯在美中关系双年会第五次会议上的发言，美国驻华大使馆网站，2011 年 10 月 24 日，http：//iipdigital. usembassy. gov/st/chinese/texttrans/2011/10/20111025180700x0. 9428631. html＃ixzz1bsDmupuC。

④ Hillary Clinton，"America′s Pacific Century"，*Foreign Policy*，November 2011，http：//www. foreignpolicy. com/articles/2011/10/11/americas _ pacific _ century.

⑤ Tom Donilon，"America is back in the Pacific and will uphold the rules"，*Financial Times*，http：//www. ft. com/cms/s/4f3febac － 1761 － 11e1 － b00e － 00144feabdc0.

现代化和解放军实力的大幅提升更加重了美国的战略疑虑。这一阶段，加强中美两军的交流与协商，避免战略误判与建立危机处理机制显得非常关键。然而，台湾问题作为影响中美两军关系发展的“三大障碍”之一，屡屡扮演着定时炸弹的角色，不仅严重干扰两军发展关系的进程，更对中美在双边和地区乃至全球性的合作造成冲击。①

如何处理对台军售问题确实是困扰美国行政当局的一个难题。国会的压力和利益集团的游说以及中国大陆的各种外交压力混合在一起，共同考验着奥巴马政府。在利益权衡中，美国国内战略界掀起了一场关于美国是不是要放弃台湾的争论。② 有美国学者提出美国放弃对台湾的安全承诺可以有效避免中美爆发战争的可能性，还有学者面对美国巨额的债务向奥巴马政府建议通过停止对台湾的军售和放弃对台湾的安全承诺来换取中国大陆放弃在美国的债券资产。尽管这样的意见在美国战略界并非主流，但是反映出了美国战略界对于对台军售这样一个影响中美关系正常发展甚至是一定程度与重要的美国国家利益相冲突的历史遗留问题存在不同的意见和看法。或许目前让美国放弃对台湾的安全承诺、彻底废除《与台湾关系法》

① “三大障碍”是指：美国对台军售、美国军机军舰频繁对中国近海、近空高强度抵近侦察、美国国内的法律（如 2000 年《国防授权法》和《迪莱修正案》）限制。参见《罗援：“对台军售”等三大障碍不排除 中美军事交流难免磕磕碰碰》，人民网，2011 年 5 月 14 日，http：//military. people. com. cn/GB/14634685. html。

② 2011 年 3 月，美国《外交》双月刊中，乔治·华盛顿大学译教授发文呼吁美国应重估“协防台湾”的承诺。文章称放弃台湾防务可能是让美国与大陆维持和平—避免恶性武力竞争的办法。2011 年 11 月，原任哈佛大学肯尼迪学院国际安全研究员保罗·坎恩在《纽约时报》发文，呼吁总统奥巴马和中国展开协商，以美国停止对台军售与援助、2015 年提前终止“协防台湾”的公报，换取中国“一笔勾销”目前所持美国公债。这样才能挽救美国经济，甚至确保奥巴马的连任之路。、参见《美国真的要放弃台湾?》，新华网，2011 年 11 月 19 日，http：//news. xinhuanet. com/tw/2011－11/19/c _ 122305854. htm。

还没有在美国形成主流意见，但是限制对台军售的规模和种类以及选择合适的时机以避免影响美国在亚太战略部署及中美合作的大局则越来越成为一种现实。

这种情况也反映在美国对台军售的行政部门协调之中。在对台军售的决策中，美国的白宫国家安全委员会、国务院、国防部以及各种政策顾问要经过协调提出报告给国会，评估台湾目前所需要的武器以及规模。据了解这一决策机制的人士透露，关于升级台湾 F－16A/B 的军售方案在 2010 年 9 月上报至美国国务院后就一直被搁置下来。美国国务院考虑到 2010 年末至 2011 年中美高层的频繁交流需要良好的政治气氛，而一再搁置对台军售的讨论。有一些媒体透露持该种意见的主要是已卸任的美国副国务卿斯坦伯格等人①

根据《华盛顿邮报》等美国媒体的报道，在关于对台军售的决策中，美国的决策层存在着不同意见。有一派认为，台湾的防控力量正在减弱，因此主张出售 F－16C/D；另一派认为，如果出售 F－16C/D，可能冲击美国与大陆之间的关系，这一派主要是美国国务院的人士。白宫国家安全委员会的一些评估指出，F－16C/D 的作战性能远远超过较早的 F－16A/B 系列，不符合“防卫性武器”的规定。而国务院的报告认为，以现有 F－16A/B 战机装备升级，现阶段足以达到台湾防卫需求。② 在美国国防部 2011 年 9 月末向国会提交的《台湾空军战力报告》中，最初版本是国防部主张美国出售 F－16C/D 给台湾，同时主张协助台湾全面提升 F－16A/B 型战机的性能。但是在跨部门的协调过程中，出售 F－

① 刘永祥：《采购 F－16 美台商会长：美要求台别提》，台湾《联合报》，2011 年 6 月 24 日，第 A4 版。

② 《美媒：奥巴马拒售 F－16C/D 京敦促美国停止对台军售》，《香港商报》，2011 年 9 月 19 日，第 A20 版。

16C/D的方案被否决，报告认为升级F－16A/B可以满足台湾的防卫需要。[①] 这也显示出美国对台军售中有部门与国防部等的意见不一致，而且这种意见还占据了上风，得到了奥巴马的最终同意。

此外，中美两军的高层也对美台军售问题严重影响中美两军交往感到不满。中国军方高层在2011年的访美过程中也传达出这种信息，希望美国军方能主动纠正在对台军售问题上的错误做法，为两军之间的正常交流创造条件。2011年5月，中国人民解放军总参谋长陈炳德上将访美过程中就用“太霸道”评价美国利用《与台湾关系法》干涉中国内政台湾问题的做法，一些美国议员向他表示需要重新考虑这部法律。美国对台军售对中美关系的影响是必然的，而影响的程度取决于军售的内容。陈炳德上将还强调中国大陆没有对台的导弹与作战部署，并表示几十年来的台海形势变化表明美国用台湾来遏制中国的发展是无济于事的。[②] 时任美军参谋长联席会议主席马伦2011年7月访问中国时，中国高层官员也都要求美国不要出售F－16C/D战斗机给台湾。[③] 马伦在访问中也强调希望中美两军能够发展一种“健康、稳定、可靠”的军事关系。[④]

除了军方外，中国国务委员戴秉国、国台办主任王毅和外交部长杨洁篪会晤美国高层官员，向美方传递信息，告诫美方不要做出

---

① 《美国防部报告未提售台新战机》，《大公报》，2011年9月30日，第A17版。

② 吴庆才、德永健：《陈炳德谈对台军售批美“太霸道”》，中新社华盛顿2011年5月18日电。

③ 陈东旭：《美军参谋长联席会议主席 马伦访中》，《联合报》，2011年7月12日，第A11版。

④ 参谋长联席会议主席迈克·马伦（Mike Mullen）在中国人民大学的讲话，美国驻北京大使馆新闻办公室，2011年7月11日，http：//chinese. usembassy - china. org. cn/ir071011. html。

损害中国核心利益的事情，积极劝阻美国放弃对台军售。[①] 在美国宣布了军售计划之后，中国国防部、国台办与外交部也主动做出反应，强烈反对美方的这种行为，向美国施加外交压力。[②] 这些都对美国奥巴马政府在对台军售问题上形成了重要的牵制。

(2) 美台之间的战略信任

虽然马英九就任台湾地区领导人之后着力要恢复美台之间的政治互信，并且也以美国赞赏两岸签署一系列经贸协定并考虑给予台湾免签证等待遇，特别是奥巴马政府第一任期内超过历史上所有前任的大规模军售为标志，向外界证明美台之间互信的水平已经达到相当理想的状态，但实际上在美国和台湾之间还是存在着一种若隐若现的信任危机。这种信任危机在表面上难以发现，而且美国在台协会主席薄瑞光还曾夸赞马英九任期内的美台关系是历史上最佳[③]，但是美国国内却仍旧弥漫着一种对台湾的不信任感，这种不信任若被媒体和民进党等传递出来，可能造成台湾岛内的政治炒作，而通过一些亲台的议员和智库传递出来，则可能

① 中国国务委员戴秉国2011年7月25日在深圳会晤了美国国务卿希拉里，要求美方在对台军售问题上谨慎行事。国台办主任王毅于2011年7月赴美访问，与美国国务卿希拉里、副国务卿伯恩斯等官员会谈，并同各种智库的学者进行交流，努力劝阻美国放弃对台军售，寻求美国继续支持两岸和平发展的进程。参见徐尚礼：《戴秉国会希拉里 关切军售案》，[台湾]《旺报》，2011年7月27日，第A16版；温宪：《王毅：此行访美意在推动美方在涉台问题上采取正确做法》，人民网华盛顿2011年7月27日电；《王毅访美效应积极正面 获得国际认同》，中国台湾网，2011年8月4日，http：//www.chinataiwan.org/plzhx/pltt/201108/t20110804_1950456.htm。

② 李洋：《杨洁篪会见希拉里要求美方撤销售台武器决定》，中新社2011年9月26日电；刘屏：《美助台升级F—16 杨洁篪抗议 希拉里称有助对话》，[台湾]《中国时报》，2011年9月28日，第A11版。

③ 洪正吉、罗融：《薄瑞光：台美关系 有史以来最好》，[台湾]《中国时报》，2010年12月1日，第A4版。

形成一种压力，牵制马英九进一步与大陆改善关系。而这种不信任向美国决策层的传递就会影响美国在考虑出售武器给台湾时的利益权衡。

美国方面对台湾的疑虑主要可以分为五个方面：

第一，台湾压缩防卫预算弱化防卫。马英九政府的军事预算逐步压缩，难以维持有效的防卫能力，购买美国售台武器也愈发困难。在这方面，台湾的前“国防部长”蔡明宪在台湾智库“新台湾国策”举办的“‘国防’预算与台美战略关系”研讨会上就提出，台湾的防务部门大幅删减预算额度显示出马英九政府弱化台湾的防卫，对台美之间的战略关系以及台湾参与美日在亚太地区的合作造成冲击，更直接导致美国不愿售台武器。台湾 2012 年预算中，用于购买 F—16C/D 等武器的预算只象征性地编列 200 万新台币，引发了台湾蓝绿阵营的激烈辩论，也引起美方的巨大怀疑。[①]

第二，两岸关系发展令美国忧虑。美国担心两岸关系过于紧密造成台湾冷落美国，使台美关系地位下降。台湾前驻美代表吴钊燮称部分亲台的美国官员对于两岸关系愈发紧密而台湾对美国却应付了事非常不满，甚至出现“停止对台军售”的讨论。他将目前的台美关系用“一事无成”来形容。[②]

第三，马英九曾多次阻拦陈水扁时期美台军售。马英九在陈水扁执政时期担任国民党主席，当时国民党常常在立法机构阻挠陈水扁提出的防务预算，并反对小布什政府的对台军售，民进党“立委”涂醒哲称，马英九担任国民党主席时曾阻拦美台军售 50 余次，使得部分美

① 江文犹：《F—16 战机采购案预算促编足》，《台湾时报》，2011 年 9 月 17 日，第 10 版。

② 罗添斌：《吴钊燮：台美关系脆弱 华府可能考虑停军售》，［台湾］《自由时报》，2011 年 6 月 22 日，第 A2 版。

国官员和议员对马英九本人产生疑虑，怀疑其购买武器的诚意。①

第四，美台已宣布各项军售进展不利。对于奥巴马政府顶住压力已经宣布出售的各种武器，台湾在执行过程中过于缓慢，引发美国的不满，并怀疑台湾能否完全消化吸收美国出售给台湾的所有武器装备。例如2010年1月奥巴马政府宣布出售给台湾60架黑鹰直升机（15架救灾用途）和114枚“爱国者三型”导弹，美方希望2014年交付，但是台湾因为预算不足而要求到2019年付款。

第五，台湾当局对机场和战斗机保卫不力。台湾对自身的机场等重要设施防卫不足，使得美国向台湾出售的高性能战机极易受到攻击或者因为机场遭受攻击而根本无法使用。近年来，即使美方的军事顾问频繁提醒台湾当局对军事机场的防卫，台湾当局也没有采取足够的相应措施。这使得美国也不愿意轻易卖给台湾先进武器，特别是高性能战机。②

5. 台湾方面的制约因素

(1) 台湾军费预算紧缩

美国对台军售问题，从经济的角度来看是一个供给与需求的问题。对于购买的一方而言，仅有购买的意愿是不够的，还必须有购买的能力。然而台湾近年来的经济状况则显示，台湾求购美国的武器缺乏足够的购买力作为支撑。台湾经济的低迷造成财政开支的紧张，本就不充裕的防务预算要用来购买价格越来越贵的美国武器，对台湾来说实在力不从心。

---

① 涂醒哲：《购买F—16C/D的秘辛》，《台湾时报》，2011年10月8日，第7版。

② 张旭成：《为何美国拒售F—16C/D》，［台湾］《自由时报》，2011年8月10日，第A15版。

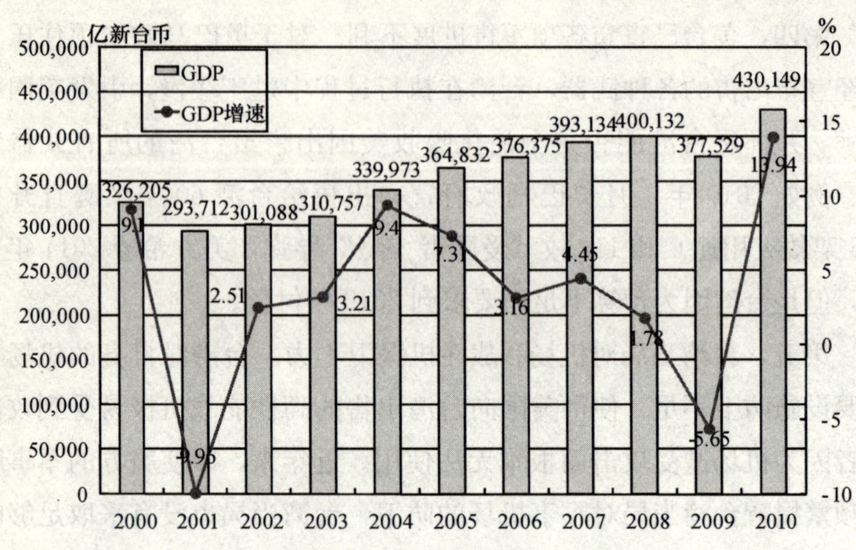

图5　台湾 GDP 及其增速走势（2000—2010）

数据来源：台湾“行政院”主计处。

从台湾的经济增长情况来看（参见图 5），台湾的 GDP 近十年中经历了两次低谷：一次是因为互联网经济泡沫的影响；另一次是因为全球金融危机。部分年份的增速较快，在 9%以上，多数年份维持 3%的增长速度。在对外贸易方面（参见图 6 和图 7），台湾的总体贸易形势与 GDP 的发展态势相一致，大部分年份保持稳定增长态势，虽在 2001 年和 2008 年的经济危机中遭遇挫折，跌至低谷，但是很快反弹并继续保持高速增长。对于台湾这样一个外贸导向性的经济体，维持对外贸易的稳定对于稳定经济增长是非常重要的。再从失业率的情况来看（参见图 8），当台湾经济遭遇危机时，失业率上升较快，两度攀升到 5%以上，2009 年中还一度达到 6%以上，大部分的年份失业率维持在 4%左右。对于马英九政府而言，近三年来台湾的经济与 2001 年前后的情况相类似，在遭遇了一个严重的下挫之后慢慢得以恢复，外贸进出口和失业率都逐渐恢复到正常水平，经济也开始稳定增长。

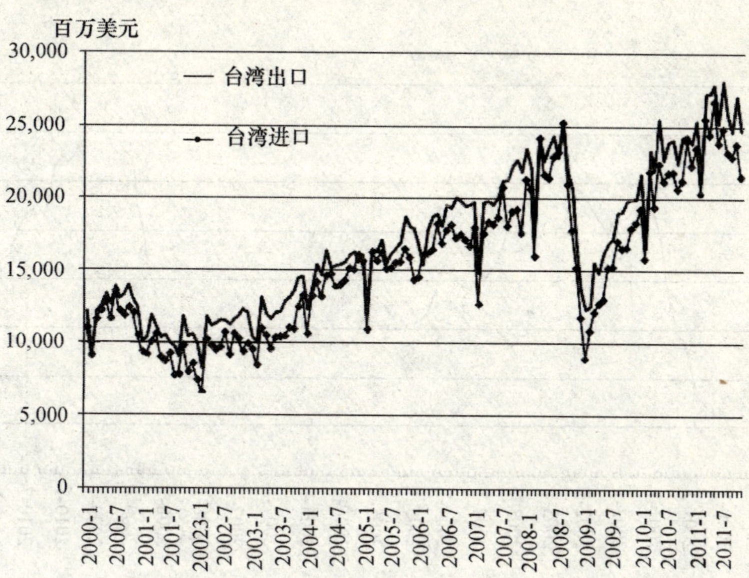

图 6　台湾外贸的进出口额（2000—2011）

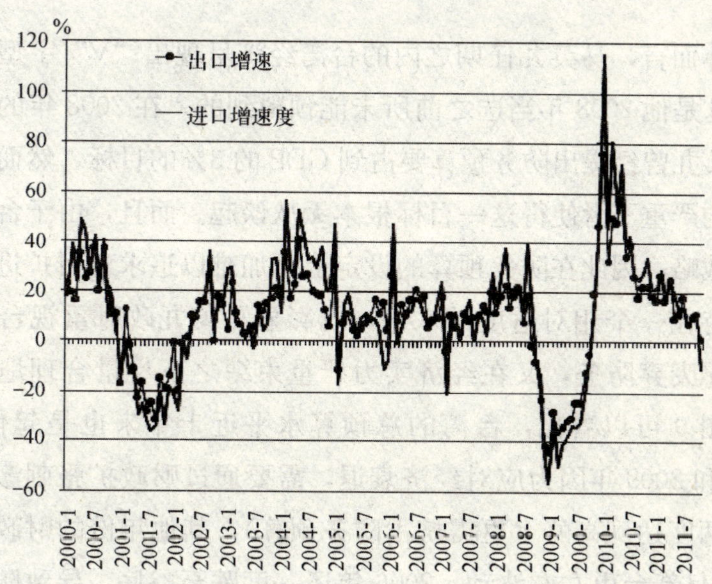

图 7　台湾进口与出口增速对比（2000—2011）

数据来源：台湾“行政院”主计处。

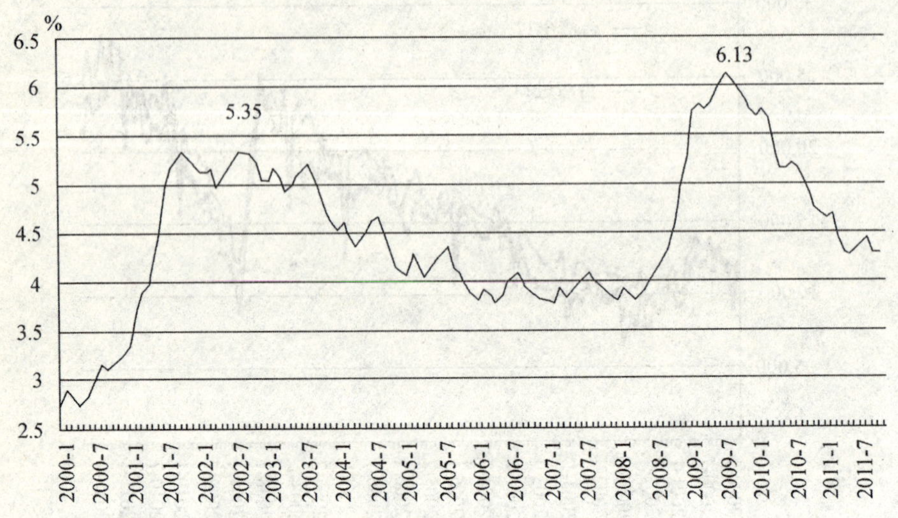

图 8　台湾的失业率走势（2000—2011）

数据来源：台湾“行政院”主计处

总体而言，马英九任期之内的台湾经济呈现出“V”字型的发展态势，这是他 2008 年当选之前所未能预料到的。在 2008 年的选战之中，马英九曾经提出防务预算要占到 GDP 的 3%的目标，然而台湾经济实力的严重下滑使得这一目标根本无从谈起。而且，由于台湾转变了防务战略，因此在防务预算的设定上更加难以追求盲目扩进，而只能是维持在一个相对适度的水平，既彰显马英九政府重视台湾的安全，不愿废弃防务，又在经济实力严重束缚之下尽量合理地编制预算。从图 9 可以看出，台湾的总预算水平近十年来也是起伏不定。2003 年和 2009 年因为应对经济衰退，需要通过财政扩张刺激经济而使预算两度达到高峰（更需挤占防务预算），其他年份的财政预算则在 16 万亿新台币左右波动，2006 年还一度跌至谷底，导致防务预算的开支规模也在 3000 亿新台币左右波动，除了 2008 年达到了一个顶峰之外，多数年份防务预算都呈下滑趋势。

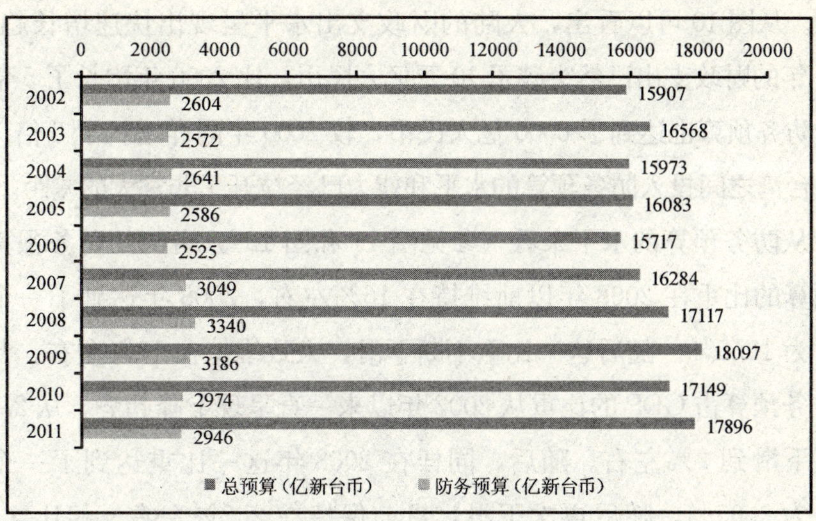

图 9　台湾地区总预算与防务预算的对比情况图（2002—2010）

数据来源：台湾“国防部”发布的“中华民国 100 年国防报告”。

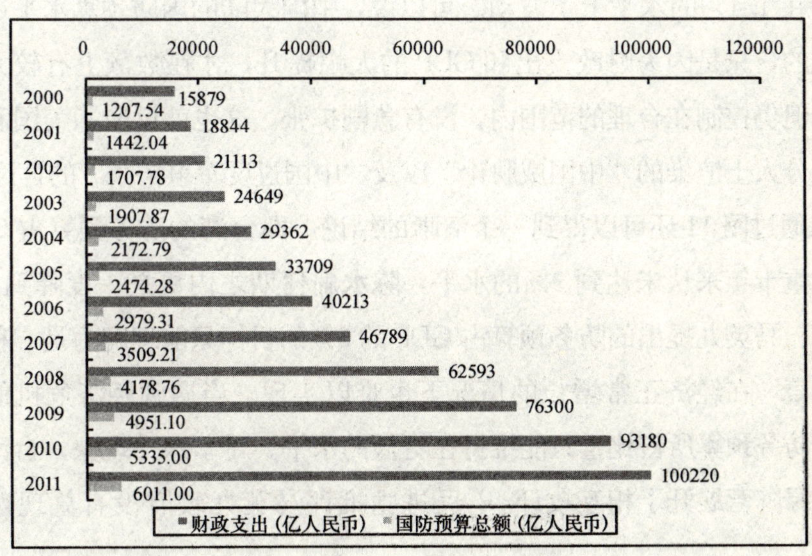

图 10　中国大陆总预算与国防预算的对比情况图（2000—2010）

数据来源：台湾“国防部”发布的“中华民国 100 年国防报告”。

相比之下，大陆的财政支出能力显著提升，国防预算增长态势非常平稳。从图 10 可以看出，大陆的财政支出水平呈现出快速增长趋势，2010 年的财政支出已然突破了 10 万亿人民币，比 2000 年增长了 5 倍以上。防务预算也达到了 6000 亿人民币，较 2000 年同样增长了 5 倍。大陆与台湾之间投入防务预算的水平和能力已经拉开了非常大的差距。

从防务预算的水平来看（参见图 11 和图 12），台湾的防务预算占总预算的比重在 2008 年以前维持在 16%左右，2008 年达到了一个峰值，为 19.5%。随后这一比重不断下滑，大致维持在 17%左右。台湾的防务预算占 GDP 的比重从 2002 年以来一直呈现下降趋势，从 2.5%一直下滑到 2%左右。随后，同样在 2008 年这一比重达到了一个峰值，为 2.65%，随后再次下滑，目前保持在 2.2%左右。相比之下，中国大陆的国防预算占财政支出的比重在 2008 年前稳定在 7.5%左右，随后下滑至 6%左右浮动。国防预算占 GDP 的比重十年来基本上维持在 1.4%的水平上下波动。可以说，中国大陆的国防预算水平还是较低的，只是因为财政支出和 GDP 的大幅提升，才在数额上有较大增长，但仍控制在合理的范围内，没有急剧扩张。这也就反驳了美国和台湾部分人士渲染的“中国威胁论”以及“中国过度军事扩张”的言论。

通过图 11 还可以得到一个清晰的结论，即台湾的防务预算占 GDP 的比重十年来从未达到 3%的水平，陈水扁任期之内更是一度降到 2%左右。马英九提出的防务预算占 GDP 的 3%的目标只能理解为是一种选举语言，在经济正常增长的情况下也难以实现。当遇到经济危机的时候，防务预算所占比重只能维持在更低的水平。对于这一现象，台湾岛内蓝绿阵营展开了相互攻讦。① 民进党批评马英九政府没有兑现选举

① ［台湾］《自由时报》2011 年 8 月 23 日发表了《马再做下去“国防”寿终正寝》的报道，民进党大肆抨击马英九的防务预算安排，指责马英九不仅没有兑现防务预算占 GDP3%的诺言，防务预算占总预算的比重也在逐渐下降。马英九当局给予了正式回应，“行政院”同日发布了《澄清 2011 年 8 月 23 日自由时报报导〈马再做下去“国防”寿终正寝〉之说明》，参见 http://www.dgbas.gov.tw/ct.asp?xItem=29695&ctNode=5348。

承诺，国民党方面只能用防务预算占财政预算的平均水平高于陈水扁时期作为回应。这实际上是因为马英九提出了一个过高而不切实际的目标，在防务战略转变和经济形势不得已的情况下转向务实却难逃反对党政治诘难。

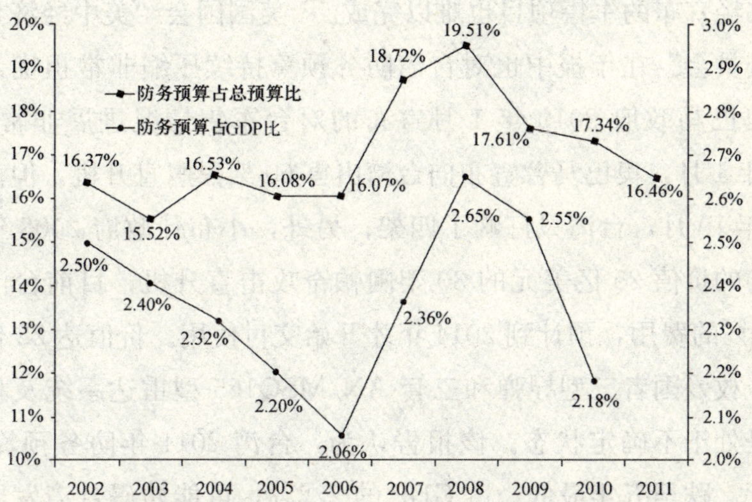

图 11　台湾地区防务预算占总预算和 GDP 比重变化图（2002—2011）

数据来源：台湾“国防部”发布的“中华民国 100 年国防报告”。

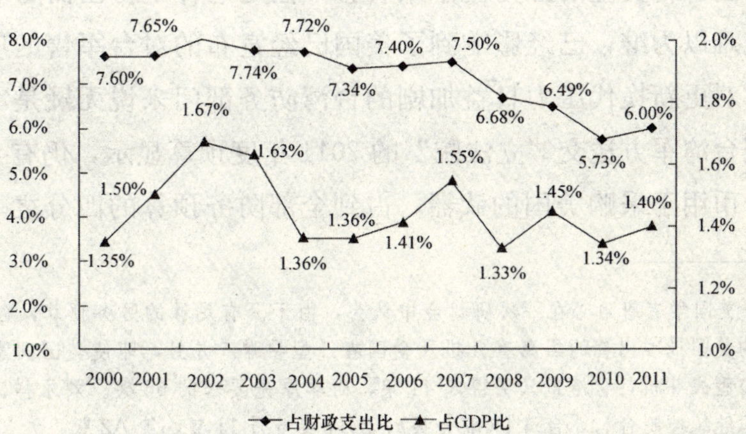

图 12　中国大陆国防预算占财政支出和 GDP 比重变化图（2000—2011）

数据来源：台湾“国防部”发布的“中华民国 100 年国防报告”。

排除蓝绿阵营政治炒作的因素，仅从台湾防务预算的水平来看，美国也感觉到了担忧，特别是美国亲台的势力更担心台湾防务开支过低将严重影响其防卫能力，也无法全力采购美国的武器装备，甚至连已经宣布的军售项目也难以完成。① 美国国会“美中经济与安全审查委员会”在年报中也对台湾防务预算持续压缩非常担忧，并且透露奥巴马政府 2010 年 1 月宣布的对台军售情况进展非常缓慢。2010 年 1 月，奥巴马曾宣布向台湾出售 60 架黑鹰直升机，但截至到 2011 年 10 月，台湾只订购了四架；另外，小布什政府 2008 年向台湾出售的价值 25 亿美元的 30 架阿帕奇攻击直升机，目前台湾仅支付了 9%的费用，预计到 2014 年才开始交付使用。价值达 28 亿美元的 114 枚爱国者三型导弹和三套 AN/MSQ165 型雷达系统及相关设备更是处于不确定状态。该报告认为，台湾 2011 年防务预算是 92 亿美元，跌至五年最低，占 GDP 的 2.2%，可能妨碍台湾发展防卫能力。②

在不得已之下，囊中羞涩的台湾只能通过分期付款或者延期交付的办法，将资金的压力向未来转移，但是这种不得已而为之的临时措施难以为继，已经影响到了美国已经宣布的对台军售的项目的实施，对更新换代压力日益加剧的台湾防务部门来说无疑是雪上加霜。据台湾军方送交“立法院”的 2011 年度预算显示，仍有 450 亿元新台币用于采购美国的武器，占到全部防务预算的四分之一。然

① 美国学者唐耐心在一次研讨会中认为，由于没有足够的防务预算，台湾无法全数采购美国批准出售的黑鹰直升机及爱国者三型导弹。并且，即使美国同意出售 F—16C/D 型战斗机，台湾也只买得起 44 架，而非原先要求的 66 架。刘永祥：《美专家：中国继续控制台》，[台湾]《联合报》，2011 年 5 月 11 日，第 A2 版。

② 《美军对台军售交付进度缓慢》，中通社香港 11 月 5 日电；《美国会报告建议立法售台新 F—16》，台湾《中华日报》，2011 年 11 月 6 日，第 A2 版。报告的全文参见 http：//www.uscc.gov/annual_report/2011/annual_report_full_11.pdf。

而这笔巨额开支仅是“分期付款”、“前期预算”部分，更为庞大的款项还在后面。① 而且，台湾军方向美国采购的阿帕奇战斗直升机已进入付款高峰期，因此支付爱国者三型导弹与黑鹰直升机的压力更大。目前台湾防务部门已然不得已将付款期限延长。② 此次 F—16A/B 升级的军售方案，台湾防务部门也只能通过编列长达 12 年的预算才能支付完毕。

（2）台湾防御战略的转变

2008 年马英九就任台湾领导人以来，台湾的防务战略就在慢慢发生变化。面对防务预算吃紧以及两岸关系缓和的情况，向外国求购武器越来越困难，阻力也越来越大，台湾的防务无法再走陈水扁时期的路线，如果过度依赖美国和日本的外来力量，一来可能导致两岸关系停滞，影响台湾的经济发展与台海稳定，二来也将消耗更多的经济资源。

在这种情况下，马英九提出了台湾防卫的新战略，称为“三道防线”战略。具体来说，分别为：两岸和解的制度化、增加台湾在国际发展上的贡献及结合“国防”与“外交”。③ 这“三道防线”的

---

① 任成琦：《岛内军购，怎一个乱字了得》，《人民日报（海外版）》，2011 年 2 月 2 日，第 3 版。

② 《中国歼—20 战机曝光 美决售台 F—16C/D》，《台湾壹周刊》，2011 年 2 月 3 日，第 74 版。

③ 2011 年 5 月 12 日，马英九与美国战略与国际问题研究中心（Center for Strategic and International Studies，CSIS）举行就任以来的第二度视频会议时提出了这一战略。CSIS 主任、美国防部前副部长何慕礼（John Hamre）担任美方主持人，共约 150 名美国学者专家、媒体参与，部分美国官员也出席了此次会议。随后，马英九在会见美国众议院台湾连线主席迪亚兹·巴拉特和金格瑞以及后来会见美国众议院军事委员会议员强森（Hank Johnson）等人时重复了这一战略构想。参见晏明强、陈郁仁：《马吁中：给国际参与空间》，台湾《苹果日报》，2011 年 5 月 13 日，第 A14 版；《两岸和平有谱？马自我陶醉》，［台湾］《民众日报》，2011 年 5 月 20 日，第 A02 版；黄名玺：《马盼 F16C/D 乐见美考虑》，中央社台北 2011 年 9 月 30 日电。

重要性是有次序的，两岸的制度性和解是首要，也是最重要的防线。而“国防”与“外交”是最后一道防线。马英九在解释这一构想时提出，台湾希望做到改善两岸关系，并扮演“人道救援提供者”及“文化交流推动者”的角色，同时与美国在安全方面密切合作，协助稳定区域安全。这“三道防线”不但能确保台湾长治久安，也有助于区域稳定，更符合美国在内各方的利益，是正确的方向。台湾不会“找麻烦”，而且还会致力于成为一个“负责任的利益攸关者”。

台湾将两岸的制度性和解置于防卫的首要战略位置，等于是主动承诺不挑动台海的稳定，不成为影响地区局势的“麻烦制造者”。在两岸和平发展的大局之下，台湾的安全压力也就显著降低，发生战争的可能性大幅下降。在这种情况下，台湾也就没有必要维持进攻性和积极的防御战略，只需要维持一个较低水平的防御性的防务战略。台湾目前大力推行的“全募兵制”的兵役制度改革正是这种低度防御性战略的体现。

在这种新的防卫战略下，台湾向美国采购武器成为台湾最后一道安全防线的组成部分，并且也是与美国进行安全合作的一个具体表现。台湾武器采购的原则在马英九看来有三点，分别为：第一是汰旧换新；第二是防御性的武器；第三是台湾本身无法自制的武器装备。①

台湾向美国购买的武器因此也就起了防范两岸关系目前制度化和解尚未完成之际的安全隐患的作用，而包括F－16 C/D型战斗机和柴油动力潜艇就是填补这一隐患的工具。②

---

① 《买F－16C/D马向美提了19次》，《台湾时报》，2011年6月25日，第7版。

② 马英九在同CSIS的视频会议以及会见强森众议员时都传递出一种信息，即目前台湾同中国大陆这样的“经济巨人”协商还存在一定的风险，因此推动与大陆的和解维系台海的和平还要一定程度上依靠自身的实力。

四、展望与建议：审慎看待各取所需的美国对台军售

通过前面的分析，可以得出如下的一些结论。对于台湾：从政治的角度来说，蓝绿阵营都支持向美国采购武器，并且以买到的武器的规模和先进性作为执政的政绩。美国对台军售就是美台政治关系紧密的标志，也是美国对台湾安全承诺继续有效、在国际社会继续支持台湾的国际存在的标志，某种意义上也就是台湾当局合法性的标志，因此未来无论哪一方在岛内执政，台湾当局都会继续求购美国的武器，并与政绩挂钩。

从军事的角度来说，由于中国大陆军事现代化步伐的加快以及总体国防实力在未来持续大幅提升的态势，利用美国售台武器支撑台湾的防卫显得越来越力不从心。再加上马英九政府提出的新“三道防线”防务战略，台湾购买美国武器的效用呈现出明显的下降态势，特别是购买敏感的进攻性武器更有可能造成台海地区的不稳定，对台湾来说得不偿失。可以预期，如果未来国民党继续执政，台湾在军事上将以防卫性、敏感度低的武器采购为主，将其作为防卫的辅助手段。如果民进党重新执政，不排除民进党向美国提出非常先进的进攻性武器采购的可能，但“台独”路线死灰复燃必将遭受更猛烈的打压，而大陆也将以进一步拉大两岸之间的军事实力差距作为回应。

从经济的角度来说，台湾目前的财政实力实在无法支撑向美国采购大量武器装备，已经宣布的军售项目也需要数年才能完全消化，在这种情况下继续购买更为昂贵、动辄数十亿美元的军事装备和相

关技术，有拖垮台湾经济的风险。即使台湾的经济逐步恢复到稳定的增长态势，各种经济指标处于较好的情况之下，台湾持续购买美国武器也难度很大。对比两岸的军事预算投入，台湾试图与大陆进行武器装备的“军事竞赛”实在是不明智的。在这种情况下，台湾将不得已尽量压缩不必要的军购项目，并继续采用分期和延期付款等办法，消化掉能力范围之内的军售项目。

对于美国：从政治的角度来说，目前对台军售决策中的不同部门和团体，甚至议员和利益集团都有着不同的声音和意见。行政部门承受着各方的压力，但是由于《与台湾关系法》和里根的“六项保证”的存在，美国行政当局未来还是会坚持对台军售的政策不变，但是会非常谨慎地决定军售的规模和种类。虽然不会与中国大陆进行磋商，但是实际上会在中国大陆的外交压力下认真考虑大陆的意见，总体上继续维持在台海问题上的一种平衡策略。然而，不同党派的政府控制下，美国行政当局对这一平衡的把握有很大区别，而这也成为美国对台军售中美国方面最具不确定的因素，未来的军售决策也取决于美国政府与国会的政治生态。

从军事的角度来说，美国对台军售可以提升台湾的防务能力，强化美国在第一岛链威慑中国大陆的战略效能，但是面对中国大陆军事现代化的态势，美国已经逐步将关岛作为亚太军事部署的一个核心，强化在第二岛链与大陆军事力量对抗的战略布局。① 另外，美国军方不愿因为对台军售问题频繁打断与中国军方的正常交往，希望两军形成较为稳定、不受政治过多干扰的常态化交流机制，这都使得台湾在美国新的亚太战略中没有达到继续鼓吹台湾作为美国

① 吴心伯：《美国加强关岛军事部署以钳制中国和朝鲜半岛》，新民网，2010年1月4日，http：//podcast. xinmin. cn/2010/01/04/3248967. html；《美军F－22战机将部署关岛基地 强化西太作战力量》，新华网，2010年1月5日，http：//news. xinhuanet. com/mil/2010－01/05/content_12756851. htm。

“远东永不沉没的航空母舰”的一群人眼中的地位。

从经济的角度来看，目前美国经济前景非常不明朗，失业率仍在高位徘徊，通过对外军售保住就业岗位已经几乎成为了奥巴马政府不得不使用的手段之一。就业问题是经济问题的核心，也是决定奥巴马能否连任的关键。可以预期，在未来一两年的时间里，军售问题将不断与就业问题相挂钩，亲台势力将不断利用这一借口推动军售，奥巴马政府也将难以拒绝。无论奥巴马政府能否在2012年连任，只要就业形势依旧严峻，美国对台出售武器的经济动力将一直存在。当美国经济形势好转，失业率下降以后，以经济借口推动对台军售的效果将显著下降，但军售带来的经济利益仍将长期作为军售的依据之一。

对台军售问题不仅是影响台海军力平衡的重要砝码，更是两岸难以解开的政治心结，同时是触发中美关系严重危机的定时炸弹。毫无疑问，以F－16C/D为代表的尖端武器对台军售一日不停止，台湾海峡就一日不得安宁。

未来一个阶段，无论蓝绿阵营哪一方在台湾的选举中获胜，都会加大求购美国更先进战斗机的力度，大陆军事现代化和综合崛起的态势也会进一步刺激美国国内保守势力和亲台力量施压政府，满足台湾的军购诉求。中美全面合作关系大局的维系取决于美国行政当局对于利益的权衡，可以预期的是美国未来无论是奥巴马连任还是共和党重新执政都不会脱离其一贯坚持的中美三个联合公报和“一个中国”政策的框架，但是在军售项目的选择上会渐进式升级，在时机的选择上也会见缝插针，在不影响同中国合作的大前提下，避免中美关系因为军售而严重倒退，影响美国的利益，与此同时迎合亲台势力和利益集团的诉求。以F－16C/D为代表的军购升级拉锯战将继续在台海地区上演，持续对两岸关系和中美关系造成隐患。

第十三章

台海和平信任票：台湾“大选”深度解析

台湾地区领导人选举对于台湾政局发展、两岸关系及美台关系走势具有重大影响。2012年的台湾地区领导人选举与立法机构选举合并，在选前呈现出异常胶着的态势。国民党与民进党在两岸政策上的差异成为影响选举结果的核心因素。事实证明，马英九的两岸政策获得多数台湾民众的认可。此外，美国因素也在选举中发挥了一定程度影响。总体而言，此次台湾“二合一”选举反映出台湾政治版图正发生潜移默化的改变，蓝营现阶段保持较为微弱的优势，维护两岸和平发展大局成为台湾的主流民意，未来的两岸关系发展将呈现稳中有进的态势，但两岸在深化经贸合作与触及政治与安全问题时的关系互动将更为谨慎，取得突破的难度越来越大。美台实质性全面关系的深入发展也将持续对台湾政局与两岸关系造成影响，成为不确定因素。

一、台湾“大选”意义与选前态势

2012年1月14日，台湾首次领导人与立法机构“二合一”选举举行。在奉行“选举政治”的台湾，领导人选举是对台湾政坛各种力量的一次“大考”，选举结果对于台湾政坛未来走势、两岸关系、台湾对外关系、台海地区和平与稳定以及区域经贸合作的开展等都具有显著影响。[①] 从更深层意义上看，此次台湾“二合一”选举是台湾人民对台湾政治发展前景、对台海和平发展方略的一次信任投票。

从选前国民党与民进党的竞选态势来看，双方已然没有了2008年时悬殊的实力和民意支持差距。民进党经过几年的恢复与调整，通过地方县市长选举、“五都选举”和若干次“立委”补选重新整合力量，恢复了元气并逐步积累了信心。相比之下，由于泛蓝阵营内部整合不力，几次地方选举显示出执政地位岌岌可危，宋楚瑜宣布参选更导致泛蓝阵营出现分裂危机。在选举气势上，蓝绿阵营在选前已旗鼓相当。从选举环境与背景来看，蓝绿阵营在候选人竞争力、台湾社会关注议题、两岸关系走势以及国际经济环境等方面也都发生了显著变化。毋庸置疑，此番“二合一”选举对台湾未来四年的政治生态的影响重大，选举结果的悬念性与不可预测性大大增加，更加吸引各方的关注。

在“选举文化”盛行的台湾，各种选举预测理论可谓层出不穷。

① 有学者提出了此次选举是对马英九和国民党执政成绩、对台湾两党政治体系、对民进党、对各党选举策略、对大陆政策以及对各党基本盘的一次大检验。总体上看，此次选举对泛蓝而言是一场“政权保卫战”，对泛绿而言是一场“夺权热身赛”，蓝营的谨慎与被动同绿营的放开与主动形成鲜明对照。参见刘红：《从民调看“二合一”选举趋势》，《统一论坛》，2011年第4期，第21页。

当选战进入白热化阶段，林林总总的选举“决定论”或者“蓝营优势论”便纷纷出炉。典型的观点有“基本盘决定论”、“中间选民决定论”、“首投族决定论”、“中台湾决定论”、“两岸政策决定论”、“五中决定论[①]”等。此外，“统独”议题、经济形势、个人魅力、执政政绩等也被认为是影响选举的重要因素。[②] 还有学者从选举制度角度出发，认为台湾目前实行的“相对多数决”投票制度对蓝绿对决的两党政治生态有重要影响，当选者可能存在民意基础不足的情况，选举中可能出现引发选票分流的“黑马”，选民在特定选情之下容易引发策略性投票以及台湾可能强化两极化结构等。[③]

深入考察各种预测理论，大体可以将其归纳为五个方面，即选民结构与地域因素、关键议题与政策因素、选举制度因素、候选人特质因素和外部势力干预因素。所谓的“基本盘决定论”、“中台湾决定论”、“首投族决定论”以及台商、中小企业选民决定论等都可以归为选民结构与地域因素，这也是台湾选举中最基本、最通用的分析路径。经济形势、两岸政策、“统独”等都属于关键议题与政策因素，取决于选战中候选人的竞选战略与政策受选民欢迎程度，往往是选战中的热点，通过媒体政治炒作具有极强的扩散效应。台湾领导人投票的相对多数决与“立法委员”投票的“区域立委与不分区立委相结合”的竞选制度属于选举制度因素。经过近20年的民主

---

① 五中指：中意选民、中南部、中国大陆台商、中小企业与中下阶层。

② 王建民：《“五大关键”：哪个能决定台湾“大选”胜负》，《世界知识》，2011年第19期，第50—52页。

③ 许多学者研究了台湾现行选举制度对台湾政局的塑造作用。总体看来，现行选举制对蓝绿对决的两党制有推动作用，小党的生存空间和影响力有限，两党之外的领导人选举候选人虽有可能扮演“关键少数”，但当选可能性很低。代表性观点可参见张华：《台湾“大选”选制的影响》，《两岸关系》，2011年第12期，第29—30页；林冈：《2012年台湾选举对政党体系的影响》，《上海交通大学学报（哲学社会科学版）》，2011年第6期，第13—22页；林冈：《台湾政党体系发展趋势探析》，《江苏行政学院学报》，2011年第5期，第84—91页。

选举实践，台湾的选举制度日臻完善，主要影响台湾政坛的总体结构，对单次选举的具体结果影响较弱。马英九和蔡英文两位候选人在清廉、能力、执政业绩和个人魅力等方面的表现属于候选人特质因素。候选人的负面信息往往能短时间显著地影响选举结果，左右选票的流向。最后，美国等外部因素或明或暗的干预，也会对选举结果造成影响，这在台湾政坛已属于“不公开的秘密”。①

基于上述分析，可以发现影响台湾选举结果的因素非常复杂，各种因素之间相互交叉影响。有一些因素互为因果，另一些因素互为表里，很难确定各因素的重要性优先级，更难以得出一般性的规律。在某些特殊情况下，选举结果甚至可能由突发事件决定，例如2004年的台湾领导人选举。

虽然影响因素纷繁复杂，但“民调数据”、“募款能力”与“热点议题”仍可作为观察此次“二合一”选举的切入点。② 选前各种民调数据五花八门，在数据来源、样本数量、问题设计、置信水平等方面均有差别，在特定利益驱使下进行有指向性的政治解读更是台湾某些媒体和民调机构的惯常做法。尽管如此，选举前的民调数据总体呈现出一些共同趋势：马英九基本上维持领先态势，但领先的幅度不大。“马—蔡—宋”三人竞争下的蓝绿支持率差距普遍小于“马—蔡”二人直接对决的差距。相比四年前，马英九此次连任时遇到的竞争压力更大，蓝绿阵营都没有稳操胜券的把握，预期最终的

---

① 有观点认为，台湾政治中存在一条隐性规律，即台湾领导人的候选人如果得不到美国的支持，甚至美国坚决反对，则该候选人必定无法当选。参见薛理泰：《蓝营隐忧在内部——台湾地区选举观察之一》，《经济观察报》，2011年9月26日，第47版。

② 有学者提出，民调数字大致反映了普通选民的政治偏好，政治捐款可体现社会精英群体特别是中上阶层对政治的态度，议题结构则反映了政治游戏圈对政治方向的判定。参见赵可金、车荣会：《台湾岛内选情与两岸关系走向》，《学习月刊》，2011年第23期，第35页。

选票差距将会很微弱。

在募集政治款项方面，尽管蓝绿阵营擅长的途径不同，但此次双方筹集的竞选资金差距不大。蓝营尽管拥有执政优势以及众多台湾知名企业的支持，却未显现出明显优势。民进党此番采取的“小额募款”策略起到了很好的效果，在竞选资金方面取得相当可观的成绩。有了竞选资金的充分保证，蓝绿阵营可以在财力上平起平坐，也决定了双方竞争格外激烈。

在热点议题方面，此次选举聚焦于经济增长、民生、社会福利等诸多议题，国民党与民进党提出的政策主张没有根本性的区别，双方都通过扩张财政支出的方式给予选民大量承诺以换得选票支持，导致选民无从区分两党在这些议题上的政见差异。民进党执政时期的贪腐劣迹与经济绩效低下令台湾选民难以对其给予期待，而在马英九执政期间遭遇了全球金融危机的冲击，尽管最近一年来台湾经济有所回暖，但台湾民众的“无感复苏”也映衬出蓝营执政能力和业绩难以令大多数选民满意。除此之外，还有学者提出两岸因素在选举中成为最受瞩目的看点，国民党在竞选中同民进党的话语权争夺值得期待，民生话题取代族群话题成为主要引导议题。① 总体而言，在决定台湾选举关键走向的经济与民生议题方面，蓝绿阵营的既有表现不佳与相似的“画饼”许诺策略使双方无法拉开明显差距。②

① 参见胡文生：《意料内外：台湾“二合一”选举结果评析》，《世界知识》，2012年第3期，第45页。

② 有学者指出，国民党与民进党在竞选中轮流向选民在税收与社会福利问题上做出大量许诺。例如马英九政府为了争取连任，提出了许多减税和增加福利支出的措施，如给公务员加薪、增加农民养老金、调降个人综合所得税等，致使2010年台湾租税负担下降到11.9%，创下历史新低。加上台湾当局将遗产赠与税和企业营业税大幅调低，台湾的财政赤字与公共债务问题逐渐恶化，目前政府公共债务已经濒临法定界限。参见陈险峰、王建民：《债务危机正向台湾逼近》，《世界知识》，2011年第20期，第49—51页。

尽管选情胶着，但是学术界和媒体基于以往台湾选举的经验，主流观点认为：尽管蔡英文所代表的民进党近年来逐渐恢复了实力，并且泛蓝阵营出现某种程度的分裂，但是马英九连任的可能性依然较大，只是领先优势将会缩水。国民党将总体维持优势，在立法机构获得半数以上的议席。还有学者从假设民进党重新执政，台湾的未来将会遭受怎样的损失的角度来凸显对国民党胜选的乐观预期。①

二、选战结果与选情分析

1. 投票率持续下滑 五大都会左右选情

台湾地区共有人口约 2300 万人，此次合法选民总数达到 1808.6455 万人，约占台湾总人口的 78%。参加领导人选举投票的共 1345.2016 万人，其中有效票 1335.4305 万，无效票 97711 张，投票率为 74.38%，有效票率为 73.8%。② 这一投票率属于历次台湾领导人选举中的最低水平，不仅低于 2008 年的 76.33%，更远低于 2000 年的 82.69%。

---

① 有学者认为，如果蔡英文当选，民进党重新执政，则两岸关系将出现大幅倒退，两岸协商机制中断，双方的经贸合作受阻，从而导致台湾经济遭受重创，出口型的台湾经济增长前景黯淡，企业界对台湾当局将非常不满，国际金融危机和欧债危机会持续对台湾造成冲击，不与大陆联手应对国际经济复杂多变的局势，台湾将陷入经济孤立。限制发展核能更会引发台湾能源危机。其结论认为，如果台湾选民选择了蔡英文，就选择了台湾经济的衰落之路。参见王建民：《绿营胜选会怎样》，《团结报》，2011 年 11 月 19 日，第 3 版。

② 本章文此处及以下关于此次选举的数据均来自于台湾“中央选举委员会”网站发布的选举公告。

台湾地区人口分布呈现两极分化的局面，五大“直辖市”因其选民总数位列前茅，对选情影响巨大。①人口最少的几个离岛县市，包括连江县、澎湖县和金门县等对选情的影响非常微弱。其余县市的选民总数大都在30—50万之间，这些县市大都分布在台湾的中部地区，其中彰化县和桃园县的选民总数较多，达到100万以上。

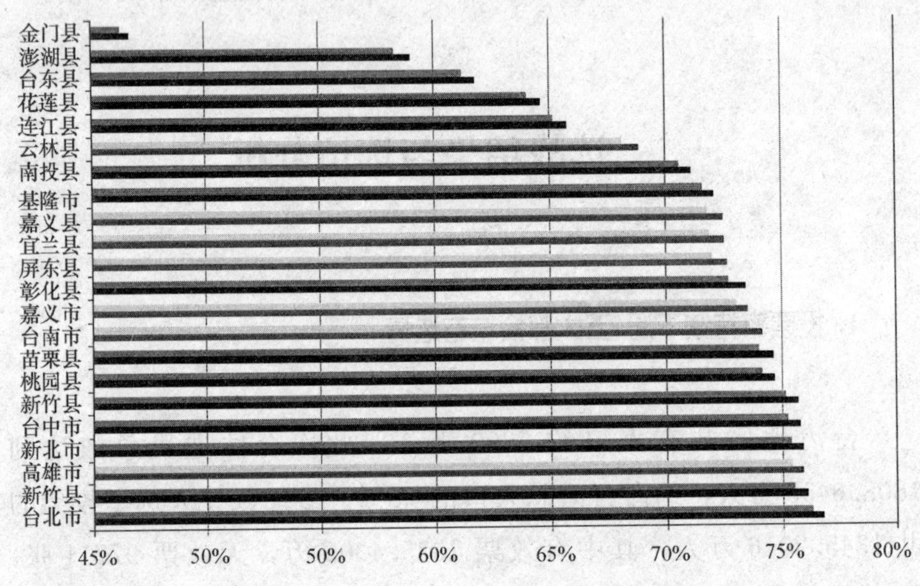

图1 2012年台湾领导人选举各县市投票率

分地区来看（参见图1），投票率最低的是金门县与澎湖县，但这两个地区选民占总数比例非常小，对选举影响不大。其他地区中，五大都市的投票率处于前列，鉴于蓝绿阵营投入大量选举资源动员投票，投票率普遍超过了75%。台东、花莲和云林等台湾中东部地区的投票率不足70%，属于此次选举投票率较低的区域。考虑到此

① 2010年台湾“五都选举”之前，对台湾的行政区划进行了重要的调整，形成了五大都市。除了台北市外，台北县改名为新北市，台中市及台中县合并为台中市，高雄市及高雄县合并为高雄市，最终形成了台北市、新北市、台中市、台南市、高雄市五大“直辖市”。

次“二合一”选举中并未发生突发事件以及选举日天气状况较为理想，这样的投票率说明选民投票热情下降，对候选人的总体满意度不高，整体期待感不足。

2. “北蓝南绿”县市执政成关键

2012年台湾地区领导人选举最终结果为：国民党候选人马英九和吴敦义共获得选票689.1139万张，得票率为51.60%；民进党候选人蔡英文和苏嘉全共获得选票609.3578万张，得票率为45.63%；亲民党候选人宋楚瑜和林义雄共获得选票36.9588万张，得票率为2.77%。马英九和吴敦义领先蔡英文和苏嘉全79.7561万张选票，得票率差为5.97个百分点。相比2008年的台湾领导人选举，国民党的优势缩水明显，当时国民党候选人马英九与萧万长共获得选票765.87万张，得票率为58.45%；民进党候选人谢长廷与苏贞昌获得选票544.52万张，得票率为41.55%。马英九领先221.35万张选票，得票率差为16.9个百分点。国民党此次与民进党之间的差距缩小了141.59万张，得票率优势缩小10.93个百分点，优势缩水比例达到近65%。

国民党优势大幅缩水，有三方面原因不容忽视：第一，2008年的选举具有明显反陈水扁贪腐和担忧“台独”引发两岸军事冲突的因素，民进党难以摆脱陈水扁对选举造成的严重负面影响，而马英九清廉的形象以及国民党与大陆间良好的互动为其当选打下了坚实基础，因此当时国民党的优势达到最大，而民进党劣势尽显，到了2012年必然存在回摆的效应。第二，马英九执政以来在经济民生和应对灾害等方面执政满意度不佳，民进党利用国民党的过失在2009年县市长选举和2010年五都选举中收复失地，甚至逐渐侵蚀蓝营传统票仓。民进党在地方上的执政为其后续选举创造了有利条件，岛内的政治版图悄然发生变化。第三，泛蓝阵营的宋楚瑜参选，造成泛蓝阵营出现分裂，必然分散一部分原本属于国民党的选票。

尽管优势缩水，但国民党还是赢得了选举，且领先优势超出选前的普遍预期。下面主要从选举基本盘角度来分析台湾政治版图的变化，以解析此次台湾领导人的选举结果。①

长期以来，台湾形成了“北蓝南绿”的格局。五大都市之中，新北市、台北市与高雄市、台南市形成了南北对峙的局面，分别成为国民党和民进党的“主票仓”。相对而言，新北市和台北市的选民总数较高雄市和台南市占据一定优势，这就使得位于台湾中北部的台中市成为蓝绿争夺的焦点。如果国民党赢得台中市，就可以确保优势；而如果民进党赢得台中市，就有可能实现翻盘。因此 2010 年年底的“五都选举”对于 2012 年的领导人选举极具前瞻性影响。

表 1　2010 年“五都选举”蓝绿阵营的得票情况与得票率差

政党 区域	国民党		民进党		票数差	得票率差
	得票数	得票率	得票数	得票率	国民党—民进党	国民党—民进党
台北市	797865	55.65%	628129	43.81%	169736	11.84 个百分点
新北市	1115536	52.61%	1004900	47.39%	110636	5.22 个百分点
台中市	730284	51.12%	698358	48.88%	31926	2.24 个百分点
高雄市	319171	20.52%	821089	52.80%	−501918	−32.28 个百分点
台南市	406196	39.59%	619897	60.41%	−213701	−20.82 个百分点

从表 1 中可以看出，在“北三都”（新北市、台北市和台中市）

① 实际上，政党政策吸引选民程度、党内改革成败与团结程度、焦点议题政策和外部干预等因素，都可通过选民支持结构的“基本盘”因素得以体现。

中，国民党尽管获胜，但是得票率差都在12个百分点以内，胜选票数的优势不超过17万张，总优势票数约31万张，与这三个市的总选民数（约720万）相比，只占4.3%。特别是此前一直被认为优势巨大的台中市，国民党只赢下3万张票，获胜优势仅2%左右，说明民进党通过选举战略，大大缩小了与国民党的差距，从传统上属于国民党势力范围的台湾中北部抢夺了大量票源。

而在“南二都”中，民进党扩大了优势，得票率差都超过20个百分点，民进党高雄市候选人陈菊在杨秋兴脱党参选可能分散选票的情况下，大胜国民党候选人超过50万张票，进一步巩固了绿营在南台湾的优势。最终，民进党总得票数超过国民党40余万张票。如果这一局面在2012年的领导人选举中重现，民进党很有可能赢得选举。因此，民进党在2012年领导人选举中制定了稳固南部优势，决战中部台湾，希望用南部大胜来弥补北部劣势的策略。

在2012年的台湾领导人选举中（参见表2），国民党与民进党继续维持“北蓝南绿”的基本格局。民进党获胜的地区主要集中在台湾南部的“云嘉南高屏”地区及东北部的宜兰县，其余地区均是国民党获胜。宋楚瑜在各选区得票率基本在3%左右，最低的屏东县不足2%，最高的连江县也仅有5.36%。

由于亲民党在此次选举中选票被严重压低，没有形成关键少数的作用，所以此次选举仍属蓝绿间的直接对决。详细对比2008年和2012年两次选举的结果（参见图2和图3）可以发现，民进党获胜的县市从5个增加到了7个（增加了宜兰县和嘉义市），并且在这些县市获胜的优势也有所扩大。民进党获胜地区主要集中在台湾南部，台南与高雄是民进党的重要票仓，优胜票数超过60%来自这两个地区，这两个地区也是深绿聚集地区。但是，获胜的票数并不如民进党的预期，都在20万张票以内，相比2010年的“五都”选举，这两个地区的优势缩水将近35万张票，对于民进党而言相当不利。

表 2　　2012 年台湾地区领导人选举各候选人分区域得票数与得票率

序号	项目	得票数	得票率	序号	项目	得票数	得票率	序号	项目	得票数	得票率
	候选人	马英九、吴敦义			候选人	蔡英文、苏嘉全			候选人	宋楚瑜、林义雄	
	总计	6891139	51.60%		总计	6093578	45.63%		总计	369588	2.77%
1	金门县	34676	89.24%	1	嘉义县	181463	58.58%	1	连江县	279	5.36%
2	连江县	4507	86.61%	2	台南市	631232	57.72%	2	澎湖县	2082	4.59%
3	花莲县	118815	70.30%	3	云林县	214141	55.81%	3	基隆市	8533	3.94%
4	台东县	72823	66.47%	4	屏东县	271722	55.13%	4	花莲县	6359	3.76%
5	新竹县	190797	65.76%	5	高雄市	883158	53.42%	5	新竹县	9599	3.31%
6	苗栗县	206200	63.85%	6	宜兰县	135156	52.53%	6	台中市	48030	3.16%
7	基隆市	128294	59.29%	7	嘉义市	76711	51.04%	7	新竹市	7216	3.08%
8	台北市	928717	57.87%	8	彰化县	340069	46.49%	8	台东县	3313	3.02%
9	新竹市	134728	57.43%	9	澎湖县	20717	45.65%	9	南投县	8726	3.00%
10	桃园县	639151	57.20%	10	台中市	678736	44.68%	10	苗栗县	9597	2.97%
11	南投县	158703	54.63%	11	新北市	1007551	43.46%	11	桃园县	32927	2.95%

续表

序号	项目	得票数	得票率	序号	项目	得票数	得票率	序号	项目	得票数	得票率
	候选人	马英九、吴敦义			候选人	蔡英文、苏嘉全			候选人	宋楚瑜、林义雄	
	总计	6891139	51.60%		总计	6093578	45.63%		总计	369588	2.77%
12	新北市	1245673	53.73%	12	南投县	123077	42.37%	12	彰化县	21403	2.93%
13	台中市	792334	52.16%	13	桃园县	445308	39.85%	13	新北市	65269	2.82%
14	彰化县	369968	50.58%	14	台北市	634565	39.54%	14	嘉义市	4042	2.69%
15	澎湖县	22579	49.76%	15	新竹市	92632	39.49%	15	宜兰县	6652	2.59%
16	嘉义市	69535	46.27%	16	基隆市	79562	36.77%	16	台北市	41448	2.58%
17	宜兰县	115496	44.89%	17	苗栗县	107164	33.18%	17	金门县	990	2.55%
18	高雄市	730461	44.19%	18	新竹县	89741	30.93%	18	云林县	9662	2.52%
19	屏东县	211571	42.93%	19	台东县	33417	30.50%	19	台南市	27066	2.48%
20	云林县	159891	41.67%	20	花莲县	43845	25.94%	20	高雄市	39469	2.39%
21	台南市	435274	39.80%	21	金门县	3193	8.22%	21	嘉义县	7364	2.38%
22	嘉义县	120946	39.04%	22	连江县	418	8.03%	22	屏东县	9562	1.94%

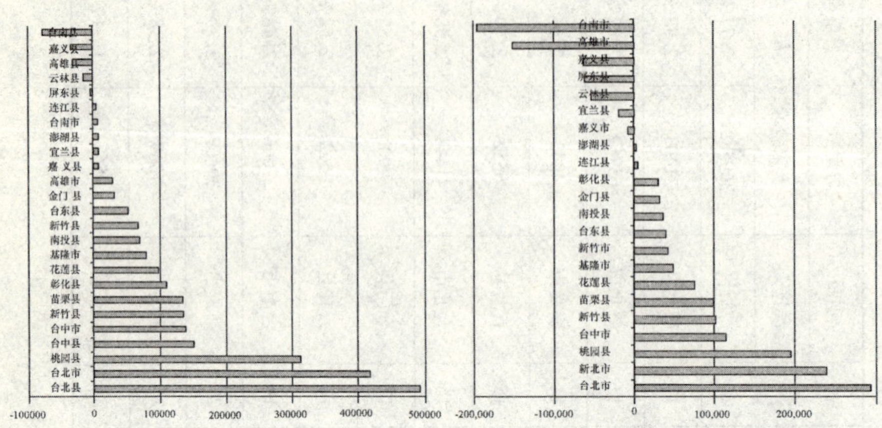

图 2　2008 年和 2012 年台湾地区领导人选举蓝绿阵营在各县市得票数差

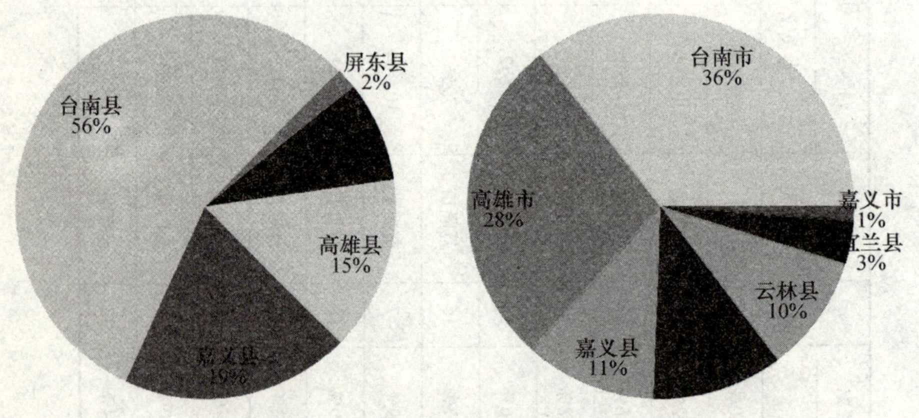

图 3　2008 年与 2012 年民进党获胜票数的主要来源

在中部台湾部分，民进党在嘉义、屏东和云林的优势也一直相对稳定，优胜票数占据全部的 30%，可以算作绿营基本盘的一部分，但民进党在其他县市表现不佳，虽然比 2008 年时有一定好转，但却没有延续 2009 年县市长选举和 2010 年“五都选举”的势头。对于宜兰县，虽然 2012 年民进党在此处获胜，但是优势并不明显，加上该地区处于台湾东北部，如果国民党加大在该地区的选举投入，夺回地方县长执政权，则很有可能重新在该地区胜出。

对民进党而言，其基本盘所涵盖的地区目前稳定在台南、高雄两大市以及云林、嘉义和屏东三个县市，在台湾中东部存在一些摇摆的地区，如宜兰，主要取决于当地执政者属于哪个阵营。民进党在选举之前对选情的评估存在明显误差，自信在台湾南部将大胜，但实际上优势却很不理想，高雄市长陈菊在选举之后也表示对蔡英文的辅选效果不佳。而杨秋兴等从绿营转投蓝营的政治人物对民进党传统票源的分散，也在一定程度上帮助国民党缩小了差距，但是根本还是在于民进党对其传统票仓的经营不够，许多选民对其政绩不满。

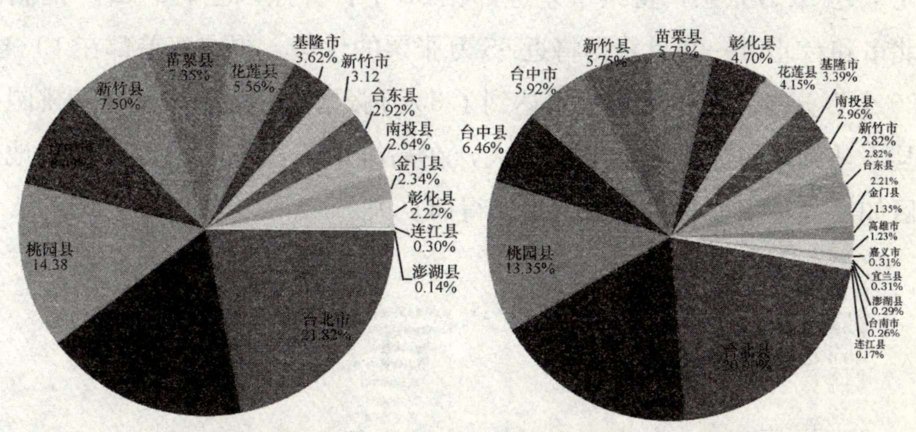

图 4　2008 年与 2012 年国民党获胜票数的主要来源

对国民党而言，2009 年的县市长选举和 2010 年“五都选举”不如人意的表现，充分激发出了蓝营的危机感和凝聚力。国民党力求通过地方执政的优势加固传统票仓，并在民进党的优势地区大力挽回劣势。马英九的竞选执行长金溥聪曾在选前预测台湾南部选情会让人“大跌眼镜”，结果国民党虽未获胜，但已大幅缩小劣势，为最终的选举获胜创造了积极的条件。

从图 4 可以看出，国民党的主要优势地区在于台湾北部的大台北地区、桃园、新竹等地，占据优胜选票的 60%左右，属于蓝营的铁杆票仓，与绿营恰好形成南北对峙局面。因台湾北部人口要多于南部，国民党在总体上占据一定优势。此外，台湾中东部的一些县市国民党虽然也都获胜，但对获胜票数的贡献一般都在 5%以内，最低甚至不足 1%。这些地区或者人口较少，对选举影响微弱，或者中间选民居多，处于摇摆状态，地方执政者的阵营归属对结果影响较大。目前国民党拥有 12 个县市的执政权，因此在此次选举中保住了中东部的领先。

还应看到，国民党在自己传统的优势地区的获胜幅度也在缩水（参见图 5）。2008 年，马英九在大台北地区（台北市和台北县）领先了近 90 万张票，得票率差也都在 20 个百分点以上。2012 年的新北市和台北市一共只获得将近 55 万张票的优势，得票率差都在 10—20 个百分点之间，优势缩水达到了 35 万张票。在大台中地区和桃园县，马英九的优势同样缩水较大，在高雄市等民进党的传统优势地区如昙花一现般领先之后也很快得而复失。

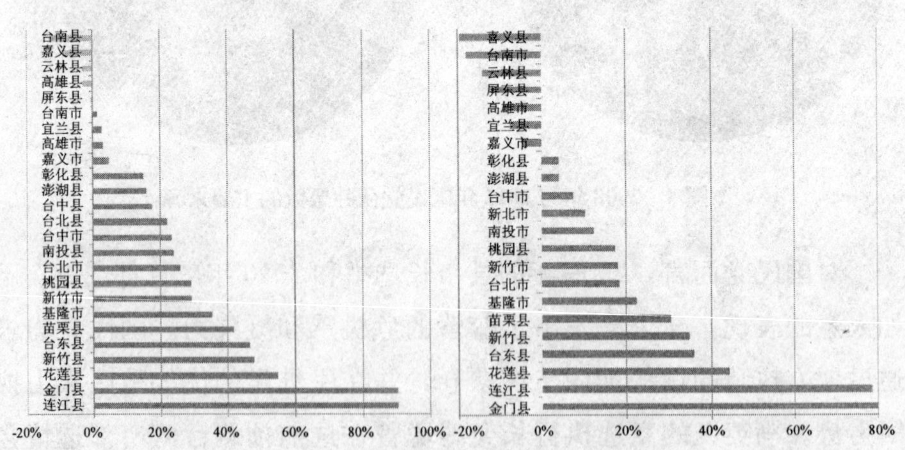

图 5　2008 年和 2012 年台湾地区领导人选举蓝绿阵营在各地区的得票率差

此次2012年的台湾地区选举反映出了四年来台湾政治版图的变化。2008年领导人选举之后，民进党逐渐恢复在南部台湾的优势地位，并向台湾中部和东北部扩展势力，经过两次大型选举和几次零星补选，重新回到与国民党南北对抗、重点争夺台湾中部的态势。此次选举，两党都在稳固自身基本盘的基础上，努力向对方传统票仓渗透，希望缩小差距，决战中部台湾。马英九此次获胜的关键就在于：当北部传统票仓优势大幅缩水的情况下，在绿营传统票仓同样大幅缩小劣势，并稳固住中部台湾略微领先的局面。地方县市长执政因素对选情有着决定性影响。蓝绿双方都保住了自己在执政县市的优胜，由于国民党执政的县市明显多于民进党，最终保住了中部台湾的领先，并最终赢得了选举。民进党在南部二都市大胜以及中台湾翻盘都没有实现，因此最终败选。

至于亲民党，虽然其一定程度上分散了蓝营的选票，但是因为选前泛蓝进行了深度动员，宋楚瑜并未对整体选情造成实质性影响。即便将他的选票全部分给民进党，也无法改变结果。但如果泛蓝未进行深度动员和整合，使宋楚瑜拿到预期中的过百万选票，马英九则可能以微弱的劣势（10万张票以内）落选，从而重演2000年的一幕。

二、两岸关系与美国因素对选举进程的影响

关于影响此次台湾地区领导人选举因素的分析，学术界提出了各种各样的看法。有学者用“意料之中”来评价此次选举，意在表

明目前台湾政坛尚不具备再次政党轮替的主客观条件。① 对于国民党胜选，有观点认为，国民党相比民进党存在五大优势，分别体现在选举结构性因素、两党内部矛盾、中间选民关注的两党改革动向、候选人形象以及竞选策略等方面。② 另有观点认为，马英九打出的“两岸牌、团结牌和清廉牌”是其在面临蓝营分裂危机、选情持续胶着情况下可以获胜的重要原因。③ 还有观点认为，“九二共识”成为决定此次选举胜败的关键，马英九当选是台湾民意理性选择的结果，个人魅力和美国支持也都构成胜选的重要因素。④ 综合来看，马英九与蔡英文的两岸政策差异这一主因和美国因素这一外因显著影响了选举的最终结果，下面将着重分析以“九二共识”⑤ 为核心的两岸关系因素与美台关系为代表的外部干预因素对此次选举的影响。

1. 台湾选举与“九二共识”论辩

对于此次台湾地区领导人选举，两岸学界、媒体以及国际社会持有不同解读，但一个普遍的共识在于，决定选举的胜负手是“九

① 胡文生：《意料内外：台湾“二合一”选举结果评析》，《世界知识》，2012 年第 3 期，第 45—46 页。

② 黄嘉树：《2012 年台湾选举的深层解读》，《两岸关系》，2012 年第 2 期，第 22 页。

③ 董玉洪：《马英九主打三张牌奏效》，《两岸关系》，2012 年第 2 期，第 27—28 页。

④ 李松林、王青青：《2012 年台湾大选观察及对未来两岸关系的影响》，《思想理论教育导刊》，2012 年第 2 期，第 47—51 页。

⑤ “九二共识”是 20 世纪 90 年代初海峡两岸就事务性问题进行商谈伊始在会谈原则方面取得的共识。海峡两岸分别成立海基会和海协会，作为对等协商机构。两会在事务性商谈中逐步形成了关于“一个中国”的原则共识的口头性表述，内容为：“海峡两岸都坚持“一个中国”的原则，努力谋求国家统一。但在两岸事务性商谈中，不涉及一个中国的政治涵义。”对此，海峡两会都不表示异议。双方的来往函件以及 1993 年 8 月 12 日海基会出版的《汪辜会谈纪要》均记载了两会这一口头表述的“一个中国”的原则。虽然“九二共识”的内容是以口头方式表述的，但是其过程和内容具有明确的文件和文字记录，是真实存在的，也是不容否认的。

二共识”，即对两岸和平发展大局持支持还是否定态度。相对而言，马英九的两岸政策较为清晰，也为各界所熟知；而蔡英文的两岸政策则在选战后期出炉，并引发了岛内各界对于“九二共识”和台湾当局大陆政策的一场大论战。

2011年8月23日，蔡英文提出了由“国家安全战略”篇①和两岸经贸篇②共同组成的“十年政纲”两岸政策部分，首次正式、系统、全面地论述她的两岸政策。纵观蔡英文的政见阐述，丝毫未见“中华民国”和“九二共识”等字眼，说明其在有意识回避“中华民国”是否为“流亡政府”以及其所认定的台湾政权性质问题，同时对两岸现阶段最主要的政治共识视而不见。对此蔡英文曾做出回应：

---

① 蔡英文关于两岸政策的“十年政纲”分成三部分，即“趋势与挑战”、“核心理念”和“政策主张”。在“国家安全战略篇”中，蔡英文将两岸关系视为台湾对外整体关系中的一环，而将自身与美、日、欧和大陆并列视为平等一员，暗示两岸之间是一种“国与国的关系”。两岸关系虽然重要，但是应该置于全球、多边框架之下考虑。而台湾与美国、日本和欧盟的关系被视为重点，特别是美台关系非常关键，可以通过美台关系的紧密合作，促使两岸“战略对峙”的情况下，“寻求战略互利”。而在如何构筑未来的两岸关系的路径上，蔡英文只是重复了模糊的“和而不同、和而求同”，并以此为原则和基础，寻求与大陆建立“和平稳定的互动架构”，促成两岸之间“健康、可长可久的关系”。参见民进党十年政纲“国家安全战略”部分，http：//10. iing. tw/2011/08/blog—post _ 9219. html。

② 在两岸经贸篇部分，蔡英文避而不谈两岸制度性协商，特别是日趋紧密的经贸往来为台湾带来的收益，而将主要笔墨集中于两岸经贸发展之后可能产生的大陆对台湾的吸附效应和经济威胁，强调台湾经济要立足本土和在全球化中降低对大陆的依赖，发展与美国、日本、欧洲和东盟等国家和地区的贸易往来，争取签署双边贸易协定，均衡国际贸易关系，只有这样台湾才能在大陆面前更加主动和对等。她提出的五项具体原则包括“重视对外经贸战略平衡、重视经济强本战略、重视两岸经贸往来导致所得不均、重视两岸经济体制不同对台湾的负面冲击及采取循序渐进观念”。在备受关注的如何处理ECFA的问题上，蔡英文的立场发生了转变，不再强求利用公投废除ECFA，而是称要遵循民主程序和国际规范来处理，充分发挥台湾立法机构的监督制衡机制，保障决策透明化，完善ECFA的实施效果。参见民进党十年政纲“两岸经贸”部分，http：//10. iing. tw/2011/08/blog-post _ 21. html。

"民进党对台湾主权现状的看法和立场在'台湾前途决议文'[①] 中已有提及"，"'九二共识'不存在，没有所谓的接不接受、承不承认的问题。"[②] 在此基础上，蔡英文提出所谓的"台湾共识"论，认为台湾是一个"海洋国家"，"维持现状与民主机制"就是台湾内部最大的共识。在这一"台湾共识"的基础上，台湾将与大陆建立和平稳定的互动以及可长可久的架构。

分析蔡英文两岸政策的实质可以发现，其政策是在不承认和不接受"九二共识"的基础上，以淡化和隐蔽"台独"立场的方式，沿袭"台湾前途决议文"的要旨，采取两岸关系发展政经分离的策略，通过国际干预来走变相的"两国论"，以谋求最大限度取得岛内绿营基本盘和中间选民的支持。对此大陆国台办尖锐地指出了这一点，并称："各种情况表明，民进党仍未改变其'一边一国'的'台独'立场，也拒不承认'九二共识'。这套政策既是不现实的，也是大陆方面不能接受的。因为这套政策一旦实施，将导致两岸协商无法进行，两岸关系也会再度动荡不安。我们和台湾各界一样，不希望两岸现有的协商交流受到冲击，不希望两岸关系出现倒退，不希望两岸同胞特别是台湾同胞的利益受到损害，不希望和平发展的成

---

① 《台湾前途决议文》是民进党于1999年5月8日召开的第8届第2次党员代表大会上通过的一项文件，主要描述了台海现状，并揭示该党理念，是该党党纲的"里程碑"，也是民进党主政的"中华民国政府"处理两岸问题最高原则。该决议文宣称，台湾"事实上"已成为一个"主权独立的民主国家"，"其主权领域仅及于台澎金马与其附属岛屿，以及符合国际法规定之领海与邻接水域"。台湾"固然依目前宪法称为中华民国，但与中华人民共和国互不隶属，既是历史事实，也是现实状态"；意即民进党承认，"中华民国"是一个合法且独立的政权，而不再是"外来政权"。决议文主张，"任何有关独立现状的更动"都必须经由台湾全体住民以公民投票方式决定。

② 林修卉：《蔡英文：李登辉、辜振甫都说没有"九二共识"!》，今日新闻网，2011年8月23日，http://www.nownews.com/2011/08/23/11490－2737270.htm#ixzz1rdUO1ffx。

果遭到毁弃。”①

泛蓝阵营抓住这一机遇，在“九二共识”问题上猛烈批评蔡英文的两岸政策。马英九强调，陈水扁执政的时候不仅否认“九二共识”，而且提出了“一边一国”的主张，造成了台海局势的高度紧张。而在国民党重新执政之后，提出了更为务实的主张，即在“中华民国宪法”的架构之下，维持台湾海峡“不统、不独、不武”的现状，并以“九二共识”作为基础，推动两岸和平发展，两岸恢复制度性协商后一共签署了15项协议，使得两岸人民共同获利。3年多以来的经验显示，以“九二共识”为基础的政策，已经有效降低了两岸之间的紧张，奠定了两岸长久和平的基础。如果“九二共识”被推翻，两岸关系必然重新陷入到不确定的状态，对两岸特别是对台湾的影响尤其大。ECFA作为既成事实，应该支持，更应该遵守。②

在竞选后期，马英九将他的两岸政策作为主要的施政成就在选举中大加宣传，在选举的最后阶段，马英九成为了台海和平与稳定的象征，得到包括台湾企业界在内的多方支持③，而蔡英文则被视为两岸动荡和关系倒退的象征。有学者认为，此次选举最终变成了一

① 陈键兴：《国台办就蔡英文“十年政纲”答问：大陆方面不能接受》，新华网，2011年8月24日，http：//news. xinhuanet. com/tw/2011－08/24/c_131071549. htm。

② 《马英九：推翻“九二共识”两岸将陷不确定》，中国新闻网，2011年8月24日，http：//www. chinanews. com/tw/2011/08－24/3279154. shtml。

③ 临近选举投票阶段，台湾各界代表人物以及一大批重量级企业家通过各种方式公开表达支持“九二共识”，希望两岸关系维护和平发展的大局；从两岸交流合作中受益的台湾中小企业和广大基层民众纷纷表示不希望失去“和平红利”，形成了台湾的主流民意。据统计，截至2011年底，仅大陆居民赴台旅游一项就为台湾创造了48.4亿美元的收入。两岸关系及岛内经济形势的好转，有利于马当局巩固执政地位，增加了其竞选连任的筹码。民进党也不得不承认这一点，难以再坚持隔绝与大陆的经贸往来。绿营的一些媒体也认为两岸之间的经贸合作造成了部分民进党传统支持者的选票流失。参见辛旗：《和平发展 大道之行》，《两岸关系》，2012年第2期，第20页。

次关于“九二共识”的公投，而它实际测验的问题是：在现阶段，台湾的多数民意，是支持“弱统”或“弱一中”，还是支持“柔独”或“柔两国”。[①] 最终台湾民众用手中的选票做出了理性的选择。民进党在蔡英文败选后将她空洞的两岸政策和“台湾共识”视为主要败笔，甚至一些民进党内的高层提出了修改党纲，重新考虑“台独”纲领的问题。[②]

在这样的氛围中，台湾岛内的舆论几乎一边倒地认为马英九的胜利意味着“九二共识”战胜了“台湾共识”。[③] 大陆学者也纷纷积极地肯定此次胜选的意义，并认为“一个中国”的回归力道已经在台湾内部压制住“台独”势头，台湾的主流民意选择了“弱统”。[④] 毫无疑问，马英九的获胜确实与其近四年来与大陆共同坚持“九二共识”、反对“台独”的两岸政治协商基础、恢复并大力促进两岸之

① 有学者将马英九和蔡英文在此次选战中提出的两岸政策进行了如下对比：国民党作为“统”的一方打出了“不统”的旗号，但“九二共识”体现的“一中”原则本身就是“统”，因此马英九的政策可称为“弱统”或“弱一中”政策；民进党作为“独”的一方提出了“和而不同、和而不统”，其实质仍是“台独”，但加上了“和”的包装，可以称之为“柔独”或“柔两国”的政策。参见黄嘉树：《2012年台湾选举的深层解读》，《两岸关系》，2012年第2期，第24页。

② 《民进党败选总检讨 谢长廷抛出“修改党纲”》，中国新闻网，2012年1月18日，http：//www. chinanews. com/tw/2012/01—18/3614965. shtml。

③ 台湾《联合报》2012年1月15日社论称，这是一场“支持‘九二共识’”胜过“否定‘九二共识’”的信任投票，现在“九二共识”已经经由选举的“民主程序”成为多数选民背书的“台湾共识”。[台湾]《旺报》将马英九的胜利视为“台湾民主发展史上一场有意义的胜利”，从政治发展观上说，是“和中”战胜“仇中”；从两岸关系角度来看，是“九二共识”的胜利，应该使“九二共识成为全民共识”。台湾《中国邮报》明确呼吁马英九在他的第二任期内同大陆缔结和平协议。台湾学者杨开煌认为，马英九应该将“九二共识”立法，还应建立两岸和平发展委员会，并吸纳在野党。参见陈键兴、陈斌华：《台舆论：马英九胜选反映民众认同“九二共识”、两岸和平发展》，新华网，2012年1月15日，http：//news. xinhuanet. com/tw/2012—01/15/c_111439624. htm。

④ 参见黄嘉树：《2012年台湾选举的深层解读》，《两岸关系》2012年第2期，第24页。

间的和平发展有关，但用选票来对“九二共识”做出评判却并不科学和严谨。

第一，此次选举中最坚定支持“九二共识”、呼吁两岸统一的新党等小党呈现出泡沫化的趋势，在“立法院”选举中得票率惨淡，一定程度上说明选举结果并非取决于各党两岸政策的政治光谱，而是取决于候选人的素质、民众对施政的满意度等多方面因素。

第二，比起四年前，在“九二共识”政治基础上，两岸制度协商已经取得丰硕成果，并惠及两岸民众，通过马英九四年的施政与选举中的宣传，台湾民众对“九二共识”的认识也理应更加深入，但是国民党获得的支持度却在缩水，即使加上属于泛蓝的亲民党的选票，蓝营的总体支持率也明显下滑，这更说明“九二共识”在台湾的受支持度的优势并不稳固，马英九未来推行两岸政治与安全方面的协商将会遇到更大阻力。

第三，四年来民进党在持续坚持“台独”基本纲领、否认“九二共识”的情况下，在县市长选举和“五都选举”中取得了非常重要的战绩，即便输掉了此次的领导人选举，也有超过四成的选民依然支持民进党，相比四年前大幅缩小了劣势。在“立法院”选举中，民进党更是增加了 13 个议席。这些都说明，“九二共识”在绿营的支持者中所起到的效果并不乐观，“台独”思想在台湾政治思潮中仍相当有市场。“九二共识”距离成为“台湾全民共识”还有相当长的路要走，甚至难度在继续加大。

第四，台湾选民虽然支持马英九的大陆政策，但是民调数据反映出台湾民众的“中国认同”并未提升，而是长期在低水平上徘徊，“台湾认同”却有所增加。台湾政治大学的民调显示，自 2008 年马英九执政至 2011 年 6 月，台湾民众认同自己是中国人的比例维持在 3.8%—4.2%，甚至低于陈水扁第二任期的 5.4%—7.2%；认同自己是台湾人的比例则在 48.4%—54.2%，高于陈水扁第二任期的

41.1%—45%；即便是“认同既是台湾人也是中国人”的比例，也由2004年的47.7%降至2011年的39%。这些数据反映出“台湾认同”在不断强化，而“中国认同”在不断弱化，因此马英九和蔡英文在选举中都反复强调“台湾主体性”、“台湾尊严”、“台湾前途的自由选择权”等。[①] 因此，必须看清台湾当局采取的两岸政策与“九二共识”之间是存在差异的，大陆的民众和学者不能简单地认为台湾民众支持马英九等于支持了“九二共识”。

值得肯定的是，大陆政府对台湾岛内的选情和两岸关系发展有着非常清醒的认识。国台办主任王毅在选后撰文，对“九二共识”在两岸关系中的基础性作用和台湾选举的意义有着精准的拿捏和把握。[②] 对于台湾此次领导人选举，大陆将其视为对两岸关系的一次重大考验，关系到台海局势走向和两岸同胞的福祉，甚至是中华民族的根本利益。最终，台湾同胞用选票选择了和平、合作和前进，而拒绝了动荡、对抗和倒退。这样的评价可以说是恰到好处的，肯定了两岸关系对选举的正面意义的同时，也充分认识到两岸关系后续发展的难度。未来的两岸关系还需要继续坚持和维护反对“台独”、坚持“九二共识”的政治基础，在坚持“一个中国”的原则下，求同存异，理解双方的政治分歧。

2. 台湾选举背后的美国因素

寻求美国等国家的支持，已经成为蓝绿阵营候选人在选前必须经历的考验。此前台湾历次领导人选举的候选人也都在选前关键阶

① 张华：《从台湾地区两项选举看台湾民意》，《两岸关系》，2012年第2期，第26页。

② 《王毅新年寄语两岸关系：继往开来，再谱新篇》，新华网，2012年1月30日，http：//news.xinhuanet.com/tw/2012—01/30/c_111472060.htm。

段亲自或者派出亲信访美，争取侨界选票和竞选资金，最重要的还是为了解美方政策方向，说明自己在两岸政策、台美关系等重要议题上的立场，提前建立互信。蔡英文与2011年9月12日展开为期7天的访美行程，共走访华盛顿、纽约、波士顿、休斯顿、旧金山和洛杉矶共6个城市。国民党显然同样非常重视与美国的关系，并为了消除蔡英文访美的负面影响，安排金溥聪与蔡英文并行访美。台湾蓝绿阵营的选战就从台湾本土辗转到了美国。美国国务院副发言人唐纳（Mark Toner）2011年9月14日证实，美国国务院官员陆续接见了来自台湾的代表团，虽然美国和台湾没有正式“外交关系”，但双方继续维持成熟与健全的关系，与执政党及反对党都有互动。国务院副国务卿奈兹（Thomas Nides）与负责东亚事务的助理国务卿坎贝尔（Kurt Campbell）与民进党参选人蔡英文进行了会面。台湾“立法院”副院长曾永权和金溥聪也会见坎贝尔及白宫国家委员会的高层官员。

美国对民进党和国民党采取较为慎重的策略，并不愿明示对哪一方的支持，也在诸如对台军售问题上保持政策的灵活性。美国负责东亚事务的助理国务卿坎贝尔反复重申“我们不选边”，更表示“美国不以任何方式干预台湾大选”。[①] 但是临近选举之前，美国前驻台官员的一番言论却对选举产生了关键影响。2012年1月12日，美国在台协会台北办事处前处长包道格（Douglas H. Paal）在选前两天的关键时刻赴台观选，并接受台湾电视台访问称，马英九如果连任会让包括大陆、美国和台湾在内的各方松一口气，“这代表一个相对繁荣且具有建设性的状态可以持续”。而如果蔡英文当选，美国将会立即向她要求不要采取让台海局势恶化的行动。包括他在内的美

① 王冰汝、赖大立：《美国国务院称绝不干涉台湾大选》，中国台湾网，2012年1月6日，http://www.chinataiwan.org/taiwan/tw_Focus/201201/t20120106_2239051.htm。

国涉台事务官员都不认为“九二共识”是出卖台湾或者被强行统一的象征，而是两岸协商必要的妥协，也符合美国的利益。“台湾共识”是不大可能的事情，美国怀疑蔡英文毫无意愿与大陆达成共识，无法形成增进两岸实质进展的基础。他还透露，2011 年 10 月蔡英文访美期间，美国一些资深官员表示蔡英文无法令美国安心，她的政策和保证过于空洞，难以维持台海地区稳定。①

尽管难以评估包道格的一席话对此次选举究竟造成了多大的影响，但毫无疑问美国作为重要的中立方，在选举前的关键时刻否定蔡英文的“台湾共识”，而认为马英九坚持的“九二共识”符合各方的利益，无异于宣告蔡英文的两岸政策在国际社会上不被认可。② 美国在临近选举之前表达对某一候选人的担忧，确实不符合其一贯的做法，而这一异常的举动背后体现出美国在亚太地区的大战略设计。在这幅大战略地图中，台海地区目前需要维持和平和稳定，台湾不能够单方面改变现状，导致美国再次陷入对台湾安全防卫承诺困境中。中美围绕亚太地区经济与安全领导权的争夺将在多个层面展开，但是现阶段的竞争并没有上升到直接正面冲突的层次，美国的利益决定了其需要台海地区稳定，避免与中国大陆进行正面对抗。

选后第一时间，白宫针对台湾地区领导人选举发表了声明。声明中对马英九的连任表达了祝贺，同时赞扬了台湾的民主体制。美国强

---

① 《包道格：马若连任 北京华盛顿都松口气》，台海网，2012 年 1 月 13 日，http://www.taihainet.com/news/twnews/twdnsz/2012－01－13/800735.html。

② 蔡英文和民进党对美国违背中立的做法进行了强烈抗议，在美国在台协会主席薄瑞光选后赴台访问时，蔡英文拒绝与其见面，代由萧美琴出面。在同薄瑞光的会见中，萧美琴提出抗议，称“美国政府一再保证尊重台湾民主发展、对台湾选举采中立原则，但选战期间，部分美国现任及卸任官员的言行违背承诺，让人怀疑美国能否信守普世民主原则?”薄瑞光回应称，美国对台湾地区“大选”保持中立，他不认为有任何一位美国人的发言，可以影响台湾地区“大选”的结果。参见《民进党指责美国偏袒马英九 蔡英文拒见美国特使》，环球网，2012 年 1 月 31 日，http://taiwan.huanqiu.com/news/2012－01/2391745.html。

调台湾是其亚洲最重要的关系伙伴，要强化双边的贸易与投资。该声明特别强调了台湾海峡的和平与稳定对于美国的重要意义，美国鼓励两岸之间持续发展紧密的联系并维持稳定。随后，美国国务卿希拉里正式向国土安全部发出请求，希望给予台湾人民赴美免签证的待遇。马英九在选后的首场外事活动中就会见了包括包道格在内的美国学者访问团，他提出了进一步提升美台关系的想法，包括美国免签证待遇在2012年下半年实施、向美国继续求购F-16C/D战斗机，解决美台之间牛肉出口问题以及尽早恢复贸易与投资架构协定的谈判等。

可以预见的是，美台双方将持续深化双方非官方性质的实质关系，美国将通过各种渠道确保对台湾当局持续的影响力，继续插手台海问题，将其作为美国全球战略重心东移的重要一环，对中国崛起起到制约作用。[①] 在马英九同薄瑞光的会见中，双方就如何深化发展美国同台湾的实质关系进行了探讨，其中必不可缺的是美国对台湾的各种利益诉求。薄瑞光表达了美国希望尽快解决牛肉出口问题的要求，这也是困扰美台经贸关系的一个症结问题。如果该问题能尽快解决，不但对于目前美国大选中一些农业产业为主的州选情有重要影响，而且也是美台之间贸易与投资协定谈判重启以及台湾加入TPP谈判的前提。尽管国民党在立法机构的优势缩小，更要面对民进党和台联党的重重阻力，但是台湾如果想进一步提升与美国的

---

① 有学者提出，目前美国已经扩增美台“官方对话”管道。根据2011年10月“维基揭秘”曝光的消息，马英九执政后，美国首次在国防部之外主动增设国务院的美台政治与军事对话，主要侧重在对台政治方面的关切。该对话机制中，美方由东亚局、政军事务局共同主办，台方由“外交部北美司司长”负责，“显示美方对台政治关系的重视，以及双方关系的提升”。与此同时，台湾蓝绿阵营政治人物与美国之间的关系也非常紧密，为美国插手两岸事务提供机会。2011年，“维基揭秘”陆续曝出台湾国民党和民进党政治人物纷纷向美国交心，蓝绿两党也围绕大选展开争取美日等国支持的海外较量，马英九当局不断呼吁美国向台湾出售更先进的武器，在阐释“和平协议”时不断强调“不能忽略国际社会的支持”。徐青：《台湾选举结果及选后两岸情势》，《世界知识》，2012年第3期，第49页。

经济联系，在牛肉出口问题上的让步就不可避免。一旦跨过这道坎，美台实质关系的深入将进入一个快速发展的阶段。①

三、台湾选战的政治意义与未来政局走向

2012年的台湾领导人和“立法院”选举刚刚落下帷幕，但是蓝绿阵营却积极蓄势，都在为未来谋篇布局。蓝营方面，虽然赢得此次选举，但是优势的大幅缩水已经让国民党感受到了危机。由于此次选举中凸显出地方县市执政对于选情的重要影响，尽管相距2014年的“七合一选举”还有两年，从培养中生代力量和人事布局的角度出发，国民党已经开始积极规划党务、行政团队以及立法机构的各项人事安排。马英九也抓住时机完成对行政团队的组建，组成专业化的“财经内阁”，全力应对欧债危机，旨在通过在经济方面的政绩挽回民众对他第一任期内的各种不满。

相比之下，蔡英文因为败选，引咎辞去民进党主席职务，引发民进党内又一次高层地震，人事方面围绕党主席的明争暗斗正在上演，政治路线方面“台独”纲领何去何从、政党角色如何定位引发广泛争论。

在党主席竞争方面，蔡英文选择适时退位，为选举失败承担责任，但保留一个办公室，可以持续发挥影响力；在蔡英文宣布辞职之际，民进党内相当多的人对其表示挽留，甚至表示应该让蔡英文2016年再次代表民进党参加领导人选举，届时马英九已经不能再连

---

① 张文生：《台湾新当局能否呈现新气象》，《两岸关系》，2012年第2期，第13页。

任，蔡英文的胜算会更大。与此同时，蔡英文的几位得力助手如萧美琴、郑丽君、陈其迈等纷纷以不分区“立委”的靠前排名当选“立法委员”，可以继续在立法机构发挥影响力，并在民进党内部延续蔡英文的政治影响。

党主席职位的空缺，给民进党内各个派系以机会。苏贞昌系、新潮流系、谢长廷系、前陈水扁系等各路政治势力纷纷跳到台前，跃跃欲试。根据民进党的章程规定，党主席的任期为两年，可以连选连任，2012 年 5 月选出的党主席可以任职到 2014 年。对于各派势力而言，这一届的党主席可以说既是机遇也是挑战。从机遇方面看，在目前民进党群龙无首的情况下掌握最高权力，有利于巩固自身权威，发展在党内的支持力量，并掌控 2014 年的“七合一选举”的人事和资源的安排，若如蔡英文一样通过地方小型选举积累足够的胜利资本，就可以稳固权力地位，并在 2014 年顺利连任，从而有机会在 2016 年参加领导人选举。从挑战的方面看，蔡英文败选卸任一定程度上有民进党内斗的影子，各地方党部对权力资源分配的不满，以及党内高层出于利益考虑不愿辅助蔡英文参选或者辅选不力，造成了民进党一定程度上的自身消耗。此时竞争民进党主席之位，其难度不亚于四年前的状况。一旦派系斗争加剧，权力不稳而导致未来的地方选举失利，则政治前景黯淡，2016 年的领导人选举无望。

正是基于上述两方面的权衡，虽然苏贞昌、谢长廷、陈菊、苏志芬和赖清德等人与民进党主席的位置被媒体联系在一起，但是谁都不愿意轻易接过这烫手的山芋。陈菊以忙于市政为由，明确表示不愿竞争党主席之位。谢长廷和苏贞昌作为民进党内的元老级人物影响力巨大，目前也都在积极拉拢各方势力争取支持，面对中生代希望提前接班的呼声，犹豫是否派出代理人出面参加选举。

蔡英文在 2012 年 2 月末即将卸任民进党主席，新的党主席竞选将在 2012 年 5 月举行，在这几个月的时间里由谁来代理，正式选举中谁能脱颖而出，取决于这几个月中各个派系之间的纵横捭阖，更取决于民进党在自身地位，特别是“台独”党纲方面何去何从的历史性抉择。2008年，台湾民众通过选票宣告“台独”不被主流民意接受之后，民进党一直在“台独”路线问题上遮遮掩掩，原地踏步。在总体上拒绝承认“九二共识”，甚至不承认“中华民国”存在的基础上，不断抛出新的概念和说辞，在大大小小的竞选和政策辩论中含混其词，本质上没有摆脱“台独”的本质。从支持力量的角度来说，民进党无法离开“独派”势力，从政党定位的角度来说，民进党一旦失去“台独”政党的特色，将沦为一个普通的在野党，既无资源优势，也没有完善强大的各级组织力量。正是“台独”这一政治标签在政治资源和政党角色方面的效力，才使民进党与“台独”党纲剪不断理还乱，欲罢不能。蔡英文尽管以无派系的资历成功统和了2008年一败涂地的民进党，并逐渐积聚起与国民党较量的力量，但在“台独”问题上始终束手无策，最终败选也系于此。

如今，民进党内再度掀起了对两岸政策的大讨论的声浪。2012年1月17日，谢长廷提出修改“台湾前途决议文”及“正常国家决议文”等党纲的主张，前民进党主席许信良和新潮流系的段宜康等人纷纷附和。实际上，根据民进党内的民调数据，早在2010年5月，就有高达86%的泛绿支持者支持民进党与大陆对话。当时蔡英文也称民进党“不排除在不预设政治前提下，与大陆进行直接并实质的对话”。此次台湾领导人选举前，民进党内部一些较有影响力的政治人物，例如陈其迈、洪奇昌、邱太三也曾呼吁民进党正视大陆，调整大陆政策。概括起来，在民进党内，围绕“台独”纲领问题主要存在三种意见：

第一种，可称为实用主义观点：政经分开，不改变“台独”政治路线的情况下正视两岸经济联系，一定限度内放开同大陆经贸合作。这种观点本质上还是坚定的“台独”路线，只不过在台湾经济发展遭遇困境、参与国际社会和多边经贸合作日趋边缘化的情况下，不得已采取的一种策略性变通。发展经贸合作并不是为了深化两岸之间的经济联系，只是为了单纯的经济利益，而且，民进党仍视大陆与其他国家为同等地位的经济伙伴。这种观点可以说是一种“一厢情愿”的看法，蔡英文在“十年政纲”之中提出的两岸政策与此观点不谋而合，大陆对此的回应非常直接和明确：没有“九二共识”作为基础，两岸制度性协商就无从谈起，两岸的经贸合作自然也就失去了前提。

第二种，可称为折中主义观点：部分修订“台独党纲”，有限制地承认“九二精神”，不触及“台独”核心理念的情况下采取有限让步，谋求与大陆发展关系。谢长廷和民进党“立法院”党团干事长蔡煌琅是该观点的主要支持者。经历过 2008 年领导人选举惨败的谢长廷非常清楚，民进党在“台独”纲领的框架内，难以争取到台湾多数民众的支持。以目前的两岸政策，民进党根本无法同大陆正常发展关系。在两岸联系愈发紧密的情况下，民进党固守“台独”纲领，就等于固步自封，自己走进历史的死胡同。但他同样清楚自己与民进党的“绿色”已无法改变，难以痛下决心废除“台独党纲”，因为一旦变革失败，自己的政治前途将彻底毁灭，民进党更将变得不伦不类，彻底泡沫化。因此，只能寻求变通和灵活的策略，在不伤及“台独”核心理念的情况下，提出党纲可以修改、可以公开讨论，并以“九二精神”代替“九二共识”，给台湾民众和大陆留下一种民进党有所改变、值得期待的印象，同大陆发展经贸合作关系而在政治等议题上避重就轻。近二十年来台湾的各种政治人物要了各式各样的政治把戏，提出了一套又一套的政治概念和理论，都在顾左右而言他，不愿触及两岸问题的实质。

第三种，可称为务实主义观点：承认“中华民国”现行体制，接受“九二共识”，设立民进党与大陆的直接对话渠道并将上述内容以民进党决议的方式固化。民进党前主席许信良是这一观点的代表人物。虽然这种观点是民进党内目前最为积极，也是与大陆方面的主张最接近的一种论述，但是触及“台独”核心理念无疑在目前难以成为民进党内的主流意见，在政策大辩论中也难以成为主导，如果民进党真的采取了这种观点，或许也就到了民进党陷入分裂、台湾再度出现其他“台独”政党的时候了。

可以预期的是，民进党围绕党主席以及核心层的派系权力争夺将与两岸政策的大辩论并行展开，中生代作为民进党日后的中坚力量在各派系元老人物的支持下代表派系参与党主席的角逐很有可能发生。蔡英文及其支持团队与目前在地方县市执政的中生代政治人物仍然是未来几年中民进党最值得关注的，而未来一个阶段民进党的两岸政策也将在实用主义与折中主义两种观点之间徘徊，始终难以摆脱“台独”纲领的束缚。

台湾未来岛内的政治生态将延续蓝绿阵营相互争斗的局面，由于国民党在立法机构的优势削减，民进党将会加大在立法机构中对马英九政府的掣肘力度，使得台湾社会内耗进一步加剧，在推进两岸关系进展方面也会面临更大的阻力。[①]

在两岸关系的进展方面，尽管有观点认为马英九没有了连任的压力，将会在国民党内改革和两岸关系的推进方面大有作为，但是两岸关系的进一步发展已经进入到深水区，未来两岸达成任何新的协定都将愈发困难。有学者提出，未来四年两岸关系将会是和平、稳定、发展、进步的四年，也是充满挑战与危机并存的四年。两岸关系将进一步展现和平发展契机，政治议题有望深入接触。与此同时，两岸关系面临新的挑战，发展难以一帆风顺。[②] 也有学者提出未来两岸和平发展局面将得到巩固，但是两岸关系无论在经济合作、

---

① 胡文生：《意料内外：台湾“二合一”选举结果评析》，第 46 页。

② 有学者提出四年可能影响两岸关系发展的因素，分别为：一是经济环境不容乐观；二是败选的民进党对未来两岸关系的影响还不确定；三是未来两岸政治协商充满变数。马英九不会轻易改变在两岸问题上“不统、不独、不武”的立场，如何实现两岸政治协商与签署和平协议，成为未来四年两岸之间矛盾的焦点；四是美国的影响不可低估。参见李松林、王青青：《2012 年台湾大选观察及对未来两岸关系的影响》，第 51 页。

制度协商，还是深入巩固政治基础、增进政治互信上，都将面临更多的难题与挑战。两岸可能会在“和平协议”、“国际空间”问题上进行协商，并签署文化交流方面的协议。[①] 还有学者预测认为，未来台湾政坛由中间选民主导的政治生态将在较长一段时期内决定两岸关系“经济融合、政治分治”的局面。台湾在拓展国际空间方面的欲望将更加强烈，两岸将就此问题进行磋商。而国际金融危机的影响为大陆在政治议题协商推进创造了条件。[②]

总体而言，两岸的经贸合作将会稳步推进，深化落实两岸经济合作框架协议，推进货物与服务贸易自由化谈判、签署投资保护与促进协议，加强两岸金融合作，特别是两岸货币清算机制和银行相互参股是未来一个阶段两岸制度性协商的重点。大陆高层也提出希望同台湾继续秉持“先易后难、先经后政”的基本思路，务实推动两岸关系循序渐进向前发展。至于“和平协议”问题和“国际空间”问题将视两岸政治互信水平以及外部因素干扰的总体情况而定，相信两岸将会努力推进这些议题的协商，但最终能否签署协议，现阶段不确定性仍较大，可以作为长远目标渐进推行。

---

① 徐青：《台湾选举结果及选后两岸情势》，第48页。

② 赵可金、车荣会：《台湾岛内选情与两岸关系走向》，第36页。

结　语

中美应共同努力降低选举年成本

伴随着美国战略东移、重返亚太，中美关系在峰回路转间又走过了跌宕起伏的 2011 年，跨入了中美破冰 40 周年的 2012 年。作为全世界范围内的换届选举年，2012 年将有近 60 个国家和地区的领导人和议会实现更迭，其中以美国大选和中国共产党“十八大”最为牵动世界的眼球。前者，包括总统、33 位国会参议员、435 位国会众议员、11 个州和两个属地的州长以及众多地方政府等众多职位都将在 11 月 6 日进行改选，可谓是美国政治的一次重大洗牌。后者，中国共产党第十八次全国代表大会也将于下半年在北京召开，本次历史性会议将产生新一届中央领导集体。就中国而言，大洋彼岸的驴象之争已成为影响 2012 年中国外交决策的最为关键的变化因素之一。密切关注选情变化、降低选举政治对中美关系的负面影响，则是 2012 年中国外交所面对的严峻挑战。

2012 年大选是后金融危机时代美国迎来的首次关键选举，事关至少未来 4 年美国内政外交的重大走向。2008 年“百年不遇”的全球金融危机重创了美国经济，在其后两三年中，其失业率在9%左右的水平上居高不下，经济有长期陷入低迷徘徊期的危险。经济低迷而复苏缓慢的颓势，构成了本次选举中的核心议题，也成为驴象两党相互较量、甚至相互指责的关键战场。虽然这场选战正在以国内经济和就业议题发散展开，但面对中国经济持续增长、中美经贸往来中的巨大贸易赤字等现实情况，2012年美国选举政治出现了较为明显的“议题外化”趋势，即两党竞相将中国作为“替罪羊”，将美国经济一蹶不振的责任归罪于中国，进而不但推卸了自身的责任，还找到了攻击对手过于软弱或者执政无能的有效党争工具。根据哥伦比亚广播公司在2011年11月，即选战打响前夕进行的民调显示，有61%的受访者认为中国近年来的经济发展不利于美国经济，认为有利者仅为15%，认为毫无关联者为12%，其他12%为不确定者。在如今美国民众急切要求激活本国经济，而在追究经济政策失误的同时，偏好性地对中国经济的发展带有抵触情绪，这就为参与竞选的政治人物操作中国议题创造了巨大的想象空间。

就总统选举政治而言，虽然制度意义上共和党初选尚未结束，但代表民主党的奥巴马和代表共和党的罗姆尼之间的对决已呈现出白热化趋势。值得注意的是，两人都早早地祭出了所谓的“中国议题”。在发表被视为谋求连任战役“号角”的2012年国情咨文时，奥巴马就曾五次明确提及了中国，使中国成为除了美国之外被提及最多的国家。其内容不是指责中国“不公平贸易行为”，就是极力炫耀自己政府“正从中国抢回就业岗位”。此举有意识地将民怨引向中国。与在任总统尚且“收敛”的表达相比，罗姆尼的涉华立场走得更远，且更为尖锐。身为金融投资业出身的政治人物，罗姆尼却一改昔日倡导自由贸易的理性立场，狠狠揪住人民币汇率不放，叫嚣“上任第一天，就要把中国认定为‘汇率操纵国’”，并将借助WTO等国际机制制裁中国的“不公平竞争行为”。在经济议题之外，罗姆尼还不忘在军事和人权领域压制、抨击中国，并向选民承诺他将带领世界进入下一个“美国世纪”而非“中国世纪”。务须警惕的是，作为党内温和派而无法有效整合保守派实力的罗姆尼而言，操作“中国议题”或已成为其最大化展示“意识形态肌肉”的捷径。

就国会选举政治而言，两党候选人出现了在对华态度上的“示强竞赛”，特别是在经济与就业形势相对更为严峻地带如中西部五大湖地区、中西大西洋地区、东南部地区以及西海岸地区等尤为明显。事实上，早在2010年国会中期选举之时，根据《纽约时报》的不完全统计，就有超过100个选区、250个电视广告以中国为噱头，至少29名两党候选人负面操作了中国议题，其中甚至包括当时连任堪忧的参议院多数党领袖哈里·里德（Harry Reid）等重量级人物。从目前的情况看，这一态势将在2012年国会选举中显露得更为突出而鲜明。同时，需要注意的是，处于经济低迷期的美国民意思变，而“茶党”运动、“占领”运动等势力又在选举中持续抬头，导致国会选战呈现出明显的“反在任者”态势，在第112届国会参议院中最为资深的共和党人理查德·鲁加（Richard Lugar）竟然在初选中被“茶党”新人击败，其他资深者如哈奇·奥林（Hatch Orrin）、黛比·斯塔贝诺（Debbie Stabenow）等也都在党内外面临着极为严峻的考验。而挑战这些资深议员的新人基本上都采取了较为激进而极化的选战策略，中国议题已成为这些挑战者的“上佳选择”。与此同时，国会政治中的另一个事实更为值得深思：即自2012年1月3日第112届国会第二会期复会至今，两院均未产生任何新的直接而消极的涉华提案，而且2011年10月初在参议院通过的人民币汇率法案也并未在国会众议院中被旧事重提。国会立法程序上对“中国议题”的低调处理，与国会选战中的高调炒作形成了颇具戏剧性的反差。如果较为积极地判断，这或许说明了理性对待中国事务在华府已存在一定程度的共识，目前的造势炒作只是竞选政治的需要而已。

纵观中美关系的发展历程与未来前景，一场选举显然无法扭转这对关于全球利益的最重要双边关系的整体走向，但正是因为这对双边关系的关键重要性，由选举政治造成的任何细微波折都可能为两国带来巨大的政治、经济与外交成本。因而，从双赢的角度出发，两国都有必要也有责任降低这种不必要的成本损耗。

从选举年的短期影响看，从联邦层次的总统和国会议员到州层次的州长和州议员再到地方层次的选任官员，都可能或正在选举中操作中国议题。他们围绕经济与就业议题，针对进出口、债务、人民币汇率等攻击中国，将经济议题政治化，以便转嫁个人的政治责任、指责对手。一旦此消极态势在联邦、各州甚至地方政坛上形成某种气候，将可能对2012年整个一年的中美经贸往来造成极为不利的影响，无助于两国经贸交流、金融合作的顺利开展，也将给中国企业“走出去”的战略在美国地方层次上的推进制造不和谐音。根据美中贸易全国委员会（The US-China Business Council）自2000年以来的跟踪统计，美国所有435个众议员选区均在不同程度上受惠于对华贸易。从这一事实出发，无论是总统还是议员，为了竞选而抹黑中国，进而直接损害中美经贸关系的稳步推进，从根本上讲是牺牲了其口口声声“代表着”的选民利益，是选举政治扭曲下的短视行为。

从中美关系发展的长期后果看，美国选举政治中对中国议题的负面炒作可能贻害不浅。在美国式的西方选举政治语境下，对不谙公共事务与国际事务的普通选民而言，每次选举既是一次政治动员，更是一次政治常识与知识的普及与教育。通过选举，普通选民可能对某些热点议题建立更为深入的认识，但这一认识显然是由其所支持的候选人或政党阵营灌输的，因而未必全面而客观。基于这种政治社会化的选举定位，中国议题的炒作无助于美国普通选民对中国特别是对中国的政治现况与经济发展建立较为客观而理性的认知与态度。特别是对于那些最近几次选举以来才获得投票权的年轻选民，即“首投族”或“初投族”来讲，他们更不了解中美关系的发展历史，也不熟悉20世纪90年代因“最惠国待遇”而被炒作的“中国议题”，因而很容易被眼前政治人物在竞选中的意识形态渲染所吸引，进而对中国产生负面评价。从这个意义出发，前文中提及的2011年底所得出的对中国经济负面评价的民调结果，显然与2010年中期选举期间攻击中国议题的负面造势存在着极强的关联性。令人担忧的是，由竞选政治炒作的对华消极立场，部分地被美国普通选民接受，加剧了民众对中国经济的误解与担忧，从而又毒害着下一场选战的民意氛围，为某些政治人物的“反华”行为提供了更多借口，就酿成了不利于中美关系健康稳步发展的民意怪圈。

美国选战中对中国议题的政治化炒作，是“美国反对美国”特质的一个重要体现。一方面，这种炒作所带来的短期影响与长期后果显然将损害中美两国关系的稳步发展，并不符合美国的国家利益；另一方面，炒作又成为美国国内各层次政治人物实现“选票最大化”、煽动选民、迎合某些特定利益的有效途径之一，亦是一种“民粹主义”倾向的表征。在这种微妙而矛盾的情形下，作为心系国家前途和两国关系发展的中美负责任的理性决策者，应该共同主动而积极地降低选举年对中美关系发展的损耗效应。作为中国决策者，至少要做到两点：一是迎难而上，在选举年更是要加强政治与军事对话、加大对美投资力度、加深对美公共外交。正本清源，与某些政治人物炒作中国相对应，为美国民众提供更为客观、真实而理性的选项。二是区别对待，即区别对待某些政治人物在选举周期中的工具性、党争性表态。今天“听其言”，明天更要“观其行”，不要做产生间接助选效应的过激回应，更要做好未来接触或者“长期斗争”的准备。作为美国决策层，至少也要做到两点：一是持之以恒，在国内选举政治的纷扰下，确保美中双方各领域各层次的交流与互动正常实施，即保持两国关系的一般常态。二是言行合一，即真正落实两国“相互尊重、互利共赢的合作伙伴关系”，在国内立法和行政决策中加以充分体现。只有这样，中美两国才能在2012年选举年以及受其影响的未来中得以真正实现“互相尊重、互利双赢”。降低选举周期中炒作“中国议题”的成本，符合中美两国的共同长远利益。换言之，我们期待着中美关系能成为一对完全跳出选举周期影响的双边关系，这才是两国交往历经40年的风风雨雨后日臻成熟的关键标志。

令人鼓舞的是，中国国家副主席习近平在2012年2月对美国的正式访问已取得了积极效果。此次访问恰好选择了共和党总统初选过程中的间歇期，巧妙地避开了选举话题。更为重要的是，习副主席不但向美国民众展现了中国在处理两国关系中的充分信心与持久恒心，增进了解以尽量淡化弥漫在美国社会中的某些负面情绪，而且进一步确定了2012年中美在政治、经贸、军事等多领域高层互动交流机制的兑现与落实，如第四轮中美战略与经济对话、第23届中美商贸联委会、第三轮中美人文交流高层磋商、第二轮中美战略安全对话、第三次中美亚太事务磋商以及更为广泛的中美立法机构、政党交流等等。如此多渠道、多领域的两国互动，显然有助于减少2012年大选为两国关系发展带来的隔阂与变数。本次访美是2011年初胡锦涛主席“定调”中美关系之旅的续写，也对2012年中美关系的稳定前进迈出极为坚实的一步。

2011年中美关系大事记

1月

4日，美国国家安全顾问多尼伦同到访的中国外长杨洁篪会晤。多尼伦在会上强调了采取有效措施，以降低全球经济和美中贸易失衡的重要性。双方还讨论如何共同说服朝鲜放弃其核武发展计划，避免做出破坏稳定的行动，以及如何防止伊朗获得核武器。美国总统奥巴马也参加了会见。他在会上重申，将致力于在全球性问题上改善与中国的合作。

9日，美国国防部长盖茨抵达北京，开始为期三天的正式访问。盖茨破例受邀参观中国人民解放军第二炮兵司令部，了解中国战略导弹的最新发展。本次访问被普遍视为中美两军关系回暖的正式标志。这是盖茨2006年12月就任国防部长以来第二次访华，也是自2007年来的首次。

10日，中国国家副主席、中共中央军委副主席习近平在会见到访的美国国防部长盖茨时表示，两国国防部门要采取有效措施切实维护好有关政治基础，让两军关系进一步向前发展。徐才厚在会见盖茨时指出，从三方面改善两军关系，包括尊重和照顾彼此的核心利益和重大关切，妥善处理分歧和敏感问题，逐步排除一些影响两军关系发展的重大障碍；培育和增进两军的战略互信，增进了解，减少误解，不做严重刺激对方的事情；巩固和扩大双方共同利益，进一步加强务实合作。盖茨在会见梁光烈后对媒体表示，为减低沟通失误、误解和误判的概率，美中双方必须拥有牢固、具有持续性而不被政治风向变化影响的军事关系。

10日，美国消费品安全委员会宣布在中国北京美国大使馆内设立首个海外办事处，目的在于和中国国家质检总局、地方政府以及相关企业建立密切联系，减少中国制造及出口到美国市场的不合格产品数量。

11日，中国国家主席、中共中央军委主席胡锦涛在人民大会堂会见到访的美国国防部长盖茨，进一步传达双方增进互信的信息。胡锦涛肯定中美关系总体呈现稳定发展的良好势头，希望两国防务部门增加战略互信，发展健康稳定的两军关系。针对波折不断的两国两军关系，胡锦涛间接表明了中国的军事发展空间必须受到尊重的立场。会后盖茨对媒体透露，美中有望于今年上半年启动新的战略安全对话机制，范围将超越当前以海上防务为主的两军对话，而涵盖包括核武、导弹防御，网络战争，以及太空军事利用的课题。

12日，盖茨参观了中国人民解放军第二炮兵司令部，进一步了解这个中国军方敏感单位的角色和运作，凸显中美正朝建立稳固的军事互信关系迈进。盖茨一行会见了中共中央军委委员、第二炮兵司令员靖志远，靖志远向盖茨介绍了中国核政策核战略方面的情况。

12日，中国四大国有银行之一的中国银行，正式开放在美国的人民币交易业务。此举被外界视为中国探索人民币国际化的重要一步。

12日，美国著名民意调查机构皮尤公众与媒体研究中心公布了一份名为《中国是朋友还是敌人》的调查，显示47%的美国人认为中国是世界头号经济强国，仅31%的受访者认为美国仍是世界最大的经济体。调查也显示，67%的美国人认为中国的威胁主要来自经济而非军事，而53%的受访者认为美国政府在经济和贸易问题上应对中国采取更严厉态度。

13日，美国商务部长骆家辉向美中贸易全国委员会（U.S.－China Business Council）发表演说时称，美中两国应追求合作而非对抗，这将惠及双方。但他警告，美中巨大贸易逆差是不可持续的，而且可能会威胁到全球的稳定和繁荣。

17日，由《中国日报》和零点研究咨询集团联合进行的调查发布结果显示，公众普遍认为中美关系非常重要，中美关系将保持稳定发展，而朝鲜半岛局势、台湾问题和贸易不平衡问题等应为中美首脑会晤时的关注重点。这项调查于2010年12月20至30日，在北京、上海、广州、武汉、成都、沈阳、西安七个城市同步开展。

17日，中国国家主席胡锦涛访问美国前夕，中国政府制作的国家形象宣传片“Stunning Chinese Beauty”（令人惊艳的中国美）在纽约时报广场的大型电子显示屏上播出。宣传片涵盖了中国影视、艺术、体育、商界、智库、模特、航天等各行各业的50位杰出华人，以“智慧、艺术、财富、文化、勇敢、才能、体育、学术、设计、超模、媒体、航空”等关键词诠释各行各业的优秀中国人形象。

18日—21日，中国国家主席胡锦涛对美国进行为期四天的国事访问。陪同胡锦涛访美的中国高级官员包括国务院副总理王岐山、中央办公厅主任令计划和中央政策研究室主任王沪宁、主管外事的国务委员戴秉国、外交部长杨洁篪、国家发改委主任张平、财政部长谢旭人、商务部长陈德铭等。

18日，美国铝业公司表示与中国电力投资集团公司签署协议，共同开展一项铝和清洁能源项目，投资额可能达到75亿美元。

18日，中国最大汽车制造商之一的长安汽车美国研发中心在汽车之都底特律正式挂牌成立，这是中国大型整车厂设在北美的第一个大型研发机构，美国媒体将此称为“中国汽车进军美国的一步”。

19日，中国国家主席胡锦涛在华盛顿同美国总统奥巴马举行会谈，讨论中美关系及共同关心的重大国际和地区问题。奥巴马在白宫致词时表示，通过这次访问，双方可以为未来30年的关系奠定基础。胡锦涛在回应时指出，自奥巴马上任以来，中美两国在各方面的合作取得了成果，双边关系也取得新的进展，希望此行能够为两国的合作开启新篇章。会谈后两位领导人举行简短记者会，共同接受美国记者和中国记者的提问。

19日，中美两国在华盛顿发表联合声明，表示中美致力于共同努力建设相互尊重、互利共赢的合作伙伴关系，以推进两国共同利益、应对21世纪的机遇和挑战。

19日，中国野生动物保护协会秘书长臧春林表示，中国将延长与美国的所谓“熊猫外交”协议，让租借给美国的一对大熊猫在华盛顿国家动物园多待5年。

20日，胡锦涛结束对华盛顿的访问，启程前往芝加哥之前，在出席美中贸易全国委员会主办的欢迎午宴上发表演讲。胡锦涛说，中国致力于和平解决国际争端和热点问题，奉行防御性的国防政策，不搞军备竞赛，不对任何国家构成军事威胁，永远不称霸，永远不搞扩张。

20日下午，中国国家主席胡锦涛抵达美国第三大城市芝加哥，芝加哥市长戴利全家赴机场迎接。当晚，胡锦涛会见了戴利，并出席戴利为他举行的欢迎晚宴。胡锦涛在芝加哥对当地政界和商界领袖发表演讲时指出，希望美国尽快放宽高科技产品输往中国的限制，并敦促美国为那些在美国投资的中国企业提供一个公平的竞争平台，让它们有更多机会为美国的经济发展作出贡献。

20日，上海美国商会进行的年度调查显示，在346名受访者中，有 47.7%说他们面对的是对国内企业显示出偏爱的监管机构，同时，有 31.3%的受访者说待遇是平等的。

21 日，中国国家主席胡锦涛结束对美国事访问，从芝加哥启程回国。胡锦涛此次访美期间，中美同意签订总值高达 450 亿美元的经贸协议，其中包括向美国波音公司购买 200 架飞机，总值 190 亿美元。美国政府说，相关协议涵盖出口、农业、电信和电脑业领域，将为美国创造 23.5 万个工作岗位。

23 日，中国工商银行与美国东亚银行在香港联合宣布，工行将以 1.4 亿美元的价格收购美国东亚银行 80%的股权，东亚银行持有剩余 20%的股权。鉴于工商银行的国有性质，交易很可能会受到美国监管机构的严格审查。

25 日，美国总统奥巴马发表国情咨文，向美国民众表示，世界经济规则已改变，中国和印度等新兴经济体确实给美国带来挑战，为应对这一新形势，美国人须团结并通过创新提升竞争力。

2 月

4 日，美国公布《美国国家安全太空战略》（NSSS）。负责太空政策的国防部副部长舒尔特表示，这份报告标志着美国战略的重大转移，绘制了今后 10 年太空发展的蓝图，目的是让美国在一个拥挤、具竞争性、挑战性甚至有时充满敌意的环境里“更有活力”和更能保卫自己的资产。

5 日，中国互联网公司腾讯收购美国网络游戏开发商 Riot Games 的股权，成为后者的大股东。两家公司在美国发布联合声明指出，腾讯将提供资金，协助美国网络游戏开发商开发新的市场及网络游戏。

7 日，美国国际贸易委员会终裁决定，对出口到美国的中国钢铁产品——石油钻杆和钻铤征收平均高达 86%的反倾销和反补贴关税。

8 日，美国军方公布 7 年来的首份战略声明报告《国家军事战略》，表明要把焦点扩大到阿富汗战争之外，也关注中国的崛起和其他战略挑战。该报告重申美国与盟国在阿富汗和巴基斯坦共同打击极端组织的承诺，但认为应该扩大视野，留意其他地区的威胁。

9 日，美国联邦储备局主席伯南克说，中国以加息应对通胀的做法令人“惊愕”。他表示，让人民币升值是更好的办法，因为加息会抑制内需。针对伯南克的讲话，中国外交部发言人马朝旭 10 日在例行新闻发布会上称，实行有管理的浮动汇率制度是中国的既定政策，这一机制符合中国长远和根本的利益，中国会继续按自主原则推进人民币汇率形成机制改革。

10 日，美国电脑安全公司 McAfee 在一份报告中称，中国境内黑客侵入五家跨国油气企业，以窃取投标计划与业主其他重要信息。

11 日，美国发布联邦国民抵押贷款协会（“房利美”）与联邦住房贷款抵押公司（“房地美”）报告指出，美国政府将逐渐淡出住房金融市场，创造私人资本发挥主导作用的条件。针对美国政府发布的“两房”改革报告，中国国家外汇管理局表示，中国已采取有效措施，“两房”债券投资的“主要潜在风险已得到化解”。

15 日，美国参议院对外关系委员会发布报告指出，中国正扩大其触角，通过文化机构和官方媒体，频频塑造舆论，争取美国民心，而美国在这方面则远远落后，华府现在必须加倍努力，找出更好的办法突破中国的网络封锁。该报告建议美国派更多学生到中国、争取申办 2020 年世博、在中国增设美国中心，并采取多项“公共外交”措施，以便对中国的攻势进行反扑。

15 日，美国国务卿希拉里就互联网自由发表演讲时称，一些国家限制网民自由接触信息，会阻碍这些国家长期发展。17 日，中国外交部发言人马朝旭回应说，中国愿同各国就互联网相关问题加强沟通和交流，共同推进互联网的良性发展，但反对任何国家借口互联网自由等问题干涉中国内政。

19 日，“青年大使赴美国华府”新闻发布会在重庆举行，要选拔 10 名最优秀重庆青年成为白宫实习生。该计划由美国青年领袖人才训练非营利组织机构——美国丰收基金主办。过去十年，每年都有数百名优秀的亚裔学生到美国华府进行实习、参访、研讨等活动。此前，青年大使计划只向中国香港和台湾地区的优秀学生开放，这是美国首次允许中国大陆学生到白宫实习。

25 日，中国华为技术公司发表公开信，要求美国政府对其进行正式调查，以打消美方对该公司威胁美国国家安全的疑虑。此前，华为迫于美方压力，放弃收购美国技术公司 3Leaf 资产。

26 日，中美两国在华盛顿正式签署了“中美省州长论坛协议”。中国人民对外友好协会副会长李小林与美国全国州长协会主席、华盛顿州州长格雷瓜尔代表双方签署了该协议书。这标志着中美省州长对话交流机制正式启动。

29 日，中美双方 100 多名学者来到华中科技大学，参加中美清洁能源联合研究中心清洁煤技术联盟第二次全体成员大会，共同研讨清洁煤发电、转化和二氧化碳捕获、封存、利用的问题。

3 月

1 日，美国财政部最新公布的报告显示，中国仍是美国最大债权国，截至 2010 年 12 月底，中国持有的美国国债为 1.1601 万亿美元，低于 2010 年 11 月时的 1.1641 万亿美元，为连续第二个月减持美国国债。

1 日，华南美国商会 2 月 29 日对外发布其年度调查《2011 年华南地区经济情况特别报告》，指出中国 2010 年的经济形势积极稳定，在受访的在华经营企业当中，大多已经从经济危机的冲击之中或多或少地恢复过来，其中，有82.5%的受访企业表示已经实现盈利，当中有66%的企业盈利数字达到或超出预期。报告指出，中国的整体营商环境在持续改善之中，但对于外资企业来说，面临的最大挑战仍旧是中央和地方法律法规的不确定性，这一长期问题将对企业的经营产生影响与冲击。

2日，希拉里在参议院外交关系委员会会议上，强烈反对共和党提出的削减国务院对外援助预算建议。她指出，美国与中国在全球影响力上互相竞争，如果要削减美国对外国的援助，将使美国失去优势。

8日，美国联邦调查局逮捕了一名在美国一家科技公司工作的中国男子，他涉嫌向中国输出敏感的军事专业技术。

9日，美国总统奥巴马正式宣布提名商务部长骆家辉出任美国驻中国大使，接替已辞职的洪博培。10日，中国外交部发言人姜瑜在例行记者会上表示欢迎美方提名骆家辉先生担任新任驻华大使。

11日，美国将收缴的14件流入美国的中国文物移交给中国政府。这是中美两国签署国际合作打击文物走私的《谅解备忘录》后，美方首次向中国移交其收缴的中国文物。

27日，以英语教学为主的上海纽约大学在浦东陆家嘴正式奠基，这所大学是由上海华东师范大学与纽约大学合办，也是中国大学与美国大学合办高等学府的首例。

30日，美中贸易全国委员会一份最新报告显示，2010年，美国对华出口增长32%，速度超过了美国前五大出口目的地中的任何一个。报告指出，对华出口对美国经济复苏和经济持续健康至关重要。

30日，奇虎360登陆纽交所，IPO发行价定为14.50美元，拟发行1210万ADS，成为中国第一家独立上市的网络安全公司。

4月

6日，美军太平洋司令部司令威拉德表示，美国的亚太区盟国希望美国在该区域投入更多军力，并说美军日后将通过澳大利亚进行军事调配，以提升其介入南中国海地区的能力。

10日，中国国务院新闻办公室发表《2010年美国的人权纪录》，以回应美国国务院8日发表的《2010年国别人权报告》中对中国人权状况的指责，并奉劝美国政府切实改善自身的人权状况，检点自身在人权问题上的所作所为，停止利用人权问题干涉别国内政的霸道行径。这是国务院新闻办公室针对美国每年的国别人权报告，连续第12年发表美国的人权纪录。

12日，第二轮中美人文交流高层磋商在华盛顿举行。中国国务委员、中美人文交流高层磋商机制中方主席刘延东与美国国务卿、中美人文交流高层磋商机制美方主席希拉里·克林顿共同主持会议。会议全面总结了中美人文交流高层磋商机制成立一年来两国人文交流与合作取得的进展和成果，规划了今后一个时期中美人文交流的总体框架、阶段重点和工作原则，并就进一步加强教育、科技、文化、妇女、青年、体育等领域合作达成一系列重要共识，确定了数十项合作项目。

19日，中国外交部发言人洪磊在例行记者会上回答提问时说，注意到标准普尔评级公司将美国主权信用评级展望由“稳定”下调至“负面”。他表示，希望美国政府切实采取负责任的政策措施，保障投资者的利益。

21日，美国国会参议院多数党领袖哈里·瑞德率领的参议员代表团访华，全国人大委员长吴邦国、国家副主席习近平等领导人分别会见代表团成员。习近平赞扬即将离任的美国驻华大使洪博培为“中国人民的朋友”。

27—28日，中美在北京举行新一轮人权对话。本次对话由中国外交部国际司司长陈旭与美国助理国务卿波斯纳共同主持。双方就人权对话原则、双方人权领域新进展以及联合国人权领域合作等共同关心的问题进行交流。

5月

5日，中国商务部最终裁定，原产于美国的排气量在2.5升以上的小轿车和越野车存在倾销和补贴，中国国内产业受到实质损害，并且倾销和补贴与损害之间存在因果关系，但暂不对被调查产品征收反倾销税和反补贴税。

4日，美国商务部长骆家辉（Gary Locke）在华盛顿伍德罗·威尔逊国际学者中心（Woodrow Wilson Center）出席美国亚洲协会关于中国投资美国研究报告的发布会，并就中美直接投资发表主旨演讲。他批评中国没有公平对待美国在华投资公司，给相关企业造成严重困扰。他誓言担任大使后将把推动中国市场化改革和市场开放作为重中之重。5日，中国外交部发言人姜瑜反驳称，在中国依法注册的所有外国企业都享受国民待遇。在自主创新产品认定、知识产权保护、政府采购等方面，中国一视同仁，平等对待。

9—10日，第三轮中美战略与经济对话在美国华盛顿举行，副总理王岐山、国务委员戴秉国同美国国务卿克林顿、财政部长盖特纳共同主持了对话。此轮对话首次有两国高层军事代表参加，颇受外界关注，更被解读为中美军事互动机制化的最新迹象。讨论共取得了48项具体成果，清单涉及能源、科技、环境、交通、气候变化等多个领域的合作。双方共同签署了“中美全面经济合作框架协议”。中美战略安全对话也首次被纳入到该框架中，双方的交流与互信正向纵深拓展。

13日，在香港上市的小肥羊宣布，收到美资百胜餐饮集团提出的私有化建议。但市场估计这一私有化计划未必获得中国商务部批准。

15—22日，中国人民解放军总参谋长陈炳德对美进行正式访问。此行是中国人民解放军总参谋长时隔七年后再度访美。19日，他在美国国防大学演讲时强调，近年来，尽管中国国防和军队现代化建设水平有了很大提高，但与美军相比仍存在很大差距。中国从来没有主动挑战美国的意图，欢迎美国为维护和促进亚太地区的和平、稳定、繁荣发挥建设性作用。他和美军参谋长联席会议主席马伦（Mike Mullen）在会谈后举行了联合记者会。陈炳德说，会谈坦率、深入、富有成果，并达成了六点共识。双方重申，加强两国海军之间的联合行动有助于增进海上军事安全，减少风险。双方同意两国海军展开交流，包括在亚丁湾进行军舰编队运动、通讯演练或反海盗联合演练。

26日，获美国总统奥巴马提名为新任驻华大使的骆家辉在出席参议院提名听证会时承诺，在寻求与北京合作的同时将大力维护人权和美国商业利益。他表示将利用自己的亲身经历去让中国老百姓了解美国，且不会回避敏感议题，包括他与北京领导人在人权问题上的“强烈分歧”。

26日，美国议员向国会提交一项议案，要求国会正视1882年通过的排华法案，并就此发表正式声明表达歉意。

28日，浙江省150多家重点民营企业、30多家高校科研院所和各类开发区组成的代表团，在加州圣塔克拉拉会议中心举行海外人才智力对接暨海外高层次人才洽谈会，这也是代表团访美系列活动的第一站，第二站于30日在大纽约地区登场。

29日至6月4日，美国海岸警卫队太平洋区域司令、海军中将曼森·布朗访华，并会见中方海事管理部门代表。

6月

3日，中国国务委员兼国防部长梁光烈与美国国防部长盖茨在新加坡举办的香格里拉对话会间隙举行双边会见。

3日，外交部副部长宋涛应约会见美国亚洲协会会长丁文嘉一行。

7日，美国佩斯大学孔子学院在南京召开第二届理事会，教授团在中国进行为期两周的实地考察和学习。

8—9日，中美法律专家对话在华盛顿举行。来自中美政府及非政府层面的法律专家参与对话，就法治的益处及具体实施等问题展开讨论。

16日，外交部发言人洪磊在例行记者会上，针对美国国会参议员舒默等人试图推动通过有关人民币汇率议案之事表示，中方坚定不移地推进人民币汇率形成机制改革。大量事实已经表明，人民币汇率并不是造成中美贸易不平衡的主要原因。我们敦促美国国会有关议员认清中美经贸关系的重要性，不要寻找借口对中国搞保护主义，以免损害中美经贸合作大局。

24—26日，“2011年中美临床和转化医学国际论坛”在上海国际会议中心举行。论坛由中国工程院（CAE）、中国医学科学院（CAMS）、美国国立卫生研究院（NIH）临床研究中心、全球医生组织（GlobalMD）等四家共同主办。会议旨在建立中美临床和转化医学合作与交流的国际合作平台，打造中美医学界最高水平、最具科学影响力、引导医学前沿研究领域的品牌会议。

24日至26日，由中国发展研究基金会与美国哈佛大学法学院国际金融体系中心共同举办的第八届中美金融研讨会在美国纽约举行。来自中美两国金融界的100余位官员、学者和企业家参加了此次研讨会，并围绕“金融市场监管与竞争力”、“中美双边投资”、“人民币在未来国际货币体系中的角色”等议题进行了深入讨论。

25 日，首次中美亚太事务磋商在夏威夷举行，由中国外交部副部长崔天凯和美国助理国务卿坎贝尔共同主持。双方就亚太总体形势、各自亚太政策以及共同关心的地区问题交换意见。该机制的设立为妥善处理两国在亚太地区的分歧提供了平台。

7 月

5 日，世界贸易组织裁定中国限制原材料出口的行动是违规之举，支持美国、欧盟和墨西哥对中国的投诉，这项裁决将影响中国对稀土出口的管制。美国、欧盟和墨西哥向该组织投诉中国限制原材料出口，它们包括铝土岩、炼焦煤、氟石、镁、锰、结晶硅、黄磷和锌等矿物。

7 日，达赖喇嘛与包括众议院议长博纳（John Boehner）和众议院少数党领袖佩洛西（Nancy Pelosi）在内的议员会晤。中国外交部发言人洪磊在例行新闻发布会上表示，中方坚决反对达赖喇嘛通过窜访从事分裂祖国的活动，坚决反对任何外国政府和政要支持、怂恿他的这类活动。

9 日，美国参谋长联席会议主席麦克·马伦（Mike Mullen）海军上将飞抵中国访问。这是过去四年来，首次有美国参谋长联席会议主席访华，象征了两国军事关系回暖。马伦率领的 39 人代表团在华的四天里，访问了北京、山东、浙江等地。其间，马伦到中国人民大学演讲，而最受瞩目的是他获安排访问二炮一线作战部队，参观了相关的武器装备。

13 日—16 日，首届中美省州长论坛在美国犹他州盐湖城召开，美方共 30 多名州长参加，而中方也派出了百人代表团出席，论坛期间，双方签署了数十项合作协议，成果丰硕。

16 日，美国总统奥巴马不顾中国警告接见了到访的达赖喇嘛，双方在白宫地图室进行了闭门会晤，不让记者采访，而且在达赖喇嘛预定离开美国之前数小时才宣布会晤计划，尽量把会谈保持得低调。中国外交部副部长崔天凯17日凌晨在北京紧急召见美国驻华使馆临时代办王晓岷，提出严正交涉。中国驻美大使张业遂也在华盛顿向美国提出严正交涉。外交部发言人马朝旭发表谈话进一步指出，美国"允许达赖窜访并安排最高领导人会见，严重违背国际关系基本准则，违背美国政府一再作出的郑重承诺，伤害中国人民感情，损害了中美关系"。

27日，美国参议院一致表决通过现任商务部长骆家辉出任美国驻中国大使，自此骆家辉正式成为美国史上首位华裔驻华大使。

28日，美国国务院表示，白宫目前还不能对中国承诺"美元不会违约"。这是美国首次公开就美国债务违约的可能性对中国表态。中国官方媒体新华社批评美国在提高债务上限问题上玩边缘政策是"危险而不负责任的"，表示美国可能导致全球陷入比2008年危机"糟糕得多"的衰退。

8月

1日，美国第一位华裔驻华大使骆家辉正式宣誓就职，他承诺"出使"中国后将致力于深化中美合作，为建立积极、合作和全面的中美关系而努力。

3日，中国人民银行行长周小川以答《金融时报》记者问的方式，呼吁美国"妥善处理债务问题"，并重申中国将坚持外储多元化投资原则，加强风险管理，暗示中国对近期响起违约警报的美国国债仍高度警惕。

5日，评级公司标准普尔宣布下调美国信用评级从AAA至AA＋。

10日，中国由前苏联"瓦良格"号改建的中国航母平台试航。美国国务院发言人纽兰在例行新闻发布会上表示，美国对中国发展航母一直表示关切，美国需要看到更多的透明度。

12 日，美国首位华裔驻华大使骆家辉携眷飞抵北京，13 日呈递国书，并参观一些学校，14 日在官邸会见媒体，正式履新。

12 日，美国“里根”号航空母舰战斗群抵达香港作短暂停留，其指挥官否认这次访问的时机与“瓦良格”号试航有关。

16 日，美国国务卿希拉里与国防部长帕内塔在华盛顿的美国国防大学，举行了一场“国务卿与防长对话会”。希拉里强烈反对美国裁减军事、外交和发展的支出。她警告，削减预算可能令美国突然撤出太平洋，而目前中国的力量正在崛起。

17 日，受中国国家主席胡锦涛邀请，美国副总统拜登访问中国。18 日，国家副主席习近平会见了到访的美国副总统拜登，巩固了两国关系“回暖”态势。19 日，中国国家主席胡锦涛在北京人民大会堂会见美国副总统拜登。他表示，中美双方应该登高望远，超越国情差异，把中美合作伙伴关系建设好、发展好。拜登则表示，美方理解中方在核心利益问题上的关切，希望双方增加相互接触，增进相互了解和信任，妥善处理重大敏感问题，促进两国人民友好交往，加强经济合作。

20 日—22 日，美国副总统拜登访问四川省会成都，中国国家副主席习近平和拜登共同参观青城山高级中学和都江堰水利枢纽。21 日，拜登在四川大学演讲，再次强调中美在经济和安全事务上共担全球责任，并在美债问题上再向中国大派定心丸，保证“美国从未出现债务违约，将来也绝对不会”。

24 日，美国发布 2011 年《中国军事与安全态势发展报告》。报告显示美国对中国军队有五大担忧，即军队增强中国获取外交优势的能力、军队解决争端的能力、遏制“台独”的能力、阻遏美国对台湾提供支持的能力，以及中国军队行使新作战概念的能力。26 日，中国国防部新闻发言人杨宇军做出回应，直指美国的报告严重歪曲事实，并对此表示强烈不满。他指出该报告罔顾事实，将中国军力的现代化影射为对区域的威胁，并向美方提出严正交涉，也呼吁美国停止发表该年度报告。

9月

5日，世界贸易组织最高法庭作出判决，准许美国向进口自中国的汽车轮胎征收保护性关税，支持了2010年12月的判决结果。6日，中国商务部条约法律司负责人就此表示非常遗憾，指出中方敦促美方尽快终止特保措施，保证中国企业公平竞争的环境。

12日，由中国文化部和美国肯尼迪艺术中心联袂主办的“中国文化系列活动”在美国首都华盛顿拉开序幕。整个活动以《中国：一个国家的艺术》为主题，旨在通过表演艺术及展览等多种形式，向美国公众展示当代中国形象，推广中国文化，进一步推进中美两国之间的人文交流。活动持续到10月2日。

20日，美国驻华大使骆家辉在北京会见美国商界高管时表示，中国十二五（2011—2015年）规划中设定的目标和为实现这些目标而采取的行动之间存在着差距。他强调，中国的商业环境会使国外企业和政府领导人产生一种“日益严重的挫败感”，并因此而在投资者心中种下“怀疑的种子”。

21日，美国奥巴马政府将正式提升F－16A/B型战机性能的对台军售案送交美国国会审查。军售的内容包括给台湾现有的145架F－16A/B型战机，提供飞行员训练及后勤备料，总值58.5亿美元。外交部副部长张志军当天紧急召见美国驻华大使骆家辉，严词指责美国“严重危害中国国家安全”，并警告此举将“不可避免”地给中美关系以及两国的军事、安全交流合作造成损害。学者受访时指出，这次军售的规模远超外界预期，中国必将采取反制措施，但强度会十分谨慎。22日，中国外交部长杨洁篪向美国美中关系全国委员会和美中贸委会发表关于中美关系的讲话时表示，美国必须充分认清美售台武器问题的高度敏感性和严重危害性，高度重视和严肃对待中国的严正立场。

29日，针对美国会参议院立法惩罚中国操纵汇率，中国外交部发言人洪磊说，中国希望美方切实维护中美经贸关系稳定发展大局，不将有关问题政治化，不推动相关议案。有关人民币汇率的议案如获通过，该议案将授权美国对中国人民币汇率政策采取法律和贸易反制措施。

10月

1日，中国古代先贤孔子行教画像以全新“作揖行礼”的动画形式亮相美国纽约时报广场，将中华文化的自信大方、谦谦君子形象传递给世界。

4日，美国参议院以79票赞成、19票反对的投票结果，程序性通过了针对中国人民币汇率的“2011年货币汇率监督改革法案”立项预案。中国外交部对此表示“坚决反对”，指出提案严重违背世界贸易组织规则，也严重干扰中美经贸关系。中国商务部和中国央行当天也同声指责美国部分议员借此提案把美国国内矛盾转嫁他国，把经济问题政治化，并指出法案不但无法解决美国储蓄不足、贸易赤字和高失业率等问题，还可能严重影响中国正在进行的汇率改革进程，引发中美之间的贸易战。

6日，美国参议院以全票通过一项法案，为19世纪末、20世纪初的排华法案等歧视华人法律表达歉意。这一法案通过为美国华埠了结了百年耻辱，带来了迟到的公正。议案最早推动者之一、美国华人全国委员会主席薛海培说，法案在参议院通过之后，下一步就是推动众议院版本的道歉议案通过。

11日，美国参议院以63票对35票通过了《2011年货币汇率监督改革法案》。12日，由中国人民银行（央行）授权中国外汇交易中心公布的人民币兑美元中间价，较11日的6.3483元大幅走贬115个基点至6.3598元，创出2010年11月份以来人民币最大单日跌幅。有外汇分析师认为，这表明中国政府用中间价来传达不满。

12日，美国《华盛顿时报》报道，奥巴马政府已通知美国国会，计划对中国放宽出口UH-60“黑鹰”直升机。空军专家表示，中国20世纪80年代曾从美国进口“黑鹰”，美国若再对华出售，也只是商用，所以政治意义不大。

18日，一名被控盗窃美国商业机密和从事商业间谍活动的美国华裔生化学家在印第安纳州联邦法院表示认罪。

19日，中国人民对外友好协会与美国全国州长协会在北京共同举办中美省州长对话。对话主题为“促进中美地方经济与民生发展”，议题包括促进地方经济发展和促进地方就业。中美省州长举行了23场对口会见，就加强双方实质性合作进行深入探讨，达成众多合作意向。山东省与佐治亚州签订了友好合作关系协议。

22日，美国总统国家安全事务助理多尼隆抵达北京进行为期三天的访问。

24日，美国国务院副国务卿伯恩斯（William Burns）在得克萨斯州A&M大学就美中关系发表演讲，27日，伯恩斯抵达北京进行三天的访问。

11月

3日，中国国家主席胡锦涛在法国戛纳出席二十国集团领导人第六次峰会。当天胡锦涛会晤美国总统奥巴马。双方就中美关系及二十国集团领导人戛纳峰会等共同关心的问题交换了意见。

7日，美国参议院军事委员会的两名参议员强烈要求中国打击仿造军用零部件的公司，以免危害美国国家和美国人民的安全。

9日，美国商务部发布公告，宣布将对中国输美太阳能电池展开反倾销和反补贴“双反”调查，这是美国对中国清洁能源产品首次发起“双反”调查。

10—14日，中国国家主席胡锦涛应美国总统奥巴马邀请，出席在美国夏威夷举行的亚太经合组织第十九次领导人非正式会议。12日，胡锦涛在美国夏威夷州首府檀香山会见了美国总统奥巴马。两国元首就双边关系及共同关心的国际和地区问题坦诚深入地交换了意见，达成重要共识。双方一致同意，在当前形势下，中美两国要共同努力，进一步构建相互尊重、互利共赢的中美合作伙伴关系。在夏威夷期间，胡锦涛会见美国工商界代表，包括美国商会、陶氏化学（Dow Chemical）、联邦快递（FedEx）、沃尔玛集团（Wal-Mart）、摩根大通（JPMorgan Chase）、强生集团（Johnson & Johnson）等企业和机构的代表。胡锦涛在会见时指出，中美经贸关系既面临挑战，更面临重要发展机遇。应妥善处理经贸摩擦，不应把经贸问题政治化，不应搞保护主义。

10日，外交部副部长翟隽与美国国务院非洲事务助理国务卿卡尔森在京举行中美第五轮非洲事务磋商。双方就非洲形势、地区热点问题、各自对非合作等深入交换了意见。双方认为，当前非洲形势正处于重要演变期，中美作为非洲重要合作伙伴应进一步加大对非洲的支持和帮助，共同为非洲和平、稳定与发展作出贡献。

10日，美国国务卿希拉里在夏威夷东西方中心演讲时说，美国须积极加强与亚太国家的联系，为美国人制造更多工作机会并带动经济发展。她强调美国今后外交经济政策重心仍在亚洲地区，并宣称21世纪将是“美国的太平洋世纪”。

12日，中国国家主席胡锦涛在夏威夷与美国总统奥巴马会谈，表明“希望美方尊重中国在亚太地区的正当利益”，强调人民币升值无法解决美国问题。奥巴马表示，中国缓慢的经济改革步伐已令美国失去耐心。

14日，奥巴马在亚太经合组织峰会的闭幕记者会上继续向中国施压，敦促中国认识到自身已是“成熟”经济体，在有损美国公司利益的货币和贸易事务上应采取更负责任的行动。

15日，针对美国、智利、新加坡、文莱等九国正在谈判建立的泛太平洋伙伴关系协定（Trans-Pacific Partnership，简称TPP），中国强调抱持“开放态度”，外交部官员也重申中美合作的重要性，凸显中国努力避免与美正面交锋的立场。中国外交部部长助理刘振民在面向中外媒体的吹风会上说，中国注意到最近在美国夏威夷举行的亚太经合组织峰会期间，有关成员针对TPP的谈判取得了一些进展。刘振民表示，中国希望多种机制相互共存，相互补充，相互影响，共同为东亚合作作出贡献。

16日，美国财政部公布的数据显示，在8月大幅减持365亿美元美债后，中国9月转而小幅增持113亿美元美债，目前仍是美国最大的债主。9月中国持有美债1.1483万亿美元，较8月的1.137万亿美元增加1%。2011年4月至7月，中国也曾连续四个月小幅增持美债。

17—21日，中国国务院总理温家宝应邀出席在印度尼西亚巴厘岛举行的东亚领导人系列会议。19日，温家宝会见美国总统奥巴马。温家宝表示，维护中美关系健康稳定发展，对中美两国、对世界都有利。不久前，胡锦涛主席同奥巴马总统在夏威夷成功会晤。中方愿同美方一道，认真落实两国元首达成的重要共识，坚定不移地推进中美合作伙伴关系建设。奥巴马表示美中关系无论是对两国，还是对世界都是最重要的双边关系之一。过去三年，双方开展了建设性的对话与合作。双方应该继续以合作和相互谅解的精神，推进解决经贸等领域的分歧，推进美中这一具有重要战略意义的关系不断取得新的进展。

17日，美国国防部长帕内塔在康涅狄格州向一家制造攻击型潜水艇的造船厂员工发表演讲时，提到美国面临的一系列威胁，包括伊朗、朝鲜和网络攻击，并提到中国和印度对美国构成威胁。随后国防部发言人立即作出澄清，指出帕内塔没有将中国和印度视为军事威胁。

21日，中国国务院副总理王岐山在中美商贸联委会上表示“不平衡的复苏比平衡的衰退好”，呼吁美国采取措施改善中美贸易环境，并强调不希望经济问题被政治化。

12月

2日，美国太阳能产业指控中国销美太阳能产品获得不公平优势，不利于美国企业。美国国际贸易委员会以6比0的投票结果认为美国企业受到中国产品伤害或可能受到伤害，同意展开调查。3日，中国商务部回应说，美方没有充分证据，不顾中方抗辩，此初裁不符事实，凸显贸易保护主义倾向。

6日，中国国家主席胡锦涛呼吁海军转型备战。美国国防部发言人利特尔回应说，美方尊重中方发展海军力量的权利，但希望中国保持完全的透明度。

6日，习近平在北京人民大会堂接见到访的美国前财政部长保尔森（Henry Paulson）时呼吁美国避免把经贸问题政治化。

7日，由中国人民解放军副总参谋长马晓天和美国国防部副部长米歇尔·弗卢努瓦共同主持的第12次中美国防部防务磋商在北京举行。本轮磋商旨在扩大两军共识、管控风险、避免误判。中国国防部和外交部相关官员与来自美国国防部、国务院、参联会、美军太平洋司令部、海军、空军的官员就两军关系、美售台武器、共同安全挑战以及其他国际和地区问题“深入地交换了意见”，并重申了中美军事关系对于维护中美共同安全，管控危机和预防风险的重要性。

8日，在北京出席中美国防部防务磋商的美国国防部副部长弗卢努瓦强调，美国近期和亚洲多国加强军事合作，包括在澳大利亚驻军，并非是针对中国或为了围堵中国。

15日，中国驻洛杉矶总领事馆门前发生枪击案，一名男子朝警卫开枪，但没击中，只造成领事馆大门损毁，无人受伤。疑犯已被捕。

18日，中国外交学院在北京主办“2011年中国外交回顾与展望”研讨会，中国外交部部长助理乐玉成在主旨发言中表示，中国无意也无力在亚太排挤美国，“太平洋足够宽广，应能容得下中美两个大国的共存与合作”。他也强调，不能简单地用“软”和“硬”来界定中国外交，中国人其实讲刚柔相济，“智慧比拳头更重要”。

27日，美国财政部公布向国会提交的《国际经济和汇率政策报告》，再度认定包括中国在内的美国主要贸易伙伴均未操纵本国货币与美元之间的汇率。但表示人民币升值步伐一直不够，并认为人民币被低估。

（林鹏飞整理）

图书在版编目（CIP）数据

亚太战略变局与中美新型大国关系/孙哲主编. —北京：时事出版社，2012.7

ISBN 978-7-80232-542-5

Ⅰ.①亚… Ⅱ.①孙… Ⅲ.①中美关系—研究
Ⅳ.①D822.371.2

中国版本图书馆 CIP 数据核字（2012）第 153165 号

出版发行：时事出版社
地　　址：北京市海淀区巨山村 375 号
邮　　编：100093
发行热线：（010）82546061　82546062
读者服务部：（010）61157595
传　　真：（010）82546050
电子邮箱：shishichubanshe@sina.com
网　　址：www.shishishe.com
印　　刷：北京百善印刷厂

开本：787×1092　1/16　印张：25.75　字数：322 千字
2012 年 9 月第 1 版　2012 年 9 月第 1 次印刷
定价：65.00 元
（如有印装质量问题，请与本社发行部联系调换）